尔虞我诈
——中国古代四千年谍海风云

下

赵英 著

中国社会科学出版社

目　录
（下卷）

第六篇　宋、辽、金、元的间谍活动

第一章　北宋、辽时期的间谍活动 …………………………………（436）
　第一节　翦灭诸国 ………………………………………………（436）
　第二节　间谍北向 ………………………………………………（440）
　第三节　伪装的援军 ……………………………………………（442）
　第四节　间谍与外交 ……………………………………………（443）
　第五节　边界谍影 ………………………………………………（444）
　第六节　李元昊的密谋 …………………………………………（447）
　第七节　断敌烽火 ………………………………………………（448）
　第八节　智除敌权臣 ……………………………………………（450）
　第九节　间谍应募 ………………………………………………（452）
　第十节　不战而屈敌 ……………………………………………（453）
　第十一节　机密已泄 ……………………………………………（454）
　第十二节　酒宴的背后 …………………………………………（455）
　第十三节　地图的故事 …………………………………………（456）
　第十四节　巧用敌士卒 …………………………………………（457）
　第十五节　攻宋前的准备 ………………………………………（459）

第二章　南宋、金的间谍活动 ………………………………………（461）
　第一节　送上门的间谍 …………………………………………（461）
　第二节　粮食已尽 ………………………………………………（463）

第三节　受愚弄的使节 …………………………………… (464)
　　第四节　傀儡的下场 ……………………………………… (465)
　　第五节　侥幸逃生 ………………………………………… (467)
　　第六节　智骗敌统帅 ……………………………………… (468)
　　第七节　耿耿孤忠 ………………………………………… (470)
　　第八节　秦桧的真面目 …………………………………… (472)
　　第九节　大间谍的小聪明 ………………………………… (475)
　　第十节　宋高宗的"本事" ……………………………… (477)
　　第十一节　匾额的奥妙 …………………………………… (478)
　　第十二节　立马吴山第一峰 ……………………………… (480)
　　第十三节　蒙古铁骑之先导 ……………………………… (483)
　　第十四节　窥探深宫 ……………………………………… (485)
　　第十五节　挟使节以自重 ………………………………… (486)
　　第十六节　金杯的故事 …………………………………… (487)
　　第十七节　善诱敌将 ……………………………………… (488)
　　第十八节　礼尚往来 ……………………………………… (489)
　　第十九节　焚毁名单 ……………………………………… (490)
第三章　元代的间谍活动 ……………………………………… (492)
　　第一节　草原铁骑 ………………………………………… (492)
　　第二节　消失在大海中的劲旅 …………………………… (493)
　　第三节　虎口脱险 ………………………………………… (497)
　　第四节　反常的现象 ……………………………………… (498)
　　第五节　"智多星"的遭遇 ……………………………… (499)
　　第六节　朱元璋的机智 …………………………………… (501)
　　第七节　另一条战线上的搏杀 …………………………… (503)
　　第八节　化装与诈降 ……………………………………… (504)
　　第九节　智除赵普胜 ……………………………………… (506)
　　第十节　窥视诸方 ………………………………………… (507)
　　第十一节　恐吓 …………………………………………… (509)
　　第十二节　书信退敌兵 …………………………………… (510)
　　第十三节　弄巧成拙 ……………………………………… (511)
　　第十四节　巧计调敌军 …………………………………… (512)

第十五节 "东方威尼斯"谍影 ………………………………… (513)
第十六节 收拾方国珍 ………………………………………… (515)

第七篇 明、清的间谍活动

第一章 明代的间谍活动 ……………………………………… (521)
  第一节 叔侄斗法 …………………………………………… (521)
  第二节 歼敌于北岸 ………………………………………… (523)
  第三节 巧夺精兵 …………………………………………… (524)
  第四节 瓦解明军 …………………………………………… (525)
  第五节 多方用间 …………………………………………… (526)
  第六节 不拆封的信件 ……………………………………… (528)
  第七节 内部传出的消息 …………………………………… (528)
  第八节 丧师草原 …………………………………………… (530)
  第九节 血迹斑斑的帝位 …………………………………… (533)
  第十节 居心叵测的一本书 ………………………………… (537)
  第十一节 诱杀叛臣 ………………………………………… (541)
  第十二节 沙漠中有铁 ……………………………………… (544)
  第十三节 文件丢失 ………………………………………… (546)
  第十四节 一场徒劳 ………………………………………… (547)
  第十五节 王守仁的大手笔 ………………………………… (548)
  第十六节 莫倚谋攻为上策 ………………………………… (556)
  第十七节 离间二岑 ………………………………………… (558)
  第十八节 商人的足迹 ……………………………………… (560)
  第十九节 残忍的手段 ……………………………………… (561)
  第二十节 间谍战中的"交易" …………………………… (567)
  第二十一节 三封书信 ……………………………………… (570)
  第二十二节 痛击日军 ……………………………………… (571)
  第二十三节 令箭调敌将 …………………………………… (577)
  第二十四节 降民为间 ……………………………………… (580)
  第二十五节 袁崇焕之死 …………………………………… (581)
  第二十六节 兵临城下 ……………………………………… (584)

第二十七节　熊熊大火 …………………………………… (587)
第二章　清代的间谍活动 ……………………………………… (589)
　　第一节　江阴保卫战 ……………………………………… (589)
　　第二节　呼风唤雨的人 …………………………………… (592)
　　第三节　蒙冤的间谍 ……………………………………… (593)
　　第四节　越过台湾海峡 …………………………………… (595)
　　第五节　收复雅克萨 ……………………………………… (600)
　　第六节　鸟枪兵六万 ……………………………………… (605)
　　第七节　听信敌间 ………………………………………… (607)
　　第八节　两次登陆 ………………………………………… (608)
　　第九节　诱歼张格尔 ……………………………………… (610)
　　第十节　奇袭紫禁城 ……………………………………… (611)
　　第十一节　驻北京的沙俄传道团 ………………………… (613)
　　第十二节　虎门烽烟 ……………………………………… (615)

第八篇　中国古代的间谍技术与组织

第一章　中国古代的间谍技术 ………………………………… (625)
　　第一节　鸽子·风筝·烽火·号炮·驿传·蜡丸 ……… (625)
　　第二节　地道与夹壁墙 …………………………………… (628)
　　第三节　笔墨纸张 ………………………………………… (629)
　　第四节　驴耳朵与树枝 …………………………………… (631)
　　第五节　画像与绘图 ……………………………………… (632)
　　第六节　隐语·符·密码 ………………………………… (633)
第二章　中国古代的间谍（特务）组织 ……………………… (641)
　　第一节　间谍（特务）组织的萌芽 ……………………… (641)
　　第二节　秦、两汉、三国的间谍（特务）组织 ………… (642)
　　第三节　两晋、南北朝的间谍（特务）组织 …………… (645)
　　第四节　隋、唐、五代的间谍（特务）组织 …………… (647)
　　第五节　宋、辽、金、元的间谍（特务）组织 ………… (651)
　　第六节　明、清的间谍（特务）组织 …………………… (655)
　　第七节　告密制度 ………………………………………… (665)

第九篇　中国古代间谍思想简析

第一章　先秦间谍思想简析 ······················ (671)
    第一节　间谍思想的萌芽 ······················ (671)
    第二节　墨子的间谍思想 ······················ (672)
    第三节　《吴子兵法》中的间谍思想 ················ (674)
    第四节　孙膑的间谍思想 ······················ (675)
    第五节　《管子》一书中的间谍思想 ················ (675)
    第六节　韩非的间谍思想 ······················ (678)
    第七节　《六韬》一书中的间谍思想 ················ (680)

第二章　孙子的间谍思想及后人的注释与阐述 ············ (683)
    第一节　孙子的间谍思想 ······················ (683)
    第二节　后人对孙子间谍思想的注释与阐述 ············ (687)
    第三节　《黄石公三略》中的间谍思想 ··············· (688)
    第四节　《李卫公问对》中的间谍思想 ··············· (689)
    第五节　《百战奇略》中的间谍思想 ················ (690)

第三章　明、清的间谍思想 ······················ (693)
    第一节　何良臣的间谍思想 ····················· (693)
    第二节　戚继光的间谍思想 ····················· (695)
    第三节　《投笔肤谈》中的间谍思想 ················ (696)
    第四节　揭暄的间谍思想 ······················ (698)
    第五节　魏源的间谍思想 ······················ (704)

本书结语 ································ (709)

附表　中国古代战争中接受、搜集敌方档案、文书一览表 ······ (719)

引用书目 ································ (722)

下 卷

第六篇

宋、辽、金、元的间谍活动

公元960年初，后周殿前都检点赵匡胤，黄袍加身当了皇帝。赵匡胤建立的朝代国号宋。史学家为区别一统中原的赵宋政权与偏安江南的赵宋政权，将赵匡胤建立的政权称为北宋（公元960—1127年）。

北宋成立之初，黄河流域还存在着割据政权北汉，江南还存在着荆南、吴越、后蜀、南汉、南唐等割据政权。赵匡胤、赵光义经过几年征战总算统一了中国。但北宋从未取得历代统治中原的王朝曾有过的地理上的防卫优势，那就是全部占有长城一线的战略要地。由契丹族首领耶律阿保机创建的辽国（公元916—1125年），由党项族首领李元昊创立的西夏（公元1032—1227年），长期与北宋对峙。北宋虽然有时也采取一些攻势，但总的来说处于被动挨打的地位上，甚至不得不屈膝与辽国妥协。

北宋军事上软弱，经济上却呈现出繁荣景象。北宋时纸币已大量流通，大城市中出现了商人按不同行业组成的行会。对外贸易有了较大发展，从印支半岛到南洋群岛，甚至远至阿拉伯半岛上的一些国家，都与中国有贸易往来。广州、泉州、杭州、扬州等地成了繁荣、兴盛的对外通商口岸。北宋从对外贸易活动中征收的钱财、实物，成了北宋政权的重要财源。手工业日益发达，出现了称为"行"的手工业者行会。由于辽、西夏经济都有相当的农业成分，因此北宋、辽、西夏对峙时，双方的经济交流仍是较为密切的。

北宋末年，宋徽宗赵佶（公元1082—1135年）是个臭名昭著的昏庸之君。他虽然写得一手漂亮的"瘦金书"，国家却治理得一塌糊涂。他纵情于声色，为了修宫室，命人从东南一带搜刮奇花异石运往京师，这就是有名的"花石纲"。他还沉溺于道教，自号"教主道君皇帝"，大肆兴建道观。他重用蔡京、童贯、王黼、杨戬、朱勔等人把持朝政，使政治日益黑暗，人民的负担日益加重。在这种情况下，农民起义此起彼伏，较著名的有宋江、方腊等领导的农民起义。

即便如此，这个昏庸之君仍与金国（女真族首领完颜阿骨打创建的政权，公元1115—1234年）订立了合作攻辽的协定。公元1125年，辽国灭亡，同年十二月金兵乘机南下。公元1127年金兵俘获了徽宗、钦宗（赵桓，公元1100—1161年）北去。北宋灭亡。

宋徽宗第九子康王赵构在大臣拥立下，于公元1127年五月即位于南京（今河南商丘）。赵构建立的偏安江南的政权，史称南宋（公元1127—1279年）。

南宋建立后，在对金作战方面，一直存在着主战派与主和派的斗争。在宋高宗赵构默许支持下，主和派（某种意义上讲是投降派）占了上风。即便如此，金国也未停止对南宋入侵。

南宋虽然只占有天下之半，却基本上是富庶地区。南宋经济仍十分繁荣，商业、手工业有了进一步发展，对外贸易甚至超过了北宋。金在占领北中国后，也日益汉化。双方经济往来较多。

南宋、金国对峙到了公元1233年，历史又一次重演，南宋与蒙古军夹击金国，第二年金国灭亡了。同样是历史的重演，公元1279年蒙古军灭南宋。

元朝（公元1206—1368年）是以蒙古贵族为主体，联合汉族地主阶级建立的封建政权。这个政权强盛时期幅员辽阔，影响遍及欧亚大陆。元朝对外扩张的战争不断。成吉思汗的子孙似乎很难从马鞍上下来，冷静地思考治国之道。元朝统治者在经济、文化、政治等方面采取了许多民族歧视和民族压迫政策。元朝末年，土地兼并日趋严重，统治阶级奢侈腐化达到了极点，皇室内部斗争激烈。民族矛盾与阶级矛盾融合在一起，促成了元末农民起义的爆发。公元1368年七月，元顺帝在明大军的压力下，率后妃、太子、百官匆匆北逃。短命的元朝结束了。从草原朔漠进入中原的蒙古贵族又回到了草原朔漠。

第一章　北宋、辽时期的间谍活动

第一节　剪灭诸国

赵匡胤上台后，加强了对握有重兵将领的监视，紧接着削弱州郡大吏的权力，后来又规定州郡长官由文人担任。同时加强了禁军的实力，使"兵无常将，将无常师"，切断了带兵长官与士兵的固有联系。这些政策使赵宋政权的稳定性，比五代旋起旋灭的军阀政权大为提高，有利于其在统一战争中的行动。但也给后来与契丹（辽）的战争，造成了不少问题。

内部日趋稳定的同时，赵匡胤开始着手消灭各割据政权。他先把眼光放在当时的北汉政权上。忠武节度使兼侍中张永德调任武胜节度使，入朝觐见。赵匡胤秘密召见了他，对征讨北汉有所垂询，张永德提出："太原（北汉）兵少而悍，加以契丹为援，未可仓促取也。臣以为每岁多设游兵，扰其田事。仍发间使谍辽，先绝其援，然后可图。"赵匡胤认可了他的意见。后来赵普也向他提出"先南后北"统一全国的战略。赵匡胤把他的目光移向南方一些较为弱小的割据政权。

为了专心对付南部战局，赵匡胤对西北、北部边境作了一番布置。他命赵赞为彰武节度使屯延州；董遵诲守环州；王彦升守原州；冯继业镇灵武；防备西夏。李汉超屯关南；马仁瑀守瀛洲；韩令坤镇常山；贺惟忠守易州；何继筠领棣州；防备契丹。郭进控西山；武守琪守晋州；李谦溥守隰州；李继勋镇昭义；防备北汉。赵匡胤为他们制定了边境政策：边境州郡的贸易之利全部由边将处置，商贾前往贸易免所过征租。边将掌握了这部分财源得以养募死士，使为间谍。边将由此洞知敌情。敌人每次入边都能预作防备。① 因此赵匡胤得以一意向南发展。给边臣以充足财源来从事间谍活动这一政策，为后来赵宋政权的统治者所效法。其财源或来源于边境贸易，或来源于朝廷专项拨款。

宋军南下，也是以间谍为先导。赵匡胤决心先灭荆南，就派内酒坊副使卢怀忠以出使为名，前往刺探情报。值得注意的是，赵匡胤特别指出让卢怀忠观察"江陵人情去就"。卢怀忠出使回来后，对赵匡胤上奏："高继冲（荆南最后一代统治者）控弦之士，不过三万。每年收成虽好，百姓困于暴敛。已经到了危机四伏的地步，夺取荆南甚易。"赵匡胤还命康延泽以出使为名刺探荆南。

赵匡胤于公元963年二月派都监李处耘率军征伐荆南。出发前赵匡胤亲自授以方略。卢怀忠的情报想必被充分加以利用了。李处耘率军，以康延泽为向导，顺利地消灭了荆南政权。

同年三月，赵匡胤调得力将领张晖至凤州（今陕西凤县东北）为伐后蜀做准备。张晖在后蜀的大门口积极进行谍报活动，"尽得其山川险易，密疏进取之计"。赵匡胤还充分利用了荆南降人和后蜀叛谍提供的蜀中地理等情况。公元965年初，北宋灭后蜀。公元969年，宋军攻北汉，没啃下这块硬骨头，又转而向南。公元971年二月，宋军消灭了南汉。江南诸割据政权中只剩下南唐了。此时统治南唐的是以擅长作词留名于中国文学史的李后主李煜（公元937—978年）。

赵匡胤对南唐下功夫已不止一日了。上台伊始，他就放被后周所俘南唐士兵数千人，将领周成等三十四人放归南唐，与孙晟一起出使后周的钟谟也被放回。这既是对南唐进行心理战，也有派遣间谍的企图。果然，南唐对这些人也不放心。钟谟、张峦等降臣回国后为南唐主李璟所杀。李璟死后，后主李煜上台。他是个风流才子，好读书，工书画，知音律，治国则没啥本事，更非赵匡胤对手。他的对宋方略只有一条：委曲求全。首先上表宋朝改称"江南国主"，改唐国印为江南国主印。其次又改变政权机构名称，表示是地方政权。尽管如此，李煜还是一方之国主，仍想保持割据之势。赵匡胤也绝不会放过他。赵匡胤几次让其入朝，李煜当然不敢去。在赵宋政权剪灭其他小国的同时，已开展了对南唐的间谍攻势。

---

① 范镇《东斋记事》载："管榷之利，悉以与之，其贸易则免征税。故边臣皆富于财，以养死士，以募谍者，敌人情状，山川道路，罔不睹而周知之。故十余年无西、北之忧也。"

李煜信佛，曾以宫中之金钱募人为僧。国都金陵为僧者万余人。李煜退朝后，和其皇后穿着僧衣念经。僧人犯法，李煜命其到佛像前忏悔，不予制裁。也许是为了以佛法保佑南唐之平安吧。具有讽刺意味的是，李煜这个"爱好"为赵匡胤所知，他就动起脑筋来了。

公元964年，一个少年僧人渡江到了金陵（李煜上台后又以金陵为国都）。此人对佛法甚有研究，一时轰动江南。李煜也召见了这个少年僧人。少年僧人佛法造诣果然颇深，与李煜大谈性命之学。李煜风流才子，对佛法大约没下多少苦功夫。一听此人的演讲，大为入迷，认为此人真是"一佛出世"。于是此人成了李煜的座上客。在研修佛法中，李煜对朝政和边境之事更加不以为意了。

北方僧人接踵而至。有一北僧号小长老，自称募化而至江南。李煜接见了他。他鼓励李煜一心向善，多盖庙宇。李煜照他的话去办，广兴佛寺，江南的财富消耗日尽，人民负担更加沉重了。小长老还请于牛头山造寺千余间，聚徒千余人，美味佳肴天天供应，吃不了的食品就扔掉，第二天再做新的。扔掉的食物美其名为"折倒"（影射南唐），以此来散布不吉利的传闻，扰乱人心。实际上此时南唐百姓也盼望割据政权垮台，否则这类话不会广为流传。宋军渡江后就以这座寺为军营。此一小长老与前一少年和尚是否一人，不得而知。不过还另有一和尚自北渡江而来立石塔于采石矶，此人不与官府交结，衣草衣，食野菜，不接受李后主与南唐人的施赠。宋军攻南唐时，搭浮桥渡江，浮桥的一头就固定于石塔上。南唐人这才恍然大悟。很明显前两个和尚是以攻心为主的战略间谍，后一和尚是以实施战役计划为主的战役性间谍。

宋军怎么想起搭浮桥来呢，这要从一个送上门的间谍说起。

李煜对外一味妥协，对内拿不出什么振作图强的办法，天天沉浸在风花雪月之中。这使南唐一些有雄心的人，开始向北谋出路。

江南失意文人樊知古，图谋投宋，但为了有见面礼为晋身之阶，他整日在采石矶附近坐小船垂钓。实际是"钓翁之意不在鱼"，而在江水之状况。他在船上暗藏丝线，一头系于江南岸边，然后向北岸划去。如此往复几十次，终于测得了长江的宽度、深浅。樊知古完成这项工作后，潜往北宋，觐见赵匡胤，建议造浮桥以渡大军。赵匡胤接受了他的建议，先试着在石碑口造浮桥。成功后又在采石矶造桥。前面的那个和尚很可能就是在樊知古投宋后，才派往南唐的。樊知古怕留在江南的老母受害，赵匡胤一道诏书，李煜乖乖地派人将其护送江北。

北宋对南唐的间谍活动无所不至，当然也利用了堂堂正正的外交使节的身份。公元973年四月，卢多逊为江南生辰国信使出使南唐。卢多逊是个功名心很重的人，颇有些才干。他到南唐后经过一番活动，颇得南唐君臣欢心。上船返国之前，他让人对李煜说："朝廷重修天下图经，史馆独缺江南诸州，愿各求一本以归。"李煜赶紧命人缮写一份，由卢多逊带回北宋。卢多逊这一手受到赵匡胤奖赏。宋朝由此知道了江南十九州形势屯戍、远近户口多寡。到了这份儿上，南唐再想苟延残喘，真所谓"天理难容"了。更何况在此之前，宋朝还以离间计除掉了南唐得力将领林仁肇。

南唐南都留守侍中林仁肇很有威名，为宋朝所忌惮。为了除掉他，宋朝派人秘密地到江南绘制了他的画像，挂在一座大宅院的屋子里。江南使者到了，赵匡胤故意让人领着使者到这座大宅子里，指着林仁肇的画像说："这是什么人？"使者当然认识："这不是林仁肇吗。"那人又对使者说："仁肇将来降，这画像是他送来的信物。"又指着空旷、豪华的宅院对使者说："此宅院就是赐给林仁肇的。"使者回国后报告了李煜。李煜派人毒死了林仁肇。名将冤死，朝内大臣更加离心了。

经过如此充分的准备，公元974年十月，宋出兵伐南唐，十一月自采石矶（今安徽当涂西北）以浮桥突然渡江。

公元975年十一月，李煜自被宋兵久困的金陵派出使节到宋见赵匡胤，乞求放一条生路。赵匡胤回答得很干脆："卧榻之侧，岂容他人鼾睡乎！"过不了几天，金陵城破，南唐灭亡。李煜被强迫迁往汴京，过着朝不保夕，依靠对往昔繁华生活的回忆支持生命的日子。

"独自莫凭栏，无限江山，别时容易见时难。流水落花春去也，天上人间。"一个在间谍战中异常迟钝的君主，变成了多愁善感的词人，从而确立了自己的历史地位。

赵匡胤剪灭诸国时的间谍战略，基本上与其先南后北的军事战略相一致。在每次重大军事行动展开之前，必有间谍为先导，摸清了情况，进行了必要的准备。

赵匡胤针对李煜开展的间谍活动，尤有特色。首先，这是以敌方首脑人物精神生活为主要打击对象的间谍活动。以敌方首脑人物的精神生活为打击对象，包括对其人生观、宗教信仰、心理状态的全面了解。作为个人，敌方首脑的精神状态同样是十分复杂、千变万化的。在这方面，现代心理学和心理分析方法大有用武之力。试分析李煜的精神状态，其对佛教的笃信，是与其对时局的无可奈何的清醒认识分不开的。面对赵宋政权强大压力，李煜在现实中找不到任何出路，因此只得寄托于佛法，寄托于并不存在的"佛"的保佑。另外，李煜本身是文弱书生，其性格属于懦弱型的。这就使其很难具有政治家、君主所需的独断专行的魄力与勇气，必然向佛教寻求精神寄托之所。

其次，赵匡胤派到江南的小和尚精通佛法，这是此类间谍的必备条件。没有相应的专精知识，要想从事这类高层次蛊惑活动是不可能的。从这个意义上讲，赵匡胤之用间，对间谍的知识构成提出了耐人寻味的问题。

第二节 间谍北向

就在赵匡胤以间谍先行，剪除江南诸国时，北部边境上间谍战也在激烈进行。

北汉政权与江南诸小国间谍往来，以蜡丸书传递情报，互为声援。赵宋政权对信使进行截击，常有所斩获。公元968年七月，宋军抓获了一名北汉间谍。赵匡胤让间谍给北汉主刘钧带话："君家与周氏（后周）世仇，从不屈服。可如今我与你没什么过不去之处，为何困此一方之人。若有志中国，请兵发太行，以决胜负。"刘钧也托间谍回话："河东土地甲兵，不足当中国（当时指中原广大地区）十分之一，敝人守此土，是怕刘氏断了香火祭祀。"赵匡胤倒也痛快。他笑着对间谍说："替我告诉刘钧，放尔一路以为生。"其实此时赵匡胤刚刚决定采纳赵普提出的"先南后北"的战略，这是卖了一个空头人情，以麻痹北汉。

实际赵匡胤未曾须臾忘记北汉。他采纳了张永德的建议，"发游兵扰其田事，发间谍使辽绝其援。"并曾于公元969年初乘北汉内乱发大军进攻北汉。这次作战因辽兵援助，为北汉所击退。北汉兵还乘机攻入宋境。

宋军班师后，北宋间谍惠璘却暴露了。惠璘是赵匡胤直接派遣的间谍。他受命假装在宋犯了法，逃奔北汉。到了北汉，他自称在宋任殿前指挥使之职。在北汉大臣郭无为的大力推荐下，北汉主任其为供奉官。郭无为为什么出此大力呢？原来赵匡胤在此之前玩了一手高明的离间计。他派使者到北汉去，诏谕北汉主刘继元（刘钧已死）投降，许以平卢节度使之职。同时对宰相郭无为、马峰等人密赐四十余道诏书，许郭无为为安国节度使，马峰等官至藩镇。郭无为对刘继元隐瞒了此事，产生了脚踏两只船的想法。

惠璘在宋军伐北汉前干了些什么可想而知。这些事郭无为一清二楚。宋军攻入北汉境内，惠璘乘机逃到岚谷，想回归宋军，但为北汉边境上的"候吏"抓住了，押回太原。北汉主刘继元派郭无为审理这件案子。郭无为装模作样地问了几次，居然把惠璘无罪释放了。有一个叫李超的人知道惠璘的一些底细，上告惠璘是间谍。这事仍落在郭无为管辖的权限之内。郭无为看到李超竟敢如此认真，索性把惠璘、李超都杀了，灭掉了活口。

公元 969 年初，宋兵大举攻北汉。赵匡胤亲统大军。北汉在战和降的选择中爆发了内部争论。郭无为力主投降，并当众做出拔剑自刎之态，来动摇人心。宋军驻扎在潞州，抓获了北汉间谍。赵匡胤亲自审问。间谍说："城中居民日夜盼望您统兵到来。"赵匡胤命人赐给衣服，送他回去。

宋军包围了太原，郭无为图谋投宋，但因同行者迷路，只好又撤回太原城。五月，汾水灌入太原城，双方激战十分艰苦。这时郭无为再次提出投降。北汉主刘继元不听，宦官卫德贵攻击其想背叛。郭无为被杀。

一天晚上，宋军营垒外有人大呼："北汉主出降。"赵匡胤命卫士全副武装大开营门。这时将领赵燧提醒他："受降如受敌，岂可半夜轻信别人的话。"赵匡胤派人去侦察，果然是敌谍在进行欺诈。宋军久屯坚城之下，又遇暑雨，辽军已来援，不得不撤退。但经此一战北汉也元气大伤。

北汉也以间谍战反击宋。同年八月，晋州节度使赵赞所辖地区内发现了北汉间谍故意遗失的致将领刘进的蜡丸书。赵赞将密信上奏朝廷。赵匡胤大怒，命立即将其押往汴京。隰州刺史李谦溥以全家担保刘进不反，赵匡胤也觉察出这是北汉之离间，于是释放刘进，并厚加安抚。原来刘进深为北汉所惮，所以才想以这个办法除掉他。

公元 979 年初，宋太宗赵光义（公元 939—997 年）亲自督军消灭了北汉。宋、辽矛盾成为主要矛盾。燕云十六州则成为双方争夺焦点。

对敌方开展瓦解离间之活动，必须视其所处之大形势而定。赵匡胤在北汉形势危急之时，利用大量封官、许愿的方式，瓦解北汉，架空北汉主的用间办法是很高明的。越是形势不利之际，越是敌人内部矛盾激化、高级领导人各怀鬼胎之时。因此，此时的间谍活动应主要指向敌方统治集团中的裂痕,充分利用其利害关系。

第三节　伪装的援军

　　宋太宗赵光义灭北汉后,立即出兵北伐燕云十六州。公元 979 年七月,宋军与辽军大战于高梁河,宋军全面溃败,此后数年内双方在边境上数次交锋互有胜败。

　　公元 986 年初,宋军再次大举攻辽。宋军先胜后败。曹彬等军大败于岐沟关,在渡距马河时人马相践踏,又受到很大损失,宋军撤至雄州、霸州一线驻守。其后辽军转入攻势,十二月辽将休格率军侵宋。休格知道镇守雄州的将领贺令图"贪功生事、轻而无谋",就派了一个间谍去欺骗他,间谍对贺令图说:"休格获罪于契丹,愿早日归朝。"贺令图认为这是建功立业的千载良机,立即赠休格"重锦十两"。休格又放出话来:"军中愿得一见雄州贺使君。"贺令图满心以为是接洽投降之事,就率数千骑前往迎接休格。到了休格帐前,休格坐于胡床,破口大骂:"你好在边界生事,今日是来送死的吧。"辽军骑兵从左右埋伏处冲出,尽杀其随从,贺令图被活捉。

　　辽军继续深入,自胡谷攻至代州城下。镇守代州的是宋初很有谋略的文臣张齐贤。辽军攻至城下,张齐贤精选两千名士兵出战,暂时击退了辽军。在此之前,张齐贤已写信约宋将潘美率军来援。派出的使节为辽军所获。张齐贤深为担忧,唯恐潘美军为辽军所袭。正巧这时潘美派出的使节前来报告:潘美军出并州四十里,接到太宗密诏已撤回了。此时辽军骑兵已大批开到了。张齐贤说:"敌知潘美来,而不知潘美退。"为防泄密,先把密使关在一间密室里。子夜,张齐贤发兵二百人,每人持旗帜一面,柴草一捆,到距代州城面南三十里的地方举火吓敌。二百人到达后,按照命令模仿大军出师的样子排列好旗帜,点燃柴草。辽军遥望远处的点点火炬和若隐若现的旗帜,认为是潘美大军自并州来援,仓皇北撤。

　　张齐贤预先已埋伏士兵二千人于辽军撤退必经之土磴寨。辽军慌乱经过时,宋军乘机进攻,大败辽军。

　　张齐贤在关键时刻临危不乱,是他能以假援军吓退敌兵的重要原因。在战场上常常有这种情况,在我方已陷入危险,而敌人却未发现之时,有一个稍纵即逝的可能扭转形势,或至少使局势不至更坏的机会。充分利用这个时间差进行各种惑敌、欺敌活动，可以收到意想不到的效果。

第四节　间谍与外交

公元 1004 年，辽军在萧太后（辽圣宗之母，名绰，字燕燕，公元 953—1009 年）、辽圣宗（耶律隆绪，公元 971—1031 年）的率领下大举南下攻宋。辽军前进至澶州遭到宋军的顽强抵抗。宋真宗赵恒（公元 968—1022 年）在丞相寇准的极力鼓动下，御驾亲征澶州督战。

宋帝御驾亲征，宋军上下斗志甚旺，辽军屡战不胜。其他地方的宋军也击退了辽军进攻。萧太后、辽圣宗决定与宋朝和谈。宋真宗派大臣曹利用出使辽军，与辽国谈判。

曹利用虽然是个书生，但不乏胆略。当时他官位并不高，以至于有人推荐他时，宋真宗不以为然。经过推荐者力保，曹利用也保证"彼若妄有所求，臣不敢生还"，才被选为使节。

曹利用奉旨出使辽军大营，萧太后和辽圣宗颇为傲慢，开出的条件也很高，非要宋朝割地才能讲和。曹利用当然予以拒绝。辽国派韩杞为使回访宋军。双方经过一番交涉，又一同回到辽军。

韩杞到宋军中看了一次，感触颇深，他对自己遇见的辽国文臣武将说："你们看见澶州北寨的宋军了吗？那真是精兵利器，与往日所传的宋军大大不同了。真是可怕呵！"当然韩杞也不是笨蛋，他这番话是用辽国语言讲的。可他万万没想到曹利用曾出使辽国，并通晓辽国语言。

曹利用表面上装作不懂辽国语言，占了很大便宜。辽国大臣间、君臣间关于和议的谈论，被曹利用听到了不少。根据这些宝贵的外交情报，曹利用力劝宋真宗顶住辽国威胁，此时将领何承矩也上报：从敌人那里跑回的百姓说，敌人听到御驾亲征已陷入慌乱。宋真宗更加不愿让步了。

辽国看到宋朝坚决不同意割地，只好退而求其次。公元 1005 年初，辽、宋双方订立了"澶渊之盟"。宋朝每年给辽国绢二十万匹，白银十万两。"澶渊之盟"后，辽宋两国关系相对稳定下来。

在外交斗争中，如果能及时获得敌人内部有关动向，就可以使情报优势转化为巨大外交优势，带来极大好处。曹利用仅仅因为通晓对方语言，并且装作听不懂，就获得了宝贵情报，是发人深思的。在谈判桌上，一旦被对方掌握了底牌，再好的外交家也只能一败涂地了。

第五节　边界谍影

　　北宋与辽在边境上的对峙，具有长城内的农业民族与长城外的游牧民族对抗的一般特点。但由于辽占领了燕云十六州，实际上有相当大的农业成分，而且长城之险已不再发挥作用。宋在西北还面临另一个少数民族建立的国家西夏（党项羌族所建立的政权，都兴庆府即今宁夏银川东南。全盛时包括今宁夏、陕北、甘肃西北部、青海东北部和内蒙古部分地区）的威胁。针对这种情况，北宋有人建议："列烽火，谨晨夕之候，选精骑为报探之兵。千里之遥，视若掌内。敌之动静，我必先知。"还有人建议："可用重赏行间谍，间谍若行，则契丹自乱，则边鄙自宁。"实际上不出历代对游牧民族用间之藩篱。真正根据宋、辽边境特点，指挥间谍活动的是宋雄州守臣李允则。李允则在宋太宗时主管边境榷场（宋辽双方商人、百姓贸易之所），以文人出任一方统帅。

　　宋、辽榷场是个十分复杂的问题。宋朝有人对其甚为头痛。此外还存在着大量榷场之外的交易。有人提出："北边自兴置榷场，商旅辐辏，制置深得其宜。今若许其交相贩易，则沿边商人深入戎界，窃为非便。又北界商人若至雄、霸，其中或杂奸伪，何由辨明？"当时辽国确实招募间谍大量渗入边境，有的甚至以"贾人"身份深入内地。宋朝边臣常以镇将身份兼管榷场，显示出宋朝在认识上是把榷场与边境防务联系在一起的。

　　李允则于公元1005年前后出镇雄州。在此之前宋辽两国缔结了"澶渊之盟"，双方关系刚刚稳定下来。为怕惹怒辽国，宋真宗赵恒下诏：如擒获北界奸人，可审问后送往汴京。但他认为尽管双方和好，辽国动静不可不知。"间谍侦候，亘循旧制。又虑为彼所获，归曲于我。自今后获彼间谍，当赦勿诛，但羁留内地，待有词以报之。"留下间谍作为讨价还价的资本。同时改负责边境的机察司为巡检。李允则的前任何承矩也是一个能干的人。他在边境时想利用塘泊沟渠构成防辽骑南下的防御体系，但又怕辽人知道，就与幕僚载酒河上欣赏蓼花，并命人绘成图送往京师。朝中大臣不解其意。何承矩却逐步从泥沽海口到保州，曲折九百里建成了一个由水田、沟渠、塘泊等经济设施构成的工事体系。何承矩还招募知辽国之情形、山川之形势的辽、夏平民服役。

　　李允则上任后，首先放松了对榷场的管理。雄州北门外民居甚多，李允则想扩展北城，但又怕引起辽国的反应。北门外有一座东岳庙，李允则以银子做成大香炉，放在庙中，故意不予看守。大香炉当然被偷走了。李允则张贴告示，悬赏捕贼寇，久而不获。他放出风去：东岳庙屡遭贼寇，需修围墙。没十天的工夫，就以修东岳庙围墙为名扩展了北城。雄州城北有陷马坑，城上有敌楼，以观察辽境动静。双方讲和后，没人敢上去。李允则命人拆楼填坑，在原处种菜掘井，辅以沟渠，并筑墙，在田的周围植以荆棘，这样又形成了一个阻止敌骑入侵的工事体系。李允则还在雄州北原建了佛塔一座，供居民登高眺望，塔上可望辽境三十里，实际上是观察所。这类以佛事为掩护的古建筑，至今犹存。河北省定县料敌塔，高八十四米。虽不是李允则所建，但可以想见当年北宋边境官员在修建军事建筑时，考虑到外交关系，很动了一番脑筋，而且以民间建筑，经济设施为掩护，这一思路是较为普遍的。李允则还命广植树木，以阻挡敌骑。

上元节（元宵节）旧俗不燃彩灯。李允则命人以彩锦扎成山形，聚戏班演戏。观看、游乐的百姓彻夜不归。第二天李允则得到侦察人员报告，辽国边境官员也想来看看这繁华、热闹的场面。他就和手下官员一起候于郊外。果然有个紫衣人到了。李允则和他一起进入驿馆。驿馆内婢女罗列左右，招待紫衣人大吃大喝了一阵。紫衣人所乘骡被牵到屋外，李允则故意让紫衣人溜了回去。几天后传来紫衣人为辽国所杀的消息。原来那人是幽州统军。

李允则派到辽国的间谍向他报告了一件辽国达官显贵的"趣闻"。辽国某一达官显贵派间谍到宋京师购买茶具和酒具。李允则也派人到京师以倍于常人的价格定做了精美茶具、酒具，而且比辽国达官贵人所订的先运到榷场。李允则故意让一些倒茶卖酒的奴仆到外面夸耀这套茶具、酒具如何巧夺天工。这样一来辽国商人都想看，李允则满足了他们的要求。商人们你来我往，三四天中络绎不绝。李允则估计那个辽国达官显贵订购的茶具、酒具已过了边卡，就把茶具、酒具收藏起来了。这时辽国传开了谣言，说李允则把那套茶具、酒具贿赂了那个辽国达官显贵，双方可能有勾结。那个辽国达官显贵的确从宋国弄来了茶具、酒具，无以自明，终于被辽国当权者杀掉了。

还有一次，李允则在军中举行宴会，军械库突然着火。李允则照例饮酒作乐。他的副手请救火，李允则不予理睬。过一会儿火熄了李允则命人把被烧的军械埋起来，同时从邻州秘密调拨军械，很快补充了库存。有人到宋真宗面前告他的状。他说:"军械所藏之处防火甚严,此必北方间谍所为。如果停宴而救火,正好让他知道大功告成,那就难免有别的事发生。"

对抓到的间谍,李允则往往予以厚待,并放其回去。有一次一名被抓到的间谍对李允则说:"燕京大王派我来探听边界驻军金、谷、兵马之情况。"并取出了自己搜集到的情报。李允则看了后说:"你探听的这些消息不对。"叫主簿按照实际情况告诉间谍。间谍请加封印,李允则答应了,并赐以金,放其回去。几天后间谍又回来了,其上次带回的情报封印如故,这名间谍反而以辽国边境的金、谷、兵马数告诉了李允则。

一天李允则防区内一名百姓来诉苦,说是被契丹人打伤,要求抓住此人。李允则只给告状人一些钱治伤,没有派人去找那个契丹人。过了几天对面边境上的辽国军官派人来问,有无击伤北宋百姓之事。李允则命部下回答:"没有此事。"原来是契丹间谍在北宋境内活动,故意打伤人作为自己已执行命令的验证。辽军长官一听无此事,认为间谍虚报成绩,就把那个间谍杀了。

宋朝士兵有逃入辽国的。李允则以公文向辽国要人。辽国官员说:"查无此人。"李允则明确指出,此人现在某处。辽人大惊,只好把人交了出来。

公元1018年,李允则以客省使知镇州,全面负责河北全线防务。李允则在边界以游观亭传为掩护,建立了一套情报、防务系统,为后任所遵循。李允则晚年居住京师,契丹的叛逃者,朝廷都安置于李允则家居住。李允则亡故后,才安置于枢密院。可见其全盘负责对辽之间谍工作。

北宋对辽的情报工作,除官吏为之外,边界的地方豪强大姓,有时也主动进行这方面活动。雄州北关城巡检赵延祚就是这么一个人。他自太宗时起就结交敌国边境的豪杰,掌握敌人动静,由此做了宋朝官员。宋真宗亲自召见他。他向宋真宗反映了辽朝廷上层人物因分配宋朝金帛不公引起的矛盾,希望真宗在榷场贸易时能加以优待,以拉拢人心。他还向真宗反映了辽国风俗,"山川曲折、地理远近",得到了真宗的褒奖。看来在宋真宗时,皇帝是亲自过问边境上的间谍事务的。

北宋以李允则为代表的边疆大吏的间谍工作有如下特点:

其一,把民事工作与军事工作、间谍工作结合起来,以前两方面工作为掩护,开展间谍情报工作。在边界无险可守,双方眼睛对着眼睛的情况下，只有以民事活动、正常的军事活动为掩护，才能既不引起敌人疑心，又神不知鬼不觉地开展间谍活动。李允则以民间设施为掩护，组织、设立了边境情报传递的系统和设施，在今天仍有其值得借鉴之处。尤其在思路上对人很有启发。

其二，李允则的边境商业管理是一种开放型的管理，显示出其自信心与能力。实际上当时边境贸易，在"商战"中北宋处于有利态势。李允则集财权、军权、民政权于一身，这对于指挥开展间谍战是十分有利的。居于有利的经济地位，自然可以从中大做文章。

其三，李允则的反间谍工作不是简单地将间谍抓起来了事，而是通过对敌方间谍进行怀柔，引起敌方对其间谍的怀疑来实现的。这样比简单地抓获奸细效果要好。另外，李允则在发现敌人间谍活动后，不动声色地消灭痕迹，也为反间谍活动提供了一种思路。在敌人间谍已经给我方造成损失后，一种反应是简单地变更部署；另一种反应是不露声色，甚至散布假情报。第二种反应无疑可以使敌人无法估量出其间谍活动的真正成果，甚至对其间谍产生怀疑。

李允则的间谍活动反映了"文臣守边"时进行间谍活动的个人风格。

从李允则指挥的北宋间谍活动，可以看到北宋在宋辽边境建立了一整套防谍、情报系统。

第六节　李元昊的密谋

宋初，西夏与宋在政治维持着一层表面上的从属关系。李元昊即位后，首先去掉了唐、宋两朝为笼络西夏所赐的李、赵二姓，自号"嵬名乌珠"（青天子），积极准备在政治上打出公开与宋对抗的旗号。为了弄清一旦公开与宋对抗，宋军可能采取的行动，李元昊开展了大规模的间谍活动。

公元1038年初，李元昊以前往五台山供佛为名，上奏宋朝，请求发给通行公文，实际上是派人侦察邻近西夏的河东一带地形和宋军防务。宋仁宗赵祯（公元1010—1063年）不但同意，还允许使者住在馆驿中。

李元昊还利用宋、西夏间通商，派化装成商人的间谍深入内地，广泛了解山川之险，虚实之处。

李元昊还广泛招揽内地失意文人，不法豪强为自己出谋划策。宋朝华州士人张元、吴昊，漫游塞上，遍览山川风俗，"有志于经略"，但不为宋朝边帅所识。二人听说西夏有公开造反之心，于是欣然而往，成为李元昊的重要谋士。

李元昊的间谍活动无孔不入。最为独出心裁的是，他把主意打到了宋朝后宫的宫女身上。当时宋朝时常把一些宫女放出深宫，随其自找出路。李元昊派人以重金纳之，放在身边。这样北宋的军机大事和深宫秘事自然全部为李元昊所知。

当然李元昊也不放过利用使节公开出使的机会，大搞情报，其选择使节专选"勇悍难制、强辩自高者"。

经过充分准备，李元昊已全面掌握宋朝的底牌。公元1038年十月李元昊正式即皇帝位，改国号大夏。走上了与宋朝公开对抗的道路。

李元昊对北宋的间谍活动，最大限度地利用了一切合法渠道，包括外交、经济、宗教等方面的来往。通过几方面合法渠道的相互配合，李元昊对北宋情况有了较为全面的了解。现在世界上国与国之间经济、文化、宗教、外交、体育等诸多方面的来往日趋增多，以合法手段不费吹灰之力搜集情报的机会大增。问题在于从什么角度对这些情报加以综合、利用。

李元昊除上面这一方面外，还大量招揽北宋了解内情的人，尤其是深知内情的宫女。这的确是独出心裁的。这就提出了一个对知晓内情的人予以适当控制的问题。从另一角度看，对敌人方面知晓内情的出境者的询问，也是重要的情报来源。

第七节　断敌烽火

李元昊称帝后，北宋朝廷即发布诏书："有能捕元昊所遣刺探事者，赏钱十万。"北宋与西夏边境上的间谍战加剧了。在与西夏的战争中，北宋涌现出不少善于用间的将领。

公元1041年九月，负责麟、府一带防务的宋将张亢，准备率军攻占李元昊军驻扎的琉璃堡。他派出间谍，潜伏在敌寨旁的深草中。只见一个敌军老兵用烧羊腿骨占卜吉凶。老兵忙活了一阵，很吃惊地说："要有奇兵急速来袭，赶快想办法逃避吧。"这句话引起周围士兵的哄堂大笑："汉儿正藏头膝间，哪儿敢到这里来！"张亢从这一情报中得知西夏军轻敌无备，率军奇袭，攻占了琉璃堡。

张亢在运用间谍时，厚给金帛，无所吝惜。琉璃堡之战后三四年，有一人自称其外甥女被辽国骑兵掠去，但因能歌善舞得到辽国高官的宠幸，现在派人到宋境买东西，如果能满足她的要求，辽国情况可了如指掌。张亢问："需要买什么东西？"那人回答："某大王纳女婿，须紫竹鞭，您所用的可以给她。当然还要买一些别的东西。"张亢全部满足了所需之物。从那之后，辽国动静张亢一清二楚，他镇守的地区也日趋平静。

宋将曹玮是名将曹彬的小儿子。曹玮喜读书，尤以谋略见长，治军亦甚严。曹玮很重视情报。李元昊未公开亮出与宋对抗的旗号时，他就对一位有可能执枢柄的大臣说："我曾派人去观察元昊，相貌异常，他日必为边患。"曹玮镇守边关，朝廷军机大事，往往要不远千里征求他的意见而后定。有一次渭州守将向他报告：防边士兵有叛入西夏者。曹玮正在与来宾下棋，听到这个消息马上回答："那是我让他去的。"西夏官员听到这个消息，以为叛卒是曹玮派去的间谍，就把他杀掉了，并把人头投于边境，表示"我们没有让你们的间谍得逞。"殊不知已上了大当。曹玮在边界还大胆地命羌将指挥羌族本部落的军队，阻止羌族间相互攻斗。这样以熟知当地"羌情地利"的羌族军队戍边收到了很好的效果。

宋哲宗赵煦（公元 1077—1100 年）在位时的将领折可适得知西夏和羌族各部落联军十万人入侵边境。他先命人侦察到了敌军看守烽火的士兵之姓名，然后冒充首领把这些看守烽火的士兵骗出来杀了。由于切断了敌人的报警和情报传递系统，折可适乘机迅速出兵，大破敌军。西夏两名主要将领以放牧牲畜为名，在边境上聚会。这一消息被折可适派出去的间谍打听到了。折可适派宋军夜袭这两人聚会时驻扎之所，俘获其部族三千人，并攻取了天都山。

宋军将领在对西夏羌人作战中积累了丰富的用间经验，对敌方间谍活动的判断也显示了一定的火候。宋军将领折可行接到间谍报告，敌人已经入侵了。军中戒严，气氛紧张。折可行制止了部队进一步进行战斗准备："这不过是敌人自己在制造紧张罢了。"果如其言。

宋神宗赵顼（公元 1048—1085 年）在位时的边境守臣蔡延庆得知羌人二十九人来降，命间谍查实情况。原来羌人已伏兵于关外，伪降的这些人想乘元宵节张灯之际，举火为号，里应外合。蔡延庆命令把这些间谍全部杀掉了。第二天清晨，埋伏关外的敌兵也悄悄溜走了。蔡延庆的一个部下报告，敌人大将来降，需守关将领亲迎。蔡延庆命令：不得出迎，否则有功亦斩。那个部下不服，亲往迎降，果然中了敌人诈降之计，为敌所杀。西夏间谍以卖马为名入境侦察，为宋军所获。蔡延庆说："他们怀疑我们在做战争准备，所以来侦察。把间谍抓起来，正好加剧了敌人的怀疑。"命人给间谍卖马的钱，释放了间谍。由于蔡延庆处置得当，及时熄灭了边境上的一场战争之火。

宋将林广保护朝廷使节临边巡视。行至乌鸡川，突然改道率众迅速沿山道前进。途中遇到羌人，告以山道险峻。林广不听，依旧率众走山道前进。后来发现夏人果然伏兵于乌鸡川，前来告以山道险峻的羌人乃西夏之间谍。类似的伏击事件屡见于史书，宋将常能幸免于难。

李元昊以书信、锦袍、银带置于边境，并以金赠给宋将李士彬，信中约李士彬叛归西夏。书信、锦袍、银带为边境的"候人"得到，上交给当地长官随君正。随君正认为，李士彬与羌世仇，如有密约，岂能让众人所知。对李士彬厚加安抚。李士彬很感动，在战斗中奋勇杀敌，立了功。

在边境的守将，如何判断敌人的意图，的确是个颇费脑筋的问题。敌对两国，或潜在的两个敌国间，间谍往来是免不了的。问题在于如何判断，并适当地做出反应。折可行、蔡延庆两人的反应，可谓恰如其分。边境守将的反应，往往牵涉国家全局，因此边境将领应当熟知敌人的风俗习惯、政治情况、军事情况及敌人守将情况，这样才能对敌人间谍活动所反映出的真实含义做出正确判断。

第八节　智除敌权臣

仲世衡字仲平，宋仁宗赵祯（公元1010—1063年）在位时负责清涧城（今陕西清涧）的防务。他在城周围开营田二千顷，招募商贾贷给本钱，使清涧成了一个小小的繁荣之地。仲世衡有了钱财，就对羌族酋长加以拉拢，来往商人、酋长、百姓，如有以敌情来报者，即奖以酒器。

党项明珠部首领常侵略边境，仲世衡想除掉他。听说此人好击鼓。仲世衡就命人制造了一面极精致的可在马上敲的战鼓，战鼓上还饰以白银。他命间谍装成商人，带着鼓到明珠部去卖。银鼓售出后，仲世衡挑选了勇敢善战的士兵数百人对他们说："只要见到背银鼓者，务必合力将其擒住！"这个首领背着鼓出动了，果然被宋军所擒。

有一天仲世衡因为一名少数民族军官违纪，不顾众军官求情，对其处以重刑。此人逃到了李元昊处。因其受刑的事已传开了，李元昊对他很信任。不久，这人可以自由出入掌管西夏军事行动的枢密院了。过了一年多，这人又回到了仲世衡手下。众将这才知道是一出"苦肉计"。

公元 1042 年，与西夏相邻地区的宋鄜延经略使庞籍等官员，通过写信、赠予金钱等办法试图瓦解西夏边境防务，诱其大将归降。过了一段时间，果然有浪理、赏乞、媚娘三人到仲世衡处请降。仲世衡知道这三人是西夏权臣野利兄弟派来诈降的，但仍委以监督商税之要职，并与之一同骑马出入，甚是亲近。

仲世衡手下有一名叫王嵩的军官，原来是个僧人，但勇猛善战，熟知西夏山川道路。每次作战，常为仲世衡作向导。仲世衡看其为人忠勇可用，就让他还俗做了军官。仲世衡命其携带给野利兄弟的密信前往西夏。信中说："浪理等人已至朝廷，知王（二人在西夏称王）有向汉之心，已命为夏州节度使，每月俸禄万缗①，旌节②已至，望早日归附。"同时赠予枣枝和画的一幅龟，枣、龟谐音"早归"。仲世衡以此来表示双方早有密约。野利兄弟见信大惊，把王嵩押送李元昊处，以明无反志。但是野利兄弟的部下浪理等人却在宋为官，这又是一件令人生疑的事。野利旺荣、野利遇乞兄弟统率着羌族劲兵，李元昊不能不慎重处之。

李元昊把王嵩囚了起来，命李文贵以野利兄弟的名义与宋联系。此时西夏由于和宋作战国力疲惫，急于找到和谈的渠道。宋朝对边臣也通报了想和谈的意向。于是鄜延经略使庞籍召见了李文贵。在此之前仲世衡已告诉庞籍他正在进行的离间活动。庞籍对使者表示宋朝会宽大为怀的，让他回到西夏。这加重了李元昊对野利兄弟的怀疑。他一面礼送王嵩出境，一面加紧与宋和谈。同时传出野利兄弟被杀的消息。为了把戏演得更像，仲世衡还写了祭文，命人越过边境到西夏去祭奠二人。这样一来野利兄弟在李元昊看来更是内奸，死有余辜了。

仲世衡之离间活动的独特之处在于：

1. 逆用敌人派来的间谍。在间谍战中，对已经暴露或弄清其意图的敌人间谍，不知不觉中予以利用，其效果是很好的。

2. 仲世衡之离间，首先是在与离间对象关系密切的亲信身上下功夫，

---

① 一千文钱穿成一串为一缗。
② 北宋朝廷颁发的权力象征。

然后再指向离间对象本身。间谍工作本身是具有神秘色彩的。这一层神秘色彩，又为君主对用间的文臣武将的怀疑创造了心理上的基础。用间者反为间害，这一点是耐人寻味的。

第九节　间谍应募

辽国在对宋间谍战中，不断花样翻新。辽国与北宋代、并二州相邻地区的官吏，经常派人送一些无关紧要的公文到代、并二州。这引起了北宋官员怀疑。经过调查，北宋官员发现这些人不是在窥探虚实，就是在熟悉北宋边境进入内地的道路，也就是说数量如此之大的送公文者，几乎全有秘密使命。于是北宋为这些人规定了必经之路，把其他道路予以堵塞，以示险峻难行，无法通过。

北宋如此，辽国也如法炮制。公元1055年知制诰刘敞出使辽国。刘敞对辽国山川道路很熟悉。辽国翻译陪同他自古北口至柳河，一路之上故意多走曲折之路，以示道路险远。刘敞对翻译说："自松亭至柳河不是很好走吗？用不了几天就可以到中京（今内蒙古宁城西大明城），为何走这条路？"翻译很难堪，只好说："自通好以来，就置驿道于此，故尔不敢改变。"

辽国还禁止以书传入宋地。有违令者斩。为了严格执行这一命令，辽国禁民间私刻刊印书籍。其对宋封锁情报可谓煞费苦心了。

北宋时，代州成了辽人重点进行间谍活动的地方。有一次间谍竟将代州城西关的城门锁偷走了。由此看来辽国用谍有一种很不高明的制度，那就是间谍必须在活动之处留下某种活动过的痕迹，以便让长官验证自己的活动。从前面讲的李允则的事迹中我们已经可以看到这一点。精明的宋朝官员当然会掌握这一规律。宋代州地方长官刘舜卿知道了这一情况，不动声色地命人另外造了一把大钥匙。过了几天，辽国派人送回城门锁。刘舜卿吃惊地说："我没有丢过锁呀。"他命人把另造的大钥匙取来，果然无法插进辽人送来的锁中。辽人甚为惭愧地回去了。不久传来那个窃锁间谍被杀的消息。刘舜卿后来调任雄州。朝廷特批其银千两，金百两，"用间于绳墨之外"。

北宋定州高阳关驻军招募士兵。辽国知道了这一消息，派了间谍前往应募。这一情况被北宋定州地方长官薛向的间谍知道了，并马上报告给薛向。这时指使间谍应募的人也觉出情况不妙，就让这名间谍逃跑了。薛向立即出动巡逻兵展开围捕，最终抓到了这名间谍，押送瀛洲，砍头示众。

宋朝皇帝的尊容也成了间谍搜集的重要情报。公元 1054 年，辽主派使臣至宋，求宋仁宗画像。为此辽主曾派善于作画的辽臣耶律防以出使为名，偷偷图绘宋仁宗面容。无奈毕竟是偷偷摸摸作画，效果不佳，这才通过使节正式提出这一要求。但是这一要求最终遭到拒绝。

北宋、辽国对山川道路大做文章，足见人的情报意识更加深刻与广泛了。如何有效地对敌人掩饰自己国家的实际情况和实力，的确是需要动脑筋的事。辽国派大量送公文的人深入宋战略要地，是动了一番脑筋的，这表明由公开的外交渠道搜集各类情报，方法甚多，是大有文章可做的。

第十节 不战而屈敌

公元 1042 年初，辽国派使者刘六符至宋，索要土地，并以大兵压境。北宋河北一带又紧张起来。

北宋定州路都总管王德用加紧训练士兵。王德用出身军人世家，本人在与西夏的战斗中积累了丰富作战经验，治军谨严，训练也很有一套。用了不长时间，部队战斗力有了很大提高。

有一天宋军的侦察人员发现辽国间谍已到了定州，并且整天窥探宋军操练的情况。王德用手下将领纷纷请求把这名间谍抓起来杀掉。王德用另有主意，他说："先放过他吧。他得到我军的实情回去报告，正可以不战而服敌。"

第二天，王德用命全军举行校阅。士兵们在金鼓声中，精神抖擞地进行操练。全军进退整齐划一，好像一个人一样。操练了一整天，无一人因违反法度被斩首。操练结束后，王德用下令：准备好粮草，听我鼓声，视我旗帜指向，准备作战。

辽国间谍看得心惊肉跳，赶紧回去报告："宋军将大举进攻了！"辽国看到宋朝不惜一战，并已做好了战争准备，于是又转而寻求和谈了。

在北宋与西夏战争中也发生过类似的事，不过不是耀武扬威以退敌，而是偃旗息鼓吓退了敌军。公元 1049 年二月，五百名西夏人赶着牲畜到延州，对延州地区的地方长官程琳请求归附。理由是辽兵至衙头，国中大乱。在此之前程琳曾抓获西夏当官的，没有杀，放其回去了。因此西夏人也相互告知，不要捕杀汉人。程琳对部下说："辽兵既至他们国家，当举国以抗击之，岂容有来降者。我听说夏人正在抓捕叛逃者，这些人可能就是。如果不是，就是在以计谋引诱我上当。"过了不长时间，西夏兵三万人压至境上，以抓捕叛逃者为借口想进攻宋军。程琳早通过间谍了解了敌人的企图，命令全军紧闭营门，放倒旗帜，严禁出战。敌人一看宋军显然有备，就撤走了。

王德用、程琳二人方法不同，但异曲同工。利用情报上的"先知"，做出种种姿态，从心理上压制、威慑敌人，是情报的一个重要用途。

第十一节　机密已泄

上一节中提到的刘六符其人，在辽国俨然是个对宋外交活动的专家。其人进士出身，曾任翰林学士，才学见识是有的。

公元1045年前后，刘六符再度出使宋国。他这次出使的任务是和宋朝议论一下两国和亲之事。刘六符出使前，辽国的国书副本已到了宋仁宗手上。这是怎么回事呢？原来辽国燕云十六州的不少人仍心向宋朝。有一名汉人梁济世为宋雄州守将充当间谍。他曾经教辽国公卿子弟诗书，因此能探得辽国机密。这份国书副本就是由梁济世送往宋朝的。

宋仁宗接到梁济世传出的国书副本后，知道了辽使意图，马上和大臣进行商议，决定由有关官员与之接谈，慢慢商议此事。

刘六符至京，首先谒见仁宗。这虽然带有礼仪性拜访的性质，但刘六符以为仁宗必定对出使目的有所垂询。没想到刘六符谒见时，宋仁宗手中仍然拿着书，对出使的目的一无所问。刘六符是个聪明人，对这种情况大惊失色。退出殿外后，他不无遗憾地说："事情早已泄露了。"

宋仁宗此举是愚蠢的。不仅暴露了北宋在辽国可能有人潜伏于接近机密的位置这一情况，而且使北宋失去了在谈判中早已掌握对方底牌这一优势。

第十二节　酒宴的背后

公元1049年广源州蛮首领侬智高聚众袭据安德州，亮出了南天国的牌号，公开与宋作对。几年之间，侬智高纵横两广，屡败宋军。宋王朝看侬智高已渐成气候，而且南方长此下去也牵制其全力对付北方威胁，就把当时最得力的将领狄青（公元1008—1057年）调到了讨伐侬智高的战场上。

狄青字汉臣，汾州西河（今山西汾阳）人，善骑射，行伍出身，是一个在反击西夏战争中逐步成长起来的将领。狄青得到北宋著名政治家范仲淹的激赏，授其《左氏春秋》，并教导他："将不知古今，匹夫勇尔。"狄青由此刻苦攻读了秦汉以来将帅兵法，带兵打仗更得心应手了。

公元1053年初，狄青抵达与侬智高作战的前线宾州。在狄青抵达前线之前，原宋军前线指挥陈曙怕狄青与其争功，轻率地率军进攻侬智高占据的昆仑关（今广西南宁、宾阳间大山）被打得大败。在狄青到军中之前就已发布命令，严禁诸将轻举妄动。宋军屡败，轻敌是一个很重要的原因。狄青到军中后斩张曙及临阵脱逃之宋军将领三十二人，严肃军纪。

其后狄青却按兵不动，并传令调十天的粮草。一时军中将士都摸不着头脑。侬智高手下间谍打探到了这一消息，认为宋军得等些日子才能进军，回去报告了侬智高。侬智高也放心了。

第二天，狄青命全军开往昆仑关。一昼夜宋军已开到昆仑关下。

这时正巧是上元节①，狄青命军营中大张灯火，大摆宴席，军官们按等级分三夜参加宴请。这一消息又为侬智高之间谍探听到了。守昆仑关之敌军更加不以为意。狄青果然在第一夜灯火辉煌，通宵达旦地宴请高级军官。第二夜宴请中级军官，二更时分狄青推说身体不适进入帐内，许久未归。过了一阵子，有人传话，狄将军请孙沔（宋军另一主要将领）代为主持宴会，少服药物即出。宴会进行到天亮，没人敢离席而去。这时宋军传令兵送回消息，三更时狄将军已率大军乘大风雨，拿下了昆仑关！原来狄青离席是去亲自指挥攻占昆仑关的行动了。

宋军渡过昆仑关，于归仁铺大败侬智高军，基本消灭了侬智高的部队。侬智高逃往大理（今云南大理），持续几年的动乱终于平息了。

狄青的行动是以将领自身的活动制造假情报来迷惑敌人。在战略、战役层次，将领们的活动，往往成为敌人注意并据以判断对方意图的重要情报。狄青在欺敌时表现出较高的技巧。的确在这个层次上"装得像"是很重要的。

---

① 上元节，即元宵节。

第二次世界大战时，盟军故意把放言无忌的骁将巴顿放在英伦三岛招摇过市，牵制了大批德军。

解放战争中，为掩饰四野入关的消息，毛泽东命令沈阳的报纸持续报道林彪、罗荣桓在沈阳参加活动的消息，以造成四野仍未向关内行动的假象，使傅作义难以做出决断，抑留蒋军主力于平津。

通过将领的活动，制造假象，真是一将能抵十万雄兵。

第十三节　地图的故事

在中国历史各朝代中，最重视地图的是宋朝。太祖赵匡胤每征服一个小国首先要将其地图收归中央。宋太祖、太宗指挥军队作战，千里遥制，依靠的就是地图。大将出征，边将戍边，都要把当地形势画成图奏上。顺便讲一下，有些学者把北宋之军事失败归因于凭图指挥战争，这是过于夸大了。太祖、太宗两朝，皇帝出身戎马，有丰富的作战经验，地图不过更便利了指挥。至于后来，广泛使用地图作为战争策划过程中的一种手段也没什么不妥。从宋军将领作战指挥看，其主动性也并未因地图而受到很多限制。宋初，以闰年为限，诸州上贡闰年图，与版籍皆入尚书省，用以周知山川险易，户口众寡。公元1006年诏翰林遣画工分赴诸路，"图上山川形势、地理远近，付枢密院。每发兵屯戍、移徙租赋，以备检阅。"宋曾派使臣以出使为名，绘制辽国、西夏地图，以备外交、军事之需要。

宋、辽对峙局面形成，宋与高丽等国的联系大为削弱。尽管如此宋朝仍对高丽等国山川地理进行了调查。宋神宗赵顼（公元1048—1085年）在位时，大臣宋球出使高丽，"密访山川形势、风俗好尚"。出使回来后，他把出使所见所闻编成图纪，上报宋神宗，得到了宋神宗的夸奖，并因此晋升为通事舍人。

来而不往非礼也。宋朝密访高丽的同时，高丽也对宋发生了兴趣。公元1072年左右，高丽使者入朝进贡。使者路过沿途州县时，向州县长官索要地图。使者入贡要地图以便赶路，大概也算个理由吧。沿途州县长官都尽力满足高丽使者的要求，送上了所辖州县的地图。这些地图详细地记载了北宋"山川道路、形势险易"。使者到了扬州，又如法炮制，以公文向当时镇守扬州的地方长官陈升之索要地图。陈升之为人深沉，狡猾多变，但头脑却十分清醒。他接到高丽使者的公文后，反而向高丽使者索要其已经到手的两浙地方州县所提供的地图。他的借口是为了仿照两浙地图，绘制扬州地图送上。高丽使者把地图送到陈升之处，陈升之把这些地图统统付之一炬，并把此事上报朝廷。当时高丽依附于辽国。考虑到这一点，陈升之的处置就是十分得当的了。

高丽使者索取的情报，是近于公开的情报。对这类情报的公开与否，是一个颇令人回味的问题。在不同时代，对这类情报的控制，应制定不同的具体标准。在通过公开渠道获取情报占有越来越大比重的今天，这一点尤其值得引起人们的重视。

北宋地方官吏的行动表明，情报意识的普及和情报的保密、搜集，在当时官僚层中并非十分普遍，也缺乏严密的制度。在以科举取士的古代，情报意识并不是当官治民的必备意识和考核条件。而在情报交流、情报搜集和保密越来越重要、越来越复杂的今天，情报意识和与此有关的知识，应当是高层领导人担当其职务的必备条件之一。

地理信息，从来与国家安全密切相关，与军事活动密切相关，即便在技术高度发达、全球化日益深化的今天，通过间谍获取地理信息，偷偷测绘有关国家地理状况，仍然是间谍的重要任务。

第十四节　巧用敌士卒

北宋末年，中国北部形势发生了变化。女真族建立的国家——金国崛起于"白山黑水"间。

女真族先世是靺鞨，属于南北朝时勿吉七部的黑水部，唐时的黑水靺鞨部。五代时黑水靺鞨隶属于另一少数民族政权渤海国。辽灭渤海国，黑水靺鞨又隶属于辽，开始以"女真"为名见称于世。

公元1115年，女真族酋长完颜阿骨打（公元1068—1123年），在率领女真人反抗辽国压迫的斗争中，建立了金国，建都会宁。其后金兵所战皆捷。同年九月金兵攻占了辽国北方重镇黄龙府（今吉林省农安县），接着又大败辽国十余万大军。公元1120年，金兵又攻占了辽国上京临潢府。

此时的辽、宋两国政权，都十分腐败无能，面临着内部激烈的阶级矛盾和社会动荡。但是北宋政权看到金崛起于辽国后方，以为时机到了，又做起了恢复燕云十六州的美梦。

宋徽宗赵佶（公元1082—1135年）先后派童贯及宋军将校七名分别

以出使、到金国买东西为名，侦察辽、金两国的虚实、动向。北宋的间谍也发回情报："辽主有亡国之相。"为了验证这一点，公元1119年初，宋徽宗又派王尧臣带着善于绘画的两个人一起出使辽国。王尧臣不虚此行，回来后以辽主天祚帝耶律延禧（公元1075—1128年）之像上送徽宗，并发表观感："辽主望之不似人君，臣谨画其容以进，若以相法言之，亡在旦夕，幸速进兵。"王尧臣还把他画的辽国地图奏上。宋徽宗决定了攻辽大计。尽管有人以唇亡齿寒的理由反对伐辽，北宋还是于次年与金国达成了夹击灭辽的协议。

公元1122年，金兵大举攻辽，腐朽的辽国不堪一击，金兵很快攻陷辽国中京（今辽宁宁城西）。金兵接着连破辽兵，天祚帝逃至漠北。辽大臣耶律大石等拥戴秦晋国王耶律淳为帝，仍据守燕、云、上京（今辽宁巴林左旗）、辽西一带。辽国此时想与宋和好，派使者求和。但宋朝此时想打死老虎，臭名昭著的宦官童贯更认为这是自己再度建立功名的时机，对辽国的使节不予理会。

五月，童贯统军攻辽，为辽军所败。十月，童贯率宋军再度攻辽。童贯派刘延庆统军十万从雄州进击，以郭药师为向导。宋军渡白沟时杂乱而无纪律，连郭药师都看不下去了。他对主将刘延庆说："大军行军，不设置警戒，如果敌人以伏兵攻击，我军首尾不能照应，全军将望风而逃"。刘延庆不予理睬。宋军到良乡，辽将萧干率军来战，宋军被杀败，缩进营垒不敢迎战。郭药师又进言："萧干兵不过万人，以全力和我军作战。燕山一带必然空虚。愿得五千兵，倍道袭之，城可得也。"同时他请刘延庆及其子刘光世为后援。刘延庆这次听进去了，派大将高世宣、杨可世与郭药师一起率兵六千，半夜渡卢沟桥，急速进袭。天亮时，宋军在投降辽军的引导下，进入燕京城，与辽军对峙于悯忠寺。宋将派人到辽萧妃处劝降。萧妃一面拖延时间，一面派人调萧干军回援。萧干率军三千人回到燕京城内，与宋军殊死巷战。此时，刘光世等后援部队却违约迟迟不到。郭药师等人在拼命死战的辽军打击下，以绳索从城墙上逃命而出。高世宣战死。

萧干解决了城中宋军后，派部队截断驻守在卢沟桥南刘延庆军的粮道。辽军擒获了护粮将王渊和两名宋军。辽军用布裹在他们头上，放在帐中。到了半夜，辽军士兵故意装作聊天的样子说："我军三倍于宋军，可分为左右翼，以精兵冲击宋军中部，左右两翼相呼应。举火为号，全歼宋军。"聊完了天，辽军故意装作一时疏忽，让宋军中的一人溜走了。

刘延庆听到那名宋兵的报告，信之不疑。天亮之后，宋军看到辽军中火起，刘延庆立即下令烧毁营寨全军开溜。兵败如山倒，宋军在漫无纪律的撤退中，被践踏而死者绵延百余里。萧干率军追至涿水。宋军多年来为收复燕云十六州积蓄的军资全部毁于此役。辽国人因此而作歌讥讽宋军之无能。

宋军攻辽大败，固然与宋朝之腐败，将领之无能有很大关系，在进行决策时仅凭对"辽主亡国之相"的主观臆测就仓促出兵，也是宋军失败之重要原因。

对敌人统帅、首脑人物的了解是必要的，问题是宋朝君臣把这一了解变成了"相面"式的迷信活动。从这个意义上讲，间谍工作中科学的、理智的方法具有重要的意义。在中国古代封建愚昧的意识形态既可以迷惑敌人，也经常干扰了用间一方的决策。

第十五节　攻宋前的准备

公元 1122 年十二月，金兵攻下了辽国燕京。公元 1125 年二月，辽天祚帝为金兵所获，辽国灭亡。此后辽臣耶律大石虽然率余部建立了西辽（其疆域在今新疆及其以西广大地域），但中国北部基本上处于宋、金对峙的状态中。

金灭辽后，以苛刻的条件把燕云之地交给了宋。北宋则把从前送给辽国的岁币，如数送给金国。北宋在灭辽过程中充分显示出了腐败无能，军不能战，结果只得到几座空城。宋金之间的缓冲国消失了。宋的战略态势实际上恶化了。金人开始准备进攻北宋。

公元 1125 年九月，金国派李孝和等人，以庆贺捉到了辽天祚帝为由入北宋。实际上是窥探北宋情况，为金兵入侵做准备。与此同时，金国使者以交割云中之地为由，到了太原。此时金将宗翰已到了云中，北宋边臣已写回报告，说明其有南下之意。太原是金兵南下必经之路。经过使节侦察，金兵对南下路途情形已了如指掌了。十月，金主已下令南伐，宋徽宗君臣却还在宴请金国使者，与金国之间使节往来频繁，一如平时。

十一月，隆德府义胜军二千人叛降金国，易州常胜军首领韩民义也投降了金将宗翰。通过对这些人的盘问。金国基本掌握了北宋守军及其将领的情况。义胜军、常胜军都是北宋当年招揽燕云之民组成的民团。这些人不堪辽国异族压迫投奔北宋。但在北宋遭到极不公正的待遇，忍饥挨饿，为北宋官兵所欺压。因此有一部分人投向金国，甚至充当内应。这是北宋末年政治黑暗所使然。

就在金国紧锣密鼓准备南下之际，宋将郭药师来降。对金国君臣来说真是喜从天降。郭药师本是辽人。辽国末年，郭药师以辽东饥民聚集成军，被任为诸卫上将军，后因与辽国执政者有矛盾归附宋朝，得到重用。宋徽宗还在汴京赐以府第，命贵戚大臣轮番设宴招待，并赏以御袍和金盆两个，极力加以笼络。郭药师也师安禄山之故伎，对前往他防地的大臣、宦官赠以珍奇玩物和钱财。这些人也回去为之美言。但郭药师的常胜军无法无天，也有一些消息传到宋徽宗耳朵里。宋徽宗下诏调其入朝任太尉，郭药师不来。宋徽宗只好派童贯前往观察他的动向。童贯回来后说："郭药师声威远震，必能抗击北边的敌人。"宋徽宗信之不疑，后来又有人上告其有叛变之心，并送上其与金国交往的文书，宋徽宗仍然不睬。

公元1125年十二月，金兵南下，宗望率金兵至燕山，郭药师投降。宗望得到了郭药师，对内地虚实更加清楚了。郭药师曾在宋京活动，并曾奉旨在京师西北打球，由此对京师地理也一清二楚。金兵在郭药师的向导下，长驱直入。

公元1127年四月，金兵掠宋徽宗、宋钦宗（赵桓，公元1100—1161年）北去。这就是使南宋君臣扼腕的"靖康之耻"。北宋灭亡了。

第二章 南宋、金的间谍活动

第一节 送上门的间谍

公元1127年五月，宋高宗赵构（公元1107—1187年）即帝位于南京（今河南商丘）。南宋与金国对峙的时代开始了。但是南宋建立之初，形势仍十分不稳定。

赵构任命力主抗金的大臣李纲为相，七十五天后就予以罢免，任用力主对金妥协的黄潜善、汪伯彦掌朝政。赵构还杀了力主其还都汴京，迎还徽、钦二帝的太学生陈东等人。上台伊始，他对金一味屈从，只知保住自己帝位的面目就暴露出来。

公元1128年初，金兵开始南侵，先后攻破郑州、邓州，十一月攻陷延安府，十二月攻下了北京（今河北大名），不久兵临扬州。公元1129年二月，宋高宗狼狈地自瓜洲镇乘小船渡江至京口（今江苏镇江），随后又到了杭州。但仍无法安定下来，十二月金兵就攻入了杭州（此时已改名为临安）。宋高宗不得不从海上逃跑。其后金兵的铁蹄践踏了江浙一带的大好河山。金兵南下遭到广大人民的反抗，金兵后方义军纷起，十分不稳。公元1130年三月金兵在北撤的归途中，遭到抗金将领韩世忠率部阻击。

金兵撤至镇江时，韩世忠（公元1089—1151年）已率军八千人驻扎于焦山寺（今江苏镇江焦山）扼敌归路。金兵与韩世忠所部激战，金兵虽然势众，无奈不习水战，屡次为宋军所败。韩世忠夫人梁红玉亲自擂鼓助战，士兵斗志旺盛。金将宗弼派人送名马给韩世忠，表示愿意退还所侵占的土地，均为韩世忠所拒。

宗弼已如网中之鱼，只好求助于他途。这里顺便提一下，金人对间谍的运用，倒是挺在行。金兵南下之初，山东处于金、宋争夺的中间地带。各种地方势力、农民起义军、盗匪纵横其间。金兵准备从山东经徐州等地南下，就派了间谍到宋高宗驻地南京（河南商丘）侦察。当时当权者黄潜善、汪伯彦对敌情之侦察、了解毫不重视，一味听信地方官吏的道听途说之辞。他们命地方官吏多以金缯给间谍，以打探金人动静。当淮北频频传来警报时，他们认为这是一股以李成为首的势力，不足为惧。这一消息为金国间谍所知，于是也伪装成李成的部下与宋军接触，欺骗了宋朝君臣。对"乡间"之运用，金兵南下时更为注意。金兵充分利用了当地人作为向导，并大量利用降卒、降将。此时，宗弼又求救于这一条。他公开悬赏招募能献策破宋军水师的人。这一手还真灵，果然有闽人王某前来应募。他对宗弼建议：船中载土，平板铺之，穴船板以擢桨。风息出江，有风则勿出。海船无风不可动也（宋军皆较大之海船）。这个建议解决了金兵水战的战术问题，但当时金兵被困于韩世忠军下游，此战术无法施展。

这时又有人前往金军献策。这人对宗弼建议：于芦场地开掘大渠二十余里，上接江口，舟出江背，就可以全师而至韩世忠军上游了。宗弼马上命士兵拼命挖渠，一夜之间渠已挖通，第二天清晨金军浩浩荡荡已全师而出了。韩世忠率军尾追。金兵将早已准备好的火箭射向宋军海船帆篷。当天江上无风，宋军大船无法行动。金兵却早已准备好了船桨，以轻舟袭击宋军。一时火光冲天，金鼓之声震天动地。宗弼被阻十余日后终于率军逃回。

经此一战，南宋政权取得了喘息之机，局势渐渐稳定下来。韩世忠、岳飞等一批抗金将领也由此走上了间谍战的舞台。

"乡间"之危害，莫此为甚！闽人王某与向宗弼献计开渠的人之所以能留名史册，无非是因为这两个小人物，在关键的时刻，提供了并非十分难搞到的情报。问题在于侵略军南下，两眼漆黑一片，举凡水战、地理、民情诸情况都不清楚。在这种情况下"乡间"，尤其是文化人充当的"乡间"，其危害就绝非一般"乡间"可比。宗弼在危难之际能想出招募"乡间"这一条，也表明其对"乡间"有充分认识。

大军进至人生地不熟的环境作战，如果及时、有效地把"乡间"组织起来，而非临时抱佛脚，的确是克敌制胜的重要保证之一。

第二节　粮食已尽

岳飞（公元1103—1142年）初露头角时，抗金名将宗泽对他说："你勇智才艺，古来良将也比不过你。但过于喜欢野战，难保万全。"他把阵图授给岳飞。岳飞自信地说："阵而后战，兵法之常；运用之妙，存乎一心。"宗泽大为叹服。其实岳飞在青少年时期就已饱读左氏春秋、孙吴兵法了。其在间谍战中也是按照他的军事哲学思想来施展才干的。

北宋末年，岳飞应募讨贼。他向宋朝地方官请兵百骑，表示即可灭贼。岳飞先派了士兵到贼人活动的地方冒充商贾进行活动，并故意让贼人掠去。随后埋伏百人于山下，岳飞亲自率十余人前往诱敌。敌人果然上当，此时岳飞先派去的冒充商贾的士兵乘机擒获了敌首领。这股贼人在伏兵冲杀下消灭殆尽。金兵入侵，岳飞曾派百余人穿黑衣服乘夜袭入敌营，使敌人互相攻击。由此可见岳飞之计谋。

公元1132年四月，岳飞率军至贺州，讨伐曹成。曹成部扰乱荆湖，成分十分复杂，曾屡为岳飞所败。岳飞对其制定了武力消灭与招抚两手并行之计，得到了宋高宗的赞同。

岳飞军进入贺州，抓到了曹成军的一名间谍。岳飞命将其绑在帐外，然后出帐忙起了调拨军粮的事。管理军粮的官吏说："粮食没有了，怎么办？"岳飞故意大声说："暂且撤回茶陵。"回过身来，岳飞看到那名间谍，故意装出重要情报不慎为敌谍所听十分后悔的样子，以足顿地，脸色难看地走了。过了一会，岳飞命人装作看守不严，让那名间谍乘机逃脱了。

那名间谍回去后向曹成报告了所见所闻。曹成很高兴，命令士兵准备第二天追击撤退之宋军。没想到第二天清晨，岳飞已率军攻上门来了。由于毫无防备，曹成军接连为宋军所败。曹成后来不得不向宋军投降。

公元1135年二月，岳飞受命镇压活跃在洞庭湖一带的杨幺农民起义军。受命之时，不少人提醒岳飞，其部下多为西北人不习水战。岳飞回答："士兵主要在如何运用他们。"信心十足。

五月，岳飞军开始全面向杨幺义军压过去。由于岳飞军纪严明，其部队在与金兵作战中锤炼出了很强的战斗力，号称"岳家军"。金人有"撼山易，撼岳家军难"之说。因此义军连连受挫，并在心理上造成很大压力。岳飞在镇压杨么义军中也使用了招抚与镇压相结合的手法。

潭州兵马钤辖杨华，奉岳飞之命入杨么军进行瓦解义军的活动。黄佐、杨钦等先后投降。岳飞一面对这些人授以官职，一面派杨钦回到义军中去诱降。杨钦又说服了余端、刘诜等来降。岳飞故意对其表示不满："贼人没有全部投降，为何就回来了。"命人对杨钦进行杖责。杖责完毕后，又派杨钦回到义军中劝降。岳飞表面上摆出了一副静待义军投降的姿态。

当天夜里，岳飞命宋军发动突袭。由于毫无戒备，义军数万人被俘。杨么不愿投降，被牛皋擒获后斩首。杨么起义军与官军对抗数年，终于为岳飞所消灭。

岳飞前后两次对起义军以假情报进行欺骗，前一次是以宋军的情况进行欺骗，后一次是以自己对起义军的态度进行欺骗。看来对敌进行假情报活动，并不一定要有什么真的动作。只要在意愿上做出恰如其分的表达，也可以达到欺敌之目的。起义军正是一味看到岳飞劝降的一面，而忘了其出兵作战的根本目的，因此上了当。

第三节　受愚弄的使节

韩世忠在"用间"中，也显示了才能。他甚至亲自到敌军中去进行侦察。

公元1132年七月，韩世忠率部讨伐占据白面山有众数万人的刘忠。韩世忠率部到刘忠的营寨前安营扎寨，坚壁不出。韩世忠天天饮酒下棋。宋军官兵弄不明白他葫芦里卖的什么药。一天夜里，韩世忠与亲信苏格身穿便服，骑着马直穿敌营。敌军的警戒看到后大声问联络的口令。韩世忠答道："我也。"原来韩世忠已通过间谍侦察到敌人的口令是个"我"字。敌军警卫听到口令，再也不理会了。韩世忠在敌营中转来转去，把敌营参观完了才回去。韩世忠看到敌人警戒松懈，很高兴地说："天赐我也。"回营后他下令诸军立即悄然出击。第二天清晨，宋军突然向敌人发动进攻。刘忠军被基本消灭了。

公元1134年十月，金国和伪齐政权刘豫所部联合南侵，形势又紧张起来。韩世忠受命至镇江督师抗击。宋军至扬子桥，正巧遇上宋朝派往金军中去讲和的使节魏良臣等。魏良臣等在扬州东门外，看到宋军的先锋部队撤回。魏良臣等询问其故,答曰:"奉将军之命到江头把守。"他们找到韩世忠时,正好看见朝廷调兵的命令接踵而至。韩世忠把命令给他们看,并说:"这是奉旨移军守江。"韩世忠军此时已把炊具撤掉了。魏良臣等看到此情景,匆匆离去。

在大仪镇,魏良臣等遇上了金将聂耳孛堇。双方谈起讲和的事,金将顺便问起韩世忠动静。魏良臣答道:"来时亲眼见其在扬州,已回镇江去了。"金将大喜,率军向江口前进。

其实韩世忠接到的命令全是他自己编造的。他估计魏良臣等已走远后,就命令全军在大仪附近设伏二十余处,布了五个大阵,约好听到鼓声一起进击。

金兵在距大仪五里左右的地方,遇上了突然杀出的宋军。金兵的铁骑过五阵之东,韩世忠命鸣鼓,举着与金兵一样旗帜的宋军纷纷杀出,金兵无法辨认;陷入混乱。韩世忠的精锐"背嵬军"以大斧向金兵人马乱砍,金兵终于大败。

聂耳孛堇败归后,认为魏良臣是为宋朝进行欺诈,想杀掉他。魏良臣说:"使臣讲和是为国家。韩世忠以我们为饵,我们哪能知道他的计谋。"金将还算讲道理,把魏良臣等继续送往金国,让他们去完成其外交使命。

韩世忠敢于以魏良臣为"死间",是很有勇气的。他以前线指挥官的身份,当然比朝廷中的君臣更能看清战场形势,因此敢于放手一搏。在现代通信手段十分发达的情况下,这类前线指挥官违反国家外交行动的情况会不会发生呢?至少,在统治者有意安排下是有发生之可能的。日本政府偷袭珍珠港之前,一面故意指令其外交使节进行和谈,一面把舰队的攻击矛头指向了珍珠港。其外交使节同样事先未获悉政府的真意。由此看来,对一国意图的真正判断,并不能只从一两个方面加以判断,而应综合各种情况予以判别。

第四节　傀儡的下场

南宋初年,金兵南下,先后扶植了两个傀儡政权。一为张邦昌为首组成的伪楚政权,二为刘豫为首的伪齐政权。张邦昌的伪楚政权很快就垮台了。刘豫(公元1073—1146年)的伪齐政权成立于公元1130年九月,建都于北京(今河北大名)。伪齐政权是金国看到中原百姓纷纷反抗金兵,后方不稳，不得不暂时采取"以汉治汉"办法建立的缓冲国。伪齐政权地处中原，经常配合金兵南下侵掠，为害甚大，因此成了南宋君臣急欲除之而后快的一个钉子。

南宋对伪齐政权展开了谍报活动。刘豫配合金兵南下等阴谋，都为南宋间谍所事先侦知。刘豫政权内部，不甘心于当汉奸者，也频频向南宋传递情报。

公元1136年九月，伪齐政权原宰相张孝纯派遣其门客秘密至临安，报告伪齐政权秘密网罗"侠士"二十余人，准备有所行动的消息。金人在沿海州、县置通货场，以高价收买金漆皮革羽毛等物资，用来制造兵器。这类物资收购了很多，积存在仓库里。张孝纯对刘豫进言："听说南边一直在造船，一旦乘风北渡，这些地方的物资很容易落入宋军之手。再说如果对我们有利，宋朝为何不禁止这种交易呢？"刘豫听了很害怕，立即命令关掉了通货场。张孝纯还密报灭伪齐之策，并表示伪齐政权中众多官吏都心向宋朝，愿为内应。

金国逐步稳固了自己的统治后，对伪齐政权觉得碍手碍脚，同时也看到刘豫在帮助他们南下侵宋时也没有太大作为，于是对伪齐政权不那么有兴趣了。金将宗弼因刘豫巴结另一金将宗翰，而厌恶刘豫。这一消息为岳飞所知。

公元1137年，岳飞手下士兵抓获了一名宗弼派出的间谍。岳飞故意装作认识他的样子说："你不是我军的张斌嘛。我前些天派你到大齐去与刘豫相约诱骗四太子①，你却不回来了。我又派人去大齐询问此事。大齐已同意我的计划，以今冬与金兵一齐侵掠江边为由，引诱四太子至清河。你所送的书信竟未送达，为何背叛我？"那名金谍认为岳飞一定是认错人了，又急于活命，于是只好连连告饶，表示服罪。岳飞制作了蜡丸书，书中讲要与刘豫共同杀掉宗弼的事。岳飞又把这名金谍叫到帐中，对他说："我今天宽恕了你。再派你到大齐去询问刘豫举兵之期。"岳飞命人将其腿肚子剖开一个口子，藏蜡丸书于内，并一再警告其不要泄露消息。

那名金谍回到金军中，见到宗弼，自然一五一十地把情况全部作了汇报。宗弼听了间谍的报告，看了蜡丸书，吓得心惊肉跳，马上奏明金主，要求废掉刘豫。

---

① 即宗弼，完颜宗弼即兀术，金太祖完颜阿骨打的第四子。

这年九月，宋使王伦在被刘豫留难多日后，终于北上涿州，见到了宗弼。王伦出使金国，途中路过伪齐。刘豫想让他担任伪官，王伦不从。刘豫想强取其所携国书，并询问其出使的目的。王伦说："国书非大金皇帝不授。"恰好此时金国使节也到了，王伦才得以北上。王伦当即以此事告知宗弼，并告诉他刘豫胡作非为受到百姓怨恨的情况。最后王伦还进一步挑拨离间二者的关系："刘豫能辜负本朝厚恩，一旦得志以后难道不会有负于金国吗？"宗弼连连称是。此时金国已经下了废除刘豫的决心。

这年十一月金将宗弼率军以南侵为名，突然至汴京，擒获了刘豫及其子刘麟。伪齐政权寿终正寝了。

岳飞除掉刘豫，固然由于其方法巧妙，但金朝当时觉得刘豫已无存在之必要，起了很大作用。此类主仆关系，纯系出于双方之利害而走到一起的。因此在一定形势下，对其进行离间较易收到效果。但客观地说，除掉刘豫后，凶悍的金兵与南宋军队直接对峙，南宋并未得到多大实惠。

第五节　侥幸逃生

岳飞、韩世忠等急于收复大好山河的抗金将领，在对金作战中广泛使用了间谍。当时使用间谍主要来自三个方面：其一是沦陷地区一些不愿意死心塌地为金人服务的原宋朝官吏以及和徽、钦二帝一起被虏至北方的宋朝官员。其二是北部不甘于受金残酷剥削压榨的百姓和揭竿而起的义军。公元 1135 年，岳飞曾派梁兴等前往北部招揽"两河豪杰"，"金人动息、山川险要，一时皆得其实"。其三是派遣间谍。岳飞、韩世忠、吴玠等各遣间谍，广泛招揽中原之民，并授以旗号、印信等。这种间谍活动实际上与金兵后方广大人民反抗金兵的武装斗争结合起来，作用更大。以至于在宋、金两国谈及和战之际，成了一个外交问题。金将以所获之蜡丸书，旗号质问宋使王伦，认为宋国和谈毫无诚意。王伦只好把责任推到边将身上。刘豫政权灭亡后，宋相赵鼎还曾派间谍至沿淮一带，招诱了不少伪齐政权的守将归降，充分利用了政治上的大好时机。

此时南宋朝廷内部的和战争论相当大。宋高宗赵构骨子里想妥协求和，但随着金人的动静，有时不得不做出一副与金对抗的架势，实际上仍是以战求和。和战问题在边境的间谍战中也反映出来了。某些抗金将领也想在使节身上打主意，以影响外交政策的实施。

公元1138年底，金使张通古至宋，商量议和之事。公元1139年初，宋高宗命给金使张通古黄金一千两，让其带给徽、钦二帝。宋高宗同时命韩肖胄为使随同金使至金国，进行回访。张通古逗留临安未行，韩肖胄已先动身了。

这一消息为当时任京东淮东宣抚处置使的韩世忠所知。韩世忠不像岳飞那样拘于礼义，早年更是豪放不羁。因此他连宋高宗调兵的金牌都敢于伪造。听到这一消息，他又动起金使的脑筋来。经过周密策划，韩世忠伏兵于洪泽镇，伪装成红巾军①，企图劫杀张通古，以阻止宋、金间的和议。

韩肖胄行至扬州时，韩世忠的一个部将把这一不祥的消息告诉了淮东转运副使胡纺，胡纺又转告了韩肖胄。韩肖胄自然马上派人告知金使改走他途。于是张通古经淮西返回金国。韩世忠的计划落了空。

韩世忠经过调查知道了泄密者，愤恨之极，派人追杀。泄密者吓得弃甲而逃，进入岳飞军中，算是保住了性命。

以间谍活动破坏外交行动屡见不鲜。不过韩世忠此行动是来自内部的反对派力量，以间谍活动阻止外交使节的行动。在分析间谍活动时，这为我们提供了另一个视角。

第六节　智骗敌统帅

公元1140年五月，金兵分四路大举南下。在此之前宋金两国曾达成和议，金国以伪齐河南地还给宋，宋朝对金纳贡称臣。此事乃自金归来的秦桧（公元1090—1155年）极力促成的。秦桧在与金使议和时，甚至不惜亲自去拜见金使张通古，跪拜接受国书。尽管如此，赵构、秦桧还是不顾赵鼎、岳飞、韩世忠及朝野上下的反对，签订了"和约"。和议刚签订，岳飞就自鄂州上书表示，金人无信"莫守金石之约"。果然南宋很快就尝到了苦果。

金兵主力由宗弼率领，十万人的大军很快攻下了东京（今河南开封）。南宋东京副留守刘琦此时正在顺昌（今安徽阜阳）。听到东京失陷的消息，他与顺昌知府陈规一起筹备坚守顺昌。当时城中有米数万斛，另

---

① 红巾军是南宋初年以红巾为标志的抗金民间义军。

外还有伪齐政权留下的大批毒药。刘锜军一共才近二万人。刘锜（公元1098—1162年）命拆毁城外民房，以利守城，同时招募当地百姓做间谍，对金兵动静进行侦察。经过一番布置，士气大振。六天后，金兵已至城下。

金兵围城后，刘锜预先埋伏于城下的伏兵，活捉了金军千户阿黑等人。经审问，刘锜了解了敌军布防情况，派兵夜袭敌军取得成功。敌人白天来袭，刘锜命大开四门，敌人不敢入城。宋军以强弓劲弩急射敌军，金军被杀伤甚多。经过多日激战，金军损失颇大，此时宗弼率军十万人到了顺昌。宗弼表示攻下顺昌，就像用靴子踢倒东西那样容易。

宋军一些将领看到城下如潮涌来的敌军有些胆怯，刘锜鼓舞大家："朝廷养兵十五年，正为危急之时使用。何况我军已挫敌锋。"他分析了形势之后，认为必须坚守下去。将领们也深受感动。与此同时，刘锜开始运用计谋以破敌。

刘锜挑选了曹成等二人，到金军中充当间谍。临行前，刘锜对二人布置道："派你们去做间谍，事成有重赏。只要按我交代的话去做，敌人必不会杀你们。现在把你们安排在巡逻骑兵中，遇到敌军你们就装作畏惧跌下马去，让敌人抓走。敌帅如向你们打听我是何等人，你们就回答：'太平将帅子弟，喜欢声色。朝廷因为两国和好，才命其守东京。不过是贪图游乐安逸罢了。'"

曹成等二人如计施行，果然被抓到宗弼面前，宗弼亲自询问一番，二人以刘锜所交代的相告。宗弼十分高兴，因为在此之前宋将望风而逃，使他十分看不起宋将。如今一听到刘锜是个公子哥儿，更放心了："此城易破耳。"马上传令不必准备通常攻城用的鹅车炮具了。

第二天刘锜在城头看见有两个人向城下走来，命人用绳子把二人吊上来。原来是曹成等二人被金兵戴上枷锁，放了回来，枷锁上还绑了封信。刘锜当然明白金人的恫吓之心，命人把信烧了。

宗弼到了城下，痛斥诸将连连失败。诸将认为宋军战斗力非昔日可比。刘锜又派了耿训向宗弼送挑战书。宗弼十分看不起地说："刘锜怎敢和我作战。"耿训说："太尉（刘锜）不但敢与太子（宗弼）作战，而且认为太子必不敢渡河。愿意为您搭浮桥五座，请您渡河大战"。宗弼这下更被激怒了，一口答应明日会战。

第二天，刘锜果然于颍河上搭浮桥五座，并把伪齐遗留下来的毒药置于颍河上游及草中。他严令军中将士,即便渴死,也不得饮河中水。

当时天气甚热,敌军远来,衣不解甲,十分疲惫。宋军却以逸待劳。敌军人马饮于河中,马就食于岸边,不是生病,就是软弱无力。

早晨天气凉快,宋军轮番休息,刘锜稳坐钓鱼台。午后,刘锜估计敌人士气、体力已降到最低点了,突然下令宋军数百人出西门袭击金军。双方正在激战,刘锜又命数千人出南门,直扑金军,近战肉搏。宋军士气高昂,以一当百。金军被突然如猛虎般冲出的宋军吓呆了,接着纷纷溃逃。宗弼出动了精锐"铁浮图"、"拐子马",以牙兵三千人督战,也无济于事了。"铁浮图"① 被宋军以长枪、大斧杀得落花流水。金兵大败,遗留的车旗器甲堆积得像小山一样。宗弼大败却不承认自己的错误,痛打部下诸将,灰溜溜回到了东京。

将领自身的性格、爱好,往往成为敌人判断形势的重要依据。刘锜散布假情报的独特之处就在于,以将领个人的弱点去迷惑敌人。这个事例表明,对敌人将领的研究是一项需要从平时不断积累资料的基础工作,否则在对敌进行判断时就难免上当受骗。

第七节 耿耿孤忠

金兵大败于顺昌之役后,人心惶惶。没过多久一封密信到了临安,信中说:"顺昌之役,敌人震恐丧胆,燕山府(今北京)之珍宝全部运往更北部。金人想弃燕山府以南而逃。王师宜急速北上,勿失良机。否则深为可惜。"但是以宋高宗赵构、秦桧为首的投降派,不仅不乘机恢复中原,反而处处掣肘,使当时宋军多处连连获胜的大好形势付诸东流。

这个写信的人是谁呢?他就是因出使金国而被扣的宋臣洪皓(公元1088—1155年)。洪皓有才学,为人耿直,少年时就有为国做一番事业的远大志向。金国强迫其担任伪齐官职,洪皓宁死不屈,敌将宗翰拿他没办法。洪皓在地冻天寒的北国,遇上大雪找不到烧柴,就以马粪烧饭吃。其气节犹如苏武。正因如此,再加上学问深厚,有时金国大臣还向他求教,这也许为其活动提供了一定的方便。

公元 1130 年七月,金国将徽、钦二帝迁至五国城(今黑龙江依兰)。

---

① 铁浮图:戴重铠甲,三人为伍,以绳索相连,有进无退的步兵。

洪皓从云中（今山西大同）秘密托人带了书信，并以桃、梨、粟、面奉献二帝。二帝这才知道赵构登了帝位。

公元1141年，即顺昌之役的第二年，洪皓又求得太后书信，命李微秘密带回南宋。宋高宗得信大喜："虽遣使百余批，不如这封书信。"国家的恢复、中原百姓的呻吟可以不顾，一封家书喜上眉梢。但这也反映了洪皓的活动能力。

这年冬天，洪皓又派人持密信到临安，信中说：金国已疲于战争，不可能再长久与宋朝相峙下去了。过去金兵出征都带着妇女，现在已不敢了。如和议尚未定下，可乘势进击，恢复中原易如反掌。洪皓还在信中关切地问候主战派大臣李纲、赵鼎安康。以后金国对宋的重大行动，洪皓常先有密报。

公元1142年七月，洪皓、张邵、朱弁三人，乘金主生日大赦，逃回临安。金人赦免他们后，又怕洪皓久在金国深知内情，对金国不利，派骑兵去追。骑兵追到淮河边，洪皓等人已登舟南下了，追骑只好望河兴叹。洪皓被扣金国十五年，同行十三人，只有三人得以生还。遗憾的是，等待着他们的是一片妥协投降的气氛。就在他密报金兵意欲北撤后不久，在朱仙镇演出了一幕岳飞被迫撤军的悲剧。洪皓回国前，岳飞已屈死于狱中。洪皓自金国写密信时称："金人畏惧岳飞，甚至以父称呼之。听到岳飞死的消息，诸酋举杯相贺。"洪皓归国后的命运可想而知了。

公元1155年十一月，洪皓从被贬居九年的英州（今广东英德），移居袁州，在途中怀着未酬壮志撒手人寰。

洪皓的行为提出了一个间谍战中的重大问题，那就是间谍的品质与气节。一个人如果由于各种原因身陷敌方营垒，但只要有忠于自己信仰、民族、国家的气节，就可以主动地在这方面做出成绩。在间谍战中，对于精心培育，长期潜伏，在关键时刻发挥战略作用的战略间谍的遴选，尤其要注重气节，大是大非要清楚，要有爱国情操。绝不可信任秦桧、汪精卫之流。对于认同汪精卫"曲线救国"一类卖国言论的人，对于品行不端者，可以在一定条件下予以利用，但不能任用。

值得注意的是洪皓这类对金国情况一清二楚的人，返宋后由于秦桧之阻挠，终于未能发挥更大的作用。不仅是洪皓，熟悉宋、金西部边境情况的李显忠返宋后，上书言西部恢复之策，也为秦桧所阻挠。秦桧以李显忠私自派人越过边界为由，贬李显忠于台州。对间谍送到南宋的情报，秦桧不是置之不理，就是尽力使之不发挥应有的作用。这表明如果内部混入了敌人间谍并窃据要津，甚至成为敌国的政治代理人，将给情报工作带来巨大的危害。实在值得警惕！在现代间谍战中，窃据英国谍报机关高位的苏联间谍菲尔比·金就利用他的职权干扰西方侦破内部潜伏的间谍网达数年之久。其危害至今仍让西方谍报机关不寒而栗。这类间谍在间谍战中是最富有进攻性的战略间谍。

第八节　秦桧的真面目

顺昌大捷后不久，公元 1140 年六七月间，岳飞率岳家军于颍昌、郾城、临颍，连续大败金兵。金将宗弼为之闻风丧胆，逃回汴京，慌慌张张地准备继续北逃。此时岳飞已率军攻至朱仙镇，距汴京只有四十多里路了。

然而宗弼以铁蹄践踏中原，似乎特别得到送上门来的间谍的垂青。就在他准备离汴而行时，一个书生叩马而谏："岳少保（岳飞）快要撤退了。"宗弼很吃惊："为何如此说？"书生说："自古未有权臣在内，大将能立功于外者，岳少保也逃不出这一条。"宗弼恍然大悟，在汴京停下来观察动静。这个无名书生之言，精练地道尽了中国古代社会间谍战中，许多能干将领被除掉的原因所在。

果然，就在岳飞集结两河豪杰，派宋军由梁兴率领渡河，与诸将相约"痛饮黄龙"之时，一日十二道金牌严令其班师。在此之前宋朝廷知道岳飞北上之志弥坚，先命其余几支部队撤退，使岳飞成了孤军。此时中原父老们顶香盆，运粮草以迎宋军，金兵中也有接受岳飞旗号的，可岳飞不得不后撤了。他面对叩马而泣的中原百姓，扼腕长叹："十年之功，废于一旦！"真是"臣子恨何时灭"呵。宋军后撤武昌，恢复之地尽为金兵所占，中原豪杰绝望。一个收复大好河山的时机白白失去了！

其实宗弼如想到有秦桧在南宋为相，他也就不会那么惊慌了。

秦桧这个历史上臭名昭著的大汉奸，投降派人物，其劣迹在中国是尽人皆知的。在此仅从间谍活动这一角度，对其进行剖析。

秦桧是金国之间谍这是毫无疑义的。公元 1127 年，"靖康之变"，秦桧随二帝到了北方。秦桧先在燕山，后来迁至韩州。徽宗听到赵构即位的消息，亲笔写了一封长信给金将宗翰①，企图以此来表示自己还有些作用。这封信经秦桧润色，通过贿赂金将，送到了宗翰手中。秦桧也由此与金将搭上了关系。金主以秦桧赐给其堂弟完颜昌②，由此秦桧更加如鱼得水地讨好金国统治者，开始了其充当金国走狗的生涯。秦桧在替宋徽宗润色书信时，就主动表示如果宗翰能采纳信中建议，允许宋徽宗派人到南宋劝说赵构投降，他愿意承担这一使命。

公元1130年秋，完颜昌率军由山东侵掠淮南，秦桧任随行参谋军事并兼随军转运使。秦桧妻王氏及奴婢随军南下。此时秦桧在金人心目中的地位已大有提高，并且有预谋地要放其归宋。果然，这年十月，秦桧及其妻、奴婢，行囊中装满了东西，却装作潜逃出来的样子，自楚州航海至越州，转赴临安。

秦桧觐见宋高宗赵构后，编造了一篇大谎话。明明是从金军中从容不迫地举家南归，他却说成是杀了监护的金兵，夺船而逃。这是一眼就可以看穿的骗局。当时朝中文武就议论纷纷。其一，与秦桧同时被虏至北边者甚多，为何秦桧独自一人归来；其二，由燕山府至楚州，路程有二千八百里之遥，其间山川险阻姑且不言，敌人关口重重岂能尽杀其守卫而归；其三，秦桧与金兵一起出来，金人必以其妻为人质，秦桧如何能举家而返。其实宋臣的议论还应加上第四条，秦桧一介书生，如无内应，岂能杀死监护人，况且夺舟而逃更非一人之力所能为。

然而议论归议论，赵构对秦桧归来却是高兴得不得了。秦桧马上被任命为礼部尚书。赵构对秦桧如何出逃，认为不必费心去弄清，也没这个必要。关键在于秦桧向他表达了自己在金国如何受到完颜昌之信赖，这就足够了。果然秦桧一开始参政，就打出了"如欲天下无事，南自南，北自北"的旗号，并拿出了他早已写好的致完颜昌的求和书。这下可乐坏了赵构，他对别人说："秦桧忠朴过人，朕得之兴奋得无法入眠。因为听到了二帝及母后的消息，又得到一才俊之士！"所谓才俊之士，无非是迎合其投降路线，而且在与金国联络时有固定渠道和老关系罢了。

尽管如此，秦桧做间心虚，对知道他底细的人必欲置之死地而后快。洪皓被赦免归国前，与秦桧同在宗弼手下共事的金国官吏托洪皓向秦桧致

---

① 宗翰即完颜宗翰，也即粘罕，金太祖完颜阿骨打之侄。
② 完颜昌即挞懒，金太祖完颜阿骨打堂弟。

意。秦桧除为完颜昌服务外，还曾在宗弼进军淮上时，为之起草檄文。秦桧怕洪皓揭老底，就唆使人对洪皓加以迫害。

公元1141年七月，金将宗弼又派间谍致书秦桧：必杀岳飞，方可言和。同年十二月，岳飞被以"莫须有"的罪名，害死于狱中。

秦桧除一度罢相外，执南宋权柄十余年，一味妥协投降，破坏抗金，杀戮岳飞等抗金将领，排斥、迫害赵鼎、张浚等抗金大臣，推行向金称臣纳贡的政策。秦桧归宋前，朝廷中投降派的力量并未形成绝对优势。尽管宋高宗想妥协求和，但基本上是与金国处于边战边谈的状态。秦桧归宋后，专与金国妥协投降，南宋与金国不复言战矣。

秦桧之所以能充当间谍，主要还是迎合了宋高宗赵构的投降路线。这一点，南宋时就有人看得很清楚了。其杀害岳飞，也是在宋高宗默许下进行的。宋高宗对秦桧何许人，心里是一清二楚的。秦桧在日，宋高宗膝裤中常带匕首。秦桧死了，他才长出了一口气，对身边人说："朕免得膝裤带匕首了。"双方一个是利用君主来完成主子布置的让南宋妥协投降的任务；一个是利用金国间谍来为自己办妥协投降的外交；互相利用而已。

秦桧对宋高宗也进行了严密监视。他暗中勾结宫廷内侍及为高宗看病的御医王继先监视宋高宗。宋高宗的一举一动，秦桧全都知道。臣下的公文往往到不了宋高宗手中。因此秦桧临终前，宋高宗已命人起草了罢免秦桧父子的诏书。这一对投降路线推行者的钩心斗角一直未停止过。

秦桧的投降卖国、丧失民族气节的行为，千百年来，受到中国人民的唾弃。秦桧一名成了汉奸的代名词。但是从间谍战角度看，秦桧之为间，是金国间谍活动的一大成绩。自春秋、战国以来，中国专制局面已形成，即便在战乱之际，向对方派遣间谍，并使之成为埋藏在对方的政治代理人，已属十分不易。秦桧之成功，无他，宋高宗与之狼狈为奸，臭味相投而已。

这种向对方派遣间谍，使之窃据要津成为政治代理人之间谍活动，无疑属于战略谍报活动。日本人在侵华战争中就曾多次利用投降的国民党高级官吏、将领，让其潜回重庆，与蒋介石暗通心曲，进行诱降。汪精卫未公开出走前，日寇也利用其在国民党政权内部，从事诱降活动。在当今国际上此类事情也屡见不鲜。分析秦桧的行动，为我们分析某些令人费解的国际政治、军事斗争，提供了一个新角度。

这类活动之开展，既需要深入、细致地分析对方的政治状况、政治上各阶级、阶层之动态，也要对代理人的素质进行检验。盗亦有道。进行这类高级别、高层次的间谍活动，绝非无知识、无地位的人所能承担起来的。秦桧进士出身，文笔甚好；汪精卫巧舌如簧，当汉奸还编出一套"曲线救国"谬论，至今仍为某些人所鼓吹。对于这类善于粉饰自己的，以政治破坏活动为主要行动目标的大奸，尤其要予以警惕。

第九节　大间谍的小聪明

在阅读本书时，你会感到在中国古代间谍战中颇为缺乏经济情报的窃取与利用一类的事例。以农业为主的自然经济社会中，最主要的经济情报就是关于农业及有关副业（盐、茶、马、牛、布匹等）的情报。这些情报并不需要以专门的情报活动去搜集，也不需要用太复杂的手段去刺探。值得一提的是唐代理财高手刘晏（公元715—780年）以厚赏募善走者，"置驿相望，四方货殖低昂及其他利害，虽甚远不数日即知。是能权万货轻重，使天下无甚贵贱。"算是建立一个监视市场物价的情报系统，然而是公开搜集一般经济情报。

清代康熙、雍正则在他们的特务机构中布置了定期汇报农耕情况，米价低昂、天气好坏的重要任务。清代还有传递黄河汛情的情报系统。黄河汛期，在其上游皋兰城西，"有铁索船桥横亘两岸，立铁柱，刻痕尺寸以测水，河水高铁痕一寸，则中州水高一丈"。到了水大之时，用羊皮密缝成不透水的羊状皮筏，"选卒勇壮者，缚羊背"，冒险乘流而下。到河南境内，送信士卒把身上带的写有汛情的竹签子顺流投入水中。早已等待在那儿的当地士卒"操急舟，于大溜候之，拾签知水尺寸，得预备抢护"。

对经济情报的利用，在中国则相当早就出现了精彩的表演。春秋时，齐国粮价猛烈下跌，齐桓公担心粮食会被邻近诸侯国的商人抢购空，想让本国百姓有储备以备万一，就去向大政治家管仲求计。管仲回答："今日出行，看到路边有两家新造了大圆粮仓。请您用玉璧聘这两座粮仓的建造者为您也如法建造两座。"齐桓公当即命人去请。百姓知道了这一消息，认为国君如此做，定有原因，也纷纷造仓储粮了。这个事例不一定确凿，但反映出中国治国者对经济情报及其利用，早有所领悟。类似的事在宋代也发生过。

上一节中提到"盗亦有道"，秦桧其人品德、功业一无可取，但阴险狡诈，小聪明还是有的。如果不以人论事，这类小聪明如果用对了地方，也还有值得一提之处。否则他也不会操南宋权柄达十余年之久了。

宋代商品经济进一步发展，北宋时出现了名为"交子"的纸币。货币的流通和使用，日趋复杂起来。

秦桧当政时，临安有一个时期出现了市场上铜钱匮乏的情况。有钱人看到市场上缺钱，更加把钱储藏起来，商人也不愿赊账卖东西，一时市场无法运转了。京尹曹冰把此事报告了秦桧。秦桧笑答："此事易办。"

秦桧立即召来了管理铸钱的官员，对他说："才接到圣旨，想改变钱的样子。麻烦你铸新钱样一缗，我呈给圣上。旧钱尽废不用！"秦桧命令他第二天正午前办好此事。这个官员受命而出，连夜召集工匠赶铸新钱。有钱的富豪家，听到这一消息，唯恐自己的钱作废，倾其手中之钱，购买粮食等物。一时间物价上升，市场上流通的钱多了起来。官吏们把新钱的样子送给秦桧后，犹如石沉大海，再也听不到回音了。原来这是秦桧故意散布的假消息，使富豪们倾囊而出。

对此事还有另一种说法。市场上缺钱。秦桧对给自己梳理头发的工匠，赏了五千钱。以往工匠为秦桧服务一次，仅得二钱，工匠当然惊讶之色溢于言表。秦桧却对他说："此钱几天内将下旨不用了，故早些用了。"工匠一听，赶紧到外面通知亲朋好友。不过三日，京师市场上涌出了大批钱币。

秦桧实际上是故意制造经济假情报，操纵调节市场。在经济联系日趋一体化、日趋复杂的今日，对经济情报的保密固然重要，对经济情报的使用更加重要。尤其是在对外交往中，商场如战场，巧妙地以经济情报，真真假假使对手摸不着头脑，是克敌制胜的重要因素之一。

在"类战争"时代，双方以经济力量的竞争进行搏杀，积极主动地散布经济假情报，是重要手段之一。实际上，在经济战中，双方搏杀的主要交手武器之一就是情报信息。使用经济情报的成功与否，往往关系到国家成百万元乃至数亿元的经济利益。因此，具有情报观点、谍报观点是管理经济的官员的必备意识。

但是经济情报的使用远较其他任何一种情报的使用更为复杂。它是一柄"双刃剑"，可以伤人，也有可能自伤。其使用不光难在对其涉及的复杂关系的判断，更难在对人们心理的预期。当然如何把巧妙地使用经济情报与经济发展战略融为一体，系统地着眼于中长期地运用经济情报，恰当地散布经济假情报来为经济发展战略服务，更是一个大问题。这方面似乎有必要成立经济战"参谋部"，协调各方面的力量。另外，如何针对对方使用经济情报，如何把经济情报与军事、政治情报配合使用，使之发挥最大的效益也是十分有趣的问题。美国总统大选刚完，布什上台的消息一传出，股市立即大跌。在现代社会中，各种情报之相互影响实难预料。因此对经济情报的使用、分析，非集合各方面专家不可。经济情报活动在现代社会将占有越来越重要的地位。

最后需要特别指出的是，在我国对外开放、引进技术、资金等活动中，注意适当地利用经济情报，并将经济情报的运用与打破对方的技术、资金封锁的谋略结合起来，利莫大焉！值得深入地进行研究。

无论出于何种目的，还是由谁来使用经济情报（政府或者企业），都需要考虑经济运行规律、市场运行规律。最好使经济情报的运用，建立在市场经济基础上。人为地运用经济情报，扰动经济发展，固然可以影响事态的短期发展，从中长期看还会回到经济固有规律的轨道。

第十节 宋高宗的"本事"

宋高宗在其执政期间，除了妥协投降外，对金人别无办法。不过赵构毕竟贵为天子，对金国长期低声下气，也有一肚皮的气。因此，在不敢公开得罪金人的前提下，他有时也要显一显"治住"金人的"本事"。

公元1142年八月，宋高宗屈辱地答应了金将宗弼要求，交出商州、和尚原、方山原地。过了些日子，金使又到了临安。这次金使却不是索要土地来的，而是为金主的后妃索要镶有珍珠的拖鞋等奢侈品。宋高宗听了大为高兴。他早就接到情报，金国皇后颇为擅权，金国大臣听她的话比听金主的话还认真。金国皇后生活奢侈，以珍珠装饰被子，由数千名妇女为之操作。每天换绣衣一件，价值数百缗。宋高宗命令有关大臣，尽力满足金使要求。他还发表了一番"高论"："这些东西都是朕不屑一顾的，而金国皇后想要，由此可见其奢侈之意。有关官员要全部满足她的要求，以使其更加奢侈。奢侈之心一开，我的事就能办成了。"赵构当然指的不是恢复山河，而是更好和谈了。

过了一阵子，金使再度来宋，这次要的东西太奇怪了。金使带来的单子上有：白面猢狲、鹦鹉、孔雀、狮子、猫。赵构又命人尽力搜寻，以满足金人要求。同时再度发表"高论":"敌使万里远来,所须如此。朕何忧哉!"又说:"其风如此,岂能久哉。"

白面猢狲、鹦鹉、孔雀等到底起了多大作用,不得而知。但金使索要的东西透露了一个重要情报倒是真的。那就是金国上层已日益脱离原有的游牧文化消费方式,向农业文化的统治阶层的消费方式靠拢。其腐化方式是一致的。

如果不以人废言的话,赵构这个只知投降妥协的人后面几句话倒说到点子上了。敌人上层人物的生活要求、爱好,敌国百姓的消费状况,消费特点,都属于重要的经济情报范围。而其上层人物的消费情况,又往往与政治情况密切相连。在古代社会,生产力不甚发达,统治者穷奢极欲的个人消费往往是动乱之源。因此赵构针对金国上层的腐化,极力满足其胃口,并把其消费胃口吊起来,还是有些小聪明的。遗憾的是,赵构只是把这类活动与自己的投降、妥协联系起来,而无宏图大略。

现代社会中,首脑人物的消费情况仍是重要的经济、政治情报。广大人民群众的消费状况更是重要的经济、政治情报。在开展间谍战、心理战时,离不开对敌国这类情报的掌握。这类情报从心理上讲是极为敏感,极为容易引起敌国政府上层与人民群众间的对立,极为容易引起群众动荡不安的情报。这类情报还往往反映了敌国整体经济状况。因此对这类情报的分析、研究、使用要慎之又慎。

第十一节　匾额的奥妙

公元 1149 年十二月,在金国统治阶层的内乱中,丞相完颜亮(公元 1122—1161 年)杀金熙宗完颜亶(公元 1119—1149 年)自立为帝。完颜亮是颇类隋炀帝的人物。其人有才干,好读书作诗词。未发动政变前曾作诗曰:"蛟龙潜匿隐沧波,且与虾蟆作混和。等待一朝头角就,撼摇霹雳震山河。"野心与抱负跃然纸上。金熙宗晚年好杀,完颜亮得大臣拥戴登上帝位。

金国从金熙宗起逐步加强了中央集权,废除了金国初年的"勃极烈"制(氏族残余的贵族会议制),推行宋、辽的政治制度。但中原、华北地区先后由女真贵族的军事首脑宗翰、宗弼、挞懒等人统治,其用人行政、军权、财权,无异一国之君。完颜亮上台后,于公元 1153 年三月正式宣布迁都燕京，改燕京为中都大兴府。同时确定了五都的名号。完颜亮迁都之举一方面加强了对中原、华北的统治，标志着金国统治重心南移，完成了中央集权过程；另一方面也是为了便于大举南侵。完颜亮南迁，把中原、华北的财政、军事、行政权统统收归中央，同时也开始就地征集南侵之人力、物力。

金兵南下之前，照例派遣了大批间谍，探听南宋情报。公元1161年九月，金国燕京人刘蕴古被南宋任命为迪功郎。刘蕴古对此职位十分不满，到处游说。他能言善辩，受到许多大臣欣赏。其实刘蕴古是金国间谍。完颜亮命他以伪降至宋，刺探南宋朝廷机密。

刘蕴古为了与南宋朝廷搭上关系，化装成贩卖首饰的商人，在寿春一带活动。他经常故意泄露一些金国的"机密"，并装成心向南宋的样子。见到南宋商人，他就痛哭流涕地说："我何时才能见天日呀！"大谈完颜亮的机密要事，并夸下海口：取中原，灭大金，是件很容易的事。南宋边境的官吏以刘蕴古的动向密奏朝廷。此时南宋朝廷已听到一些关于完颜亮将南侵的传闻，于是下诏命地方官吏送其进京。刘蕴古进京后对南宋大官说："我有两个弟弟在金国，都已当了大官，只有我两次被推荐给礼部，毫无结果，故尔南归，以求功名。"刘蕴古这番鬼话哄骗了南宋当权者，于是被授予前面提到的官职。

刘蕴古到临安后，干了一件令人不解的事。当时吴山上有伍员祠，祠门挂有临安富户捐赠的匾额。匾额金碧辉煌，花费甚多。刘蕴古至南宋后，先到伍员祠进香，并声称自己过去许过愿，要为此祠供奉匾额。于是他以自己的俸禄为伍员祠换上了一块新匾额，在新的匾额上刻上了自己的官职、姓名。新匾额挂上后，官员、百姓见了都议论纷纷："以新匾额换下旧匾额，通常是认为旧匾额不够气派。现在新换的匾额还不如旧的，这是什么意思？"南宋武官右武大夫魏仲昌独具慧眼："这不难理解。别人投奔朝廷，是贪图官爵、金帛罢了。刘蕴古却是真正的间谍。间谍入境，不止一人。在匾额上刻官职、姓名，是要告诉接踵而至者，让他们知道自己已经到了。"听到这话的人都不以为然。刘蕴古得以继续从事间谍活动。

完颜亮南侵失败被杀后，刘蕴古未来得及撤回北方。公元1163年三月，刘蕴古自告奋勇愿率北方游民万余人至边境营田，与金人周旋。宋臣中有不少身居高位者同意让他去，次相史浩力排众议，反对任用他。史浩认为:"刘蕴古必是间谍,来为金国刺探我情。国家严加提防,其不得施其伎。如果真给他万余人,必定会以此归国报功矣。"众臣议论纷纷,史浩说:"等其来进见,就清楚了。"诸大臣坐于堂中,等了许久,刘蕴古才来。史浩对满脸得意之色的刘蕴古说:"昔日汉高祖手下大将樊哙想以十万之众横行匈奴,议论者认为当斩。你凭乌合之众万余人,能干何事?"刘蕴古原以为重臣议论都会同意他的要求,听到这话为之色变,赶忙辩解说:"没有别的意思。这万余人的亲属皆在北面,不会为我们所用。不如乘其去向未定,率他们去试一下,或许能侥幸成功也未可知。"史浩接着刺了他一句:"我明白了。你说得很有道理。这万余人固然留不住,不知你的家属现在何处?"刘蕴古的家属仍留在幽、燕。这下刘蕴古知道说走了嘴,十分难堪,连仆役端上的茶也拿不稳了,双腿发颤,黯然退下。其他重臣仍不以为然,但刘蕴古的差事也吹了。

过了几年,刘蕴古秘密派遣其仆人骆昂到金国传递情报,被人告发。南宋官员发现搜出的刘蕴古所写"家信"中,全是他刺探的"朝廷机事"。至此,刘蕴古的间谍身份暴露无遗。潜伏、活动多年的刘蕴古这才被砍了头。

刘蕴古与秦桧相比,更是一名"职业"间谍,其潜入计划更为精密,活动方式更为诡秘。然而他的一些反常举动还是被有识之士所识破。但刘蕴古为何还能继续活动呢?这与南宋的纳降政策有关。南宋为招揽北部降官、百姓,往往过于宽大。从史浩的言论中,我们也可以看到其政策是对降者予以一定控制的。但从刘蕴古的活动可以看到,实际的监控远远不足以对这些人的活动造成限制。

随着金国在中原、华北统治的日趋巩固,其当权人物的思想、习俗、治理方式,已基本汉化了。在间谍战中,我们可以看到,金国对间谍的运用也达到了一个新的高度。刘蕴古是个有才干的知识分子间谍,他的间谍活动反映出金谍活动之深,范围之广,组织度之强,已到了让人感到惊叹的地步。

第十二节 立马吴山第一峰

金国在派遣刘蕴古这样的"王牌"间谍刺探南宋情报的同时,还派出了其他间谍。

公元 1159 年初，宋、金两国突然分别撤除了边境大部分榷场。之所以出现这种状况，一方面是宋国觉得榷场中混杂不良分子及间谍；另一方面也可以看作是金国的防间措施。总之大有山雨欲来之势。宋朝还禁止由海路与金通商，大概也有防间之考虑。

这年十二月，金国使节团到了临安。使节团正使施宜生是个有来头的人。他原来是江南失意书生，后偷渡至金，以南宋虚实上告，并未见用，后由考试得官，当了礼部尚书，并深为完颜亮所宠信。这么一个人出使南宋，其目的可想而知了。

在金国对南宋进行间谍活动时，南宋也派出使节至金窥探虚实。边境的间谍几乎每天报回金兵频繁调动，大造船舶的情报。一向妥协投降的宋高宗赵构对此并不相信。

施宜生到临安后，南宋命吏部尚书张焘陪同他住在驿馆。这些宋臣倒是多了个心眼，乘机对施宜生动之以乡情。施宜生大约重睹故国山河，也有些动心吧。他乘副使不在时说了句隐语："今日北风甚劲！"又取几间笔扣之，对宋臣说："笔来！笔来！"（与"必来"谐音）宋臣以此上报，南宋朝廷这才大为惊恐，开始做战争准备。

施宜生使节团中还隐藏着一个画工，此人另有使命：为完颜亮密画临安城郭山水。使节团回去后，施宜生费尽心机泄露情报之事，仍为其副使所知，上报完颜亮。施宜生被处死。画工所作之画，却大受完颜亮欣赏。他在上面信笔题诗："万里车书盍混同，江南岂有别疆封？提兵百万西湖上，立马吴山第一峰。"决心加速南侵步伐。

施宜生来访前一个月，宋使出访金国。第二年初金使又至宋。宋高宗派人从侧面探听使节口中消息。三月，出使金国的宋使贺允中等回国。他们密奏：金人已在北部边境聚重兵，准备南侵。金主穷奢极欲，燕京已极为壮丽，又修汴京，百姓多死于道。金主在国内还大肆杀戮，天人共怒，必不能久。五月，金使至宋，态度蛮横，制造战争借口，并派人测量江河水面之宽窄。六月，宋高宗召回了早派往金国边境的宋将李宝，询问应敌之策。八月，边境守臣许世安得到谍报，金主到汴京，重兵屯于淮、泗。

公元 1161 年九月，金兵六十万大举南侵。西起大散关东至寿春烽火处处。完颜亮亲率东路金军主力自寿春进犯江淮。

金兵南下并不顺利。东路多次受到南宋军队阻击，西路攻势也频频受挫。

金人不熟悉水战。宗弼南侵时就以南宋渔人为向导。完颜亮也是如此。完颜亮接受投降宋人倪询、商简、梁三儿的建议造海船数百条，准备由海路入钱塘江，策应金军主力。这引起了前面提到的宋将李宝的忧虑。十月，金兵舟船泊于唐家岛，李宝军驻于石臼山，相距三十里左右。有被强征入伍的汉人豪富子弟数百人来降。李宝通过询问这些人尽得北军虚实。原来金兵不熟悉海道，又不习水战，整日在船中大睡。李宝率军突袭金兵舟船，以火箭射击金军船帆。金军船队全部被消灭，倪询等人也被擒。尽管如此，十一月金兵仍挺进至采石，准备渡江。

宋军间谍探听到完颜亮举行杀白黑马祭天的仪式，第二天即将渡江。宋将虞允文得知消息后赶紧布置、整顿宋将王权所部的一万八千名散兵游勇。他还鼓励将士："金帛、诰命（官员任命书）均在此，以待有功。"第二天，虞允文率宋军做殊死战斗，金兵不得渡江。

完颜亮此时以为守江宋将还是败将王权，就派人持诏书求见王权，好像王权与金军曾有密约似的。虞允文说："此反间也。"命人回信金主："王权已受到国法制裁，新将是李世辅，愿一决雄雌！"完颜亮收到回信大怒，但又无可奈何，只好率军至瓜洲。在瓜洲又为宋军所阻。此时金国内部已陷入混乱。

就在完颜亮南下侵宋之际，金东京留守完颜雍在一部分大臣拥护下自立为帝，并从辽阳进兵燕京。

金兵与宋军对峙时，完颜亮严刑督战，引起了将士怨恨。于是他们杀死了完颜亮，派人到宋军议和。完颜亮仅仅"饮马长江"就魂归故乡了，连吴山的影子也没看见。

金兵后撤前，虞允文、杨存中以小船潜渡江北，侦察敌人情况。敌军请和使节一到，虞允文、杨存中立即上奏："他们这是得到新主之命请和，不要立即答应他们。"公元1162年初，金国南征之师才全部北撤。采石之战以宋胜金败而告结束。

完颜亮军败身死，固然有其内政不修，统治阶层矛盾激化等原因，从间谍战角度看，如此重大的战略行动，过早地暴露无遗，也是重要原因。尤其值得注意的是金国大量谍报工作反而暴露了其意图。由于过早（提前近两年）暴露了战略意图，即便是昏庸的赵构也提高了警惕。

与此相反，南宋大臣、将领，主动开展对金之谍报活动。从完颜亮有南侵之意起，随时监视金国活动，因而能以少数战斗力不算强的军队大破金兵。

第十三节　蒙古铁骑之先导

　　宋金对峙之际，一股更为强大的力量崛起于北部草原。在东起兴安岭，南至与金接界处，西到阿尔泰山，北至贝加尔湖的广大草原，蒙古族建立了自己的政权。

　　蒙古族之名称，最早出现于唐代，被称为"蒙兀室韦"，居住在望建河（即今额尔古纳河）之东。大约在唐末，蒙古一部逐渐迁居于斡难河（今蒙古鄂嫩河）上游不尔罕山（今蒙古肯特山）地区。辽代，在北部草原上有许多游牧部落，其中就有蒙古部。后来成吉思汗统一各部落，蒙古之名就成为草原各部统称。

　　蒙古族首领铁木真（公元1162—1227年）经多年征战，于公元1206年在斡难河源即大汗位，尊称成吉思汗，建立了蒙古汗国。

　　成吉思汗建立蒙古汗国后，在国内建立了分封制度。分封制度的主要内容是：把各部牧户编为十户、百户、千户、万户，分别设长管理。其中千户、万户之长由大汗直接封任。万户、千户长，按其等级高低领有一定范围的、大小不同的疆域作为封地，并领有封地内数量不同的封户。牧民必须向政府或领主缴纳羊、马及其他畜产品，承担军役和各种劳役。分封制度标志着蒙古汗国内部开始向封建制转化，原有的部落制度被逐步废除。作为一个国家内部凝聚力增强了，政府的权威性大大增强，国家首脑自然也成了高度集权的君主。蒙古汗国还有了成文法和取自畏吾儿字母书写的文字。这样蒙古汗国在其沿着历代游牧民族南侵老路走下去时，已是一个准备相当成熟的民族，不仅仅是纵铁骑于长城之下，乱杀乱砍的乌合之众了。这一点从其对金国的侦察可以看出来。

　　蒙古族在金代经常受金国之欺压、攻掠。成吉思汗即位后首先把刀锋指向金、夏两国。

　　公元1208年底，金章宗完颜璟去世，完颜永济即位。使者到蒙古，要成吉思汗拜受国书。成吉思汗问："新君是谁？"使者说："卫王（完颜永济即位前封卫王）也。"成吉思汗朝南面吐了一口唾沫："我以为中原皇帝乃天上人。此种无能之人也能当皇帝，我为什么要拜！"上马而去。双方公开决裂。成吉思汗在此之前曾入贡于金，金国接受贡品的官员就是完颜永济。可见当时成吉思汗就已对其进行了细致的观察。

公元1211年二月，蒙古军的铁骑向金国边境移动。经过几次战斗，八月，成吉思汗已驻扎于抚州（今河北张北），布置军队准备强攻野狐岭（今张家口西北）。

金将鼎苏率金兵防守野狐岭。成吉思汗派察罕去窥探金兵动静。察罕侦察后，向成吉思汗报告：金兵马足轻动，不足畏也。成吉思汗于是率军进击，大破金兵。察罕因侦察有功被封为千户。

金军在乌合堡驻军防守。其守将伊喇尼尔是原辽国人。蒙古军到，他立即率众百余人前往投降，并献伐金十策。成吉思汗封其为霸州元帅。不用说，金国的底又让蒙古摸清了不少。

这年八月，金使耶律阿哈出使蒙古。耶律阿哈是与其弟耶律图哈一起来的。成吉思汗立即任命耶律图哈担任侍卫官，让耶律阿哈参与机密大事的策划。原来在此之前，耶律阿哈就已经成了蒙古的间谍。耶律阿哈在前几次出使时，看到成吉思汗奋发有为，认为将来必定是蒙古的天下，就有归附之意。成吉思汗看到耶律阿哈善射骑，又精通各国语言，正是自己用得着的人。成吉思汗与耶律阿哈一拍即合，但对其还有些不放心："你既想在我手下为臣，以什么让我相信呢？"耶律阿哈说："愿以子弟为质。"回去后，耶律阿哈就不断地把金国情报秘密地送往蒙古。

金国人等了许久，使节仍不回来。感到不对劲儿了，就把耶律阿哈的家属抓了起来。耶律阿哈不为所动，成吉思汗又为他娶了贵臣之女。

成吉思汗经过降臣指点和蒙古军侦察，对金国已有了基本了解，于是开始大举向金国进攻。其攻金大军的先锋，就是耶律阿哈。

蒙古军大举进攻后，率军驻扎在定州的金国汾阳郡公郭宝玉率军投降蒙古军。郭宝玉是金国高官，其投降对金造成的危害更大。郭宝玉在蒙古将领引见下见到了成吉思汗。成吉思汗问以取中原之策。郭宝玉说："中原势大，不可轻视，可先攻取西南诸蕃，利用他们的力量再来进攻金国，那时必定成功。"郭宝玉还为蒙古取中原献了条陈五章：出军不得随意杀人，刑狱唯罪重者处死，其余杂犯，量情笞决；军户蒙古色目人，每丁起一军，汉人有田四顷，人三丁者签一军；年十五以上成丁，六十年老，站户与军户同；民匠限地一顷；僧、道无益于国有损于民者，全部禁止。

成吉思汗不仅从降臣、降将那里得到了中原战守之虚实，而且得到了如何在中原实行治理、巩固统治的方法。蒙古军更加频繁地向金国进攻。

成吉思汗灭金国，得力于金国降臣、降将。长城外的游牧民族入主中原，能否适当地起用内地之降臣、降将不仅是一个情报搜集问题，而且是关系到攻入长城后的重大军事、政治措施的战略问题。从这个意义上讲，有计划地利用降臣、降将，应当是高层次决策者亲自过问并予以监督的事情。成吉思汗对郭宝玉等人的运用，反映出一代天骄所具有的政治头脑和胸怀。

需要顺带一提的是，蒙古军的侦察极重视从敌军马匹状况来判断敌军战斗力。如成吉思汗在统一蒙古诸部的战争中曾以瘦马来引诱敌军。他从金军"马足轻动"来判断敌军状况，对人甚有启发。任何一个历史时期的军队，总有其关键的战斗装备，对这些关键战斗装备的观察研究是判断敌军战斗力的关键指标。蒙古人与马为伴，当然精于此道。今天，培养精通业务的各方面"观察家"，也是间谍战中的重要课题。

第十四节　窥探深宫

和历代权臣一样，宋代权臣也通过君主、皇室身边之人，对君主、宗室进行间谍活动。公元 1223 年，南宋权臣史弥远（公元 1164—1233 年）感到有必要对皇太子济国公赵竑进行一番侦察，以决定对其的态度。这时史弥远又重操历代权臣的老谱，买了一个美人送给赵竑。赵竑善鼓琴。史弥远送上的美人也有这方面特长。美人识字知书，为人狡猾。史弥远送其到赵竑处后，对她的家百般照顾。这个美人自然也投桃报李，为之窥探赵竑的动静。

史弥远在杨皇后支持下，久柄国政。他是个对金投降派。在杨皇后的支持下，他杀了主张攻打金国的韩侂胄，向金人求和。渐渐地朝廷中布列了他的党羽。赵竑心中不平，把杨皇后和史弥远的劣迹写于几上说："史弥远当流放八千里。"赵竑还指着地图上的琼崖说："将来有一天，就把史弥远安置在这里！"那位美人把这些情况都报告了史弥远。

这年七月七日[①]，史弥远以乞巧奇玩进于赵竑，以试探其对自己的态度。赵竑借着酒劲儿，把这些玩意儿全扔在地下弄碎了。美人对史弥远做了详细的报告。史弥远决心除掉这个将来可能危害自己的皇太子。

[①] 民间称为"乞巧节"，传说牛郎织女相会于这一天。

公元 1224 年八月宋宁宗病死，史弥远乘机在杨皇后支持下拥立赵昀即帝位，是为宋理宗（公元 1205—1264 年）。第二年赵竑在史弥远派人逼迫下自杀于湖州。

第十五节　挟使节以自重

金末，在金国统治地区山东兴起了由李全、杨妙真夫妇率领的农民起义军——红袄军。

李全（？—公元 1231 年），潍州北海（今山东潍坊人）人，农家子弟，有机变，善于交结人，为人勇敢善战，人称"李铁枪"。李全起义之初，曾率军助宋军进攻金兵，后来专门袭击各股义军，反复于南宋、蒙古两国之间以求自保，成为一股地方割据势力。李全为人狡诈，又有部下的一些原金国山东胥吏出谋划策，因此充分利用了南宋、金、蒙古三国的利害冲突。

李全善于用间。向北发展受到蒙古军抑制后，他图谋向南宋发展。为此在公元 1229 年四月，李全派人以缺粮为借口，乘海船自苏州入平江、嘉兴。表面上是向南宋借粮，实际上是借此侦察、熟悉水路，以备南下。

公元 1230 年二月，南宋京城的甲仗库（存放兵器、铠甲等军用物资的地方）突然起火。纵火者原宋军逃亡士兵穆春被卫士擒获。一把大火把南宋多年积蓄的军需烧得一干二净。原来穆春是李全派来的间谍。穆春临刑前仰天大笑："这下大事可成了！"足见李全之善于收揽人心。

李全在做了一系列准备后，于同年五月准备先占据扬州，然后渡江，占领通泰盐场，夺取南宋之盐利。这次李全又想出一个计谋。他找了两个山东卖药的商贩，冒充蒙古使者，公然往来，以吓唬南宋。李全还扬言，蒙古将出兵支持他，实际上纯属子虚乌有之事。随后李全派使者至南宋，挟"蒙古使者"之威，要求南宋对李全裂地封王，并增加钱粮供应。南宋虽未答应他的要求，但也不敢深究。

公元 1231 年初，李全在扬州与宋军作战时被杀。

李全利用卖药的商贩制造了外交假情报，虽然没有成功，但其做法却对人不无启发。制造外交方面的假情报，一是要充分利用各方矛盾；二是有些事可以捕风捉影，借题发挥，故意半露半掩，引人猜测；三是可以发挥主观能动性去制造一些让人生疑的事，不必坐等真的有类似的事发生。

这样可以更为积极、主动地推动矛盾向有利于我的方向发展。当然制造这类假情报要以客观大形势为背景，方才可信。当时蒙古、南宋对峙，李全又与蒙古有过一段关系，因此此计才能显得可信，才有依据。

第十六节　金杯的故事

公元 1227 年六月，蒙古军终于消灭了存在于南北两大对峙政权间长达二百余年的西夏政权。同年七月，一代天骄成吉思汗病死，结束了其震撼世界的一生。公元 1229 年八月，蒙古诸王拥立窝阔台即汗位，是为元太宗。窝阔台（公元 1186—1241 年）即位后，全力攻金。

公元 1230 年十月，窝阔台派速哥出使金国。速哥出使的目的很明确，就是窥探金国虚实。窝阔台之所以选中了速哥，是因为他深知速哥外表看似朴实粗鲁，实际上有胆略和智谋。临行前窝阔台为其打气："即便你回不来了，你的子孙也不愁富贵！"速哥大为感激："臣决心以死报答陛下！"窝阔台赐以所乘之马。速哥渡黄河到达南岸，被金人关在舟中七天方准登岸。

速哥到了金国南京（今河南开封），见到金国皇帝。他十分放肆地对金国皇帝说："天子念你土地日狭，民力日疲，故派我来向你传达天子之意。如果你能按时进贡，经常派使者去表示友好，就会转祸为福。"金国礼宾官命其下拜，速哥大声回答："我乃大国使臣，岂能为你们屈膝！"金国皇帝倒也喜欢他这股豪气，另外也考虑到蒙古此时的实力，就命人以金杯赐他酒喝。金国皇帝对速哥表面上也不示弱："回去告诉你的主子，如果一定要对金用兵，我愿率精锐与之周旋。每年进贡的事我从未听说过！"

速哥接过酒一饮而尽，把金杯往怀中一揣就走出了宫殿，踏上归途。一路上他装出一副呆头呆脑的样子，实际上留心观察金国山川地理形势，金兵布防的情况，人民的强悍与否。回国后，速哥把侦察到的情况向窝阔台作了详细的汇报，受到窝阔台夸奖："我从你手中得到了金国。"那只金杯也被献给窝阔台，窝阔台又作为此行的奖品回赐给速哥。

速哥此行，说明当时对间谍的使用日趋周全，连间谍的身后都考虑到了，以使之放心大胆地去做事。间谍随时处于生死的分界线上，因此对其身后之事的许诺与安排，是鼓舞间谍士气极为重要的因素。

速哥以鲁莽的性格为自己的间谍使命做了掩护。看来即便以外交官的身份执行间谍使命，也需要以种种方式迷惑敌人，掩护自己的真实面目和意图。

第十七节　善诱敌将

公元 1234 年初，蒙古军与南宋军合攻蔡州，终于破城。金国皇帝完颜守绪（公元 1198—1234 年）在此之前传位给完颜承麟。城破之日，完颜守绪自杀身死，完颜承麟也为敌兵所杀。金国灭亡了。和前一次一样，这次与人合作攻灭北部对峙之政权，并未给南宋带来任何好处。缓冲国消失了，蒙古、南宋直接对峙之局形成了。这一次对手更加强大，更加凶悍。蒙古骑兵的铁骑很快就频频南下，南宋连招架都十分费力了。

公元 1261 年六月，南宋潼川安抚副使刘整以泸州投降蒙古。此时南宋是著名奸相贾似道专权。贾似道是整人能手，南宋将领高达、曹世雄看不起他，他就命人逼死了曹世雄，罢免了高达。这引起了刘整的恐惧。贾似道还命人清查刘整的边防费用。刘整受到诬陷，派使者到临安申诉，未能上达皇帝。经过一番秘密接洽，刘整终于投降了蒙古。

刘整（公元 1213—1275 年）是南宋末年尚能率军与蒙古军一战的将领。刘整投降后，蒙古尽得"国事虚实"。为嘉奖刘整来降，蒙古皇帝忽必烈（公元 1215—1294 年）任命其为夔路行省兼安抚使，并赐以金虎符。刘整不仅善战，了解南宋高级将领的个性，熟知襄阳水域及防务，而且有谋略。这一点在蒙古军攻取襄阳时充分显示出来。

公元 1267 年十一月，刘整入朝觐见忽必烈，力言先攻襄阳之利害。忽必烈采纳了他的意见，命刘整与都元帅阿术督诸军进击襄阳。第二年七月蒙古军进抵襄阳附近。

此时南宋鄂州守将是吕文德。吕文德颇有威名，对蒙古军的行动牵制较大。刘整想在襄阳城外南宋军补给要道上筑城。又怕吕文德出兵干扰，就想了一条妙计。

他根据吕文德贪财好利之弱点，向忽必烈献计"可以利诱"之。忽必烈同意了这个办法。蒙古使节带着玉带到吕文德处，请求在襄阳城外设置榷场双方做买卖。吕文德糊里糊涂认为这是利之所在，一口答应了。

八月，蒙古军以置榷场为名，乘机在襄阳东三十里的鹿门山构筑了堡垒，其后又在白鹤城增筑了第二个堡垒。这样一来，南宋军补给遇到极大困难。吕文德这才明白过来。但蒙古军已逐步依托堡垒站稳了脚，并逐渐缩小对襄阳的包围。

这年底，吕文德在悔恨与自责中死去。临死前常常叹息道："是我误国呵！"

公元1273年二月，襄阳守将吕文焕投降。襄阳失守后，战略形势对南宋更为不利，为蒙古军攻打东南创造了条件，其后三年，南宋灭亡了。

刘整对吕文德之"收买"（严格地说并非收买，只是利诱）是值得玩味的。吕文德基本上是一个忠于宋朝的将领，如果赤裸裸地以金钱相收买，说不定会被拒之门外。刘整以玉带相赠，又以"设置榷场互通有无"这个含糊的题目相诱，从吕文德的良心上是说得过去的。刘整实际上是把银弹攻势与欺骗结合起来，取得了成功。

金钱这个东西，在间谍战中既可以用于收买叛变者，又可以根据敌方人员的不同弱点、动摇程度、思想状况，在不同层次上，以不同的方式加以灵活运用。

第十八节 礼尚往来

刘整的投降，使南宋感到极大威胁，特别是得知其策划进攻襄阳之后，更感到非除掉他不可。

公元1272年十一月，襄阳之战到了最后关头。南宋荆湖制置李庭芝命人造了金印、牙符，并写了书信，派永宁的一个和尚送给刘整。信中表示宋朝封刘整为汉军都元帅、卢龙军节度使、燕郡王。这些印符、书信为蒙古永宁县令所得，马上派人送给忽必烈。忽必烈下令由张易、姚枢等大臣查问此事。刘整知道后，上奏章为自己进行辩解："宋朝对臣策划攻襄阳痛恨之至，故设此计以杀臣。臣对这些事确实一无所知。"刘整还亲自从军中入朝求见，揭穿南宋这一离间计。忽必烈命人将送印符、书信的和尚处死，并重赏刘整。他还让刘整写信给宋朝，在信中对宋朝大加斥责。

忽必烈对南宋这一套已颇有经验了。宋、元对峙初期，南宋就经常派间谍到江北侦察。双方边境上间谍往来十分频繁，公元1267年，忽必烈曾下诏："诸越界私商及谍人与伪造钞者送京师审讯。"伪钞通行于双方边界也是当时边境一大特色。公元1271年七月，下面的大臣上奏忽必烈，南宋投奔元的百姓揭发，侍郎张大悦曾与南宋勾结。经过调查后，并无此事。忽必烈专门下诏给张大悦："南宋善用间，朕不会轻信他们，你不必有什么疑虑。"所以忽必烈在处理刘整一事时，很快识破了南宋的阴谋。

忽必烈对刘整表示了信任。刘整对南宋又加深一分仇恨。来而不往非礼也！刘整想了一条妙计，对南宋进行报复。

公元1272年十二月，宋将昝万寿率兵奔袭了为蒙古军据有的成都。这时有刘整故吏罗鉴从北方回归。罗鉴献出了据说是刘整的一些书稿。其中有"取江南二策"。其一为先取全蜀，蜀平江南可定。其二为清口、桃源，河、淮要冲，宜先城其地，屯山东军以图进取。第二年初，宋度宗接到了关于刘整文书的奏报，下诏：淮东制司往清口，择要害之处筑城以备之。

实际刘整提出的攻宋战略，其要害是"先攻襄阳，撤其捍蔽"。罗鉴带回的文稿中，唯独没有涉及这一点。可见这是一次战略欺敌行动。至于罗鉴是故意为间，还是也受了刘整的欺骗，故意把一些文稿让其逃归时带回，是一个有趣的问题。但从宋度宗的行动上，可以看出刘整转移了宋朝的战略注意力，报了一箭之仇。

以精心编制的假情报，开展战略欺敌活动，在假情报使用诸方面中，是最有意义的一个方面。伪造或故意泄露一些经过挑选的文件，则是散布战略假情报的重要方法之一。

第十九节　焚毁名单

元朝灭宋后，林融发动了反抗蒙古的起义。元朝一面派兵镇压林融率领的起义军，一面派使节带着写有林融家乡人全部名单的有关档案，到林融家乡去，准备将与起义军有关系的人斩尽杀绝。

元朝使节到了林融家乡，躲避在家的宋朝大臣刘濠准备了丰盛的酒宴，将元朝使节迎入家中。刘濠装出十分巴结的样子连连劝酒。元朝使节连日赶路感到十分疲乏，也就连连干杯，大嚼特嚼起来。不一会就沉沉入睡了。刘濠乘其大醉，翻了他随身带的箱子，发现了那份记有人名的档案。刘濠原来在宋朝任翰林掌书，有过目不忘之能。他记住了其中二百名参加起义头领的名字，然后伪装成不慎失火的样子，放火焚烧了自己的房屋。那位元朝使节虽然从火中逃出，但看到档案已失，非常着急。刘濠装成帮使者回忆的样子把自己记的二百人的名字写出。元朝使节只好按这个名单抓人，而这些人又几乎不在村中。

刘濠的机智救了一村人的性命。

同样的事情在北宋末年也发生过一次。"靖康之变"后，金将想劫持北宋宗室北移。有人给金将献计，可以从宗正寺（主管皇室宗族的机构）玉牒（皇室宗族档案）中查取。金将命立即将玉牒取来。不一会儿，有人将玉牒取到了南薰门亭子中。负责此事的金国官员正巧有事暂时离去，亭中只剩几个叫来帮助办事的北宋官员。其中有一名户部官员叫邵溥。他乘金国官员不在的机会，取出玉牒阅读。每阅读两三板，就将一板投之于火。阅读完毕后，玉牒已烧了十分之二三。过了半天，金国使者回来了。在他命令下，按玉牒所载将北宋宗室一一抓获。由于邵溥焚毁了一部分玉牒，因此玉牒上部分宗室侥幸脱身，总算逃过了被押往冰天雪地的北国的厄运。

这两件事从另一面说明了文书、档案之重要。在中国古代缴获的文书、档案不仅有着供相对落后的政权进行模仿、学习的文化作用；起着帮助新兴政权治理天下的作用；而且也的确起着为镇压反对派、政敌提供必要的背景资料和线索的作用。

从这两个例子可以看出，对敌方文书、档案的保护、整理与研究，是胜利者仍然不可掉以轻心之事，仍然存在着敌人予以破坏的可能。从另一方面看，尽力避免重要的文书、档案落入敌人手中，在斗争中是非常重要的。对于在斗争中失利或暂时处于不利态势的一方，应当把适时地处理好文书、档案纳入应变方案之中，这样才能尽量减少损失。

第三章　元代的间谍活动

第一节　草原铁骑

蒙古入主中原，固然善于用"间"侦察敌人内部情况，在战术侦察上也颇有一套办法。认为蒙古铁骑纵横欧亚，仅仅凭的是勇气与长刀那就大错而特错了。

蒙古铁骑行军，即便是小部队，也要先以精锐骑兵，四散而出，登高眺望。这些侦察的骑兵进行深远、广泛的侦察，有的远至一二百里。在草原上以骑兵来往相争，这么深远的距离足以尽早发现敌军，并采取相应的措施了。

这些侦骑不仅要发现敌军，还承担着捕捉当地人和来往行人进行审讯了解情况的任务。对出征地前后左右之虚实，例如某条道路可以进军，某条道路不宜前进，某城可以进攻，某城不可攻，某处宜于作战，某处可以驻扎，某处有敌兵，某处有粮草，等等，统统在打听之列，并须立即派哨马回报。从打探内容看，已有进入内地作战的特点了。其侦骑一般是一个有组织的小侦察部队，否则绝难胜任如此繁多的情报搜集任务。

蒙古军作战，并不把重兵驻扎于城内。城外哨马星罗棋布。一有警报，哨马响应，四处打探。如得到情报，就马上回报统军将领。

两军对垒，蒙古军将领先登高远眺，观察地形和敌阵情况，敌军有破绽或混乱就乘机进击。如果遇到比自己多的敌人，就先在马匹后拖上树枝、木条一类东西，搅起漫天烟尘，吓唬敌军。

下面这个例子虽然在地名上史学家有异议，但还是可以从中看出蒙古军行动之方法。

元太祖派哲别攻取金国东京（今辽宁辽阳）。哲别知道金国东京城坚难下，就率部后撤五百里。金国以为蒙古军已撤回了，放松了戒备。哲别接到蒙古军侦骑派人送回的消息后，命令军中将士每人两匹马，轮流乘坐。蒙古军以迅雷不及掩耳之势，一昼夜返回东京城，突然发动进攻。金国守将来不及提防，被蒙古军大掠而归。

战术侦察（当然蒙古军的侦察不能完全视为战术侦察）必须与当时军队的作战特点、方式相一致，蒙古军的侦察方式，发挥了其机动性强的优势，与蒙古军大规模机动作战相配合，发挥了很好的作用。蒙古铁骑纵横欧亚，从情报工作角度来分析，也绝不是偶然的。

需要指出的是，成吉思汗向四方扩张时，不仅依靠着前面所讲的一整套获取情报的制度，还大量利用了各类商人，尤其是伊朗系的穆斯林商人为之获取情报。穆斯林商人与蒙古关系甚深。蒙古的征税几乎完全委托给穆斯林。因此，穆斯林商人有动力，也有能力为蒙古提供情报。日本蒙古学家小林高四郎在其所著《成吉思汗》一书中写道："蒙古草原自古以来就是索古多商人，其后是畏吾儿商人（这是蒙古人称呼的撒儿塔兀勒，也就是土耳其化了的伊朗商人）绝好的市场。他们越过帕米尔，通过'丝绸之路'给新兴的蒙古朝廷输入西方珍贵货物，同时畏吾儿商人足迹所到之处，谈论起中国、波斯的政治、军事情况和形势。再加上蒙古宫廷自己派出的间谍搜集的情报，掌握了确切的情况。在中世纪，波斯米亚歌谣里就歌唱着能装扮成商人和流浪者到达远方进行间谍活动的有趣故事。"

《蒙古秘史》一书中也记载了成吉思汗派手下人随同商人出去，在中亚被人当间谍杀掉的事。可见当时商人为蒙古充当间谍已较为普遍，因而引起各国的警惕。

成吉思汗大军所进行的间谍活动，是一个令人感兴趣的问题，值得进一步深入研究。

第二节 消失在大海中的劲旅

中国历史上北方游牧民族南下，不仅有一个在政治制度、经济制度以及文化等方面适合于中原的"汉化"问题，在军事上也面临着作战方式的急剧变化。即使这些问题都得到了解决，在进入江淮一带及南方其他水网密集地区，尤其是跨越长江天堑时，仍有一个水师整备、训练问题。不仅北部游牧民族如此，就是崛起于北部的汉族王朝，在南下前也都有一个整备与训练水师的准备期。在这个准备期中开展相应的间谍活动，搜集广泛的情报。这里"情报"不仅指对方军队布置等军事情报，而且对方的水路交通、水战时的自然条件（水流、风力、风向）、水军作战能力也包括在内。准确地说，南下的军事力量不仅面临着情报的搜集问题，也面临着学习和转变自己军事力量的组织体系、行为方式的问题。

金、元南下时，充分利用了当地汉人之力，这包括提供情报，提供向导、水手。尽管如此，金、元南下时的情报工作仍令人有"临阵磨枪"之感。金人南下由于不习水战，不明地理吃大亏的例子前面已提到过，这里从一个例子看元军在这方面的准备工作，同样如此。

公元1259年，元军南下进击黄陂。沿途得到宋沿江制置司的榜文，从榜文上获悉民船集于黄陂。蒙军统帅却认为："此事前所未有，愿如其言。"显然是对南宋情况一无所知。元军到了黄陂，由于当地渔民不满宋沿江制置副使袁玠的盘剥，"献舟为向导"，使得进军十分顺利。顺便提一下，类似渔民因不满统治者压迫而充当向导的事屡见不鲜。

元军攻入南宋都城临安后，倒是很注意搜集情报了。宋人金履祥曾向南宋朝廷"进牵制捣虚之策，请以重兵由海道直趋燕蓟"，并为此详细地绘制了一幅海图，备记海船沿途所经岛屿，"难易远近，历历可据以行。"这是一个大胆的作战计划，在中国古代战争史上也是一份值得重视的作战计划。这份文件之所以了不起，在于作者的出发点是大海，从海陆两方面考虑战略。这大大超出了南宋将领及统治者的想象力。这份计划被埋没在南宋政权的档案库里。元军统帅伯颜在临安"得其书及图，乃命以宋库藏及图籍仪器由海道运燕京"。其后金履祥的书和图成了元朝发展海上漕运的重要依据。

相比之下，元代东征日本时，任务较之南下灭宋更为艰巨，情报准备却远远不足，海军训练，海战准备更是粗糙。

越海远征，元军行之有效的一套比较直观的情报搜集方式都用不上了。但元朝并未以别的方式大量搜集情报，对其他公开的情报资料也未予以重视。元朝对日本的了解大部分得自高丽。

公元1265年，高丽人赵彝等人到元，对忽必烈表示可以与日本通使，请忽必烈选择大臣出使。

公元1266年八月，忽必烈命兵部侍郎黑的、礼部侍郎殷弘为正副国信使，持国书出使日本。黑的等取道高丽，依附于元的高丽国王植命其枢密副使宋群斐陪同前往。这次出使未到达日本就结束了。

第二年六月，忽必烈责怪高丽国王巧言敷衍，使国信使未至而还。同时又派黑的等到高丽，命高丽国王务必得到日本要领，才能复命。高丽国王植又来了一招，他上奏忽必烈：海道险阻，不可辱天使。九月，高丽大臣潘阜等持元朝国书到了日本，逗留了六个月之久，没有什么具体成果就回来了。当然这是高丽的一面之词，很值得怀疑。整个元朝对日行动中，高丽国与日本有无勾结、串通很难判断。但元朝直接了解日本的行动，数次为高丽所阻却是真的。

公元1268年九月，忽必烈又命黑的、殷弘持国书出使日本。这一次元使到了对马岛，日本人拒不让元使入境。元使捉了塔二郎、弥二郎两个日本人回朝。双方关系恶化了。

公元1269年六月，元朝命高丽国送回所抓的两个日本人，并送去中书省的公文，仍未得到回音。十二月，忽必烈又命赵良弼出使日本。公元1270年十二月，忽必烈又对高丽国王下令，务必协助赵良弼到日本。

公元1271年六月，元朝负责日本事务的官员曹介升等上奏："高丽故意以曲折迂回道路引导国信使，另外还有捷径，如果遇上顺风，半日可达日本。如果派我去陪同使臣，我没这个胆量，但如大军出动我愿为向导。"忽必烈答应考虑一下。九月，赵良弼在高丽派出的官员徐称的引导下终于到达日本。日本国派弥四郎入朝。忽必烈命给予友好的接待。公元1272年二月，赵良弼派人回来向忽必烈报告："去年九月，与日本弥四郎等人到达日本太宰府西守护所，守护所官员说：'过去上了高丽的当，屡次说元朝要来进攻我们。想不到元朝皇帝宽宏大量，派使者带来了国书。我国都城距此尚远，所以先派人随你的人回去复命。'"赵良弼派回的使节带回了二十六个日本人。这些人都到了京师，求见忽必烈。忽必烈怀疑这些人打着守护所官吏招牌，实际上是日本国君派来侦察元朝强弱、虚实的。元朝大臣都表示同意。于是没有召见这些人。

公元1273年六月，赵良弼又出使日本，到太宰府而还，报告了一些日本情况。仅仅凭着赵良弼至日本太宰府的一点观察就对日本用兵，是十分轻率的。然而公元1274年三月，元军就开始远征日本的准备工作。十月，元军一万五千人攻入日本，取得了一些战术性胜利，但后勤补给跟不上，只好抢掠一阵而还。这种胡打乱撞的进击，既无重点攻击的战略目标，又找不到对方的主力，不会有什么真正的成果。忽必烈却认为跨海远征，是十分容易的事。

公元1268年四月，忽必烈对高丽大臣李藏用说："听人说由海路到日本，如从南宋的地方出发，遇顺风三日可到，可谓朝发夕至。舟中载米，海中捕鱼而食，难道不可以吗？"他让宋藏用回去通知高丽国王，意思是准备让高丽和元一起远征日本。其对后勤的轻视可想而知，对远征缺乏必要的情报也可想而知。

公元1280年二月，日本国杀国信使杜世忠等。九月，忽必烈出兵再攻日本。元军水师利用了降元南宋水军的力量。有些将领对于水战还是有一些经验的。元军水师至日本后，水军统帅张禧即舍舟登陆，筑垒平湖岛。他命令战舰相距五十步，以防止大风到来时相互撞击。后来果然飓风大作，除张禧所部船只完好外，范文虎等人所率部队的船只全部被毁。这次出征只好草草收场。可见张禧一类熟知海上情况的将领并未充分发挥其经验、知识的作用。蒙古军队也没有按照海战要求，在编制、训练、战术等方面进行转变。

公元1281年初，忽必烈再次准备进攻日本。这次出兵声势浩大，征兵达十万人。出兵前也做了一些必要的情报准备工作。三月，有日本船被大风所阻，漂到了元朝沿海一带。元朝官吏命日本船上的水手绘制地图，发现太宰府以西有一名为"平户"的岛屿，四周便于驻扎水师。官员上奏后，忽必烈认为负责攻日的阿剌罕比自己更清楚此事，命令阿剌罕自己处理这些军务大事。此时元军已经出发了。从这一迟到的情报看，元朝对日本的情况仍仅限于使臣的少数几次出使和上次攻日的经验。

六月，元军统帅阿剌罕病故，由阿塔海代统元军。此时元军已准备渡海了。七月，元军渡海至平湖岛。统军将领仍是上次的范文虎等人。八月一日，飓风再起，范文虎等人挑选结实坚固的大船，弃军逃回。元军十万余人推举张百户为头领，准备伐木做船返回。这一情况被日本人侦察到了。八月七日，日本人向元军发起总攻。蒙古人、高丽人全部被杀死，汉人有不少被俘，当了奴隶。侥幸得以生还者只有两三万人。

元朝远征日本的战略行动，缺乏必要的战略、战术情报，是一目了然的。值得分析的是，其舰队两次为飓风所毁，是在同一季节中。跨海作战，气候条件的限制比渡江作战严酷得多，险恶得多。元朝君臣对这一点毫无认识，再次于同一季节出征，难怪日本文学家称这两次毁掉元军的飓风为"神风"了。当然,仅仅两年中,对元军来说既无掌握当时当地气象条件的必要时间,也无法积累起一定的经验。从情报角度看,元军之败,败于对气象条件的忽视。这也许是一个纵横于草原的民族,转向大海时不可避免的局限吧。元朝君臣从思想上没有自觉意识到这一局限,因而就无法在行动上跨越这一局限,在情报工作中就更是无法满足远征的要求。

在现代战争中,大的战略行动对自然环境变化的情报的要求更为严格、精确、全面。因为现代化的装备,现代化的国家基本经济设施,现代化的通信手段,现代化军事装备都要求对自然环境的变化有详尽的预测。否则,就无法发挥它们的作用。

在国际经济、文化、政治联系日趋紧密的今天,国与国之间的战争,更需要对敌方的自然环境、社会环境有一个全面的了解。这样才能在作战时立于不败之地。

在"类战争"时代,国与国之间以经济、文化、生态等手段相搏杀,这就使自然环境、社会环境等情报的全面搜集更为重要起来。情报工作中最大的危险就是,对某一方面的情报根本不去搜集,根本无视其重要性。

在现代战略环境中,大陆强国要进军海上,同样要经过长时间的准备。这种准备不仅包括军事装备的研制、生产,军队的训练,更重要的是对海上作战环境的熟悉,逐步形成适合于海上作战的战略、战役、战术思维、文化与传统,逐步获得海上作战的经验。

第三节 虎口脱险

公元1287年四月,元朝北边诸王以乃颜为首阴谋造反。乃颜在筹备反叛力量时,派使节到东道诸王公处,调集兵力。忽必烈听到了乃颜准备造反,并调兵遣将的消息。他一面命东道诸王公不得发兵,一面派曾在灭宋中立下大功、智勇兼备的大臣伯颜(公元1237—1295年)前往了解诸王虚实。

伯颜知道这是一件非常危险的事,但依然从容地奉命而行。不过在出使时,他命令随从在车上带了许多裘皮衣服。进入乃颜辖境,伯颜命人把裘皮衣服赠给所经驿站的办事人员。上好的裘皮衣服,对居住在东北的人来说,是珍贵合用的礼品,因此驿站的人对伯颜颇为感激。

伯颜一行人到了乃颜处后，进行了礼节性的活动，当然也暗中了解情况。乃颜对他们这时候上门的目的是一清二楚的。乃颜设宴招待伯颜，想在宴会上把他们一网打尽。这一消息被伯颜知道了，他立即带着随从脱离险境。

为防止乃颜追袭，伯颜命随从分三路逃跑，让乃颜摸不清自己在哪一路。由于伯颜来的时候赠予衣物，驿站的人十分巴结，伯颜所到之处都立即得到快马。伯颜因此得以逃脱虎口。

伯颜回京后，向忽必烈汇报了他了解到的情况。此时乃颜也公开造反了。元朝西北诸王公都有反意。如果他们一齐造起反来，事情就难办了。元臣阿沙不花向忽必烈建议："现在最好先安抚诸王，再讨伐叛臣，反叛者就会孤立了。"忽必烈说："好，你去为我办这件事吧。"阿沙不花北上去见诸王代表纳牙，对他说："大王听说乃颜造反了吧？"纳牙说："听说了。"阿沙不花耍了个花招说："听说大王等想做乃颜的外应，现在乃颜已经自行归降，只有大王单独与皇上抗衡了。大王何不去求见皇帝，表明心迹，方为上策。"纳牙等王公都同意了他的意见。诸王准备联合起来造反的阴谋被瓦解了。局势稳定下来。

根据伯颜搜集到的情报，忽必烈御驾亲征。六月，平定了乃颜叛乱，乃颜被捉住杀了头。

阿沙不花利用敌人相互间未来得及互通情况，以假情报去迷惑敌人的同盟者，瓦解敌人的同盟，是又一种在外交上使用假情报的方法。

一个间谍在从事间谍活动时，应当有义无反顾之心。但是如果能事先安排好退路，岂不是更好？况且在情报传递主要依靠人的古代，间谍的生还，更是完成任务的必要条件。

在当代间谍战中，统筹安排好间谍的退路，已是一种专门的艺术。这不仅可以免予败露，对间谍的士气也有极大鼓舞。这方面的活动同样需要极大的技巧与智慧。

第四节　反常的现象

成吉思汗死后，他建立的庞大帝国和其他兴起于草原的大帝国一样，很快解体了。横跨欧亚的蒙古帝国，除元朝统治着中国及附近广大疆域外，还分裂出钦察汗国、窝阔台汗国、伊利汗国、察合台汗国等成吉思汗子孙统治的国家。但是元朝皇帝名义上仍是大汗,对各国有名义上的统治权。忽必烈在世时,与反抗他统治的诸王进行了长期的战争。但是忽必烈所处地位与中国历代王朝一样,仅仅能打败这些诸王势力,而未能根除。

元成宗孛儿只斤铁木耳(公元1265—1307年)在位初年,察合台汗国汗笃哇,在专门与元朝作对的西北叛王领袖海都的指使下,经常出兵进攻元朝边境。

公元1298年底,元朝负责边境守备诸王议论防止笃哇、海都率军入侵事宜。他们手下将帅都认为,往年敌人一到冬天,就不会大举出击了。因此可以让部队在边境上休息一下。只有驸马奇尔济苏持反对意见。他对诸王、众将说:"诸位所讲的并非敌人的真实情况。今年秋天,敌人侦察骑兵来得很少。这种情形就像猛禽要捕获猎物之前那样,是在千方百计隐藏自己的形影。决不可放松边境的守备!"诸王、众将都认为他是过虑了。结果只有奇尔济苏一人的部队在严阵以待地防备敌人。

敌人果然以为在冬天进击可以收到出其不意的效果,大举入侵。由于早有防备,奇尔济苏所部三战三胜。遗憾的是当他率军长驱直入时,由于后续部队未及时赶到,被敌人抓住。敌人对这么一个能干的将军,当然想收为己用。奇尔济苏宁死不降,终于遇害。

从这个事例中,我们可以看到当时茫茫大草原上敌人以骑兵进行侦察的情形。由于这种侦察之频繁,以至于一旦停下来,就会让人觉得反常,从而推断出一些情况来。刺探敌人情报的活动一旦规范化、经常化,其本身就容易为敌人所注意,从而成为敌人掌握我方动向的一个来源。情报机构与间谍的活动本身,就是一个很好的情报来源。从这个意义上讲,反间谍机构同时也担负着对敌搜集情报的使命。

第五节 "智多星"的遭遇

刘基(公元1311—1375年),字伯温,是朱元璋的主要智囊。朱元璋不直呼其名,尊称为"老先生"。在民间传说中甚至成了半人半仙的人物。刘基在元末中了进士,后来当了江西高安县丞、江浙儒学副提举等官。他不仅足智多谋,为朱元璋打天下出了大力,才学也是不错的,写得一手漂亮文章。然而就是这么一位"智多星"式的人物,在元末仍遭到了方国珍农民起义军的算计。

元朝在元世祖忽必烈统治时，把国人划分为四等。第一等为蒙古人；第二等是色目人（包括西夏、回鹘、西域乃至留居中国的一部分欧洲人）；第三等是汉人（包括契丹、女真和原金朝统治区的汉人）；第四等是南人（包括南宋统治下的汉人和西南各族人民）。根据四等人的划分，在政治、经济上区别对待，等级越下，政治地位越低，所承担的赋税越重。蒙古人打汉人，汉人不得还手。犯了罪，四等人分别由不同法庭审判，蒙古人打汉人最多充军了事。这样元朝除了面临所有王朝都会遇到的阶级矛盾之外，还把自己置于尖锐的民族矛盾之上。

元朝统治阶级内部你争我夺，几次发生帝位之争。元末蒙古贵族极力兼并土地，朝廷也经常以土地百顷、千顷甚至万顷地赠送权贵。汉族地主也竞相兼并土地。最高统治者奢侈无度，元顺帝孛儿只斤妥懽帖睦尔（公元1320—1370年）是个荒淫腐败的皇帝。京师一带饥荒，百姓已到了人吃人的地步，他还在宫中大造极尽豪华之能事的龙舟。

元末天灾不断，饥民遍野。百姓在天灾人祸的逼迫下，终于揭竿而起。在起义军中，有一支比较特殊的队伍，这就是以盐贩子方国珍（公元1319—1374年）为首的起义军。方国珍浮海贩盐的商人兼海盗的生涯，使其具有商人将本求利的性格和狡诈的头脑。公元1348年，方国珍兄弟率众起义后，元朝命行省参政朵儿只班率兵进讨。方国珍大败元军，并活捉元军将领，以此来要挟元朝。元朝只好授他定海尉之职以示安抚。但不久，方国珍再度起事。这次元朝浙江行省长官自知难以制住方国珍，礼聘当时由于官场争斗而在家研究学问的刘基为元帅府都事。刘基此时虽对元朝廷不满，但面对起义的"乱臣贼子"，他却毫不犹豫地出山了。在刘基的建议下，元军在关键的战略要地庆元等地筑城，以此来对付游击于海陆间的方国珍。这招果然奏效，方国珍因此而陷入被动状态。元朝派左丞帖里帖木耳乘机进行招抚，方国珍也想请降，争取喘口气的机会。

刘基此时力言不可答应方国珍的条件。他对帖里帖木耳说："方氏兄弟是叛乱祸首，不加以严惩，难以威服百姓。"这一消息传到了方氏兄弟耳朵里，他立即厚赂刘基，遭到拒绝。随后他采取了一个只有商人才能想出的主意。方国珍派人带了金银财宝，乘船浮海直达大都（今北京）。方国珍派的人在大都朝廷上下打点一番，收买了掌权重臣，不仅答应了他的请降，而且同意授予官职。此时帖里帖木耳听从刘基的劝告，也上表朝廷，表示方国珍绝不可赦。但为时既晚，又斗不过金钱。朝廷下诏：刘基自作主张，目无朝廷，罢去官职，贬至绍兴，并由当地官员加以管束。左丞帖里帖木耳也同时被罢免。此时刘基已有"诸葛孔明一类人物"的名声，但仍为方国珍在另一战场上所击败。这也许就是刘基为何走上与元朝相对立道路的原因吧。

公元1352年三月，方国珍再度公开反叛元朝。刘、方两人的较量在另一种场合下还要继续下去。

方国珍以行贿上层击败"智多星"刘基，的确是别出心裁。不过此种用间方式只有在中国封建社会上层已十分腐败，统治阶级内部已十分混乱的情况下才管用。

第六节 朱元璋的机智

公元1351年，爆发了韩山童、刘福通为首的红巾军农民起义。起义以白莲教这一宗教形式为掩护，经过了充分准备。韩山童以传教为名，宣传天下将大乱，弥勒佛下凡。红巾军起事后不久，韩山童不幸被俘遇难。刘福通奉其子韩林儿为小明王，继续率众反抗元朝。起义军在东南一带以燎原之势迅速发展。

红巾军的一支，是由定远（今属安徽）人郭子兴散尽家财，集聚家乡农民组成的。郭子兴部很快攻占了濠州（今安徽凤阳）。公元1352年三四月间，一个青年僧人加入了郭子兴的部队。他就是后来以明太祖名垂史册的朱元璋（公元1328—1398年）。朱元璋是濠州钟离人，是贫苦农民家庭中的第四个儿子。公元1344年，凤阳一带连遭旱灾、蝗灾，其父母先后去世。朱元璋无法安葬父母，年仅十七岁入皇觉寺为僧。朱元璋参加义军，完全是当时下层社会一分子反抗元朝统治之必然。他参加义军后，作战勇敢，很快得到提升。郭子兴把义女马氏嫁给他，大大提高了朱元璋在义军中的地位。

公元1355年初，据守滁州（今安徽滁县）的郭子兴军出现军粮短缺。诸将议论下一步发展方向。朱元璋说："现在最好的攻击目标是和州（今安徽和县）。但和州城小而坚固，只能计取。"郭子兴问："你有何妙计？"朱元璋说："前些天攻打民寨（地主武装盘据的寨子）时，缴获了两件民兵（地主组织的武装民团）号衣。现在可以照样制作三千件。挑选勇敢善战的士兵穿上这些衣服，带上金银财宝，声称是庐州来的援兵，送元朝使者到和州颁发朝廷赏赐钱物。和州守军必定会允许入城。我军万余人，相距十余里，紧随三千人之后。三千人入城后举火为号，我军乘胜进攻，定可破城。"郭子兴认为此计不错，命令张天佑率化装成民军的三千人先行，赵继祖装扮成元朝使者，耿再成率万余人随后。

张天佑率兵行至半路上，和州城的官吏、地主以牛酒出迎。此时已是中午，张天佑部的将士走得又饥又渴，看到路边摆满了欢迎援军的酒食，就将错就错地吃了起来。但这样一来却误了约定的举火为号的时间，与后续部队也失去了联系。

耿再成在约定的时间里还看不到火光，认为张天佑已经攻占了和州城，就率军攻到了城下。元军守城将领派兵出战。耿再成军被击退，耿再成也带箭而逃。元军乘胜追击，到千秋坝才凯旋。张天佑这时才率领三千名化装的士兵赶到城下，恰好和元军相遇。元军措手不及，赶忙向城中撤退。张天佑军中的将领汤和以刀砍断吊桥上的绳索，红巾军乘机攻入城中。元军纷纷溃逃。和州城为红巾军所攻占。

张天佑这边大功告成，滁州那边却紧张起来。耿再成负伤逃回后，向郭子兴报告："张天佑军已全部被消灭了。"恰巧此时又有人进来通报："进攻滁州的元军派使者来招降。"郭子兴十分恐惧，与朱元璋商量对策。朱元璋命元军使节以膝盖跪行进帐谒见。郭子兴在见使节前，想命人杀掉元使，其他将领也同意这一看法。朱元璋认为："如果杀了他，正好促使元军加紧向我们进攻。不如用大话吓唬他，放他回去。元军将领听到我们有准备，必定不敢来了。"郭子兴在接见元军使节时吹胡子瞪眼地对其恐吓了一阵，然后放他回去了。元军果然停了下来。郭子兴又命朱元璋率军去攻和州。

朱元璋带兵到和州城下时，城门大开，出迎的是张天佑等人。朱元璋的任务只剩下进一步安抚和州城中的百姓了。

朱元璋前后两条计策，表明其足智多谋，善于用兵。尤为难能可贵的是，在前方前途未卜，后方又面临敌人进攻的情况下，他仍能以假情报迷惑敌人。越是在危急关头，越需要勇气与胆略，在间谍战中也是如此。用间而无大智大勇，难以收到出人意料的效果。

第七节 另一条战线上的搏杀

公元 1357 年二月，刘福通部将毛贵率军攻克胶州（今山东胶县），倪文俊克峡州（今湖北宜昌），李武、崔德等破商州（今陕西商县）直趋长安。元朝地方长官阿剌忒纳失里向镇守河南一带的察罕帖木儿（？—公元 1362 年）求救。察罕帖木儿率领的是自己组织的地主武装，在元末是一支较有战斗力的部队。察罕帖木儿也有知兵善战之名。

察罕帖木儿接到元陕西行省阿剌忒纳失里的求救文书时，刚好收复了陕州。他立即率五千士兵与另一元将李思齐一起前往增援。察罕帖木儿还真有些本领，很快将义军击败。元朝赶紧为其加官晋爵，任命他为陕西行省左丞。

过不了多长时间，义军又由巴蜀克秦陇，直逼凤翔。察罕帖木儿先分兵助凤翔守军守城。然后派间谍前往义军处，大讲凤翔如何容易攻下。义军上当，包围了凤翔。察罕帖木耳对这次战役的打法倒颇有蒙古军入主中原时的雄风。他派人侦察到义军上当后，率铁骑一昼夜急行军二百余里，到了凤翔城外。他命令骑兵分左右两翼夹击攻城义军。义军毫无防备，又加上城中守军鼓噪而出，内外夹击，被元军打得大败。义军数万人战死疆场。经此一役，义军对关中的威胁解除了。元军以用间得胜，在另一个战场上却因义军用间而遭到惨败。

同年八月，刘福通率红巾军相继攻克大名（今河北大名南）、曹（今山东菏泽）、濮（今山东鄄城北）、卫辉（今河南汲县）诸路。元将答失八都鲁率军进攻刘福通所率红巾军。元知枢密院事达理麻失理率军增援，为义军所灭。答失八都鲁见援军失利，率军退守石村。元朝廷以为他玩寇自重，故意不出战，屡次派使节到驻地催促其出战。频频往来的使节被义军注意到了。经过侦察、刺探，义军知道朝廷对答失八都鲁坚壁不战十分不满，决定施展离间计。

义军伪造一封与答失八都鲁通好的信，信中表示出双方达成默契，关系很好的样子。这封信被故意遗失在元朝使者往来的路上。使者果然拾到了这封信，上送朝廷。元朝统治者更加怀疑答失八都鲁。答失八都鲁也看出朝廷对其越来越防范。一片忠君之心落得如此下场，让他十分寒心。这年底，答失八都鲁抑郁而死。答失八都鲁一死，刘福通的红巾军在山东、河北一带又得到了迅速发展。

第八节　化装与诈降

元末各派势力的混战中，间谍化装成各类身份的人进行活动，令人眼花缭乱。

公元 1353 年底，地主武装首领刘睿在与江西农民起义军作战中遇伏被杀。其子刘健被农民起义军释放后，决心报仇。他向元朝地方官吏请兵，遭到拒绝。于是尽散家财，交结亡命之徒百余人，化装成工匠、商人、流氓、乞丐等三教九流的人物，混入起义军中。半夜时分，这些人一边大声叫喊，一边放火烧营。农民起义军大乱，刘健乘机杀掉了仇人，并擒获了农民起义军的首领。

公元 1359 年初，元朝地方民团首领郭嘉率兵到其防守的城外巡逻。在距城十五里的地方遇上一队也穿着地方民团衣服的元军百余人。郭嘉怀疑这些人是农民起义军化装攻城。果然过了一会儿，这些人脱下民团的衣服，露出了红巾军的红衣。由于预先有备，郭嘉大败义军。

公元 1362 年，朱元璋已成了气候，一些地方武装纷纷投奔其麾下。一个地方武装首领邓克明也想归附，但因为曾叛逃过朱元璋部，心有疑虑。他化装成商贩，乘小船到朱元璋驻扎的龙兴城下，派人进城侦察朱元璋动静，了解一下朱元璋对他这种人的政策。但派去的人露出了马脚，为朱元璋手下士兵所擒获，邓克明也因此被俘。朱元璋痛责其反复无常，将其押送建康。

朱元璋的部将吴良，擅长于水中侦察敌军，能在水中潜伏较长时间。吴良还善于化装成各种身份的人，从事间谍活动，为朱元璋立下了大功。

诈降也是元末各派势力混战中的常用手段。

公元 1359 年五月，有三个人投奔朱元璋部将胡大海处，声称是宋朝皇室子孙，愿助胡大海攻绍兴时为内应。胡大海将此事上报朱元璋。朱元璋认为可疑，命重刑拷掠，这三人熬不住酷刑，终于招出系受张士诚（公元 1321—1367 年，元末农民起义军领袖，后称吴王）派遣充当间谍。朱元璋命人将他们砍了头。

公元 1360 年，陈友谅（公元 1320—1363 年，元末农民起义军领袖，后称汉王）想与张士诚联合起来进攻朱元璋的根据地建康。张士诚尚未最后表示态度，陈友谅已率大军自采石顺江而下。这给当时羽翼尚未十分丰满的朱元璋集团，造成了极大威胁。在刘基的建议下，朱元璋尽出财物，鼓励士气，用诈降之计先对付陈友谅。

朱元璋手下将领康茂才与陈友谅是旧相识。康茂才家有一老仆也曾在陈友谅家为仆，与陈友谅相识。在朱元璋授意下，康茂才给陈友谅写了封信。信中表示愿意归附，并可做内应，请陈友谅赶快率军前来。信写好后，命那名老仆送到了陈友谅处。

陈友谅接到信后，非常高兴地问："康公现在何处？"老仆说："现在正率军把守江东桥。"江东桥扼水路要冲，陈友谅水师一旦中途受阻，江东桥就是必经之处，因此陈友谅非常关心江东桥的情况。他问老仆："江东桥是座什么样的桥？"老仆回答："是座木桥。"陈友谅放心了，他对老仆说："回去告知康公，我立即率兵出发。到时喊'老康'为暗号。"老仆回去后，向朱元璋报告了这些情况。

朱元璋立即命李善长率军士、工匠、民夫将江东桥改建成一座坚固的石桥。

陈友谅对老友信之不疑，放心地率水师东下，向朱元璋部进攻。行至大胜港，遭到朱元璋手下将领杨璟率军阻击。因为水路狭隘，陈友谅水师无法前进，只好后撤。路过江东桥时，陈友谅发现江东桥原来是座石桥，大吃一惊。他按照约定暗号大呼"老康"，却无人答应。陈友谅这才知道上了当。由于江东桥已改建成石桥，陈友谅水师无法强行冲过，只好改道驶往龙湾。早已埋伏在那里的朱元璋军全面出击。陈友谅水师几乎全军覆没。朱元璋乘胜攻克了太平、安庆。

大抵乱世，游离于各集团间的商人、流氓、乞丐、僧道之类人物，常常成为间谍的伪装身份。这类人物往往有合情合理的理由到处乱窜，不易被发觉。特别是商人、和尚、道士因为各方都要与之打交道，因而更享有某种程度的行动自由。朱元璋有一次身着僧服外出活动，回到濠州时竟被守门的红巾军认为是间谍，抓他去见郭子兴。可见当时间谍以和尚身份为掩护，已引起了普遍注意。唐末、五代时也出现过同样的情况。

研究间谍人员在不同时代背景下最易采用的掩护身份，对间谍工作和反间谍工作都是必不可少的。

第九节　智除赵普胜

赵普胜（？—公元1359年）是陈友谅部下得力将领，骁勇善战，人称"双刀赵"。赵普胜先隶属于朱元璋麾下，后叛归陈友谅，为陈友谅防守安庆，并经常率兵攻掠朱元璋占据的池州、太平等地。朱元璋部下将领对赵普胜感到十分棘手，朱元璋也认为赵普胜是心腹之患，决定设计除掉他。

公元1359年六月，朱元璋与部将密议除掉赵普胜之事。朱元璋对部将说："赵普胜勇而无谋，陈友谅挟持其主（陈友谅此时名义上尊徐寿辉为帝）以号令部众。上下之间，必然矛盾重重。用离间计除掉赵普胜，只需一人之力即可。"

赵普胜一介武夫，依靠手下一名精于算卦的门客出谋划策，赵普胜对他言听计从。朱元璋的离间计就从此人身上下手。朱元璋派人以伪装身份与这名门客来往，暗中了解此人与赵普胜的关系。掌握了两个人关系的情报后，朱元璋命人写了一封致这名门客的信，故意装作送错了的样子，让这封信落入了赵普胜手中。赵普胜对这名门客的忠实产生了怀疑。这名门客也心中不安，就投靠了朱元璋。朱元璋对这名门客予以厚待，使这名门客感激涕零，把赵普胜与陈友谅之间的关系及赵普胜的为人尽情道出。朱元璋大喜，给这个门客重金，作为活动经费，命他到陈友谅那儿去离间陈、赵二人的关系。

这名门客潜入陈友谅军，在陈友谅面前大讲赵普胜居功自傲，不把陈友谅放在眼里的坏话。赵普胜毫无察觉，仍然和往常一样，在陈友谅使者面前大大咧咧地吹自己的功绩，得意之色溢于言表。这更引起了陈友谅的怀疑。这名门客看离间计已奏效，就又乘机散布赵普胜想投降朱元璋的谣言。陈友谅猜忌之心日增。这年九月，陈友谅约赵普胜会师于雁汊。赵普胜毫无防备，准备了烧羊，亲自率人登上陈友谅座船，迎接陈友谅。陈友谅早已伏兵舟中，赵普胜一登舟就被抓起来杀了。陈友谅杀了赵普胜后，夺取了赵普胜的部下兵马。

朱元璋的离间计实际上是分两步施行的。第一步指向被离间对象的亲信，这一步成功后再由这名亲信去执行下一步行动。离间敌人，先选择好施展离间计的工具，这是朱元璋离间计的成功之处。

另外陈友谅与赵普胜间早存芥蒂，陈对自成系统的赵军早有火并之心，也是离间计成功的重要条件。对此朱元璋早就估计到了。

第十节　窥视诸方

公元1356年七月，朱元璋在建康（今江苏南京）称吴国公，已自成体系了，但仍打着红巾军的旗号。

公元1359年，朱元璋在江南各派势力争夺中，以建康为中心向外扩张，已占有相当大的一块地盘。但以朱元璋的实力，不过是当时有意问鼎的几股势力中较强的一股，远不能左右局势。朱元璋的东面是陈友谅建立的汉国；西与强悍的张士诚集团相邻；方国珍虽然表面归附，但变化多端，不听调遣。江南一带朱元璋尚未取得举足轻重的地位，更别提元朝武装力量还较强的北方了。

朱元璋周围的"邻居"，千方百计地以各种方式刺探朱元璋集团的情报。试举一例：朱元璋手下的地方官员得知守军来报，有一可疑的书生出现于境内。地方官命人立即将其抓住，经审问此人非同小可。原来此人的真实姓名叫吴彻，是陈友谅亲信，为陈友谅出谋划策颇有名气。他这次亲自出马搞情报，意义非同寻常，吴彻被层层移交，送到了朱元璋处。

朱元璋久闻吴彻大名，有收揽其为自己效力之意。他见到吴彻后立即命人松绑。为了试试吴彻的才华，他请吴彻为一幅名画《天闲百马图》题诗。吴彻略加思索，提笔写道："问渠何日渡江来，百骑如云画鼓催。九十九中皆汗血，当头一个是龙媒。"朱元璋见此诗气势豪放不羁，大为赞叹。但吴彻并无投效之意。朱元璋不忍杀他，又恐其日后继续充当间谍，就命人在他脸上刺了"诡谲秀才"四个字，然后放回。

大谋士亲自出马当间谍，可见当时间谍战之激烈。

为了削平江南各处枭雄，朱元璋也反其道而行之，刺探诸方的情报。他一面通过外交行动对各方进行联络、拉拢；一面派出间谍四处刺探对手的情况，甚至长期潜伏。

公元1359年，朱元璋精心选拔了精干卫士三十人作为随侍在侧的贴身侍卫。这些人本来素质较一般军士为好，经过朱元璋的亲手调教，成为能担大任的人。朱元璋从这三十名侍卫中又选出方德成等十三人，命他们装成因犯罪出逃的样子，打入张士诚集团，长期潜伏，充当间谍。

这十三个人还真有一套撒谎的本事。他们见到张士诚后，讲了编造好的一大篇谎言，骗得了张士诚信任。其中一位由于有本事，长相不俗，深得张士诚喜爱，还专门为他找了美女为妻。也许由于此人受到张士诚的厚爱，引起了同行侍卫的嫉妒，他们到张士诚处还不满一个月，就有一名叫周海的侍卫向张士诚告发了他。张士诚大吃一惊之余，勃然大怒，除周海外十二人全被斩于虎邱山下，后来朱元璋消灭张士诚，攻占苏州，将周海抓获。朱元璋命人将其凌迟处死，以祭奠方德成等人。可见其对自己的间谍被杀之痛心疾首。

这年朱元璋还派手下侍卫何必聚到江西去，刺探陈友谅的部下袁州守将欧平章的情况。欧平章年老体弱，治军不力。这些情况全为何必聚刺探到了，并上报朱元璋。朱元璋有些不信，亲自询问何必聚："你到袁州，留下什么记号为证？"何必聚说："欧平章家门口有两座石狮，我把它们的尾巴尖敲断了。"朱元璋军后来攻克了袁州，统军将领奉命查验，证明何必聚没有撒谎。

朱元璋一直十分重视对元军的谍报工作。公元1358年十二月，明军即将进攻元军据守的婺州，大军已开到了兰豀。朱元璋为弄清情况，先命和州人王宗显到婺州侦察。王宗显侦察回来后，向朱元璋报告，城中元军守将不和，各怀鬼胎。朱元璋大喜，当下许愿："我如能拿下婺州，让你当知府。"由于情况清楚，明军顺利地攻下了婺州。朱元璋履行诺言，命王宗显当了宁越知府（朱元璋攻下婺州后，改元婺州路为宁越府）。

当时元将察罕帖木耳屡败红巾军各部，自关中到中原，都处于其兵马控制之下。他还日夜加紧训练部队，准备南下，收复被义军攻占之地。对这一劲敌，朱元璋展开了战略侦察。公元1359年九月，千户王时奉命出使方国珍部。王时除负有窥视方国珍部动向的任务外，还另有使命。他在方国珍帮助下，由海路直达元大都，去刺探元朝中枢政局及元末握有重兵的察罕帖木耳、李思齐等人的部队动静。方国珍当初派人载宝物浮海而上，搬倒刘基，走的就是同一条海路，因此王时顺利地到达了元大都，完成了使命。

公元1361年八月，朱元璋大举进攻陈友谅。为放手与陈友谅一搏，防止元军南下掣肘，朱元璋派遣中书省都事汪河出使元朝，打探察罕帖木耳动静，并与之联络感情。

公元1362年六月，察罕帖木耳遇刺身亡。其义子扩廓帖木耳继统其众。扩廓帖木耳颇有父风,善于用兵,成为起义军和各割据势力的劲敌。

公元1363年春,朱元璋为此派汪河再度出使扩廓帖木耳处。汪河到了河南。扩廓帖木耳对汪河的使命一清二楚,借故将其拘押,解至陕州囚禁。过了三年,汪河吃尽苦头被放回。因其出使有功,朱元璋封其为吏部侍郎。

朱元璋这一系列间谍活动有两点值得注意。其一是朱元璋有计划地在列强纷争的情况下,采取了战略性的侦察活动。当时察罕帖木耳力量最强,张士诚对朱元璋威胁最大,陈友谅次之,方国珍则只是防止其反复的问题。朱元璋战略侦察的重心和着眼点基本上是与这一次序一致的。其二是朱元璋派出从事间谍活动的人,大部分是贴身侍卫或随侍在侧的中、下级军官。朱元璋显然在自己近侍中组织了一个由自己直接操纵、指挥的间谍组织。这种组织之萌生,其组织形式和人员构成、活动方式,与后来明代令人生畏的"锦衣卫"显然有着明显的渊源。

第十一节　恐吓

公元1362年三月,张士诚乘朱元璋部下将领胡大海被叛将所杀,派其弟张士信率兵围攻朱元璋军据守的诸全州。诸全州守将谢再兴虽然屡挫张士信军于城外,但毕竟兵少难支,派人到浙东行省右丞朱文忠处求救。朱文忠是朱元璋政权中负责浙东行省一带军事的官员。

朱文忠收到告急文书后,十分为难。当时胡大海部下的叛乱刚刚被镇压下去,张士诚军又邻近严州,叛乱的苗民占据了处州。他和都事史炳商议应付之策。经过商量朱文忠认为:"兵法先声而后实。现在诸全被围已很久了,敌人气焰很高。我军兵少,不用谋不足以战胜敌人。虚张声势,或许可以出奇制胜。"史炳也同意他的看法。

于是朱文忠派人到处散布消息:"右丞徐达等率领大军到严州了,即将进击诸全城外之敌。"他还派间谍把写有这类消息的"传单"贴到义乌的古朴岭上。张士信的士兵看了这些"传单",吓得纷纷开了小差。

守诸全城的朱元璋部将胡德济侦察到了敌军这种状况,马上和谢再兴商量如何进攻张士信军。当天晚上,朱元璋军悄悄地开城,向张士信军发起突袭。张士信是个只知吃喝玩乐的人,出征时还随军携带妇女。此时他认为自己兵力强盛,毫无防备。结果被朱元璋军杀得全军覆没。

公元 1368 年七月，元顺帝逃出大都。八月，明将徐达率军攻入元大都。在此之前，朱元璋于年初在应天（今江苏南京）称帝。元朝覆灭了，朱元璋统一天下的使命却尚未完成。

公元 1369 年二月，元丞相伊苏率军进攻通州（今北京通县），驻军白河。明朝大军此时出击山西，继续进攻元军残余势力，大都城中空虚。明守将曹良臣想出了一个办法，河中船上遍插红旗，连绵数十里。伊苏以为明军大举出动，吓得率军逃跑。曹良臣率城中近千人出击，北追百余里。元军从此再也不敢窥视大都。

公元 1370 年，明军伐蜀（此时为义军领袖明玉珍之子明昇所占据）。明军因粮草不济，攻克汉中后，暂时停止进攻，主力撤回。蜀将吴友仁率军反攻汉中。明将傅友德率三千人增援汉中明军。因为兵少，傅友德命士兵在山上把一堆堆干柴摆成十字，到夜晚一齐点燃，形成一个映红夜空的火十字。山下蜀军将士看着这熊熊燃烧的大火，惊呆了。蜀将认为一定是明军大举来援，就下令撤退了。

在战争中以假情报恐吓敌人是常用的间谍战手法。值得注意的是明军以"传单"吓唬敌军，已经是注意到了舆论手段在威吓中的作用。在舆论工具日益发达的今天，如何在间谍战中利用丰富多彩的舆论工具，是一个令人感兴趣的问题。

第十二节　书信退敌兵

明玉珍（公元 1331—1366 年），元末随州（今湖北随县）人。元末农民起义军四起时，明玉珍率千余人加入了红巾军徐寿辉部。公元 1357 年，明玉珍率部经巫峡西进，逐渐占领了蜀地。公元 1362 年三月，明玉珍称帝于蜀，国号大夏。明玉珍称帝伊始，就挥兵向云南进攻。

大夏军屡败镇守云南的元梁王所率军队。梁王联合了大理土官段功，向大夏军反扑。

段功的手下截获了明玉珍之母写给明玉珍的信件。信上写道："你远征云南，务必要攻下来，不要轻易退兵。如果缺少军粮，兵力不够，我可以给你补充。"段功手下的杨渊海模仿信中笔迹，给明玉珍写了一封信，信中说："元军来攻，你应尽早撤回。"信写好后，段功招募敢送信到大夏军中去的人。有一名小卒陈惠愿往。段功对其大加勉励，厚赏金银。陈惠携书信而行。

明玉珍收到信后，没有发现陈惠是假冒信使，反而信以为真。他唯恐后方生变，又加上刚刚在回蹬关为元军所败，只好下令撤军。

段功得到明玉珍撤军的情报，率军追击至七星关，大败明玉珍军而还。此后，大夏政权一直无力染指云南。

为报答段功的帮助，梁王把女儿阿盖嫁给段功，并报请元朝封其为云南平章。

第十三节　弄巧成拙

河山之险，在中国古代敌对各势力看来，都属于"国家级机密"。各方不仅都力图保密，而且千方百计对山川地理状况加以利用，以恐吓或迷惑敌人。公元892年，割据四川的王建派人出使朱全忠处，朱全忠向其打听剑阁的情况。这位使者把剑阁之险大大夸张了一番。朱全忠老奸巨猾，表示不相信他这番话。这位使者倒挺直爽地说："如果不这么说，恐怕要使您用兵失误啊！"朱全忠认为此人不欺骗他，大笑而罢。双方打成平手。但这一手如果用不好，可要弄巧成拙了。

明玉珍建立大夏政权后，生活节俭，喜好文学颇得蜀人拥戴。蜀地治理得颇为得法。

公元1366年二月，明玉珍病故。其子明昇在大臣拥戴下登位，年仅九岁。其母彭太后操国柄。

公元1366年九月，大夏政权派使节到朱元璋处报丧。使者见到朱元璋后，少不了应对一番。朱元璋当然也想从他口中套出一些情报。这个使者倒也伶牙俐齿，头脑灵活。他也想以蜀地之险吓唬朱元璋。于是大大地讲了一番"蜀道之难难于上青天"之类的话。对蜀地之险，大夏之富，极尽夸大之能事。使者原想朱元璋听了一定会有所感触，没想到朱元璋听完后说："蜀人不以保德修民为本，而依仗山川之险，蜀地之富，岂是长久立国之道！"朱元璋又进一步不客气地揭穿他："况且天下大乱已久，商贾入蜀之路久已断绝，你们那么多财富难道是自天而降？"使者脸上红一阵白一阵，无言以对。

使者走后，朱元璋对左右说："我平生务实，不喜浮夸、虚伪。此人不能显示其君主的贤明，却一味夸耀其国之险，其民之富，真是不知出使之要领啊！我派往四方之使节，一定再三叮咛，千万小心谨慎地讲话，不要夸大其词，以免招致人家笑话。蜀之使者这种无知之行，值得你们警惕，引以为戒！"

朱元璋接着派参知政事麦哲回访大夏。麦哲表面上装出小心翼翼，循规蹈矩的样子，实际上在出使队伍中携带了画工同往。所经蜀地山川险阻，全部为画工绘入图中。麦哲还对大夏的政局、军情进行了刺探。

回到应天后，麦哲对朱元璋汇报了所见所闻。他认为大夏内政混乱，大臣争权夺利，可以加以讨征。另外，他还献上了蜀地的地图。这样那位使节吹嘘了半天的蜀地情况，全部为朱元璋所掌握。

朱元璋听了汇报，看了地图后，十分赞赏麦哲的出使。根据麦哲搜集到的情报，朱元璋开始筹划进攻大夏的军事行动。

双方使节活动手法之优劣，效果之好坏，读者肯定会一目了然的。

考虑到朱元璋崛起过程中所处的复杂关系和他的军事外交策略，朱元璋那番话是经验之谈。朱元璋接受谋士朱升的建议：高筑墙，广积粮，缓称王。在张士诚、陈友谅、方国珍、明玉珍等几股大势力中利用外交手段相周旋，甚至对元朝具有实力的将领也与之联络。这样有力地配合了其军事行动，一一加以消灭。朱元璋让使者出使时切勿夸大，这种政治上的低姿态，正是减少敌人疑心和注意方略的体现。

相反，明昇的使节一味夸大山川之险，反而弄巧成拙，暴露了大夏政权的心虚、愚昧，官员的笨拙。在外交上散布假象，尤其是在整个国力上散布假象是很难欺骗别人的，弄不好反而暴露了自己的虚弱。

第十四节　巧计调敌军

公元1366年八月，朱元璋军在徐达的率领下进攻湖州（今浙江吴兴）。出师前朱元璋与徐达、副将军常遇春密谈："我派张士诚的降将熊天瑞与你们一起出征。让他为我们充当反间。熊天瑞投降是迫不得已，并非本心，时常心怀不满。我们密议的进攻湖州之事，一定要严令诸将保密，绝不可让熊天瑞知道。对熊天瑞只告诉他去攻苏州就可以了。熊天瑞知道这消息，必定叛逃，向张士诚告密。这样就正好中计！"

徐达、常遇春等依计而行。朱元璋军进至湖州毗山时，朱元璋军与张士诚军展开激战。朱元璋军连败张士诚军。此时熊天瑞果然逃跑。张士诚听了熊天瑞的报告，认为朱元璋军真的是要攻苏州（此时是张士诚的"国都"），不敢率军往援。朱元璋军乘机包围了湖州。等张士诚明白过来，亲自率军增援时，等待他的已是部署停当、以逸待劳的朱元璋军了。朱元璋军屡败张士诚援军，十一月攻克湖州。湖州一失，苏州就成了朱元璋军的主要目标。

以假情报转移敌人的注意力的手法，明将傅友德也用过一次。

公元1371年初，朱元璋终于要对最后一个割据政权——大夏动手了。他命汤和率军由水路沿瞿塘直逼重庆，傅友德率军自秦陇趋成都。傅友德前往陛辞时，朱元璋对他授以方略："蜀人听到我们西伐的消息，必然将精锐调至瞿塘，北边必然要重点防守金牛，抗击我军。如果能出其不意直捣阶州（今甘肃武都）、文县，就可打开巴蜀之门户。那时蜀人必然产生混乱。兵贵神速，就怕没有胆量！"

傅友德到了陕西后，一面调动兵力，一面扬言要经金牛攻大夏。大夏政权信以为真，调重兵防守金牛。傅友德派间谍侦察出青川、杲阳空虚，阶州、文县敌军很少，于是引兵自陈仓翻越险峻的山谷，直趋阶州。

由于出其不意，明军很快攻克了阶州、文县、青川、杲阳关（今四川平武东南），在与夏将向大亨激战后攻占绵州（今四川绵阳）。五月，明军逼近汉州（今四川广汉）。此时，汤和所率水师被阻于大溪口（今四川奉节东南）。

傅友德为了和汤和部取得联系，把明军战绩写在木牌上，乘江水暴涨，把数千木牌投入江中。大夏将士也拾到不少木牌，看到明军已深入腹地，斗志全无，纷纷逃散。汤和军乘机沿江而上。六月，汤和军至重庆，明昇出降。七月，傅友德攻克成都。天下已治蜀后治。最后一个割据政权终于被削平。

第十五节　"东方威尼斯"谍影

苏州素有"东方威尼斯"之称，但历史却比威尼斯悠久。1986年，中华人民共和国邮电部发行一枚纪念苏州建城2500年的明信片，明信片上印有苏州古城保存至今的阊门，引人遐想。悠悠岁月，阊门之下，依旧小舟来往，水清如碧。遥想当年，朱元璋手下大将徐达率军围攻张士诚负隅顽抗的苏州城时，阊门之下还发生过一个有趣的间谍故事呢。

在南方与朱元璋对峙诸势力中，张士诚是朱元璋颇为头痛的一个人物。张士诚不仅在军事上常常对朱元璋造成威胁，还在边境上派间谍引诱朱元璋部将士。

张士诚称帝后日趋腐化，政治上也失去了判断力。他宠信爱溜须拍马的小人，听信江湖术士叶德新、药贩子蔡彦文的意见，决定国家大事。朱元璋听间谍报告张士诚的情况后感叹道："我平日事事留心，严于执法，还有人想骗我。张九四（张士诚当草莽英雄时的名字）成年足不出户，不理政事，岂能不被人蒙骗！"在朱元璋不断蚕食下，张士诚的地盘日渐缩小，双方力量对比也日益悬殊了。

公元1366年十一月，朱元璋手下大将徐达等人率军进抵苏州城南鲇鱼口，击败了张士诚部将窦义。另一将领康茂才率军进抵尹山桥，击败张士诚军，焚烧战船千余艘，许多军需也被付之一炬。朱元璋军合围了苏州。

朱元璋军除在苏州城四周筑长围，困住城中守军之外，还修建下瞰城中的敌楼，用弓箭、火铳、襄阳炮①向城中乱打乱射。一时城中陷入十分危急的状况。陆路不通，只有走水路一途。驻扎在无锡的张士诚部将莫天佑想与城中的张士诚取得联系，选派了部下善于潜水的杨茂去执行这一任务。

杨茂乘天黑潜入河中，向苏州城游去。他本想从水中自阊门入城，但没想到碰上了朱元璋军在阊门外设置的水栅。杨茂被士兵抓住，押送徐达处。徐达对杨茂以礼相待，使杨茂愿为其所用。于是当晚杨茂又向阊门潜去，不过这一次却是执行徐达交给的间谍使命了。当时苏州城坚固难攻，又有莫天佑驻扎无锡牵制朱元璋军。苏州久攻不下。一旦遭到援军进攻，可能陷朱元璋军于进退两难之境地。但是由于徐达派杨茂在两边进行"联络"，张士诚与莫天佑的虚实动静，全部为徐达所掌握。随着杨茂在水中自由往来，双方的蜡丸密信，全部送到了徐达桌子上。徐达根据这些密信上写的计划，调遣兵马，使张士诚在被围达十个月之久时间里毫无作为。

公元1367年九月，朱元璋军攻克苏州城。张士诚自杀未死，被抓到建康见朱元璋。此时，这位草莽英雄又显出其硬汉本色，宁死不降，最后

---

① 当时的一种火炮。

在囚室自杀身死。苏州城破，莫天佑才以城降于徐达。莫天佑一直坐守无锡，是否在与张士诚通信时，被徐达做了手脚，不得而知。

第十六节 收拾方国珍

张士诚一死，朱元璋就腾出手来对付老奸巨猾的方国珍了。

方国珍虽然狡猾，但胸无大志，一直在几派之间观望、投机。公元1359年初，朱元璋派人招方国珍归附。方国珍借此与朱元璋拉上了关系，名义上表示愿意归附，实际我行我素。朱元璋也只求其不与自己为敌就可以了。方国珍同时还与元朝保持关系，同年受封为元浙江平章事。方国珍脚踏几只船，心里并不踏实，时常派间谍到朱元璋处和元朝大都窥探情报。对这些小手段，朱元璋当然也一清二楚，何况他身边还有一位吃过方国珍苦头的刘基呢。方国珍与刘基的那段"交往"，虽然使刘基大吃苦头，但方国珍也因此十分畏惧刘基，写信给刘基套近乎。刘基为朱元璋起草了威吓利诱的信，使方国珍不得不对朱元璋保持"入贡"的关系。

朱元璋军攻克杭州后，方国珍仍然我行我素，全然不顾他自己做出的"杭州攻克就纳土归降"的诺言。不仅如此，他还派间谍以"入贡"为名到建康刺探情报。朱元璋对方国珍所为十分气愤，写信历数其十二条罪恶，并罚其捐助军粮二十万石。

方国珍不理会朱元璋的警告，加紧把珍宝运到船上，准备一遇危机，上船溜之乎也。

公元1367年十一月，汤和率军向方国珍盘踞的温州、台州、庆元等地进击。方国珍部节节败退。方国珍看到已是最后关头，扬帆出海，被朱元璋军追击于海上，部下纷纷投降。方国珍在汤和派人劝说下，于年底投降了。

朱元璋本来想杀掉这个反复无常的人，但看到由方国珍手下谋士詹鼎起草的哀婉凄惨的奏章，还是饶了他。朱元璋在回信中说："我认为你这次投降是真诚的，不计较你从前的过失。"方国珍当然明白，今后再反可就要掉脑袋了。他老老实实地挂了个广州西行省左丞的虚职，在建康，朱元璋的眼皮子底下安度了晚年。朱元璋晚年猜忌好杀，方国珍以一降王能安度余生，看来此公不但善于投机，而且也颇有韬晦之计。

朱元璋对方国珍的情况一清二楚，但一直隐忍不发，是为了按部就班地执行其统一中国的战略。等到天下一统,以泰山压卵之势将方国珍压服。对收到的情报,有时并不一定要做出"反应",这本身就是一种"反应"。敌人的行为只要在一定程度上不跳出我方为之划定的圈子,并为我所掌握,尽可以让其继续活动。装作不知,在一定时间、地点是必要的。

本篇小结

赵匡胤在军事战略逐步实施之际,以间谍活动相配合,二者十分协调地完成了他的统一大业。赵匡胤用间方式多样,而且直接针对敌国之首脑人物。在中国历代统一战争的间谍活动中,赵匡胤之用间堪与秦始皇、李斯相媲美。尤其值得提出的是他针对李后主采取的攻心战术,成功地迷惑了那位江南才子,在用间上独树一帜。

北宋、南宋与辽、夏、金的对峙中,边境上的间谍战花样繁多,非一般中央政权与北部游牧民族政权的间谍战可比。这是因为辽、金、夏等政权是跨有一部分农业区的政权,而非"打了就跑"的游牧民族政权。双方虽然长期对峙,但双方的经济交流,人员往来十分密切,商业在边境上有很大作用。北宋、南宋先后对辽、金采取妥协、退让的政策,这又使双方保持了一种较为密切的政治、经济关系,使节及其他人员往来于双方京师及各地。北宋以文臣守边,并给予相当大的财权,使之有权、有钱招募、使用间谍。辽、金发展到后来,实际上已成为日趋汉化的封建政权。其统治阶层对中原文化的吸收是十分强烈的。辽、金两国汉人当上高官的也为数不少。这些原因造成了北宋、南宋与辽、西夏、金对峙时,边境间谍战频繁、花样较多的状况。在边境间谍战中,让人领略到一种富于谋略、较为细腻的风格。北宋、南宋与辽、西夏、金对峙中,间谍战与贸易的关系也是耐人寻味的。

北宋、南宋与辽、夏、金的对峙中,边境上的间谍战成为影响双边政治、外交、军事关系的战略问题,以至于在双方盟约中都要予以明确。"勘会两朝誓书:盗贼逃亡,无令停止;亦不得密切间谍,诱扰边人。"[①]

成吉思汗铁骑的活动,让我们看到游牧民族在以急风暴雨式的气势征服中原时,并非简单地纵马横冲直撞。他们在战斗中创造出了适合于他们

[①] 《大金吊伐录》(与南宋书草),《避戎夜话》,上海书店1982年版,第19、23页。

军事组织及军事行动的用间方式。这种方式帮助他们夺取了天下,但并不能帮助他们巩固天下。元朝在统治术上堪称无能,应付元末农民起义时,在间谍使用上同样没有什么出色的表演。

　　朱元璋在元末农民起义中崛起。他在群雄角逐中,充分发挥了用间的才能。朱元璋用间与赵匡胤颇为相似。其一是用间谍活动与统一天下的军事战略相配合,为军事行动铺平道路;其二是间谍活动的着眼点是敌方首脑人物。需要指出的是朱元璋之用间,充分利用了当时农民起义军首领们的弱点,这与朱元璋起家于农民起义军,熟知他们的性格、特点及人事情况有很大关系。

第七篇

明、清的间谍活动

元末农民大起义中乘机崛起的朱元璋，于公元 1368 年建立了明王朝（公元 1368—1644 年）。明王朝成立之初就面临着逃入草原朔漠的元朝残余势力的威胁，在沿海有倭寇入侵之扰。随着资本主义萌芽的发展，在东南沿海一带又发生了由于沿海商人活动及倭寇入侵而引发的动乱。

　　明王朝末期政治黑暗，宦官政治达到了顶点。明王朝还面临着崛起于白山黑水间的女真人的威胁，这更加重了人民的负担。轰轰烈烈的明末农民大起义爆发了。公元 1644 年，李自成起义军攻入北京，明朝灭亡，但紧接着清军入关。在消灭农民起义军及明朝残余势力后，清朝（公元 1636—1911 年）统一了中国。

　　公元 1840 年，鸦片战争的炮声，终于使中国长期闭关锁国的状况一去不返。清帝国在西方列强逼迫下签订了一个又一个不平等条约，使中国沦为半封建半殖民地国家。中国人民陷入了悲惨境地，不得不在"生存还是死亡"中作出抉择。中国人民毅然走上了奋力图存之路。中国历史发生了"三千年未有之巨变"，进入了一个全新阶段。中国间谍史也演进到一个全新的阶段。

第一章 明代的间谍活动

第一节 叔侄斗法

公元1398年五月，朱元璋病死，皇太孙朱允炆即位，是为明惠帝（公元1377—1402年）。朱元璋以严刑峻法治天下，废除丞相之职，由六部分管全国政务，更进一步加强了封建集权。朱元璋治理天下颇有些办法，明初政治清明，经济也有较大恢复。但朱元璋迭兴大狱，开国的文臣武将几乎被杀戮殆尽。他还分封诸王，以屏藩王室。分封的诸王都有多少不等的武装力量——"护卫"。

明朝初年，蒙古退至漠北的势力还经常犯境，朱元璋多次派徐达等大将督军讨伐。在率军出征的大将中就有他的第四个儿子朱棣（公元1360—1424年）。朱棣于公元1370年受封为燕王，公元1380年三月到北平他的封地。朱棣多次督军与蒙古军作战，经受了充分的战争洗礼，显示出军事才干，受到朱元璋赏识。由于其长期带兵镇守北边，其经验及与军队的关系都非同一般。当时明朝在北平、大同等地又驻有备边重兵。这就是朱元璋死后的大致政局。

朱元璋死后，朱棣原本准备入京奔丧，但途中听到太祖"遗诏"：诸王应镇守封国，不得到京师来。这道"遗诏"未免太不近情理，但却预示着明惠帝朱允炆和藩王们紧张的争斗拉开了序幕。

明惠帝用齐泰、黄子澄之谋，行削藩之策。燕王朱棣实力最强，能力最强，威胁最大，是块难啃的硬骨头。明朝廷决定先从最易下手的地方开刀。

公元1398年七月，周王朱橚被明惠帝废为庶人。由此而牵连到湘、代、齐、岷诸王，明惠帝也借机废掉了这几位。周王朱橚的供词把燕王朱棣也牵连上了。户部侍郎卓敬劝明惠帝借机除掉朱棣，明惠帝对朱棣颇为畏惧，一时下不了决心。

公元1399年初，燕王朱棣派长史葛诚入京奏事。明惠帝秘密召见了他，问他燕王府邸秘事。葛诚看到藩王们一个个倒霉，便见风使舵地投靠了朝廷，一五一十地汇报了朱棣的动向。明惠帝派他回北平去，一旦伐燕作为内应。葛诚回到北平后，在言谈举止中露了马脚，引起了朱棣的怀疑。

同年三月，明惠帝派都督耿瓛掌北平都司事，都御史景清署北平布政司参议。这两人实际上是一文一武去控制、监视朱棣的。可令人不解的事发生了，很快这两人又被召回。究竟是明惠帝另有打算，还是两人在北平难以待下去不得而知。但接着明惠帝又采取了一项措施，派刑部尚书暴昭、户部侍郎夏原吉等二十四人为采访使，分巡天下。这实际上是以巡视天下为掩护，重点针对朱棣的情报工作。果然暴昭采访北平，上奏了朱棣想谋反的事情。这年四月，湘王朱柏自杀，接着岷王朱楩被控谋反，削职为民，流放漳州。朝廷刀锋上的寒气直透朱棣的脊梁，何况他原本就是个有意问鼎的野心勃勃的人呢。

朱元璋出身佛门，当上皇帝后当然对佛门弟子礼待有加。他遴选高僧随侍诸王。一个法名道衍的和尚就到了燕王朱棣身边。道衍（助朱棣登帝位后复姓姚，赐名广孝）出身医道世家，曾试之于礼部，辞官不受，大概是有远大的抱负吧。在一次法事时被朱棣看中，要到身边，成为亲信。朱元璋死后，他力劝朱棣起兵夺取帝位。他协助朱棣选拔忠于朱棣的将校、军士。朱棣命人在府中打造兵器，为了掩盖叮叮咚咚的声音，按姚广孝的主意在府中养了一大群鸭、鹅及其他牲畜。这些鸭、鹅、牲畜一叫，掩盖了打造兵器发出的声音。

公元1399年六月，燕王府百户（低级军官）倪谅上告燕王谋反。明惠帝下诏，命宦官到北平抓人。明惠帝安插在北平的张昺、谢贵二人也加紧布置，命士兵守卫九门，准备对燕王下手。但这一消息被张昺手下库吏李友直密报给朱棣。于是传来消息：燕王疯了。

明惠帝对是否干掉朱棣又犹豫起来。他派张昺、谢贵以探病为名，前往刺探。张、谢到了燕王府中，只见燕王朱棣坐在火炉边，大声叫"真冷，真冷！"说话语无伦次。二人信以为真。可是在二人辞出时，燕王府长史葛诚悄悄对他们说："燕王根本无病，快要出事了。"葛诚又密奏燕王谋反之事。恰巧此时燕王府百户邓庸入朝办事，齐泰等人将其扣押、刑讯。邓庸也招出燕王没病的真情。这下明惠帝及其谋臣行动起来了。明惠帝密令张昺、谢贵除掉燕王朱棣。

张昺、谢贵与葛诚、护卫指挥卢振密谋策划，准备以二人为内应，以迅雷不及掩耳之势逮捕朱棣。看来此时明朝中央政权是有一番布置的，此计划也并非全无成功之可能。问题在于再次泄露了机密。明惠帝安插在北平的北平都指挥使张信是燕王府旧人，知道这一机密后，他马上报告了旧主。燕王朱棣自然能判断出这一情报的价值。他感激涕零地对张信下拜说："你真是救了我一家！"

同年七月初，在姚广孝的策划、协助下，燕王朱棣秘密地把平日招揽的亡命徒八百人藏于府内，准备发难。发难前还发生了一件颇为戏剧性的事。造反大计定下之后，当天晚上风雨大做。风声、雨声，使本来就做贼心虚的朱棣有些害怕，为之变色。姚广孝机智地说："此乃吉祥之兆。飞龙在天，从以风雨。"朱棣此时已是箭在弦上，只有硬着头皮干下去。

七月六日，张昺、谢贵等率兵以捉拿人犯为名入燕王府，实际上要逮捕朱棣。但刚一进门就被埋伏的壮士抓获。经审问，二人不愿为朱棣所用，当即被杀。燕王朱棣的部将张玉、朱能等率勇士（朱棣平时笼络、组织之秘密部队），攻克了被朝廷兵马守卫的北平九门。葛诚、卢振等也被算了总账，成了刀下之鬼。朱棣以除齐泰、黄子澄为名，举起"清君侧"的旗帜，号称自己的部队是"靖难之师"。一场统治阶级内部你死我活的帝位争夺战就此展开。

双方的斗争由秘密战转为赤裸裸的军事对抗。然而战场上的胜利又离不开秘密战场上的搏杀，鹿死谁手呢？

第二节 歼敌于北岸

朱棣公开造反后，明中央政权立即调集大兵向其进逼。

公元1399年八月，明都督徐凯率兵十万人驻河间，潘忠驻莫州，长兴侯耿炳文督军三十万驻真定（今河北正定）。杨松率九千先头部队驻雄县。

燕王手下都指挥佥事张玉率军乘中秋之夜，明军正欢宴之际，进击雄县。潘忠、杨松在增援时被截击俘获，莫州也落入燕军之手。张玉乘机率轻骑数人前往侦察耿炳文军。经过一番侦察后，他回营向燕王报告："炳文统军毫无纪律，应当立即进击！"

正在此时，耿炳文部将张保来降。张保说："耿炳文虽统兵三十万，先到的部队不过十三万，而且分别驻扎在滹沱河南北两岸。"燕王听了十分高兴，对张保大加褒奖，同时授以密计。他让张保回去欺骗耿炳文说，兵败被俘，乘看守睡觉时，偷了一匹马逃归。他还让张保回去散布消息：明军在雄州、莫州大败，燕军马上要来了。张保受命而去。

众将对朱棣此举甚为不解。燕王看大家都一脸疑惑神态，得意地对诸位说："当初我不知他们虚实，所以派兵突袭他们。现在我知道他们隔河而据，如果令他们知道我军将到，必然全部集中于北岸，便于我军一举歼灭。让他们知道雄州、莫州兵败的消息，是为了使他们闻风丧胆。"接着朱棣充分显示出其大胆泼辣的作风。他亲率三人到真定东门外，冲入明军后勤部队中，活捉了两名明军。经过审讯，知道明军果然集中于北岸，于是下令全军出击。

明军被燕军大败于滹沱河，丧失了乘朱棣仓促起事初期予以扑灭的良机。

朱棣得知明军布置的情报后，仍亲率士兵前往侦察，表明其老于戎行，对情报慎重核实的作风。统帅如此重视情报的使用与核查，应当说有名将之风。

第三节　巧夺精兵

燕王朱棣虽然很快控制了北平一带的局势，但明军也很快向其逼来。面对优势明军，朱棣虽然善战，也不免有些心虚。他想起了封在大宁的老弟宁王朱权。朱权是朱元璋的第十个儿子，受封在大宁（今内蒙古宁城西），手下有号称朵颜三卫的精骑，骁勇善战。宁王多次率军与朱棣等王一起对蒙古军作战。朱棣对朵颜三卫精兵垂涎已久。明惠帝即位后，派人召宁王朱权入京，朱权竟敢不到京师去，被削减了护卫。燕王朱棣造反后，宁王幸灾乐祸地作壁上观。

公元1399年九月，明江阴侯吴高进攻永平（今河北卢龙），朱棣率军增援。明军撤退后，朱棣乘机从刘家口直奔大宁。他让人对宁王朱权说，被明军追击，不得已来投。宁王与燕王毕竟同病相怜，听说燕王远道来投,马上请他入城。朱棣单人匹马入城与朱权相会。朱棣摆出一副受委屈的可怜相,拉着朱权的手放声大哭,表示自己被奸臣所逼,不得已起兵,还请朱权代为上奏朝廷。朱棣入城后,老老实实没有任何行动,使宁王及其部下大为放心,渐渐放松了警惕。

实际上朱棣的部下已悄然到了大宁城外,一些将吏已悄悄混进城中,拉拢三卫的头领和朱权手下将士。又过了几天,朱棣向朱权告辞,朱权送其到郊外。这时朱棣早已埋伏好的精兵一拥而出,挟持朱权回城。三卫头领和将士一见朱棣得手,一呼百应,纷纷响应朱棣号召。明军守将虽然不愿投降,但独力难支,被叛军杀死。朱棣对宁王许了"争得帝位,中分天下"的大愿,尽发大宁精骑,带了宁王一家回到北平。

朱棣的这一行动,既解除了来自侧翼的牵制,又充实了自己实力。此后,他就全力应付正面战场上的明军了。

第四节 瓦解明军

燕王朱棣拿下大宁后,大宁明军将领卜万、刘真、陈亨等率军据守松亭关。刘亨想投降燕王,但畏惧卜万,不敢有所行动。

燕王朱棣真是智计百出,他又想出了一个好办法。他在抓获的一名大宁明军士兵衣服里缝上了一封密信,信中对卜万大大恭维一番,却攻击刘亨。燕王在命人干这件事时,故意让另一名降卒也看见了。随后把二人同时"放"走。朱棣当着二人面赏给带信的士兵金银,另一名士兵一文不给。二人回去后,没得到赏赐的士兵马上向刘真、陈亨报告了这件事。刘真、陈亨立即派人抓来那名士兵,搜出了书信。

卜万因此而被捕下狱,死在狱中。明军因此人心瓦解,不战而溃。

同样的办法,燕王朱棣马上又用来对付上节中讲到的被他击退的吴高。吴高在永平被击败后,退往山海关。朱棣对这个败军之将却不敢掉以轻心。他说:"吴高号称胆怯,但行军打仗考虑周密,杨文(与吴高一起率军守山海关的明兵将领)勇而无谋。如果能除掉吴高,杨文就没有什么让我操心的了。"他又派人送信给吴高和杨文。在信中他对吴高尊敬备至,表示友好,却攻击、贬低杨文。明惠帝听到这一消息,立即下诏,削去吴高官职,贬往广西。命杨文单独守辽东。

辽东乃北平后门。明军只要据守不失,就会让朱棣在作战时有后顾之忧。如今明将换人,大大削弱了辽东的牵制作用。

行文至此,我们可以看到明惠帝以举国之力对付一个朱棣,却最终为朱棣所败,确有军事上的原因,但也另有间谍战中连连失误的原因。明军将领间矛盾重重,有的怀有二心,朱棣充分利用了这些矛盾在君臣间、将领间制造混乱,才能以区区叛军与中央政权对抗数年之久,并终于登上了帝位。一个是具有丰富军事经验和用间才能的统帅,一个是在文人谋臣"指导"下统率军队的君主,两人素质上的差异对这场战争的结局起了不可忽视的作用。朱棣亲自统军作战,并在战区内指挥用间;明惠帝坐镇南京,对敌方用间全然不知,瞎指挥一气。

在战场上,明军缺乏前敌统一指挥作战的统帅,各将之间互不信任。

看来间谍战中,也要靠近"战场",亲临一线,才能有效地实施指挥吧。当然这一"靠近"的概念,随着情况不同,技术手段不同而有所不同。但统帅对敌方情况一无所知,在间谍战中肯定要吃败仗。后面我们还将看到朱棣的精彩表演。

第五节 多方用间

公元1399年十月,燕王朱棣准备攻打沧州。他怕出兵的事让明军守将徐凯知道,就放出风去,扬言要攻打辽东。

徐凯手下间谍听到这一消息,马上回去报告给徐凯。徐凯真的以为燕军东去,放松了警惕。他派城中守军外出伐木,昼夜抢修城防。

燕军大摇大摆地向天津方向开去,过了直沽,却突然南下。由直沽一夜强行军三百余里,向沧州扑来。路上遇到明军派出的侦察骑兵,一律杀掉。天拂晓时,燕军突然出现在沧州城下。徐凯出城督率士兵运木料未归,沧州城很容易地被攻下。徐凯也被抓获,押往北平。

公元1401年三月,燕王率军至滹沱河,燕军侦骑到定州、真定出没。同时派出多支小部队,让明军弄不清燕军究竟想干什么。盛庸是明军中能战之将,曾大败燕军,因此朱棣格外小心。他派出的间谍回报,盛庸驻扎在夹河,另一明将平安驻扎在单家桥。朱棣决定各个击破,亲率大军进攻盛庸军。

为进一步弄清盛庸军情况,朱棣亲自率精骑三人侦察盛庸军的布阵情况。盛庸派出千余人追击燕王,被燕军主力所击退。

由于情况清楚，燕军经两天苦战，大败盛庸军。盛庸逃到了德州。

明将吴杰等从真定率军出动，想与盛庸会师共同对付燕军。在距战场八十里的地方，听到了战败的消息，赶紧又缩回了真定。

燕王命手下校尉挑着担子，抱着婴儿，装成逃难百姓的样子混入城内。这名校尉对吴杰等说："燕军分散到各处寻找粮食，营中毫无防备。"吴杰等信以为真，想乘燕军不备予以痛击。明军向滹沱河方向出击，在距燕军七十里时，燕王朱棣知道了明军出动的消息。他立即率兵渡河。明军没想到遇上了有备而来的燕军，在藁城（今河北藁城）被击溃。

过了一个多月后，明军出大名，由平安、吴杰、盛庸等率领，切断燕军粮草供应。这一手给燕军造成极大威胁。朱棣不得不上书朝廷，请让平安等人撤军，愿意放下武器。燕王施展缓兵之计，明惠帝也还没幼稚到上当的程度。双方继续激战。

朱棣以其人之道还治其人之身，命李远等秘密率军南下到沛县（今江苏沛县）去烧掉明军粮草。李远率军到沛县附近后，命士兵穿上明军服装，背上插柳条作为辨认暗号，混入明军中。这些人混入明军后，明军毫无察觉。过不了多长时间，明军粮船纷纷起火，粮草被烧得一干二净。李远还率军在明军后方骚扰了一阵才撤回。由于燕军南下，使明中央政权大为震恐，明军前方部队的后勤补给也日趋艰难了。

明军在平安等人率领下，由真定直扑北平，朱棣不得不命军回援。

八月，燕军又北渡滹沱河，到了完县。朱棣命孟善守保定，自己率兵攻西水寨。这时派出的间谍回来报告，明将吴杰派都指挥韦谅率兵万余人运粮给守西水寨的房昭军。朱棣很快做出了判断："房昭守西水寨，缺少的就是粮草。如果明军粮草一运进去，房昭就可以固守，攻打就不容易了。"立即率精骑三万人出击，明军的运粮部队被击溃。十月，燕军攻破了西水寨。

朱棣以少敌多，与明军来回拉锯战。根据不同情况用间，起了很大作用。值得一提的是，燕王朱棣敢于亲冒矢石，到第一线亲自侦察，是明惠帝一道愚蠢的命令所致。明军出兵平叛时，明惠帝告诫将士"不要让我背上杀叔父的恶名"。因此使朱棣数次脱离险境，并探明了明军的情况。

第六节　不拆封的信件

随着明军在正面战场上受阻，明惠帝一方也不得不求助于间谍手段。

燕王朱棣率兵在外征战，留世子（明王位的继承人）朱高炽率将士守城。朱高炽在将领辅佐下以万人守北平城，对抗明将李景隆的五十万大军，成功地保卫了北平城。他与士卒同甘共苦，颇得人心，也表现出一定才干。

但是明王室与皇室一样，内部也存在着继承人之位的争夺。朱棣的另外两个儿子朱高燧、朱高煦都因聪明伶俐甚得朱棣欢心。朱高煦与朱棣一起在前线打仗，更得宠于朱棣，对世子之位也颇为垂涎，拉拢宦官黄俨等阴谋夺世子之位。他经常与其党羽在朱棣面前讲朱高炽的坏话。恰巧在两军打得最为激烈时，明中央政权给朱高炽来了一封信，其用心不言而喻。

朱高炽头脑很清楚，收到明中央政权的信后，连拆封都不拆，就命人火速送给朱棣。这时黄俨已经把这件事密报给朱棣了。他对朱棣说："朝廷与世子联络，使者已到世子处。"黄俨前脚走，朱高炽派的使者就带着未拆封的信赶到了。朱棣拆开信一看，原来是明朝的离间信。老于用间的朱棣对这一套把戏当然能分辨出来。他颇为感慨地说："差点误杀我子！"

由于朱高炽处置得当，明朝离间计失败了。朱棣对朱高炽更为信任。后来朱棣病故，朱高炽即位，是为明仁宗。当然兄弟间的争斗在那时更有好戏可看。

第七节　内部传出的消息

朱棣未公开造反前，有关朱棣准备造反的各种情报、谣言纷纷传至应天（今江苏南京，当时的都城，朱棣即位后明朝才迁都北平）。明惠帝问左都督徐增寿："朱棣是否真要造反？"徐增寿马上回答："燕王与陛下同是先帝骨肉，况其富贵已极，有何理由造反呢？"其实徐增寿如此回答，另有一层更深的理由。他是明朝开国元勋徐达的第四个儿子。因为是最小的儿子，在荫袭其父余泽时，也就不免吃亏，只弄了个左都督当。因此他通过关系与朱棣拉上了线，对朱棣的行动不乏投机之心。燕王公开造反后，明朝廷的机密，就由徐增寿源源不断提供给燕王派来的间谍，或由其派人送往北方。这样，朱棣在北方，对深宫情形了如指掌。朱棣还另外有一条情报渠道通往明宫，那就是娶朱元璋之女怀庆公主为妻的王宁。王宁因妻子而得高官，掌后军都督府事。他也不断给朱棣提供情报。由于活动频繁，被发觉后下锦衣卫狱，其家产也被抄没入宫。

朱棣起兵三年多，与明军来往拉锯，实际控制的仅为北平、保定、永平三郡。朱棣军力毕竟单薄，又加上几年征战伤亡颇大。明军却依仗举国支援，源源不断开到前线，并且有举国的财力作为支持。朱棣颇为焦虑。然而这时发生了一起叛逃事件。

明初宦官的权势、威风远远不像后来的刘瑾、魏忠贤辈。朱元璋对宦官控制甚严，其地位也在朝臣之下。明惠帝一边与朱棣作战，一边在内部对不法宦官发起了一场"整肃"运动。大臣们奉旨审讯不法宦官。一些不法宦官平时就对明惠帝驾驭甚严不满，此时又面临严刑峻法的追究，犹如惊弓之鸟。他们密谋拥戴朱棣登位，由身处险境者先叛逃到朱棣处通风报信。

这些深知内情的宦官到了燕王朱棣处后，向燕王朱棣报告了京师空虚的情况，并建议朱棣急速进军京师。朱棣得到这个重要情报叹道："频年用兵，何时可已？正当临江一决，不复顾矣！"决心直扑京师。从此燕军的作战方略由一城一地的攻取，变为大规模机动作战，不再争一城一地之得失，常常绕过城池，大步向南挺进。

公元1402年四月，明将平安率军驻扎在睢水小河桥南，燕军驻扎在小河桥北。燕王朱棣率军打仗，平时不注意修营垒，将士们得以休息。每次出兵，缴获的财物分给士兵，因此士兵归心。但平安却督催士兵不断加修营垒，明军士兵因此颇为疲惫。双方对峙了一些日子，明军乏粮。朱棣的间谍侦察到明军的运粮队快到了。朱棣命朱荣、刘江等率骑兵截断明军粮道。明军另一将领何福下令全军向灵璧转移解决给养问题。此时平安率六万骑兵护送大批粮草运往明军营中。这又为朱棣的间谍侦察到了。他亲率大军伏击明军，尽获明军粮草、军饷。

燕军接着向明军发起进攻，平安被俘，何福逃走了。何福是朱元璋手下骁将，平安是当时明军中善战之将。经此一役，明军更无力阻止燕军南下了。

六月，燕军渡江。明惠帝派李景隆、谷王朱橞等到燕王朱棣那儿请和。朱棣当然不会同意。徐增寿积极活动，准备配合燕军行动。明惠帝这时也想起了徐增寿。他召见徐增寿,质问他以前为什么力保燕王不反。徐增寿无言以对,被明惠帝亲手斩于殿下。从明惠帝对其切齿痛恨来看,徐增寿大概在阻挠明惠帝对燕王早日用兵上起了不小的作用。

六月十三日,李景隆、朱橞等开门迎接朱棣入京。宫中燃起了熊熊大火,明惠帝"不知所终"。但他的消失,却为后世留下了种种传说。

叔侄之争结束了。朱棣登上皇位,是为明成祖。

朱棣入宫后,抚摸着徐增寿的尸体痛哭,追封其为武阳侯,随后又加封为定国公,由徐增寿之子继承爵位。足见其对朱棣之贡献。徐达的另一个儿子徐辉祖却因积极与朱棣作战,燕军入京后又采取不合作态度而被削去爵位。幸赖其父余荫,只是囚禁了事。朱棣的另一名间谍王宁此时也因"孝于太祖,忠于国家,刚直不阿",被封为永春侯。曾刺探朱棣机密的刑部尚书暴昭等则因不愿归附,被杀掉了。

朱棣"靖难之役"之所以能以一藩王之力取得胜利,其原因有六:其一,明军内部、明朝君臣间互不信任,互相掣肘、攻击;其二,在明朝中央政权中未有能统一运筹的中枢之臣,齐泰、黄子澄是书生,前线将领不乏能战之士,但缺乏统一协调的统帅之才,李景隆、徐辉祖等继承父位的膏粱子弟根本无法对抗朱棣;其三,朱棣在战略上采取了机动作战,善断敌粮道,明军则守点待援,常常在战略上处于被动;其四,朱棣在战场上用间与刺探明朝内部情况并举,在另一条战线上取得了压倒性的胜利;其五,明军在战场上奉行宋襄公式的"仁义"之举,战术失误;其六,建文帝与朱棣相比,在政治、军事等方面严重缺乏经验,没有足够的历练。

第八节　丧师草原

明朝建立后,元朝退到长城以外的残余势力仍不时犯边。明朝以大军多次出击,公元1368年以后二十余年中,经多次战争,元朝残余势力大大削弱。但是蒙古地区鞑靼、瓦剌、兀良哈诸部又崛起侵犯边境。朱棣这个戎马皇帝一上台,就面临着蒙古诸部入侵的难题。为此他于公元1403年,改北平为顺天府,设立了留守司、行府(行后军都督府)、行部、国子监等机构。一方面北平是他的老巢,另一方面久镇北平,北方的威胁给他深刻印象,这也是为亲临边境对蒙古诸部用兵做准备。

公元1409年七月，明成祖朱棣命邱福为大将军，王聪、火真为副，率精骑十万北击蒙古鞑靼部可汗本雅失里。本雅失里可汗此时为蒙古卫拉特部所败，依附阿鲁台部在胪朐河（今蒙古境内克鲁伦河）一带游牧。邱福是明成祖手下悍将，在朱棣夺位时立下了汗马功劳，此时他还有太子太师的职务。派邱福率军出征，足见对这次出兵之重视。但是明成祖对邱福也知之甚深，邱福受命后，他语重心长地叮咛邱福："此次出兵需要慎重，出开平（今内蒙古多伦）以北如不见敌人，更要提高警惕，相机进退，不可盲目前进。如果没有战果，可以待机再度出兵。"大军将行时，他又下诏给邱福：军中如有人说敌军易取，万勿听信，朱棣对蒙古作战还是颇有经验的，他也没把对蒙古诸部的战争看成可以毕其功于一役之事。邱福却没把这些话当回事。

八月，邱福率千余人的骑兵挺进到了胪朐河。明军与本雅失里手下的巡逻骑兵相遇。本雅失里的骑兵被击败，邱福杀得性起，率军渡过了胪朐河，捉到了本雅失里手下的尚书（蒙古诸部封建领主虽然退出中原但仍用内地的官名）。这名尚书从事情的发展来看，是本雅失里故意派来的间谍。

邱福对这名尚书给予礼遇，请他喝酒，乘机问他："本雅失里在何处？"尚书装出为邱福的礼遇所感动的样子，对邱福说："本雅失里听到大军来讨的消息，吓得往北逃去。但没逃太远，不过离此三十里。"邱福大喜，当即命令诸将准备追击。将领们倒颇为慎重，他们建议等大军到齐后，派侦骑去侦察虚实，然后进击。邱福不听，让那名尚书做向导，率众直扑敌营。敌军与明军稍稍接触，就往后撤。双方打打追追，连战两天。明军与主力部队失去了联系。此时明军将领李远觉出事情不妙，对邱福进言："将军轻信敌间（那名尚书此时肯定已跑掉了），孤军转战。敌人是在故意示弱引诱我军，深入必定不利，撤退也会被敌人追击。只有在白天大张旗鼓，夜里多燃火炬，大放大炮来虚张声势。这样迷惑敌人后，再出其不意地进击，或者还有取胜之可能。"邱福连战连胜，此时已不把敌人放在眼中，厉声说："违命者斩！"率军向敌人杀去。诸将流着泪，不得已与其一起向敌人杀去。

这时埋伏在预定地点的敌骑犹如潮水一般涌了出来。疲惫不堪的明军很快被吞没了。邱福等人被俘遇害，李远战死。

明军全军覆没的消息传来，朱棣震怒。他认为邱福夙将（死时年六十七岁）尚且如此，只有御驾亲征了。

公元1410年二月，明成祖亲自率军征讨蒙古鞑靼部。五月，明军大败本雅失里于斡难河。六月，明成祖大军指向阿鲁台部。阿鲁台十分狡诈，派人到朱棣处请降。朱棣认为这是诈降，到了约定阿鲁台来降的那一天命诸军严阵以待。敌军果然倾巢出动，向明军杀来。朱棣亲自率精锐骑兵，冒着箭雨冲杀。阿鲁台部大败。明军追杀百余里凯旋。

公元1414年二月，朱棣再度亲征。前锋刘江遇敌于刚哈拉海，将敌击退。朱棣预感到敌军大部队快要出现。过不多久，抓获敌间谍，知道瓦剌马哈木等部距明军不过百余里。朱棣立即命令明军日夜兼程，急速进击。果然大破蒙古军，明军穷追到图拉河才凯旋回师。

公元1422年初，已经恢复元气的阿鲁台部又侵扰明朝边境，斩杀边将。明成祖朱棣再跨征鞍。

七月，明军到了开平。明军间谍回来报告，阿鲁台将进攻万全。诸将请明成祖同意分兵迎击。明成祖朱棣判断："这是敌人故意传出的消息。他怕我直捣其老巢，用这个消息来牵制我军。我军应当急速向阿鲁台进攻。"明军以迅雷不及掩耳之势挺进到沙狐原。阿鲁台大吃一惊，他的母亲和妻子都大骂他不该滋事，使明军压境。阿鲁台只好把辎重都扔掉，狼狈地率众逃跑。朱棣命明军尽焚其辎重，收其牲畜而还。

公元1423年七月，明朝边将根据间谍刺探的消息上报朱棣，阿鲁台将要对边境进行骚扰。朱棣说："他们一定以为我不能再出师。我先率军到边境等着他。"十月，明成祖朱棣接受了蒙古王子额森托来降。此时阿鲁台已被卫拉特所败，率部远窜。朱棣于十二月回到北京（公元1421年迁都北平，改北平为北京）。

第二年四月，这位精力过人的皇帝再次踏上了讨伐阿鲁台的北征之途。大军行至开平，捉获了阿鲁台派出的间谍，从间谍口中得知阿鲁台又闻风远遁了。朱棣远眺无际的草原，回首戎马征战的一生，慷慨悲凉之心顿生。他下诏声讨阿鲁台的罪恶，并鼓励蒙古士兵来降。沿路他看到历次征战死于道旁的明军士兵白骨，更生悲凉之感。他命人把白骨埋葬于道旁，并亲笔写文，祭奠阵亡将士。

六月，明军前锋推进到达兰纳木尔河，仍不见敌人踪迹。朱棣命张辅等将领穷搜山谷三百多里，未见敌人一个马蹄印。又命将军陈懋等到白邱山侦察，也未发现敌人。此时明军粮食快要完了，明成祖朱棣下令撤军。

七月，这位马上皇帝病故于撤军路上。

明成祖即位后五次亲征，由于注意侦察敌情，善于判断敌情，慎重决断，给蒙古诸部沉重的打击。有明一代，朱棣做皇帝时期，明朝对塞外之敌，处于主动进攻的态势。遗憾的是，由于用人不当，使邱福所率军遭到重大损失。看来选帅用将时对人选的性格与判断力万不能掉以轻心啊！

第九节　血迹斑斑的帝位

朱棣自其侄手中夺得帝位，使得明皇室中的其他野心家羡慕不已。燕军兵临应天时，开城门迎接朱棣的谷王朱橞就是一个做梦也想当皇帝的人。朱棣登位后，他因为献城有功被改封在长沙，增加了护卫和俸禄。

谷王朱橞在长沙摆起了藩王的谱儿，鱼肉百姓，滥杀无辜，连朝廷赋税也敢予以侵夺。他在长沙招纳亡命之徒，以兵法加以操练。长沙附近多江河，因此他多造战舰、弓弩、器械，以备造反之用。看来朱橞下功夫研究过朱棣谋反成功的"经验"，他也以和尚为掩护，从事谋反准备。朱橞在佛寺度人为僧，实际上为自己准备谋反的武力。朱橞手下的都指挥张成、宦官吴智、刘信，为之出谋划策。

造反当然要做舆论准备，问题在于这种舆论准备与实际行动在时间、环境上的配合与协调。朱橞的愚蠢之处就在于军事上并未准备成熟，先放出了空气。他的谋士们编造了"十八子为皇帝"的说法，并引证谶书予以证明。朱橞在朱元璋诸子中排行十九，十八子赵王朱杞早卒，所以编造出了这个说法。当然朱橞之所以在军事上并未准备充分时，就如此做，也有他的道理。他准备了另一个争位的办法，那就是行刺朱棣。他挑选了一些壮士，教他们音乐和民间杂耍之类的技能。朱橞打算乘元宵节张灯时带这些壮士以入宫朝贺献艺为名，乘机行刺。①

朱橞为了壮大自己的势力，写信给蜀王朱椿，想联络他一起造反。蜀王朱椿对这封用"隐语"（暗语）写成的信十分害怕，立即写信给朱橞予以痛斥，划清界限，但并未上告。但是蜀王朱椿的一个儿子因事得罪其父，逃到朱橞处躲避。朱橞灵机一动，借此做起文章来。他对手下的人散布说："当年是我打开金川门（应天的一个城门），让惠帝逃脱的。他现

---

① 朱元璋规定从正月初八始张灯，至十七日晚落灯。

在就在我府邸中。我将举兵，以申天讨。"这在朱棣刚坐稳帝位不久的日子里，是一张政治上很厉害的牌。朱橞要拔剑而起了。

让人不解的是，此时蜀王朱椿却又得到了消息。从蜀王朱椿与朱橞的来往看，两人一定有难以言传的暧昧关系。否则朱橞绝不会明知他会上告而写信给他，相约造反。朱椿之子选择投奔朱橞，也表明他一定认为朱橞与其父关系甚好，可以为之美言解脱。可是到了最后阶段蜀王朱椿又何以得知朱橞将举事的消息呢？很有可能朱橞对其仍抱一线希望，又有所联系。但这一次蜀王朱椿不能再隐瞒了，他立即上报了明成祖朱棣。

此时朱棣也对朱橞的行动早有听闻了。朱橞手下的护卫都督金事张兴，感到朱橞将有不轨之举，就曾跑到北京上奏朱棣。朱棣表示不相信。但让人不解的是，张兴又到了南京，对朱棣留下坐镇南京的太子朱高炽讲述了朱橞的所作所为。实际上朱棣可能在此之前就已掌握了朱橞的行动。明成祖朱棣即位之初，就向边境诸将身边派遣了有谋略、曾在朝廷中为自己刺探情报的太监。这些太监可以穿公侯的官服，地位也在诸将之上。朱棣这样一举两得，既免于这些能量很大的太监留在京师生事，又可控制手握重兵的边将，防止出现第二个朱棣。朱棣很重视情报工作，明代著名特务机构——东厂就是他在位时创立的。他还命为其夺位立下大功的张信密察诸藩王动静。因此很难说他对朱橞那些愚蠢的造反准备毫无察觉。他公开对张兴说不相信朱橞造反，实际上是在大放烟幕。张兴到南京去，必定也是朱棣授意的。朱棣以骨肉相残起家，因此越要摆出一副"至爱亲朋"的样子，这也是朱棣的深沉之处。

朱棣接到蜀王朱椿的报告后，装模作样地说："朕待谷王不薄，张兴屡次对朕进言其造反之事，朕不忍信，现在果然如此。"立即命太监持诏到长沙，命谷王朱橞进京。

公元1417年二月，朱橞入朝，朱棣把蜀王上告的奏章给他看，朱橞吓得伏地请死。朱棣又装出公允的样子，请诸王、群臣评议该如何处置。蜀王朱椿等人当然会看风向，立即上奏："朱橞大逆不道，该处以极刑。"朱棣真是用尽了心机，此时他说："诸王、群臣虽然都认为他该杀，我却宁愿饶他一命。"朱橞和他的两个儿子都被废为庶人，其部下除张兴外，都成了刀下鬼。

朱棣对朱橞表示宽大为怀，摆出一副"仁君"圣明的架势，实际上他早已对自己的兄弟严加防范了。公元1406年八月，他废齐王朱榑为庶人。公元 1408 年初，他借故削岷王朱楩的官属护卫。帮助他起兵的宁王朱权原想可以改善一下处境，却被朱棣改封南昌。朱权也明白自己的处境，整天读书弹琴，算是太太平平度过了余生。但朱棣对自己的儿子可就不那么好下手了。

公元 1404 年四月，朱棣立朱高炽为皇太子，朱高煦为汉王、朱高燧为赵王。朱高煦当然不愿甘居汉王之位，何况其立有战功，为朱棣所宠爱，并颇得武将之拥护。朱高燧也是一个不甘寂寞的人。两人在攻击太子上有一致之处，但又各怀鬼胎。

朱高煦、朱高燧二人时常在朱棣而前讲太子坏话，并收买朱棣左右之人，为之在朱棣处攻击太子。太子手下的人也成了二人中伤对象。大臣解缙因力主朱高炽为太子，被朱高煦在朱棣面前进言，死于狱中。太子属下也多被中伤下狱或贬往边远之地。由于二人极力攻击，朱高炽的太子之位一度岌岌可危。公元 1415 年，明成祖北征蒙古诸部凯旋，密令兵部尚书金忠监视太子。金忠力保太子无事，才算了结。

朱高煦的封地在云南，他不想到封地去。朱棣对爱子大概除了父子之情外，还怀有一种在战场上与优势敌军拼杀，共冒锋镝之险的袍泽之情，因此也就允许其留住京师。不久，应朱高煦之请又为其增加了护卫。

公元 1415 年五月，朱棣改封朱高煦于青州。这是内地，朱棣对其可谓屈意求全了。但是朱高煦仍不愿前往。朱棣开始怀疑他了。朱高燧也因为有不法之事受到惩处，不得不有所收敛。

朱高煦在京师并不老实居住，他乘朱棣北征，在南京招募了私兵三千人，不听兵部指挥，在京师到处滋生事端。兵马指挥使徐野驴偏要与他顶撞一番，把生事士兵抓起几人予以惩治。朱高煦大怒，手持铁锤，打上门去，将徐野驴杀死。这件事居然没人敢为徐野驴鸣冤。朱棣听到了这件事，龙颜大怒。公元 1416 年十一月，朱棣回到南京，他的情报系统又上奏了朱高煦不法之事几十桩，朱棣要将其废为庶人，幸亏太子讲情，第二年朱高煦被赶到乐安州居住，并削去了护卫。

朱高煦在乐安（今山东广饶）并不死心。其党羽仍在朝中不时讲太子坏话。当时朱棣常年率兵在北平，太子朱高炽在南京。朱棣对儿子也不放心，再次密令礼部侍郎胡濙以出巡江浙为名南下观察太子动向。胡濙回奏说，太子对皇帝十分恭敬，朱棣才放了心。朱高煦还派儿子朱瞻圻在北京刺探情报。

朱棣第四次亲征蒙古前，已身患重病。朱高燧的亲信护卫指挥使孟贤等勾结钦天监王射成等企图毒死朱棣，拥立朱高燧即位。事情被告发后，孟贤等人被杀。朱棣质问朱高燧："此事是你所为吗？"朱高燧汗出如浆，不敢回答。太子朱高炽极力为之求情，又加父子情深，朱高燧才算勉强过关。

公元1424年七月，朱棣病故于撤军途中的榆木川，临死遗命传位于皇太子。八月，遗诏到了京师，一时空气紧张起来。朱瞻坷在京师加紧活动。北京到乐安的驿道上，朱高煦、朱瞻坷父子间往来的密使一夜竟达六七起之多。朱高煦还派人专门进京，协助朱瞻坷刺探情报。

其时明朝中央政权除锦衣卫外，东厂已发挥作用，情报是十分灵通的。朱高煦父子所为全被明仁宗朱高炽掌握。朱高炽对朱高煦父子厚加赏赐，并召朱高煦入京朝见。这一手外柔内刚，朱高煦也明白自己的事情败露，于是有趣的一幕出现了。朱瞻坷之母为朱高煦所杀，朱瞻坷因此曾怨恨朱高煦，并在明成祖面前揭发其父不法之处。此时这段往事正好被朱高煦用来掩饰自己的行动。他入朝后献上朱瞻坷前后刺探朝廷机密的书信（想必也是经过删节或编造的），以澄清自己。仁宗派朱瞻坷到凤阳去看守皇陵，以示惩罚。

仁宗即位不到一年就病逝了，其子朱瞻基（公元1398—1435年）即位，是为宣宗。朱瞻基由南京赴北京奔丧时，朱高煦曾想以刺客伏击于途中，但由于准备不够而未能实施。朱高煦对自己的这个侄子并不放在眼中。公元1426年初，他派人以元宵献灯为名，再度入京刺探朝中动静。八月，他又派亲信枚青等到京师秘密联络大臣们为内应，但为朝廷抓获。御史李濬是乐安人。他听到朱高煦准备造反的消息后，立即改名换姓，逃到京师告发。他揭发朱高煦准备先取济南，然后举兵入京。李濬被任为左检都御史，形势日趋明朗，朱瞻基的态度也清楚了。

朱高煦索性公开造反了，他想重演朱棣夺位的一幕。明宣宗在大臣杨荣等人劝说下，决心亲征平叛。他在出兵前下令，在京师大索朱高煦派来的间谍。可见当时朱高煦派往京师的间谍一定为数不少。明军出征前还有朱高煦手下的人投向朝廷。这人向朝廷官员报告："朱高煦原想联络靳荣（山东都指挥）夺取济南，但被布政、按察二司（布政司管民政财政，按察司管司法监察）长官发觉，采取了防范措施，靳荣无法行动。朱高煦一开始听到阳武侯率军征伐，很高兴，认为能轻易打败大军。可后来听说皇上亲征，就害怕了。"明朝廷由此摸清了朱高煦的底。这名投效者被予以重赏，并让其潜回乐安去瓦解朱高煦的部下。

明军大兵压境，朱高煦纠集的无赖子弟、罪犯根本不堪一战。明军很快包围了乐安城。乐安城中人心惶惶，朱高煦手下人甚至想把他抓起来去领赏。朱高煦知道后十分害怕，表示愿意投降。在出城投降前一天晚上，城中彻夜燃着大火，朱高煦把兵器、密信等造反罪证通通付之一炬。

第二天朱高煦准备出降，为其部下王斌等所阻。朱高煦从一条秘密出口出城，被明军抓获。这场闹剧也就算完结了。宣宗下令改乐安为武定州，废朱高煦父子为庶人。朱高煦父子被抓到北京后囚禁在西安门内居住。他手下随同造反的官吏、兵将有六百四十余人被杀，一千五百余人发配边疆。朱高煦父子后来也难逃一死。

宣宗凯旋后，有人上奏赵王朱高燧参与朱高煦的谋反活动。宣宗命人把奏章送给朱高燧看。朱高燧知道自己已经把脖子放在刀口上了，赶紧上奏请削去自己的护卫，表示从此安分守己，再不敢有当皇帝之想了。充满血腥气的帝位争夺战，到此才算告一段落。

第十节　居心叵测的一本书

公元1973年1月27日，罗杰斯代表美国在巴黎正式签署了越南和平协定，采访白宫新闻多年的合众国际社女记者海伦·托马斯想打听，罗杰斯在巴黎落笔签字的那一刻，基辛格在搞什么。由于时差，巴黎时间上午十一点华盛顿时间清晨六点。基辛格通过新闻发布单位作了回答。回答是："在搞爱情，不是搞战争。"

—— 《基辛格》[①]

《关于在越南结束战争、恢复和平的协定》的签订，标志着美国"体面"地从越南撤出。不久，西贡被攻克，西贡美国大使馆的星条旗黯然降下。越南北南归于统一。尽管如此，基辛格仍然有理由说："在搞爱

[①] [美]马文·卡布尔、伯纳德·卡布尔：《基辛格》，生活·读书·新知三联书店1975年版，第645页。

情，不是搞战争。"因为引起美国人民强烈不满，成为许多家庭一场噩梦的越南战争毕竟结束了。

但是对越南当局某些人来说，绝不是在讲爱情，而是继续准备战争。有在那前后出版的一本书为证。这本书是由潘黎辉等人写的，名为《越南民族历史上的几次战略决战》。此书借古喻今，专门研究了越南历史上十几次与中国的战争，其用心可想而知。

这本书中提出了与中国军队作战的几条"经验"：一、诱敌深入；二、坚壁清野；三、骚扰敌人后方，断敌补给；四、假求和麻痹敌人；五、深入袭击敌人侧后方，分割敌军；六、小打、分散打与大打、集中打结合；七、避强就虚、避实就虚。书中充斥了夜郎自大的语言和"阿Q"式的精神胜利法。但此书从越南一面也提出了对中国军队作战中的间谍工作。由于是从越南的有关史料中搜集的，因此有必要在此加以研究。

公元1075年十一月，交趾（越南）侵扰北宋南部边境，攻陷了钦（今广西灵山）、廉（今广西合浦）二州。第二年初，交趾军又攻下了邕州（今广西南宁市）。交趾军残酷地屠杀了城中百姓五万八千多人。因此宋军对交趾军的入侵做出反应，完全是为了防卫，而非作者所讲的"侵略"。从书中所载看，北宋对交趾开展了间谍活动，联络交趾边境上一些少数民族酋长为之工作。交趾统治者则"利用和尚、商人、渔民等多种形式派遣密探到宋朝国土上进行活动，从而掌握了敌情并了解宋军的每一个活动"。作者在这里未免夸大其词，因为这场战争是以交趾太子洪真被俘，交趾王李乾德投降而告结束的。当然由于水土不服，宋军战死、病死共二万六千余人，这也是历史。由于后勤保障困难宋军动员了兵、夫三十万，参与后勤保障的民夫也遭受到了相当程度的损失。

南宋灭亡后，元朝势力继续向南扩张。交趾在与元军的作战中起用了大量当地百姓，传递情报、命令。"长径村的许多村民给军队做通信联络工作，其中有当地人'遁翁'、'遁婆'，承担像前线通讯兵一样的工作。之所以称他们为'遁'，是因为通讯联络和传递命令的工作，要求他们必须迅速、秘密，必须不辞辛苦地抄后道，登山穿林。"[①] 元军继续向南挺进已是强弩之末，又加上同样水土不服，为疾病所苦，因此受挫。

作者看来在注意战争进程的同时，也把情报工作纳入了其总结"经

---

① ［越南］潘黎辉：《越南民族历史上的几次战略决战》，世界知识出版社1980年版。

验"的范围。其记载较详细的是越南对明朝战争中的间谍活动。

明初,凭借雄厚的国力和能征善战的将士,明成祖朱棣命大军挥师南下。公元1406年十二月,明右副将军张辅、左副将军沐晟等督军八十万会攻多邦城。张辅扬言要别攻他处,使城中守军放松了警惕,当天夜里明军经过激战攻克多邦城。明军乘胜追击,又攻克其东都、西都。安南统治者黎季犛焚烧宫室、仓库,逃到海上。明军接着攻克了许多州、县。

第二年初,张辅等又攻灭了安南(越南当时的国名)水师。五月,明军在奇罗海口活捉了黎季犛父子及诸王、大臣等,押送京师。六月,朱棣以平安南诏告天下,改安南为交趾布政使司,以吕毅为都指挥使,黄中为副,黄福为布政使兼按察使,分设官吏,改置17府,实施统治。安南正式成了明朝的一个行政区。

然而其后安南地区的反抗此起彼伏。其中较突出者是公元1418年初,由安南土官黎利领导的起义。黎利是交趾俄乐县土官巡检,起义后称平定王。

明军立即开始镇压。黎利为明军所迫一度逃入老挝。老挝慑于明朝压力,不敢让其久留,黎利又逃回交趾。此后黎利流动作战,明朝曾想予以招抚,但黎利毫无降意,依旧四处攻掠。随着黎利的势力渐大,屡败明军。明军用兵安南经年不止。公元1426年四月,明宣宗朱瞻基派王通督师攻讨黎利。王通是将门之子,有一定战争经验。明朝廷派他以征夷将军之职率军出征是寄予厚望的。

十一月,王通与都督陈濬、参将马瑛等合兵至应平之宁桥。陈濬、马瑛等曾与安南军作战的将领,认为地形险恶,当先侦察一下再前进。王通不听,结果中伏,明军死二三万人,尚书陈洽战死。黎利此时正在清化,听到明军惨败的消息,亲率精锐包围了东关。王通此时暴露出其无大将之才的本色,不敢出战,派人到黎利处表示愿为黎利向明朝请封,并许割清化以南地区给黎利。黎利不睬他,继续攻城。

明朝听到败报,于十二月命安远侯柳升督军从广西往援,黔国公沐晟督军从云南往援,并严令王通固守。

黎利包围交州一段时间后,又致书王通,请求上表求和。从《越南民族历史上的几次战略决战》一书记载看,"黎利和阮鹰又截获了王通寄回国请求援兵的密信。"很可能就在此时黎利也知道了明军援兵已经出动的消息,故有此举。但求和为明朝按察使杨时习所拒,王通也觉得太丢面子，没有接受。在黎利又一次攻城时，王通命明军五千突然出城攻击，黎利被击败，明军斩首万余级。诸将认为这正是彻底击溃黎利军的好时机。三天内黎利也处在惊惶之中。遗憾的是王通不敢出战。黎利乘机又组织起了部队四出攻掠，明军再度陷入被动。

黎利在1427年九月，于倒马坡设伏杀死明援军主将柳升，接着在昌江大败明援军。此后据越南史书记载"黎利、阮鹰大力进行诱降活动，实现'谋伐而心攻'的方针"。实际上是王通害怕惧战，主动讨好黎利，不待朝廷下旨就私自与黎利盟誓，企图撤军。在双方庆祝和谈成功的宴会上，王通赠送黎利不少财物，黎利也乘机贿赂王通"重宝"。王通为之上表，并立即开始撤军。沐晟的援兵始终未能与王通军会合。

明朝廷看到明军在安南已陷入孤立，又感到用兵安南多年，所获甚微，就答应了黎利的求和。王通却因"丧师弃地"下狱。从此明朝丧失了对安南的控制。

在与王通所部作战中，越南方面史料记载："通过许多侦察、调查活动，我军指挥部常常掌握了敌军的情况和意图。我军还抓住了敌人的间谍，从俘虏口供中，我军诸将清楚地了解到王通的意图、具体作战计划甚至进攻信号。"这段话不无夸张之处，但宁桥一战据越南史书载，安南军的确从抓获的明军间谍口中知道了王通已进到宁桥，才火速布置设伏、前后夹击的。情报工作失误，是明军失败的一个原因，而非主要原因。

发人深思的是，安南军大量利用平民或伪装成平民从事情报搜集、破坏活动的方法，与越南特工队在我国边境的骚扰活动颇为类似。大量利用百姓，甚至兵民不分，是越南特工队活动的一个特点。二者为何有如此相似之处呢？我想这与中越边境地带基本上仍是一块未充分开发的农业区有很大关系。指挥中越边境自卫反击作战的许世友将军回忆道："那个仗，在我看来（是）最难打的仗。主要是地形复杂，只有爬到山冈上才能看到一点地形。加上山下都是雾和水，河沟多，坑道多，丛林多。"可见从军事地理角度和经济地理角度去分析，当地人文社会景观与自然景观变化并非很剧烈。在大致相同的舞台上，总是容易上演相同的戏剧。不同的是，这一次越南侵略者尝到了正义的铁拳。

由于一次是正义的、反压迫的战争，一次是侵略别国的非正义战争，其结果当然大不相同了。妄图借助历史经验来为自己的侵略行为指明道路，到底只能是水中捞月一场空！当越南统治者在柬埔寨陷入泥潭，急于同中国关系正常化时，他们大概后悔当年过于迷信自己是"世界第三军事强国"了吧。这本书清楚地说明了历史毕竟是历史，它与现实有一定联系，但毕竟不能等同于现实。越南统治者在侵略过程中碰了个头破血流就是证明。但这本书也从反面说明，对一国历史的分析，对一国理论界动向的分析也应纳入情报工作的视野。从中往往可以得到敌人准备采取行动时的一些端倪。

第十一节　诱杀叛臣

公元1435年初，宣宗病故，其子九岁的朱祁镇即位，是为明英宗。朱祁镇（公元1427—1464年）少年即位，在有名的"三杨"（杨士奇、杨荣、杨溥）辅佐下，明朝政局尚不失稳定。但后来他宠信宦官王振。王振渐渐独揽了朝政。在王振操纵下，明朝政治上日趋腐败。

英宗即位之初，蒙古瓦剌部逐渐强大起来。公元1439年瓦剌部首领脱欢病死，其子也先继统其部，称太师淮王。在也先统治下，瓦剌逐渐使蒙古北部诸部臣服于他。也先率骑兵不断进扰明朝边境，并不断向明朝索要贵重财物。也先的胃口越来越大。他派人潜入京师、临清等地刺探情报，准备大举南下。他还以入贡为名，派多达三千余人的使节团入关，到大同刺探情报，购买弓箭、箭镞等军需品。明朝驻边境太监郭敬在王振庇护下，公然为瓦剌准备这些军需品，守将不敢过问。瓦剌使节团还收买了明朝通事（翻译），进一步了解了明朝虚实。

公元1449年，也先派人入关贡马（实际是进行贸易），报的入关人数为三千人，实际只有两千人。瓦剌之所以这样做，是为了多领取明朝给瓦剌使节的财物、给养等。可这样一来，却把作威作福惯了的王振惹翻了。王振命人压低瓦剌入贡的马价。七月，也先以此为借口，大举入侵。

瓦剌军分四路侵入明朝边境。也先亲率一路直逼大同。明军在监军太监郭敬的胡乱指挥下，被也先杀得全军覆没。明军将领除郭敬、石亨外，全部阵亡。

边境警报一道又一道传到北京。王振力劝英宗御驾亲征。英宗这个皇帝正觉得皇城中未免太寂寞些了，又羡慕列祖列宗御驾亲征的武功，于是不顾大臣们反对，亲征瓦剌。大军进至大同附近，那位郭敬见到了他的保护人。王振这才知道瓦剌可不是闹着玩的，赶紧劝英宗班师后撤。这时瓦剌军已追了上来。明军后卫被消灭，紧接着英宗与明军主力被围困于土木堡（今河北怀来附近）。

土木堡地势高，明军掘井不见水，附近水源又为瓦剌军所占据，明军人心涣散。这时瓦剌军故意装出后撤的样子，王振赶紧命明军开始突围。由于逃命心切，王振又调度无方，明军行动一开始就乱作一团。瓦剌军从四面冲上来，明军根本无法作为一支军队作战，自相践踏，死伤数十万人。张辅、井源、邝埜、王佐、曹鼐、丁铉等文武官员死于乱军之中。导致这次灾难的祸首王振，也在乱军中被愤怒的明将樊忠用大铁锤击毙。樊忠声称："我为天下除害。"但为时已晚，一场大祸已经酿成了。明英宗被瓦剌军所俘。同时被俘的还有一个蒙古人，他就是入明皇宫当了太监的喜宁。以蒙古人而入宫当了太监，想必身世也是十分离奇、曲折的吧。总之，喜宁认为自己被俘是天从人愿，立即向也先主动报效，把明朝的虚实尽情相告，并为之出谋划策。在喜宁指点下，也先先是挟英宗以求财物。此时英宗身边只有一个锦衣卫军官袁彬。英宗在也先逼迫下，命袁彬写信给明朝廷，索要金帛。此时已乱了套的明朝廷赶忙乖乖地搜集金银财宝奉上。接着也先又挟英宗至大同，妄图以英宗相要挟，夺大同，被守军将领拒绝。

此时明朝廷中大局又逐渐安定下来。一位在明代堪称有数的几位干才之一的大臣执掌了朝政，他就是于谦（公元1398—1457年）。于谦字廷益，浙江钱塘人，曾经做过都御史、巡抚、兵部右侍郎（国防部副部长）等官。于谦为人刚直不阿，在任上述职务时，曾平反冤狱，赈济百姓，很有政绩。同时也使他历练、持重，有了各方面的经验。由于得罪王振，他一度被下狱，三个月后方被放出。

"土木堡之变"发生时，于谦正在北京。此时人心惶惶，有的大臣甚至主张迁都南京。于谦一面调集、布置兵马、粮草，一面拥立郕王朱祁钰为帝，是为明景帝。朱祁钰（公元1428—1457年）是在英宗出征时，奉命留守北京的。他上台后，任命于谦为兵部尚书，主持北京防务和朝政。由于明代自胡惟庸之后不设宰相，如果内阁大学士无人或没有能力，兵部尚书就是很吃重的人物。于谦此时就是这么一个角色。

瓦剌没给于谦多少从容布置的时间。十月，也先以送回英宗为名，攻下紫荆关，直逼京师。诸将认为不可与瓦剌军硬碰。于谦却认为如果不出兵，是向瓦剌示弱。明军二十二万人列于京师九门外，严阵以待瓦剌军。

于谦与石亨等将领亲率军在德胜门外,准备与也先死战。他下了死命令:临阵作战,将领弃士兵而逃,斩将领;士兵弃将领而逃,后队斩前队。明军在悲壮气氛中,以必死之心静待瓦剌军到来。

也先看到明军这个架势,知道碰上硬对手了。在喜宁建议下,他提出明朝只要赠送大批金帛,就可以派大臣迎回英宗。这一建议理所当然地被拒绝了。此时辽东总兵杨洪、曹义等已率骑兵前来支援。于谦公开招募,能刺杀也先者,赏万金,封国公。对喜宁,于谦也下了一番功夫。他命人伪造了一封喜宁给城中太监兴安的书信,信中表示,约也先入侵是想乘其孤军深入由明军加以歼灭。书信故意放在也先巡逻骑兵必由之路上。也先看了信,对喜宁的主意不再那么听信了。

也先恼羞成怒,终于动武了。他先率军攻德胜门。于谦命石亨等设伏于屋舍中,也先的骑兵一进门,以火器齐发。骑兵野战的优势无从发挥,也先只好狼狈撤出。在西直门,也先同样为明军击退。

于谦派间谍侦察出也先已将英宗押往别处。于是他命石亨等乘夜深人静,用大炮猛轰瓦剌兵营。瓦剌军死伤万余人。至此,也先无法再屯兵于坚城之下了,只好率军撤退。

此后也先继续在边境侵掠。为了使也先失去出谋划策之人,于谦在另一个战场上大显身手。除喜宁外,还有一个投降也先的汉人小田儿,也在为也先出坏主意。小田儿经常夹杂在也先派往明朝的使团中,到内地探听虚实。于谦授密计给侍郎王伟,命其于大同诛之。王伟到大同后,按计而行,诱杀了小田儿。于谦还在也先内部安插了耳目,对喜宁他当然更不会放过。他密令大同镇将设法诱杀喜宁。大同镇将是否采取了行动,不甚清楚。但喜宁被杀,却另有记载。

喜宁对常在英宗左右的袁彬,恨之入骨,想除掉他。英宗对喜宁这个过去的奴才如今却骑到头上来,更是怀恨在心。英宗对也先请求,让喜宁入京接受明朝廷赠予的财物。同行的军官高磐也是英宗的人。英宗写了除掉喜宁的密信,命高磐带给明将。高磐将信绑在大腿上,与喜宁一起到了宣府。二人到宣府后,明参将杨俊出迎,以酒宴款待二人。酒宴正进行间,高磐突然抱住喜宁,一面对杨俊等大声宣布英宗的命令。杨俊立即命手下士兵将喜宁抓了起来,押往京师,喜宁在京师被正法。也先听到这一消息大怒,率军入侵。但是耳目已去,军事行动也就带有极大的盲目性,对明朝的危害也减轻了。

当时明朝都城附近安置了不少朱棣远征蒙古时俘获或投降的蒙古人。这些人时常在瓦剌军入侵时为之充当内奸、向导。于谦对此采取了明智的疏散政策。西南边境一有警报，于谦就调集这些人中的精锐之士从军，给他们很多军饷。这些人当然乐于前往。在这些人出征后，于谦又进一步将其妻儿送往驻地。这样文质彬彬地解决了都城附近的隐患。

在于谦治理下，明朝政治、军事逐渐走上了轨道。也先看到明朝并不好欺，只好于公元1450年七月，对明朝表示可以放英宗回去。八月，英宗在明使的陪伴下回到北京。可是帝位只有一个，他被尊为太上皇。

一般人从异域逃生而归已是万幸了，不会再有他想。英宗却不如此，他是皇帝（确切地说，曾是皇帝），因而有着皇帝特有的阴暗心理。他一边装作安于其位的样子，一边窥视时机。公元1457年初，景帝病重。英宗在石亨等人支持下乘机复位。于谦拥立景帝，成了一大罪名，被杀于市。一代英豪就这样"只留清白在人间"（于谦诗）。景帝也于二月死去，死前已被废为郕王，死后又被予以恶谥（古代皇帝、贵族、大臣死后，由后人根据其生平事迹，评定称号）为戾（暴虐之意）。

在游牧民族与长城内的王朝的战争中，叛逃者经常起着很大作用。他们不仅了解内地防务情况，而且对内地政治情况也一清二楚，往往成为游牧民族统治者入侵的顾问。在这种情况下，于谦等人诱杀叛逃者就是十分必要的了。

诱杀间谍，也是间谍战的一种方法。于谦等人诱杀的是具有战略意义的间谍。这类间谍往往地位颇高，一旦行动，可能引起全面政治、军事冲突。因此这种诱杀要充分考虑利弊、得失。对这类间谍的诱杀可通过公开的政治、经济、外交行动来进行。这是这类诱杀的特点。

第十二节 沙漠中有铁

中国古代，长城内外的民族贸易中茶、马、铁、布匹占有绝对重要的地位。明代，长城外的蒙古诸部，经常以马匹交换内地铁器、布匹、茶叶等。明朝也以管制贸易为制约其发展的手段。特别是铁器更关系边境安全，明朝对铁的贸易做了严格规定。

梅国祯任三边总督（负责陕西、延绥、宁夏、甘肃四巡抚辖区的军务）时，蒙古某部首领命人献上生铁若干斤。前来献铁的使者对梅国祯说：“这是沙漠中刚刚冶炼出来的。"梅国桢收下生铁后对部下说："他们这是想让我放宽生铁出塞的禁令。"梅国桢用蒙古使者送来的铁铸成宝剑一把，上面命人镌刻上"某年某月某王赠铁"几个字。

梅国桢以此为由，通告三边诸文臣武将：沙漠中已经产铁，不必卖给蒙古诸部铁锅了。

这一下可把蒙古诸部治住了。他们派使者再度求见梅国桢，请求卖一些铁锅出塞。梅国桢说："你们那儿产铁，可以自己冶炼嘛！"蒙古使节一听就火了，也顾不得礼节，大声辩解起来，力言沙漠中根本没有铁。

梅国桢不慌不忙地命人取出那把宝剑，给使节看，使节这才想起上次玩的把戏，只好叩头认罪，再也不敢对梅国桢说假话了。

明代还有一位留心经济情报的大臣——周忱。周忱，字恂如，少年早慧，明成祖朱棣执政的第二年就中了进士。其后仕途蹭蹬，到了明宣宗朱瞻基登基后才得大用。终周忱之一生，以理财能手闻名于后世，深受当时皇帝倚重。周忱后来当了巡抚，但对经济情况的调查仍十分细致深入。"暇时以匹马往来江上，见者不知其为巡抚也。"

周忱坚持记每天的阴晴风雨，作为自己指导漕运和农业的依据。有一次负责漕运的官员谎称江中遇上大风，因而使船中之米受到很大损失。周忱立即取出他平日记天气状况的册子，对那人说："那天江中无风！"这个官员只好乖乖认错，退出侵吞的粮食。日子长了，人们才知道周忱为何能如此神机妙算。原来周忱命焦山、金山上寺院的僧人每日向他报告江上之晴雨风涛，所以周忱能得到如此准确的情报。

梅国桢与周忱由于平日留心经济情报的调查搜集，因而能做出正确的决策。从他们两人对经济情报的搜集判断中可以看出经济情报的几个特点：其一，经济是一个复杂的整体，对经济上某一行业、某一领域的情况并不一定直接了解，可以通过与其相关联的情报推导而出。如周忱通过对江上气象情报的掌握来控制漕运。其二，在经济方面制造假情报的方式很多，如蒙古人之献生铁。但是制造经济假情报的方式必须经过周密考虑，对假情报的编造也要慎重。因为由第一点所决定的，经济上的情报可以通过许多途径去核实。其三，经济情报真实与否的判断依赖于平时大量的基础资料与背景材料的搜集、对比，是判断经济情报的重要方法。其四，在边疆，经济情报是制定边境政策之重要组成部分，缺乏这一环，边境政策就会出现严重缺陷。

第十三节　文件丢失

　　安南使者到明朝都城——北京入贡。使者向朝臣打听："听说刘尚书被戍边（发配边疆），不知他身体安否？"刘尚书何许人也？他哪来这么大名气呢？刘尚书者，曾当过兵部尚书的刘大夏也！

　　刘大夏在明代诸大臣中是一个有趣的人物。他是华容人，公元1464年中进士。大约在公元1465年到兵部任职方①主事一职，其后陆续升迁为职方郎中，兵部尚书。刘大夏以文职人员长年在兵部工作使他的一生在这方面显示出特点。

　　公元1480年朝鲜使者到北京，请求改变入贡北京所经之途。使者提出的理由是，入贡途中容易遭到建州女真人的拦劫。当时刘大夏还是兵部职方郎中，兵部尚书对其倚为左右手，对这件事当然要征求他的意见。刘大夏说："朝鲜贡使所经之途，自鸦鹘关出辽阳，经广宁，过前屯，而后入山海关，迂回三四大镇，这是先皇精心安排的。如果改由他途，自鸭绿江抵前屯山海关大道，恐怕将来会有麻烦。"明宪宗朱见深采纳了他的意见，没有同意改道入京。

　　明宪宗朱见深宠信大太监汪直。汪直统率特务机构西厂，权倾朝野，还想在边境逞兵扬威。有一次边境上传来安南首领犁灏兵败老挝的消息。汪直想乘机率军出征，为自己树立威信。他向兵部索求永乐（明成祖朱棣年号）年间明军征讨安南的旧档案、文书。刘大夏软磨硬抗，就是不给。兵部尚书余子俊也一再催促他拿出来。刘大夏秘密地对兵部尚书说："如果对安南的战事一起，西南地区立即不可收拾了。"余子俊这才恍然大悟，默许了刘大夏的行动。在刘大夏消极抵制下，汪直对安南用兵一事不了了之。

　　朱见深的父亲明英宗朱祁镇在位末年，喜好各种珍奇玩物。周围的太监对他说，宣宗朱瞻基在位时曾派太监下西洋，弄到了无数珍玩。朱祁镇立即命兵部查出当年下西洋时的文件。兵部尚书命属下查找当年的文件，刘大夏首先查到了下西洋的文件，却隐匿不报。兵部尚书见其他人老找不到，有些着急地说："署中文件为何丢失呢？"刘大夏微笑着答道："当年

---

① 职方，兵部掌管兵要地志的机构。

下西洋，耗费钱粮数十万，军民死者也达万余人。这是先朝弊政，文件即便尚有，也应当毁掉以断其根，还要追究它的有无吗？"兵部尚书听了肃然起敬，对刘大夏再揖而谢，并指着堂中尚书的位子说："您为国操虑甚周，将来这位子必定属于您。"后来刘大夏果然当上了兵部尚书。

从刘大夏耐人寻味的行动中，我们可以发现兵部职方郎中管辖范围内的事。除兵要地志外，历次战争、重大政治、外交行动的资料都由兵部职方郎中保管。可以说职方郎中保管的档案、文书是很全面的。因此职方郎中作为掌握重要情报来源的人，地位不高，但握有较大的发言权。如果担任此职的是一个肯钻研的人，他很容易取得"专家"的地位，玩弄决策者于股掌之中。

刘大夏的行动表明，历史档案和情报的利用只能局限于一定的经济、政治体制之间。下西洋的航海壮举，在刘大夏看来是劳民伤财的行动，这一观点在当时看是合理的。他消极抵制对安南用兵当然更有合理的地方。刘大夏的行动还表明，同一政权内，由于观点不同、利害关系不同，因而也会在不同程度、不同层次上出现"情报隐匿"现象。这一现象的出现会使某些情报不发挥作用，并对决策产生重大影响。

第十四节　一场徒劳

公元1505年，明孝宗朱佑樘病故，其子朱厚照（公元1491—1521年）即位，是为明武宗。朱厚照即位时才十五岁，正在贪玩的时候。其父死前曾对托孤大臣说："太子年十五，好逸乐，诸位要好好辅导他。"孝宗对其子倒是没看错。明武宗不仅是一个吃喝玩乐的好手，在中国历代帝王中实在也是一个特殊人物。他的"独到"之处在于把自己的个性发挥到极点。他在刘瑾等八个太监的怂恿下，变着法儿地玩乐，政务全部交给刘瑾去处理。

明武宗在位期间有以下"杰出"表现：他在西华门修筑宫室，名曰"豹房"。豹房是供他淫乐的地方。明武宗不理朝政，整天和他的"玩友"待在豹房。明武宗还到教坊司，微服私游，观看妓女奏乐及其所用器物。明武宗即位后每年元宵节宫中张灯结彩，价值百万。有一次宫中失火，乾清宫等建筑烧成白地，明武宗倒乐了，他对左右人说："这倒是一场很好看的焰火。"如此没心没肺的帝王的确少见。

明武宗大概听了不少其祖的赫赫武功，对此十分向往。他在宫中设立东、西两官厅，作为想象中的军营。江彬等边将因此得以进入豹房，陪伴皇帝玩乐。他还常不顾大臣们劝阻微服前往南海子打猎。最可笑的是他自称为"大庆法王"、"总督军务威武大将军朱寿"。自己给"大将军朱寿"加封为太师。他这些离谱的活动，说到底就是一个顽皮孩子在帝位上游戏人生，可国政确实被他搞乱了。刘瑾等太监利用这一点胡作非为，使朝政混乱，阶级矛盾日趋尖锐，农民起义接连不断。

公元1501年十月爆发了刘六（名宠）、刘七（名宸）兄弟领导的农民起义。刘六、刘七与杨虎、齐彦名等率军转战河北、山东、河南等地，屡败明军。明臣马中锡派人招降刘六、刘七。刘七说："现在太监掌大权，马都堂会不会说话不算话？"经过商量，义军领袖决定派人潜入京师刺探一下真实情况。

刘六、刘七原来与京中权贵渊源颇深。两人与大盗张茂结识，而张茂又与太监张忠是同乡，关系不错。刘六、刘七通过张忠又结识了太监马永成、谷大用等。刘六、刘七与他们结识后甚至可以出入豹房，利用皇宫为掩护开展活动。现在起义军想必又利用了某些老关系。

义军间谍入京后，发现明朝权贵根本无意招降义军。刘六、刘七由此判断招降乃马中锡个人的意见，不牢靠。刘六、刘七曾投降过明朝当上了捕盗小吏，后来被刘瑾家人索贿才再度造反。因此二人对招安一途始终未能死心。他们又命人带着从地主豪绅处抢来的财物，入京贿赂权贵，以求赦免。但送去的钱财犹如石沉大海，没有一点效果。两人只好率义军继续干下去，后来先后在与明军战斗中牺牲。

明武宗对此不闻不问，仍然一心扑在吃喝玩乐上，直到另一场造反才深深地刺激了他的神经。

刘六、刘七以金银交结权贵的方式与方国珍有相似之处。但方国珍以此搬倒刘基，是为自己的安全而采取的进攻性行动。刘六、刘七却只是一味乞怜，相比之下方国珍还是高明一些。

第十五节　王守仁的大手笔

燕王朱棣以计夺宁王朱权精兵后，朱权为朱棣夺位也真是卖了不少力气。朱权颇有些文采，因此燕王朱棣的檄文多出于朱权之手。这对难兄难弟在与明惠帝的恶斗中，关系更加亲密。有一次朱棣对他这位老弟感激涕零地说了一句过头话："如果能夺得天下，当与你共分之。"

朱棣当了皇帝，自然"忘了"这句话。朱权也心知肚明，不能奢望有天下之半，只想到苏州或钱塘去当他的藩王，调剂一下久在北边的"清苦"生活。没想到朱棣脸色一变，认为苏州地近京师（当时尚未迁都北平），钱塘又是朱元璋第五子的封地，根本没有封给朱权的可能。朱棣提出，重庆、荆州、东昌等地供朱权挑选。朱权一气之下不再提起此事。朱棣却容不得其久在京师，公元1403年二月，客客气气地将朱权请出了京师，送到南昌去当藩王。尽管如此朱权还受到朱棣派去的情报人员监视。朱权死后，继承其位的历代藩王也不时地受到锦衣卫等特务机构的监视，时常因为一些"不轨"事情，受到皇帝斥责。但是封国总算保存下来了。

明武宗在位时，袭封宁王的是朱宸濠。朱宸濠（？—公元1520年）为人轻佻，也就是说具有一般皇室子弟所共有的毛病，目中无人，自视甚高，是个花花公子一流的人物，又有几分小聪明，善于提笔做文章，颇有好结交文人、礼贤下士之名。同样是花花公子，朱宸濠之所以不像京城里那位一味沉浸在"豹房"里，是因为他另有打算。朱宸濠对其祖所受的待遇一定是念念不忘的，再加上他看到"总督军务威武大将军朱寿"的荒唐行为，一定更加重了他对帝位的觊觎之心。总之，他朝着这一目标努力了。

朱宸濠派人常驻京师刺探情报。如果传来朝政混乱不堪的消息，朱宸濠会高兴得手舞足蹈；如果传来朝廷治理得法，皇帝圣明的消息，朱宸濠就会气得拍桌子骂人。明武宗花天酒地，一直没有子嗣。朱宸濠认为这使自己入继帝位的希望大增，就加紧了活动。为此他建立了一个由京城到南昌的谍报系统。

在京师，他收买了大太监刘瑾，明武宗的"玩友"钱宁、臧贤、张锐等人，为之在明武宗面前美言。明朝廷曾以前宁王朱奠陪有不法之事为名，削夺宁王府护卫。朱宸濠花重金收买刘瑾，使护卫又得以恢复。刘瑾因与明武宗发生利害冲突被杀，朱宸濠也跟着倒霉，护卫又被剥夺。后来受他收买的陆完当了兵部尚书。陆完是个热衷名利的人。他当了兵部尚书后，朱宸濠更加着意拉拢他，二人一拍即合。陆完、钱宁、臧贤等人上书请求恢复朱宸濠的护卫，但遭到了大学士费宏反对。朱宸濠在此之前以金钱、珍玩遍贿朝中权贵，费宏却将送到他府上的金钱、珍玩全部退回，给朱宸濠来了个下不来台。陆完为朱宸濠向费宏游说，又遭其严肃拒绝。但是这几位手眼通天的人物，乘费宏在批阅试卷的机会，勾结太监，下旨恢复了朱宸濠的护卫。费宏却因此得罪了朱宸濠。

朱宸濠神通广大，派人在京师刺探费宏的一举一动，想找出点费宏的短处，将其拉下马来。但是这些间谍一无所获。这也难不倒朱宸濠。在他的授意下，以莫须有的罪名，逼费宏不得不请求致仕（退休）。费宏的灾难至此还没有完。朱宸濠派人侦察到费宏回乡路过临清。于是当费宏及其家人路过临清时，其座船起火，家产全部被烧。费宏回家后为了避祸，闭门不出。朱宸濠却又派人找上门来，想拉费宏入伙，再遭拒绝。朱宸濠恼羞成怒，暗中唆使强盗利用费宏族人与乡里其他人的矛盾，企图攻杀费宏。费宏得以逃避，强盗们将其家抢掠一空，并挖了费氏祖坟。朱宸濠总算解了恨。费宏憋了一肚子气。后来朱宸濠事败灭亡，费宏才因早有抵制朱宸濠之行动，而再度入朝。

从京师到南昌沿途，朱宸濠安插党羽卢孔章等，分布于水陆交通要冲，沿途暗置快马，京师与南昌间的情报传递只需十二天。当然这瞒不过明朝的特务机构。但由于朱宸濠收买了明武宗左右，朝廷中竟无人敢问。朱宸濠还在水陆交通要冲，派人截取了江西巡抚孙燧上告他谋反的七道奏章。

朱宸濠在南昌招降纳叛。他招揽举人刘养正、退休在乡间的前御史李士实等文人为之出谋划策。明代著名大画家唐伯虎也稀里糊涂地被延入府中。他还密令刘吉等人招揽巨盗杨清、李甫、王儒等百余人入府，号称"把式"。想必是以武师一类的身份为掩护。

尽管如此，明朝廷中仍有敢于直言之人。大臣胡宁上书，请朝廷早做准备。朱宸濠消息灵通，奏章连上，反咬胡宁有罪。结果胡宁反而被贬斥。

公元1517年，朱宸濠的属官闾顺等到京师上告朱宸濠谋反。但由于钱宁等人从中庇护，不了了之。朱宸濠把自己属下有参与此事嫌疑的人杀了不少。

朱宸濠继续准备当皇帝。他命下属穿着朝服，以觐见皇帝的礼仪见自己。他还把封地中不依附自己的官吏，或赶走，或杀掉。朝廷有关部门也不敢过问。朱宸濠谋反之迹已十分明显，以致唐寅都已看出了他的真正居心，经过一段装疯卖傻后，终于逃离了这是非之地。但明武宗却还对此毫无察觉。

明都察院右副都御使孙燧巡抚江西。他对朱宸濠想干什么，也看得十分清楚。他前后七次上奏章，提醒朝廷注意朱宸濠动向。但由于被朱宸濠的人截获毫无结果。此时他再度上奏，力陈朱宸濠必反，由于朱宸濠在京师党羽的阻挠，犹如泥牛入海。

公元1519年五月，发生了一件不利于朱宸濠的狗咬狗的事。明武宗的"玩友"江彬与钱宁间的矛盾激化了。太监张忠想借江彬之力打倒钱宁。两个人联起手来了。朱宸濠怂恿手下人上奏，表扬自己的品德如何高尚。明武宗看了这些奏章倒没觉得有什么问题，张忠却乘机问："钱宁、臧贤也常夸奖宁王贤明，您觉得如何？"明武宗说："如果说文武大臣有才干、贤明，可以让他担任合适的职务。藩王贤明可怎么办？把我置于何地呢？"张忠看明武宗已经上钩了，就把朱宸濠种种不法之举统统端了出来。明武宗连连点头，决心对其采取行动。当时钱宁掌握锦衣卫。管辖特务机构东厂的太监张锐、大学士杨廷和也受朱宸濠的收买，为朱宸濠恢复护卫出过力。可他们一看明武宗的态度，也转到了与朱宸濠对立的立场上。明武宗下诏驱逐宁王安置在京师的人员，并大索朱宸濠的间谍。朱宸濠派到京师的间谍林华正巧在臧贤家落脚，锦衣卫包围了臧贤的府邸。但是臧贤家有多处夹壁墙，夹壁墙在屋内的暗门由木橱加以掩护，并有暗门通往巷外。林华听到锦衣卫包围臧府的消息就藏入夹壁墙，并由夹壁墙溜到了外面，漏网而逃。

六月十三日，林华狼狈地逃回南昌。当时宁王府中正为朱宸濠祝寿，鼓乐喧天。朱宸濠正在宴请当地的明朝官吏。林华带回的消息，使朱宸濠大惊失色。他和刘养正、李士实等人密议之后，仓促起兵了。明朝官吏孙燧、许逵等被杀。朱宸濠起兵之时应当说还算顺利，掌握了当地的明军武力。

朱宸濠造反的消息，惊动了一个正匆匆赶往福建去镇压叛军起事的明代大知识分子，他就是以阳明先生名垂后世的明朝大哲学家王守仁（公元1472—1528年）。

王守仁，浙江余姚人，字伯安，明朝中期著名哲学家、军事家，心学领袖。他创立的阳明学派，与朱子学派分庭抗礼，成为明朝中后期一个体系庞大、门徒众多、影响深远的儒家学派，在我国儒学发展史上占有重要地位。阳明学派，在东亚，尤其是日本也有着深远影响。

王守仁文治武功，在明朝屈指可数。王守仁之父是明朝高官。王守仁少年早慧，是一个对所处时代十分敏感的人。当时朝政日非，内忧外患接踵而至。他还是一个十五岁的少年时，曾漫游居庸关、山海关，仔细地观览了山川形胜。大概他渴望将来金戈铁马地与蒙古骑兵作战的生涯吧。王守仁察看山川地形，打听备御方策，与胡人追逐骑射。经过一个多月的漫游考察，王守仁"慨然有经略四方之志"。他曾在梦中拜谒汉伏波将军马援的庙，醒后有感于马援"男儿当死于边野，以马革裹尸而还"的名言，挥笔写下了一首诗：

卷甲归来马伏波，早年兵法鬓毛皤。

云埋铜柱雷轰折，六字题文尚不磨。

王守仁"好言兵，且善射"。① 他喜好兵法，兵家经典，无一不精心研读，尤其对《孙子兵法》下了很大功夫。他对《孙子兵法·用间篇》颇有心得："知此一法，任敌之坚坚完垒，而无不可破，横行直撞，直游刃有余了。"

但是命运使他的政治、军事才能主要在对内战争中显示出来。他一生多次与农民起义军、少数民族起义军作战，只有平定朱宸濠叛乱一事还有些积极意义。在与农民起义军、少数民族起义军作战中，他总结出"破山中贼易，破心中贼难"的经验，这一经验显然源于他的心学。从中可以看出一个哲学家走上战场时总是离不开他的特定思维方式。王守仁这一经验中隐含着对敌实施心理作战乃至教化民众的命题，这对于他后来与朱宸濠作战有重要影响。

王守仁曾因得罪刘瑾被贬为南京兵部尚书，接着又因援救同僚被刘瑾处以廷杖四十，贬到贵州当了一名小官。但是这么一个文武全才，很难被长期埋没。公元1516年王守仁复出为右佥都御史，巡抚南赣，披挂上阵去镇压当地的农民起义。

王守仁到赣州后，发现局势十分严重，官府中的许多士兵、官吏都为起义军充当耳目。于是他找了一名衙门中的老隶来责问，此人不敢隐瞒，老实招供了。王守仁赦免了他的罪行，命他继续与义军联系，从中刺探情报。王守仁还推行"十家牌法"。其法即编十家为一牌，开列各户籍贯、

---

① 《明史·王守仁传》。

姓名、年貌、行业，每日一家轮流值班，挨门挨户按牌审查，遇到面生可疑之人，立即报告官府追究处理。如果有隐瞒不报官府者，则十家连坐治罪。这样一来，切断了老百姓与起义军的联系。由于义军的情报全为王守仁所掌握，义军的情报来源基本断绝，起义数十年的义军终于被王守仁所消灭。统治阶级中人对其"远近惊为神"。王守仁获得了很高的声誉。

王守仁是中国古代哲学史上主观唯心主义之集大成者，其思想影响持久弥深，到晚明甚至成了占有支配地位的思想。但是从王守仁的为人行事来看，他与那些"袖手谈性命"，热衷于"格物致知"的儒生不同，讲求"知行合一"，有很强的行动能力。那些"致良知"的理论或许在王守仁看来，是修炼自身用的，以免生"心中贼"吧。总之，朱宸濠面对的就是这么一个在精神上、行动能力上十分可畏的对手。

王守仁在江西任上，与宁王朱宸濠也时有往来。对这位地方大吏，宁王朱宸濠也有拉拢之意，何况王守仁在明朝士大夫中还颇有名气。王守仁第一次见到朱宸濠时，朱宸濠设宴款待。席间朱宸濠的谋士李士实在座。王守仁去拜见朱宸濠，实际上是借此机会看看朱宸濠是否真如外面所传的有造反之想。朱宸濠也想借此试探一下王守仁的态度。朱宸濠故意唉声叹气地谈起武宗的种种荒唐行为。李士实说："现在天下难道没有商汤、周武王那样的人物了吗？"朱宸濠马上接道："有商汤、周武王，便会有伊尹、吕尚来辅佐。"王守仁看他们越谈越不像话，便反击道："如果有伊尹、吕尚，何愁没有伯夷、叔齐！"从那之后，王守仁认定朱宸濠必反无疑。他派门生冀元亨经常到朱宸濠府邸刺探情报，同时上疏请朝廷给他以指挥江西部队的权力。他还在江西加紧练兵，以防不测。

兵部尚书王琼也是一个有头脑的人，他奏请明武宗批准，允许王守仁在紧急关头便宜从事。王守仁到福建去公干实际上也是个幌子。

朱宸濠造反的消息传来，王守仁正在丰城停留。听到消息后，他顾不上请命于朝廷，立即设法躲过宁王朱宸濠派出的叛军的伏击，奔赴吉安，与吉安知府伍文定等人征兵、征粮，准备攻防器械和战船。王守仁还写了檄文，广为散布。攻心为上嘛，先瓦解朱宸濠的叛军士气。一大群平时与王守仁意气相投的知识分子官吏也聚集于吉安，为之出力。王守仁是很有战略眼光的人，他认为："朱宸濠如率师出长江，顺流东下，南都（南京）就保不住了。我当设计阻止其东下。如果能使其推迟十余日进攻，可保无事。"

王守仁派了许多间谍到附近府、县去散布消息："都督许泰率边境上的大军，都督刘晖、桂勇率京师大军各四万，水陆并进；南赣王守仁、湖广秦金、两广杨旦也率部下军队共十六万，直捣南昌。沿途地方官吏要赶快准备大军所需粮草，违者严惩不贷！"王守仁真够有胆识的，他是以朝廷之名在散布假情报。为了进一步欺骗朱宸濠，他找了几名唱戏的人，予以厚赏，命他们去充当"死间"。王守仁命他们把写有明军出击的密令缝在衣服里，然后前往朱宸濠叛军设防处。临行前，王守仁命人把李士实的亲属抓进了他的座船，故意当着这些人的面给几名戏子布置任务。几名戏子领命而出后，王守仁一拍桌子，勃然大怒，命人将李士实的亲属推出去处斩。行刑的军官早经王守仁布置，故意悄悄将这些人放了。

这些人逃到朱宸濠处后，立即报告了王守仁派人带密令四出传达的事。朱宸濠马上命有关地方的部队加紧盘查，果真抓获了那几名戏子，搜出了密令。朱宸濠早听到明军云集，将合击南昌的消息，此时又看到公文，不得不取消原来的作战方案。

王守仁伪造了宁王部下大盗闵念四、凌十一的投降书，使归附宁王的众多土匪人心浮动。王守仁还写了致李士实、刘养正的蜡丸密信，信中大大夸奖了一番李、刘二人对朝廷的忠心，并指示二人早日劝宁王发兵东下。王守仁故意在这些信发出后，让人把消息泄露给朱宸濠。朱宸濠派人截击，全部缴获了这些信件。李、刘二人已被封为左、右丞相，是宁王的智囊。他们力劝宁王朱宸濠早日顺江而下，夺取南京。可朱宸濠由于"发现"李、刘二人与朝廷有联系，对此越加生疑。这样白白丧失了十几天的时间，朱宸濠才知道上了王守仁的当。可此时王守仁已布置停当，转守为攻了。

由于朱宸濠坐失良机，他布置在南京等处的党羽纷纷落网。南京兵部尚书（明代在南京也设有六部机构）乔宇，发现太监刘瑯与朱宸濠互通情报，并为朱宸濠收买亡命徒，准备起事。他立即命令大索南京城，抓获朱宸濠预先派进南京城的亡命徒三百余名。南京方面还放出空气，京师和边境的精兵十万人马上就要开到了。这与王守仁的办法不谋而合。进贤县知县刘源清也把县里与朱宸濠有勾结的人，抓起来杀掉了。朱宸濠听到布置在南京的内应全部落网的消息，而且知道南京方面已有防备，只好转攻安庆。

七月，朱宸濠率军六万人出动攻安庆。王守仁听到南昌空虚的消息，力排众议，率军八万号称三十万直扑南昌，成"围魏救赵"之势。间谍报告，叛军伏兵于坟厂。王守仁派知县刘守绪率军击破之。接着王守仁又使出了心战之术，贴出告示："凡胁从者不问；虽曾受叛贼官职，能逃归者，一律免死；能斩贼者，一律有赏。"王守仁命与南昌方面有关系的官员、百姓及向导广为传布。朱宸濠部下人心大乱。明军很快攻下了南昌。

朱宸濠听到南昌失陷的消息惶惶然如丧家犬率军回援，与明军决战于黄家渡。双方都做殊死之斗。王守仁亲自督战，出重赏鼓励将士。明军终于将叛军击败。朱宸濠乘小船逃跑被抓。李士实、刘养正等人全部被捉。朱宸濠从发动叛乱到失败，一共才三十五天。

然而，明朝廷内部却又演出了一幕丑剧。朱宸濠造反的消息传来，明武宗正在豹房玩乐。在此之前他曾微服出行，想到宣府去看看美人和蒙古军队是个啥样子，为群臣阻于居庸关，实在不开心。这样一来，他认为挂帅出征的借口来了，决定亲征叛军。接着他自己给自己下了军令，"即令总督军务威武大将军镇国公朱寿统各镇边兵征剿"。大军到涿州时，王守仁捷报已到，明武宗仍率军继续南下。他已经完全进入"大将军"的角色了。

明武宗周围的"玩友"，怕王守仁上书告发他们，在明武宗面前造谣："王守仁参与密谋反叛，看到事情不好，才率军平叛的。"这些人又想争功，从王守仁手中夺取朱宸濠，当然也不无灭口之意。王守仁十分机灵，绕道求见大太监张永，请张永劝明武宗停止前进，同时把朱宸濠交给了他。因为明武宗一路上酒肉征逐，强占民女，已经战果赫赫了，一入江西势必使刚刚得到安定的百姓大倒其霉。

王守仁此举得罪了另一太监张忠和明武宗的"玩友"许泰。二人原想到南昌捞一把，名利双收。如今朱宸濠既已被张永捞到，他的钱财一定还有不少。两人去责问王守仁。王守仁回答得妙："朱宸濠造反前，以大量金钱、财宝，收买朝中权贵，约有内应。现有档案文书可查。"张忠、许泰二位一听，不再说三道四了。原来二人都在朱宸濠贿赂的名单上。王守仁有数，他们当然也有数了。二人又想欺负一下王守仁是个书生，非要与其比射箭。王守仁当着众将士的面，三发三中，这才使张忠、许泰垂头丧气了。王守仁从缴获的朱宸濠档案中发现京官受贿者甚多，只好一烧了之。

张忠后来见到明武宗后，再度攻击王守仁想造反，并说："陛下如果试召其来，他一定不会到的。"王守仁接到诏书后，却立即赴明武宗军中。张忠、许泰不让王守仁见皇帝，王守仁到九华山寺中去打坐，哲学家入静功夫是很好的。明武宗派人去侦察，看到王守仁这副样子，肃然起敬。明武宗也不由不表示敬意。

这场闹剧以明武宗举行了盛大的受俘仪式而结束。朱宸濠被焚尸扬灰，参加叛乱者的家属及参与密谋的钱宁、陆完等人共数千人被裸体绑于道边，身上贴着标出其姓名的白布条。明武宗由于途中乘小船取乐，不慎跌入水中而染病，"远征"回京后不久就死于豹房。"大将军朱寿"就这样结束了自己"能征善战"的一生。

然而闹剧结束了，悲剧却没有结束。王守仁派在宁王朱宸濠府中刺探情报的冀元亨，成了太监们因整不倒王守仁而泄愤的对象。他被以"通敌"罪下到大狱，备受酷刑。冀元亨宁死不屈，使太监们企图以此牵连王守仁的阴谋落空。明世宗即位后，冀元亨被释放出狱。他获得自由后五天，就因在狱中所受的折磨而故去了。再也没人为一介书生去申诉，去喧闹。

王守仁以假情报迟滞朱宸濠的军事行动是十分高明的。王守仁的精彩演出，为我们在一旦发生突然事变时，以种种假情报拖延、迟滞敌人行动，提供了典型范例。在政治、军事、经济斗争中，"不虞"之事是时常发生的。问题在于发生后如何处置。谍报手段为我们提供了一种可能的选择。

王守仁敢于假朝廷之名，散布假情报，不仅说明一个间谍战的指挥者需要随机应变的胆略和气度，而且提出了间谍战指挥规则中的一个问题。那就是，"将在外君命有所不受"这一闻名论断，在某种程度上也适用于间谍战。在战争或其他突发事件到来时，应当对下属有充分的授权，并允许其发挥主观能动性"先斩后奏"。

第十六节　莫倚谋攻为上策

王守仁因情报工作做得好，连挫江西农民起义军。在他以残酷手段镇压下，农民起义军只剩下了以浰头（今广东和平，与赣南相连）为根据地的少数义军，仍与之对抗。

公元1516年，王守仁以得胜之师，向浰头义军施加压力。此时浰头义军分为几部，其中以池仲容部势力最大。王守仁想先攻义军较弱的几部，于是派辩士周祥前往游说。池仲容不理睬王守仁的这一套，义军另一首领黄金巢却率部投降了。后来义军其他几部为王守仁所灭，池仲容也有些胆怯了。他就派其弟率老弱残兵三百人到王守仁处请降，实际上是缓兵之计，同时侦察王守仁的动向。王守仁有的是涵养功夫，和和气气，不动声色地把这三百人收下了。

过了些日子，明军又攻下了义军占据的桶冈。池仲容更加紧张了，命令部队严加防范。这时王守仁派人到池仲容处送牛肉、美酒表示慰劳。池仲容知道这是王守仁派来侦察情况的，只好对来人说："卢珂、郑志高、陈英（其他几部义军领袖）与我有仇，我怕他们乘机进攻，不得不防。"这几部义军领袖此时早已为王守仁所收买。于是一场"周瑜打黄盖"的戏剧上演了。

王守仁装作听了池仲容的报告后十分生气，立即派兵进攻卢珂等几部义军。在进攻前他派人秘密地对卢珂等几人授意，把队伍集中起来，等待明军。明军一到，卢珂等人的队伍立即表示归顺。王守仁大宴诸军，并将义军遣散，表示不再用兵。同时也是故意做个样子给池仲容看。接着王守仁放出消息："已将卢珂斩首。"

池仲容听到这一消息十分高兴。此时王守仁的辩士又出动了。他到池仲容的营寨中对池仲容说："你应当亲自到王公处表示谢意。"池仲容率义军九十三人到赣州王守仁处表示谢意。其时正当春节，王守仁正大办宴席，摆出一派歌舞升平的架势。池仲容更放心了。他只率几人进入王守仁的大帐。王守仁故意装作生气的样子说："你们都是我的百姓，不进来观宴，难道是怀疑我吗？"池仲容在王守仁欺骗下，命其余随同来的人也放心地到城中参加宴会。王守仁还真推心置腹地招待他们，使这些义军骨干完全丧失了警惕。

正月初三，王守仁动了杀机。他伏精兵于诸门，乘池仲容手下人到处观灯之际，将义军这些骨干全部擒杀净尽。王守仁在池仲容入城之际已将卢珂等人释放回军。此时，他利用这些农民起义军的叛徒配合明军，对起义军发动了迅雷不及掩耳的打击。公元1517年，浰头的农民起义军被王守仁以残酷、狡诈的手段消灭了。

王守仁"平定"江西数十年之农民起义军，所用带兵将领基本上是文人。王守仁所部的行动特点也许与这一现象不无关系。其平定朱宸濠之乱所依靠的也是文人。延续到近代，曾国藩所部以"理学"为精神支柱，以文人统军。这是很值得研究的。至少，这种干部构成，为其施展谋略，提供了条件。因而二人均能以相对实力较弱之军队，与农民起义军相抗衡。

王守仁"大功告成"，颇为自得，写了一首诗《回军九连山》。诗中云："莫倚谋攻为上策，还须内治是先声。攻微不愿封侯赏，但乞捐输绝横征。"王守仁作为统治阶级中比较有头脑的一分子，看出江西义军之起，纯粹是统治阶级"横征"所致。同时也道出了他用兵的一点消息，那就是"谋攻"。"谋攻"只能得逞于一时，统治阶级的"横征"却是王守仁难以根除的，因此王守仁只好讲，谋攻也并非上策了。

王守仁对于池仲容采取了"多方以误之"的办法，深藏不露，最终将池部消灭。在间谍战中指挥者的涵养功夫与耐心，也是取胜的重要因素。王守仁对池仲容部用间、行骗，是一个层层递进的过程，火候到了才揭锅。人的行为转化，思想转化要有一个过程，在用间中要充分考虑到这一点。

第十七节　离间二岑

公元1504年末，广西土官（明朝委任的少数民族官吏）岑濬与岑猛发生了武装冲突。双方大动干戈，给当地百姓造成了灾难。明朝廷不得不出面干预。除下令追捕岑濬外，对岑猛也给予降为千户的处分。但是由于岑猛在当地的影响，仍被委以重任。公元1507年十一月，岑猛因贿赂当时掌权的大太监刘瑾，又官复原职，并回到了其原来统治的地区。

岑猛在其统治地区田州（今广西百色县附近），难免有一些不法行为。明朝廷对其在许多问题上自作主张，不听朝廷命令，十分恼火。岑猛对朝廷征兵、增税也常有怨言。于是朝廷就以"不法之事"为借口，要除掉岑猛。

岑猛的老丈人是归顺州（今广西靖西县）土官岑璋。岑璋有谋略，善于招揽人才。率明军征讨岑猛的明都御史姚镆，担心二人联起手来不好对付，就去请教都指挥沈希仪。沈希仪是贵县（今广西贵县）人，对广西土司的情况一清二楚。他认为姚镆所虑甚是，就找来了部下千户赵臣商量办法。他知道赵臣与岑璋私交甚好，请他出主意。沈希仪对赵臣说：

"我听到一点岑璋之女失宠于岑猛的消息。岑璋为此颇为不满。我想从这儿入手策动岑璋攻击岑猛,不知能否实现?"赵臣略为思索了一下回答道:"岑璋多智而疑心甚大,如果直截了当地用这件事去挑动他,必定会引起他的疑心。必须用计谋引他上钩。"沈希仪赶紧问:"有何妙计?"赵臣说:"镇安(今广西右江中游一带)与归顺两州土官是世仇。您如果派人出使归顺,必定会引起镇安的疑虑;如果派人出使镇安,归顺又要惊惶不安了。我如果出使镇安,岑璋必定要邀请我去他那里,打探一下消息。那时我就可以见机而行了。"

沈希仪依计而行,派赵臣到镇安公干。赵臣故意绕道岑璋处停留。岑璋听说赵臣出使镇安,很想打听一下有什么内幕消息。当天晚上他去拜会赵臣。赵臣装出有难言之隐的样子,只是长叹。第二天,岑璋专门摆下酒宴款待赵臣。在席间岑璋一再相求于赵臣,赵臣才装作不得不说的样子,口吐"真言":"我与您是手足之交,有危急之事不敢不以实相告。今天不是您死,就是我亡了。"岑璋吓得面如土灰,颤抖着声音问赵臣:"这是为何?"赵臣说:"军门(指沈希仪)奉旨征讨田州(指岑猛),认为您与岑猛是翁婿,必然是同党,已经下令命镇安出兵征讨您了。我如果不说,您必死无疑。我说了,您立即采取行动,军门必定认为我泄露了机密,我也就活不成了。为此我才哭泣啊。"赵臣的表演十分精彩,眼泪使岑璋深信不疑,认为真是碰上了好人。岑璋大惊失色地说:"如果不是赵君告知此事,我就要灭门九族了。"他马上命人将赵臣送回驿舍,对外称病,不能前往镇安。岑璋连忙上书给沈希仪,攻击岑猛企图造反,并表示愿意助明军讨伐岑猛。沈希仪看到岑璋的上书,赶忙告诉姚镆,事情已经办妥了。

姚镆对岑猛造反之事根本不信,岑猛又一再上书辩明自己并无反叛之事。因此姚镆一开始对进兵之事比较迟缓。此时姚镆因内部争斗受到政敌攻击,又看到二岑已经分裂,就督军猛攻岑猛。这是公元1526年的事。

岑猛之子岑邦彦据守二尧隘。岑璋假装支持岑猛,派了三千名士兵前往支援,实际上是为明军充当内应。岑璋命往援的士兵在衣服上做了专门记号,并通知了沈希仪。沈希仪在岑璋部队的配合下攻下二尧隘,杀岑邦彦。岑猛一看大势已去,在岑璋的引诱下,逃到归顺。岑璋在骗得了岑猛的官印后,以毒酒鸩杀了岑猛,派人把岑猛之首与官印一起献给姚镆。

明军的残杀,激起了当地百姓的反抗,起义此起彼伏。后来明朝不得不请出王守仁来，才算以"剿"、"抚"两手齐下，使这一带暂时安定下来，而王守仁安定当地人心的一个重要政治措施就是奏请朝廷"治田州非岑氏不可"，请封岑猛之子为当地官员。

在间谍活动中如何利用当地势力或本土势力，始终是值得研究的问题。对于当地势力或本土势力的调查研究本身就是间谍工作中的重要内容。

第十八节 商人的足迹

明朝不仅对岑猛等少数民族土官以残酷手段加以打击，对其他少数民族起义军也以狡诈、残酷的手段进行镇压。

沈希仪因参与消灭岑猛部有功，升为右江参将，到柳州镇压猺人（古代南方少数民族）起义的活动。起义军声势颇大，柳州城外五里大山之中，就是义军的据点。沈希仪秘密地召集了几十名一向与猺人有商业往来的商人，每人给白银五两，命他们买东西到起义军占据的山洞中去做买卖。猺人虽然对明军恨之入骨，但对商人却是保护的。商人一到山中，起义军派出士兵，一寨接一寨地进行护送，并给他们吃喝。义军之所以这样，是怕一旦有一个商人出了事，其他商人就不敢来了。所以尽管起义军深藏于崇山峻岭之中，商人却都可以去做买卖。沈希仪由此掌握了义军的行动和布置。

沈希仪还允许熟猺出入城中，无所禁忌。厚赏猺人中狡猾之人，让他们刺探情报。他还允许猺妇到官府和她们的丈夫见面，并赐给酒食布帛。这些猺妇的丈夫经常告诉他敌情，则暗中厚赏。诸猺妇贪爱赏赐，争相劝说自己的丈夫偷告敌情，或者亲自入沈希仪府中说明敌情。正因为这个原因，沈希仪全面掌握了猺人义军的动向。

明朝另一个镇压猺人起义的大臣熊景，也在商人身上动了脑筋。他派人化装成商人，带着盐到义军住的地方去进行贸易。猺人对其毫不怀疑，并希望从他口中了解明军虚实。这名间谍乘机吓唬猺人，大讲明军如何如何准备进攻。猺人们把这名间谍说的话，全部报告给了酋长。由于对明军进攻过于恐惧，猺人纷纷出降了。

明朝对少数民族残酷压迫的行为是微不足道，并应当予以批判。但明臣在其活动中，大量起用商人或以商人身份为掩护开展间谍活动，再次表明在战争期间，经济往来为间谍活动创造、提供了舞台。商人在中国历史上的战乱中活跃于各方之间，以商人或化装成商人从事间谍活动，是战乱之际各方都常用的一种办法。明臣对商人的活动，策划得更周密，更积极一些，而且使其商业活动与间谍活动融为一体。随着经济活动的日趋复杂，如何利用经济活动、经济机构为掩护平台开间谍活动，已经成为一个重要的研究课题。

第十九节 残忍的手段

公元1492年八月（西历纪年），意大利水手哥伦布率领区区百余名水手，驾驶三只小船，向浩瀚大洋发出了挑战。出发前，他与西班牙君主签订了"圣大菲协定"。协定规定：西班牙国王是新发现土地的统治者，哥伦布可以得到从领地送回宗主国财富的十分之一，为领地贸易所装备的船只和收入的八分之一，领地的商务裁判权也由哥伦布掌握。此时郑和的庞大舰队已消失在海上数十年了。从历史的时间观念看，这并不是很长的时间。然而两人的目的是如此不同，让人感到东西方的航船在明显地驶向不同的方向。

哥伦布带着发现中国的美梦，"发现"了美洲。揭开了近代资本主义发展的序幕。他当时如果真的到了中国沿海，又当如何呢？那里也活跃着如他一样具有冒险精神，在海上求利的人们——倭寇。

倭寇问题，是一个十分复杂的问题。它牵扯到当时东亚（中国、朝鲜、日本）的历史，也只有在东亚这个宏大的历史背景上，才能更好地理解倭寇的来龙去脉。我们从间谍的角度研究这一问题时也有必要先扼要地对倭寇做一分析。

有明一代，倭寇的记载在朱元璋当政时就出现了。但此时的倭寇与后来嘉靖、隆庆年间的倭寇有很大不同。日本学者田中健夫氏对此有过详细、精当的论述，在此不再详述。要言之，明太祖朱元璋面对的倭寇是以日本人为主的真正倭寇。

朱元璋削平群雄，他的两个主要对手张士诚、方国珍均是与海外贸易有十分密切联系的人物。其余党在失败后，仍纵横海上，勾结日本人侵掠山东沿海一带。朱元璋为此派大将汤和等率军修筑工事，防备入侵。最让朱元璋脊背发寒的是，日本封建统治者与左丞相胡惟庸相勾结，派使者僧如瑶率倭兵四百余人,以"入贡"(实际是做生意)为名,献藏有兵器、火药之巨烛,企图行刺,发动政变。但因使者入朝时,胡惟庸已伏诛,未能实现原计划。朱元璋借胡惟庸案兴起大狱,诛杀功臣夙将一万五千余人。在此之前,胡惟庸还以有罪为名奏请朱元璋,将宁波卫指挥林贤流放日本,实际是与日本国封建统治者联系。这件事听起来颇有些离奇,在朱元璋晚年大肆诛杀功臣时,不无捕风捉影之嫌。但倭寇对中国造成了威胁也是事实。此时之倭寇大多为日本人,从其每次入侵时间之短,一直在海边侵掠难以深入,明朝一旦加强海疆防卫就有效地阻止了入侵等情况,也可以看出来。正由于"外来户"居多,此时的倭寇是体表之疥,而非心头之患。

到了明嘉靖(明世宗朱厚熜年号)年间,东南沿海一带,中国与东南亚、东亚各国间的国际贸易不断发展。中国资本主义萌芽逐渐生长。生产者与生产资料分离,封建社会经济结构不断在东南沿海一带遭到侵蚀。在东南沿海产生了一些敢于突破明朝禁令出海做买卖的亦盗亦商的人物,出现了一些亦官亦商的富豪,也出现了许多破产农民、靠出卖一技之长或做小买卖为生的人。(详见戴裔煊先生《明代嘉隆间的倭寇海盗与中国资本主义的萌芽》一书)明嘉靖年间的中国倭寇,实质上是发生在中国封建社会内,代表资本主义萌芽的各类人物及贫苦百姓联合起来,试图冲破明朝海禁封锁的运动。这一点从明初倭寇之入侵主要在山东沿海,而嘉靖年间倭寇之入侵主要在东南沿海也可以反映出来。

自元代以来,中日双方贸易管理政策不断变化,日本国内政治变化剧烈。到明代"至世宗时,明祚中微。日本割据势盛,号令不一。其岛主乃假通贡为名,与中国贸易。濒海之民,复与之结,遂种异日之祸根。嗣因日本使者争真伪问题,大掠宁波。明廷竟废市舶司。贸易权乃转移于富贵之手。以负倭值不偿,倭不得归,转而为寇。海滨之民复为之谋主向导,剽掠内地。兵祸自此日剧"[①]。中日之间的"倭寇"问题,既反映了日本政治状态,也反映了国际贸易中复杂的管制、规则制定等问题。这些问题,在当时的东亚国家来说,由于封闭的封建国家难以建立国际规则沟通、磋商的机制与渠道,因此只能诉诸武力。

嘉靖年间的倭寇之著名人物王直、徐海、徐惟学等人都是中国人。王

[①] 邓之诚:《中华二千年史》,中华书局1983年版,第55页。

直、徐惟学是安徽歙县的商人，徐海是杭州虎跑寺僧。与这些倭寇同时的人记载，王直、徐海等人率领的倭寇中，"真倭"只有十分之一，其余的都是因各种原因投奔他的中国人。

明人认为王直等是假倭寇之名，吓唬明朝统治者。无疑这是迷惑、恐吓明朝统治者的好办法。但王直等人也确与日本有密切的商贸关系，其队伍中也确有日本人。王直于公元1542年到日本，后来以五岛为根据地开展对中国的沿海贸易，因此招揽一些日本人参加是毫不奇怪的。需要说明的是，王直等人在当时倭寇活动中处于指挥的主导地位。以王直等人为首的倭寇始终是一个自主的亦盗亦商的海上走私集团。王直在日本自称"徽王"，指挥三十六岛的"夷汉兵"（流落日本的汉人与日本人），声势浩大。

在对嘉靖年间倭寇做了上面大致分析后，我们看到倭寇在情报工作方面卓有成效的活动也就不足为怪了。

明人郑晓说："近日东南倭寇类多中国之人，间有膂力胆气谋略可用者，往往为贼。躐路踏白，设伏张疑，陆营水寨，据我险要。声东击西，知我虚实。以故数年之内，地方被其残破，至今未得殄灭。缘此等皆麤豪勇悍之徒，本无晋身之阶，又乏资身之策，苟无恒心，岂甘喙息。欲求快意，必致鸱张，是以忍弃故乡，幡从异类。倭奴籍华人为耳目，华人籍倭寇为爪牙，彼此依附，出没海岛，倏忽千里，莫可足迹。"郑晓这段话勾画出倭寇活动的特点、队伍构成，及明军对之无可奈何的情形。

由于倭寇实际上是在从事商业走私活动，这就使其在沿海有很多拥护者，以至于寇、民不分，寇、商不分。倭寇耳目灵通，明军却很难对其给予致命打击。明人形容倭寇耳目之灵说："下之间阎贫富，彼无不知；上之府库虚实，彼无不悉。贼诚善侦，而为之耳目者谁也？""千人四布，无一人知，鸣号而起，须臾毕集。击左右应，击右左应，声东而击西，东西无不应。贼诚善匿善诈，而为之窝藏指示者谁也？则皆我之奸民为之也。""进有贼之实，退无贼之形。贼未至而皆良民；贼已至，皆奸民。兵入其地，询贼情形，问找道路，悉为所误。"

这段话表明，在沿海参与中日贸易的地区，实际上存在着一个因为利益关系，支持所谓"倭寇"的群体。明军倒成了睁眼瞎。难怪剿来剿去，倭寇反而深入内地，声势更大了。

执行海禁政策的浙江巡抚朱纨看到了这一点，他认为"去外夷之盗易,去中国之盗难;去中国之盗易,去衣寇之盗难"。朱纨就是在沿海参与海外贸易的衣冠之盗(实则沿海之官宦人家、富商大贾)的攻击下,被御史弹劾,服药自杀的。

明朝企图以武力来解决经济问题,谈何容易。明军面对以海岛为根据地的倭寇,进展不大。公元1554年,胡宗宪出任浙江巡按御史,一个精明、强悍甚至残忍的人,走上了与倭寇正面角斗的战场。胡宗宪(？—公元1565年),徽州绩溪(今属安徽)人,为人贪财,好结交权贵。当时正是严嵩父子当权之际,他极力拉拢严嵩父子及其派往浙江的党羽赵文华,因此得以放手办事。胡宗宪胆略还是有的。

胡宗宪上任后,一面督军力剿王直、徐海等人,一面施展谋略手段。王直等人出没海岛,明军摸不到他们的脉搏。胡宗宪释放了一名犯法的书生蒋洲,派他和另外几人一起到王直处劝降,并侦察动静。蒋洲先到王直处游说了一番。王直所部在明军痛剿下损失颇大。明军此时总结了经验,认识到"防倭之法,防海岛者为上;防港门者为次;守城郭者为下",作战方式有所改变。王直所据海岛上的男人不是从军就是战死,岛民对其颇有怨言。因此王直也想与胡宗宪搞好关系。但他的失策处在于让其义子王㵆陪同蒋洲到各岛去宣喻明朝的招抚条件,使人心为之动摇,有些人开始与明朝勾结起来。

就在蒋洲前往活动之时,有一股倭寇直逼嘉兴。胡宗宪命人取酒百余罐,内投毒药。随后把酒装在船上,挑选两名精悍士兵穿得衣冠楚楚,好像去慰劳明军一样,驶向倭寇必由之路。这两名士兵在途中果然与倭寇相遇,立即弃船而走。倭寇见舟中有这么多美酒,欢呼雀跃,将百余罐美酒一饮而尽。中毒而死者有数百人之多。胡宗宪因讨倭有功,被授予全面负责浙江、福建一带的军事活动的大权。

胡宗宪想招降,瓦解王直这股势力最大的倭寇。他与王直同乡,对王直家中情况颇为了解。胡宗宪狡诈地命徽州地方官将王直的老母、妻子抓了起来,然后又下令放出,给予优厚的待遇。王直听到母亲,妻子无恙的消息,非常高兴,派其义子王㵆与胡宗宪派来的说客一起去见胡宗宪,表示求降之意。胡宗宪的狡诈又一次表现出来,他命王㵆带兵去攻打倭寇。既利用了他熟知倭情的长处,又使"王直已降"的印象在倭寇中广为流传,同时断了王直的后路。王㵆还经常为明军通报徐海的情况,使其军事行动处于被动。

胡宗宪为了充分利用他与王直的交往，故意派人出使王直处，随后秘密地到徐海处散布消息："王直已派他的儿子到明军商定通商条件，朝廷已赦免他了。"徐海听信了这一消息，也派人到胡宗宪那儿表示归顺。徐海派去的使节提出，希望胡宗宪能允许运出一些中国的商品，以便徐海等人分润，徐海也好以此说服其他首领。这是典型的商人行为。胡宗宪慨然允诺，不仅赠送了大批货物，而且让使者在明军中随意参观。使者本来就负有窥探明军虚实的使命，此时看到明军兵精粮足，十分心虚。经过几次这样的使者往还后，徐海想要投降。但另一个首领陈东却不赞成投降。离间徐、陈二人关系，成了胡宗宪又一个目标。

胡宗宪派指挥夏正持王激写的劝降信去见徐海，徐海表示他做不了陈东、麻叶等人的主。夏正挑拨说："陈东已与我军有约，只等您最后决定了。"陈东知道胡宗宪使者到了徐海营中，对徐海也产生了怀疑。为了拉拢徐海，胡宗宪还放回了两百名徐海的部下。公元1556年四月，徐海、陈东、麻叶率兵围攻桐乡。徐海率军擅自离去，陈东也只好撤军。两人之间矛盾进一步加深。

胡宗宪通过间谍，得知徐海与麻叶为一女子不和。而麻叶为人狡猾，胡宗宪视为大敌。于是胡宗宪派间谍到徐海处，命徐海擒麻叶以立功。徐海果真将麻叶擒获，送到胡宗宪处。麻叶被擒后，麻叶的部下人心涣散，对徐海怨言甚多。徐海又以其他罪名将这些人抓起来送往明军。

胡宗宪还派间谍带了珠宝首饰之类的东西去贿赂徐海宠爱的两名侍女，让这两名侍女发挥"枕边风"的威力，劝说徐海投降，并擒陈东献上。但是徐海的力量还对付不了陈东。于是胡宗宪又施毒计。他把麻叶放出来，让他写信给陈东，约定擒杀徐海之事。这封信却被胡宗宪故意泄露给徐海。徐海大怒，认为胡宗宪是真心关怀自己的。他日思夜想，终于想出了一条计谋，将陈东抓了起来，献给了胡宗宪。

徐海认为自己为明朝立了大功，应说是没有什么危险了，于是请求能登陆长久居住。胡宗宪等人于公元1556年八月二日接受徐海等人的投降，并且予以重赏。徐海率部到沈家庄居住。当时明朝文臣武将有不少人对胡宗宪此举不以为然。其实胡宗宪又何尝不想早日屠灭徐海等人呢。但他有更毒辣的办法。

当时徐海率部居于沈家庄东，陈东的部下居于沈家庄西。胡宗宪命陈东写信给他的部下："徐海已约官兵夹击你们了。"陈东部下早已怀恨在心，乘夜晚向徐海部发起进攻。两部混战了一晚，第二天明军从四面围上来，坐收渔人之利。胡宗宪露出了屠夫本色，亲自持剑督战。徐海此时后悔莫及，投河而死。在此前一天，胡宗宪故伎重施，乘徐海派人上集市采购米、酒时，命人卖以毒酒。因此徐海部此时已有三百余人中了毒，更加无法与明军作战。徐、陈两部被杀达千余人。明军问两个侍女徐海投河之处，两个侍女哭泣着指出了其投河之处。明军捞上了徐海尸首，将其头斩下报功。

徐海部解决了，胡宗宪向一直仅仅摆出投降姿态的王直下手了。王直虽然口中讲得很好，但一直不到明军中去。胡宗宪派一名姓王的千户到王直处去见机行事。王千户装成卖菜的，到了王直的住所。王直见到他后，也知道是胡宗宪派来的，但与其谈得很投机。一天晚上，两人在船上畅饮，王千户偷偷命人解开了船缆。船不知不觉漂到胡宗宪驻军处。胡宗宪以隆重的礼仪接见王直，然后又送他回去。经过这样几番来往后，王直才放下心来。

此时明朝已下诏要杀王直。胡宗宪将诏书密藏不对外宣布，同时密令戚继光等人率兵潜伏水路交通要道，控制了王直部的活动。他派指挥夏正去欺骗王直。夏正向王直转达胡宗宪的话："你想保住家属，开展贸易，当朝廷的官，但又不愿投降，能办得到吗？带甲陈兵却又在嘴上讲投降，谁能相信呢？你有大兵在此，即使去见军门（胡宗宪），他敢扣留吗？再说生死由命，如果要死，战死、降死都是一样。但战死不如降死。况且投降还有生还之望。现在朝廷正在用人之际，不论功罪，说不定还要借助你的力量防倭呢！这可是你转祸为福的关键时刻啊！"这位夏正称得上能言善辩了。

王直此时也听到间谍侦察回报，明军已从四面紧紧包围了他的部队，部下又有不少人与其离心离德，只好于公元1557年十一月前往胡宗宪处。胡宗宪命部下轮番请王直饮宴，给予很高的礼遇。有时请他参加检阅明军。恩威并重，吓唬王直。胡宗宪本想使王直免于一死，但朝廷中有人攻击其受贿于王直，只好同意将王直处死。公元1559年冬，王直被杀于杭州。临死前王直抱着其子哭泣，恨恨不已地说："想不到死于此处！"随后伸颈受刃，至死不屈。其妻、子被没入成国公家为奴。

王㴶等人听到王直被杀的消息，立即肢解了作为人质留在他的军中的夏正，率军据守舟山，后来又突围到福建沿海一带活动。

王直、徐海两部被重创后，浙江一带倭寇的确大大减少了。但王、徐余部又转移到两广大闹特闹起来。在两广沿海活动的著名人物林道乾、林凤，也许是接受了王、徐的教训，也许是更具有"大海之子"的气质，他们远遁海外，终于逃过了明军屠刀。明朝后来在万历初年不得不开放海禁，"市通则寇转为商"。沿海一带的"倭寇"才基本平息下去。但由"倭寇"所显示出的中国社会封闭落后，使中国在后来真正遭到了倭寇的入侵。

　　王直、徐海二人在生命尽头，或自尽或宁死不屈，反映了纵横于海上的硬汉的精神状态。但两人以硬汉纵横海上，又为何被胡宗宪以软硬兼施的手段一一除掉呢？他们不是没有远遁海外的机会。从根本上说，与他们同时的哥伦布相比，他们还是产生于封建土壤的商人，而不是充满开拓精神的"大海之子"。王直到日本，人们认为他是个儒生。徐海是杭州虎跑寺和尚。两人精神深处，中国文化背景是十分牢固的。正是这种文化背景，使他们以亦盗亦商身份纵横于海上时，仍然向往于中国传统的仕途，对中国官府寄予太多幻想。

　　需要指出的是，我们在客观地指出"倭寇"在那一特定历史时期的实质时，并不等于说王直、徐海等人在其发展时对中国沿海人民从未造成损害，更不等于说当时真正的日本倭寇没有祸乱中国。何况资本主义在其早期发展中，必然伴随着海盗行径呢。在中国这样一个高度自给自足的国家，仅靠一些商品是无法开拓市场，无法满足商人扩大财富的胃口的，掠夺必然发生，也的确载之于史册。对王直、徐海等人的行为做过高评价，也是不恰当的。

　　胡宗宪用间独特之处在于及时掌握对方动向，层层深入地进行离间。他不仅是对一面做工作，而是同时做两方面的工作，使之生疑不已，从中渔利。此外胡宗宪离间之所以成功，还在于他成功地把握了王、徐二人的心理，以亲情、仕途、财路进行引诱。对王直、徐海二人采取放长线钓大鱼的态度，不急于功利。为骗取王直信任，他预先写好了赦免王直的上奏，故意让王直入卧室观看，使王直上了钩。胡宗宪称得上老奸巨猾了。

第二十节　间谍战中的"交易"

　　明代自"土木之变"后，北部边境的烽火不断，间谍战也颇为激烈。

蒙古诸部对明朝开展间谍活动主要有以下方式：

1. 以入贡为名，派人深入内地进行间谍活动。对此明臣在论及边防的奏章中多有论述。

2. 收买边境军民，使之充当间谍。明朝边境官兵，迫于穷困，经常在身上携带针、刀等蒙古诸部所需之物。遇到蒙古骑兵的侦骑，就以此赠给侦骑，以求保命。双方实际上是在官方规定的集市之外从事黑市走私贸易。因此一来二去，关系熟了，也互相掌握了对方的语言，在边境上达成了默契。这些下层官兵，遇到蒙古骑兵入侵，并不急于去点燃烽火，放炮示警，而是等蒙古骑兵深入之后，才装模作样地又点烽火、又放炮。这样明军在边境上自然耳目不灵了。

3. 利用逃入蒙古诸部的百姓、叛卒，作为间谍。这是个十分复杂的问题，叛入蒙古的不乏卖身求荣之徒，冒险求利之人，但更多的是为生计所迫，为官长欺压的下层百姓、士兵。蒙古铁骑在这些人充当向导指引之下"连岁非时候至，冒险深入，如履故途"。这类人中载于史籍的有大同人赵小挨，大同叛卒李天章、高怀智等。

大同人赵小挨，史称其极狡诈。嘉靖年间，曾为蒙古人到京师窥探虚实。赵小挨曾长期在蒙古诸部居住。后来他回到边境明军一侧，向当时守边将领建议用一妓女冒充总兵之女，送给蒙古诸部首领俺答汗求和。这位将领大怒，打了他四十板子。赵小挨逃入蒙古，引蒙古骑兵入边境大肆劫掠。

公元1524年八月，防卫蒙古入侵的前哨重镇大同发生兵变，巡抚张文锦等被杀。朝廷派蔡天佑前往平叛。蔡天佑以数骑入城，安定人心。他知道兵变乃整个边防军对当地长官十分不满所致，所以一再声称只诛首恶。他恐怕军中袍泽走漏消息，广招占卜、算卦、看星相的人往来军中，刺探情报及打探叛军究系何人为首。蔡天佑查得叛军头目数百人尽斩之。经过安抚与武力并用总算将这次兵变平息下去了。但是，这次兵变中的许多叛卒仍逃到俺答汗处。俺答给这些人中有主意、狡诈者以牛羊、帐篷，命这些人化装成和尚、道人、乞丐到边境各处和京师侦察明朝情况。这些人中"有才智者"就是李天章、高怀智，他们还当了俺答手下的大官。

明朝廷和明朝守边诸臣也很重视间谍的作用。

公元1500年十二月，蒙古领主火筛率部入侵大同一带。陈寿奉命前往大同负责防务。在此之前几任长官均因防守不力被撤。陈寿上任后广布间谍，分边军为十道，互为声援。明军开始变被动为主动。第二年初，蒙古诸部再度入侵。蒙古人用了惯用的战术，先以百余骑引诱明军深入。明将纷纷请求出击。陈寿由于掌握了情报，制止诸将出战。他亲自率数十骑出帐外，据胡床之上举杯畅饮，一边冲着蒙古骑兵指手画脚。蒙古骑兵被他搞糊涂了，赶紧向首领报告。首领也弄不明白陈寿为何如此，认为定有诡计，下令撤退。陈寿命十道明军乘胜出击，取得了胜利。

嘉靖年间，不仅东南闹起了"倭寇"，北部边境蒙古诸部入侵也十分频繁。守边名将周尚文严守边境，爱护士兵，士兵也愿意为之出力。因此他能派士兵为间谍，刺探蒙古诸部情况。由于他"善用间，知敌中曲折，故战辄有功"。其与俺答作战多年，能保常胜威名。

俺答善于用间，也善于用兵。公元 1550 年六月，俺答率军入侵大同一带。他把精兵埋伏于沟堑中，只命老弱百余骑到处流窜，引诱明军。明军侦骑也没有仔细侦察一下就回去报告了。总兵张达信以为真，率军出击，中伏被杀。大同守将仇鸾竟重贿俺答，求其绕过大同，东进京师。俺答此次出击竟直逼北京安定门，大掠而归。

公元 1552 年初，俺答再入大同。旧事重演，明将刘潭秘密派人贿买俺答，请其走别的道路入侵，大同总督徐仁等拥兵不进。俺答这次入侵的结果不问可知。俺答入侵如此顺利，除了他善于用间、用兵之外，还因有汉人邱富、赵全为之出谋划策。

明世宗时，邱富、赵全等人投奔了俺答，在边境招降纳叛达数万人，隐然成了一大势力。他们在丰州筑城堡，开水田。邱、赵二人成了俺答的主要谋士，帮助组织、策划了多次入侵行动。邱富战死在与明军作战的战场上，赵全仍继续活动，他想尊俺答为帝，自己也在一方为王。但是一次出走行动，打破了他的美梦。

公元 1570 年，俺答之孙把汉那吉因其妻三娘子被俺答所夺，愤而出奔明朝。明臣方逢时、王崇古等人认为奇货可居，立即派人相迎，这件事惊动了明朝大学士张居正。经过一番策划明朝提出以把汉那吉交换赵全的交易。

俺答不仅不接受这一交易，反而兴兵犯塞。明大同巡抚方逢时命人交给俺答一封赵全写给他的信，信中表明了后悔出逃想重归顺于明朝之意。此信来历是大可怀疑的，但俺答却对赵全起了疑心。再加上明军早有准备，俺答不得不撤回。另外两路蒙古骑兵也被方逢时劝回。俺答此时已垂垂老矣，对这个孙子还是放心不下，只好答应了明朝的交易。他派人召赵全入帐议事，然后出其不意地命人将赵全等绑了起来，押送明军。赵全等人在京师被斩。明穆宗朱载垕为此举行了盛大的受俘、祭天、告太庙的仪式。可见明朝廷视赵全等人的被俘为一大胜利。明朝以此事件为转折点，改变了过去的被动态势。明朝与蒙古诸部的关系，也由对抗多于和平共处，转为和平共处多于对抗的局面。

从这一事件中可以看到明朝中枢之地的高官十分重视对蒙古诸部的情报工作。公元1575年张居正对神宗朱翊钧上奏边境情况时曾说："臣近来又派人到宣府密侦鞑靼人动静。"公元1577年夏，俺答率所部西征蒙古瓦剌部。路过明边境时曾与明宣大总督吴兑打招呼表明自己不是与明军作战。明朝廷在兵部尚书王崇古的策划下，一面让俺答绕行贺兰山，不得途经甘肃，一面又派人暗中将这一消息泄露给瓦剌部。结果俺答的进攻受挫。公元1582年，总督郑洛派通事马应时以商谈贸易为名前往蒙古三娘子处刺探政情。由于明朝以情报、军事、政治三方面的有力措施相配合，蒙古诸部对明朝的威胁渐渐减弱了。

蒙古诸部对明朝开展间谍活动，实际上是利用了明朝边疆政策的空子。边疆政策不仅包括对敌的贸易、军事政策，而且也包括对边防军的待遇、管理等问题。明朝薄待边防士兵，边将腐败，就难免给蒙古诸部以可乘之机。相比之下，宋代以文人守边，授以相应的财权，使之得以放手开展间谍活动，就要高明一筹。

在间谍战中，不乏各种人质的交易。对这种特殊交易如何进行，如何评价，是间谍战中的一大问题。尤其是在现代，间谍战中的这类交易已成了双方在这个特殊战场上交往的一种手段，更值得引起重视。

第二十一节　三封书信

公元1592年二月，宁夏致仕（已退休）副总兵哱拜，借明朝廷拖欠边兵粮饷、衣服，人心惶惶之机，唆使下级军官刘东旸、许朝等人杀巡抚党馨、副使石继芳，逼死总兵张维忠，公开反叛。哱拜是蒙古人，因得罪蒙古领主投奔明朝，以战功升至副总兵。哱拜骁勇善战，明军兵将的腐败，全被他看在眼里，因此早存异志，私下网罗了不少亡命之徒。其子承恩也是一个凶狠善战的人。叛军起事后，哱拜自然想到与边境上的蒙古诸部联络，所以一时声势颇大。明朝也十分重视，立即命总督魏学曾、副总兵李昫督军进剿。明军逐渐收复了被叛军攻克的一些地方，合围了宁夏城。

活动在河套一带的蒙古首领卓哩克图等率骑兵企图解救叛军，但被明参将董如薰设伏击败。这时宁夏巡抚朱正色、甘肃巡抚叶梦熊先后率军至宁夏城下。明军决黄河大坝以水灌宁夏城。八月，明将李如松又大败卓哩克图部，并乘胜追至贺兰山。

明军在战场上连连得胜，但由于蒙古骑兵的牵制，拖延了全歼叛军，攻下宁夏城的时间。总督魏学曾派士兵叶得新入城策动刘东旸、许朝杀巴拜父子来归，因此也放慢了进攻时间。但叶得新被杀，策反失败。魏学曾被朝臣弹劾"玩寇"，被撤职。叶梦熊接替了前线指挥权。

又过了些日子，城中粮尽，城墙也被水泡得快塌了。叛军人心动摇。这时明军将领又想进行策反。可派谁去呢？前一个使者被杀，使不少人望而却步。有一个叫李登的卖油小贩，一只眼瞎了，还有一条腿残废了。他在集市上背着木桶唱歌，被监军御史梅国桢注意到了。梅国桢将这个又瞎又瘸的人召来，面授机宜，交给他三封信。随后命人将其绑在宁夏城东门外。城中叛军弄不明白是怎么回事，就把他弄进城去。李登求见承恩。承恩犹豫了一阵，接见了他。李登将一封信交给了他，并进行策反。承恩答应了。在拜谒了承恩后，李登以出城为借口又先后绕到刘东旸、许朝处，分别交给二人一封信。梅国桢在信中极力利用民族关系，挑动刘、许与巴拜父子间的矛盾。刘、许二人也答应了明军的要求，决心杀掉巴拜父子。

李登出城后，城中空气顿时紧张起来。双方心怀异志，都在等待时机。刘、许终于先动手了，他们诱杀了承恩的党羽土文秀。承恩看到对方下手了，自己也不能手软。他集合起自己的党羽周国柱等，诱杀了刘东旸、许朝二人，并开城门投降明军。巴拜自杀在家中。承恩并未因投降而免于一死，被送往京师后处决。

宁夏全部平定，恢复秩序已是九月了。明朝廷之所以急于平叛，是因为东部还面临着一场真正的与倭寇的战争。

第二十二节　痛击日军

16世纪初，朝鲜统治阶级内开始了长期不断的倾轧和斗争。激烈的党争，使统治阶级内部矛盾重重，国家治理是谈不上了。就在朝鲜陷入党争，政治日趋腐败之际，日本经织田信长、丰臣秀吉二人之手，结束了"战国时代"，初步得到了统一。公元1586年十一月，日本后阳成天皇即位，以羽柴秀吉为太政大臣（宰相），赐姓丰臣。丰臣秀吉成为日本的实际统治者。

丰臣秀吉上台后，十分狂妄地打起朝鲜的主意来。当时朝鲜处于李朝统治之下。国王李昖沉湎于酒色，不理政务。朝鲜与明朝多年来一直处于友好状态，对日虽有倭寇的问题，但未成大害，因此举国上下武备废弛，人民久不习兵。这更助长了丰臣秀吉的野心。然而丰臣秀吉对朝鲜的觊觎还只是其更大野心的一部分。他的真正目的是以朝鲜为铺路石，吞并中国。以日本当时的国力，这未免有井底之蛙之嫌。但丰臣秀吉就是这么想的。他甚至设想将天皇迁于"大唐国都"并已决定了"大唐关白"（宰相）的人选。

丰臣秀吉就是在这么一个狂妄计划的指引下，发动了侵略朝鲜的战争。公元1592年五月，丰臣秀吉以小西行长、加藤清正为先锋，率侵略军十余万人，在釜山登陆，侵略朝鲜。朝鲜国王李昖如惊弓之鸟弃王城（今韩国首尔）而逃，先逃到平壤，接着又逃到义州。

七月，日军攻入王城，劫持了李朝宗室、大臣，大肆烧杀抢掠。接着朝鲜八道先后沦陷。李昖急得像热锅上的蚂蚁。派往明朝求救的使者不绝于途。形势也的确危急，日军旦夕就要渡过鸭绿江了。

明朝君臣对当时的形势看得很清楚，"倭得朝鲜以为巢穴，退可以守，进可以寇，中国从此无息肩之期。"朝鲜为中国之樊篱，这一地缘战争态势从来未曾改变。近代以来，日本侵华，是以朝鲜为基地的。中华人民共和国成立后，志愿军准备入朝作战时，毛泽东主席就提出，要警惕日本跟随美国出兵朝鲜。

从当时的航海条件来看，经对马岛至朝鲜，进而侵犯中国是最安全可行的航路。当日军的侵略使明人不得不专注海防时，明人也提出了这种认识。明人赵士桢认为"东北朝鲜之路"，"不候风汛顺逆，唯凭潮汐往来，较我东南十百其易"。朝鲜与日本的贸易多经此途。

明初，对马成为倭寇出击朝鲜、中国的中转站，为此曾遭朝鲜军队的讨伐。因此经对马入侵对日军是熟门熟路。而奔东南沿海一带去的航路"须用罗经为针，认山辨路，遇风不但不知去向，且有飘溺"。海上补给十分困难。明成祖朱棣于公元1404年尽迁沿海一带岛民于内地，使倭寇得不到向导、补给，"倭患遂息，安静百有余年"。总之，这也从另一个侧面说明，为何日本政府组织的侵略总是指向东北，而非东南的原因。

明朝基于"朝鲜为国藩蔽，在所必争"这一基本认识，开始调集大军。以宋应昌为经略，李如松为防海御倭总兵官，准备出援朝鲜。

明军主力开始集结时，明军之其他部队已越过鸭绿江，与日军展开激战。由于兵力悬殊，明军打了败仗。消息传到北京，朝廷震惊。丰臣秀吉却更加气焰万丈。他在计划中准备"年内进入北京"，"定宁波府为日本港口"，以后甚至准备"取印度一带各国"。值得注意的是他念念不忘东南沿海的港口，不过力有不逮而已。丰臣秀吉这一行动计划，在近代史上被日本军阀实现了。丰臣秀吉的狂妄自大，也为日本军阀所继承。

然而在就明军准备大举援朝时，一幕可笑的戏剧在明朝兵部上演了。当时主持兵部（国防部）的是兵部尚书石星。石星此人为官清正，在当时虽颇有名望，却是一介书生，对所管之事是个大外行，谋略更谈不上了。日军侵朝的消息传来，他于公元1592年八月向全国招募愿前往日军中侦察情报的人。与日本作战如此重大的事情，依靠向社会招募间谍，本身就非常可笑。

嘉兴人沈惟敬表示愿往日军刺探情报。沈惟敬何许人也，原本是一个市井无赖。不过从其是嘉兴人这一点看，当时沿海一带的商业气氛肯定对其有影响，或许本身干过一些买卖也未可知。总之，此人既有敢于冒险的胆量又有将本求利的小聪明，不过和吕不韦一样将官场、战场当商场罢了。对这么一个人物，石星居然信之不疑，命其出使日军，刺探情报。

沈惟敬以明使的名义到了平壤，日将小西行长以隆重的礼仪迎接了他。小西行长恭迎沈惟敬，并做出诚惶诚恐之态说："幸亏天朝按兵不动，我军不久也要撤退。可以大同江为界，平壤以西，尽归朝鲜。"小西行长这番动作，完全是故意示弱于明，以假象迷惑明朝。沈惟敬却如获至宝，赶紧返回京师，得意扬扬地上报自己的出使情况。朝廷大臣会议认为，倭寇狡诈，不可轻信。石星却认为可信，因此拖延了明军出征的时间。石星认为沈惟敬是个能干大事的人，给了他一个游击将军的名义，让其再往日军处刺探、联络。沈惟敬请朝廷赐黄金以行间，朝廷也照准了。这个无赖的第一笔买卖已经翻了本。

十二月，对日军作战总指挥官李如松到了准备入朝作战的明军中。李如松是将门之后，在当时明军将领中是佼佼者。他到明军后，恰好沈惟敬在日军那里活动一番后返回。沈惟敬大谈日军想求和、封贡。李如松可不像石星那样糊涂，他怒斥沈惟敬，并要将其杀掉。这时参谋李应试劝阻道："借沈惟敬为日寇请封贡之机，乘其不备而袭击之，可以出奇制胜。"李如松答应了。这样本来想欺骗明军的日军，反而为明军所骗。李如松将沈惟敬押在营中，誓师渡江。

公元1593年初，明军援朝主力前出至肃宁馆（今平壤西北）。日军将领小西行长，以为明军和谈的使节到了，派部下将领前往迎接。明军已前进到平壤，小西行长仍毫无察觉。他还在平壤城的风月楼设宴准备招待使节呢。

明军在平壤附近展开，由于动作迟缓，被守城日军发现，加强了守备。李如松命诸军攻城。他知道日军素来轻视朝鲜军队，就命祖承训率领穿朝鲜军队衣服的明军进攻平壤城西南，自己亲率大军攻打平壤城东南方向。李如松亲自督战，战况激烈。日军认为西南方向朝鲜军队战斗力不强，把注意力集中于东南。这时祖承训所率明军突然露出了明军衣甲。日军大惊，赶紧调整部队，但明军已分道攻入平壤城。小西行长逃过大同江。李如松督军乘胜克复开城。明军接着光复了朝鲜四道之地。

耐人寻味的是明军攻克平壤这一初战告捷的情景，在公元1950年十月，志愿军入朝作战时又重演了一幕。当时中国人民志愿军也是冬季作战，开始也是穿着朝鲜人民军的军服，不过作战对象是骄横的美军。

明军初战告捷，李如松被胜利冲昏头脑，不等明军站稳脚跟，率轻骑直扑王京（今首尔）。明军在碧蹄馆（今首尔西北）与日军遭遇，李如松突围而还，明军却遭到相当损失。明军分守要害，转而采取防守态势。

二月，李如松侦察出日军囤积了大批粮草在龙山。他精选勇士秘密地潜往龙山，将日军粮草全部烧毁了。四月，日军因粮草不济，放弃王京。明军进入王京。就在此时，沈惟敬鼓吹的封贡之事得到了石星等人的支持。虽然明军节节挺进，日军只得固守釜山，明朝仍派出了那个宝贝沈惟敬前往日军议和。

六月，沈惟敬从釜山回来，日军使节小西飞、禅守藤同行至明军议和。七月，明军除留下刘綎所部协助朝鲜军队防守外，全部撤回国内。但日军却盘踞釜山，毫无撤退之意。

公元1594年十二月，中、日双方经过一番谈判，议定了封贡之事。

公元1595年初明朝命临淮侯李宗城、都指挥杨方亨为封使,和沈惟敬一起出使日本。沈惟敬此时与日军已有勾结,但石星等仍对其深信不疑。明朝还因其出使日本,升了他的官。正巧此时明军间谍报告,驻在熊川岛的日军船只三十六艘已起航返日,更坚定了石星求和的决心。

沈惟敬心怀鬼胎,拖延至公元1596年初才到釜山。沈惟敬以先到日本忙一些礼仪性事务为名,和小西行长一起先到了日本。他私自带了服饰、地图、武经等书送给丰臣秀吉。沈惟敬还献给丰臣秀吉好马三百匹。至此,沈惟敬完全暴露了他的内奸面目。九月,明朝封使杨方亨到达日本。在这种情况下,丰臣秀吉根本无意讲和,态度傲慢,找种种借口违背前约。

公元1597年初,朝鲜因日军又开始发动进攻,遣使向明朝求援。二月,杨方亨回到北京,上奏丰臣秀吉的所作所为,并指责沈惟敬、石星等人一味和谈使日军更加嚣张。杨方亨还奉上石星手书,想必是石星对沈惟敬另有指示。明神宗朱翊钧震怒,这才明白上了当。石星当即下狱。明神宗命尚书邢玠总督蓟辽,命麻贵为备倭大将军,以杨镐为经略,准备援朝。

五月,明军再渡鸭绿江。此时日军已逼近王京了。六月,尚书邢玠到了援朝明军中。此时沈惟敬率领自己部下的二百余名士兵,经常出入釜山。邢玠一面派人对其表示信任,一面暗中准备除掉这个无赖。明军在杨元的率领下奔袭沈惟敬驻扎处,将其擒获,押到麻贵军营,史称日军"向导乃绝"。沈惟敬给明朝外交、军事上造成的危害只有天知道了。

十二月,明军与日军大战于蔚山(今朝鲜蔚山湾口处)。由于明军将领间有矛盾,于第二年初大败于日军。明军将领杨镐、邢玠反而向朝廷报捷。后来有人揭发此事,杨镐被撤。邢玠招募江南水手组织水师与日军对抗,明军分四路反击,虽无大胜,但日军也无法北上了。明朝能征善战之将刘绽、陈璘、李如梅、邓子龙等人云集于援朝军中,明军攻击力增强了。

公元1598年七月,福建都御史金学曾侦得"丰臣秀吉死于七月九日,各倭俱有归志",明神宗下令各军加紧进攻。十一月,日军正要撤回国之际,中、朝军队以水师痛击日军于釜山南海。明军将领邓子龙、朝鲜名将李舜臣阵亡,日军将领石曼子也为中、朝军队击毙。日军大败,船只被毁达百余艘,阵亡万余人。残余日军逃至乙山。明将陈璘派人潜入乙山,天亮时炮声大作，日军大乱，明军乘机进攻，结束了拖延已久的抗击日本侵略者的战争。

沈惟敬在战争结束后被斩首。这名间谍为日军立了大功，日军在他被俘后甚至扬言"沈惟敬不死，我们就可以考虑撤军。"这当然不是真话，但也可见其与日军勾结之深！

北宋与金国商量合击灭辽之事时，信任辽国降人赵良嗣；元朝跨海征讨日本时，信任其派往日本的使节赵良弼等人；明朝援救朝鲜又信任一个无赖沈惟敬。这些极其草率、临时抱佛脚的战略情报搜集行动，导致了种种严重后果。当然造成种种恶果还有其他原因，但封闭的封建国家对外缺乏足够的情报敏感性，缺乏持续的对外情报搜集工作，缺乏战略情报搜集的长远计划、部署和组织机构，是主要原因。

封闭的封建社会，自给自足，既无向外扩张的冲动，又无与外界发生各种联系的必要。因此情报上的这种失误，从根本上说是国家的经济、文化状况大背景所决定的。对外情报不灵，是中国古代间谍活动一大特点。从这个意义上讲，当区区英伦三岛以炮舰叩击中国的大门时，古老的中国在间谍战的战场上也同样面临着必败之命运，就不是什么令人惊奇的事了。

耐人寻味的是，明朝关于丰臣之死的消息，不是来源于前线将领，而是来源于福建都御史金学曾。金学曾大约又得之于沿海的渔民、商人吧。由于平时缺乏必要的对外情报机构，战时情报处于零打碎敲的状态。

在世界各国经济、文化、政治联系日趋紧密，全球化日益深入的今天，在军事、间谍手段日趋发达的今天，如果不从平时就注意开展对外情报工作，势必导致国家与民族的大灾难。在以经济、文化、生态、间谍等手段进行"类战争"的时代，对外情报工作的好坏，直接决定一国的政治、军事、外交、经济态势，决定着这几个战场上的胜负。从这个意义上讲，间谍工作不仅仅是在战争之前及战争进行中了解敌人的一种手段，而是直接参与了战争。一个情报在商战中可使对方丧失百万、千万乃至上亿的金钱；在文化战中可以弄乱敌国的人心；在外交战中可以拆散敌人的联盟。在战争越来越远离"铁与火"的形态，转入"类战争"的形态时，对外情报工作的成败，决定着国家、民族之兴衰。历史的教训千万不可忘记！

第二十三节　令箭调敌将

明朝末年，在东北边境崛起了一个由少数民族——满族建立的政权。这就是由满族首领努尔哈赤建立的后金政权。满族前身是女真族。女真族长久以来居住在今松花江、黑龙江流域。宋代，女真族一部随着金兵南下进入内地，另一些部落却留在东北。明初，女真诸部分为海西、建州、野人三部。女真建州部在三部之中生产力发展较快。明隆庆、万历年间，建州部已广泛使用铁器和牛耕，与明朝进行着广泛、频繁的贸易。建州部以赫图阿拉（今辽宁新宾县）为中心，势力逐渐强大起来。

公元 1588 年，努尔哈赤（公元 1559—1626 年）统一建州五部。公元 1601 年，努尔哈赤建立了八旗制度，所谓八旗是"以三百丁为一牛录，五牛录为一甲喇（队），五甲喇为一固山（旗）"。这一制度初设时只有四固山，后来随着建州部的强盛又继续增设，到公元 1615 年已增至八固山。因八固山又以正黄、正红、正蓝、正白、镶黄、镶红、镶蓝、镶白八种旗色为标志，所以又称"八旗"。八旗中的壮丁"出则为兵，入则为民"，"无事耕猎，有事征调"。因此八旗是耕战合一，兵民合一的军事组织与经济组织。各旗首领叫固山额真，即旗主。旗主下面有梅勒额真、甲喇额真、牛录额真等，都是各部贵族。旗主则是努尔哈赤最亲近家族。他们都拥有大量土地、奴隶。八旗士兵则为各部平民。这些平民拥有土地和生产工具，有的也有少量奴隶。八旗奴隶来源既有贫富分化所致，也有大量向外侵掠所获俘虏。奴隶可以买卖，但不准杀害。八旗制度的建立，使一支骁勇善战的武装出现在明朝东北边境上。

努尔哈赤经过多次征战，逐渐削弱、消灭了明朝用以牵制建州部的野人、海西诸部。公元 1616 年在赫图阿拉建立了后金政权。努尔哈赤即汗位。后金成了明末在东北边境上的主要敌人。

公元 1618 年二月，努尔哈赤以"七大恨"作为讨明檄文，祭告天地。这也标志着后金对明取战略进攻态势了。大举攻明前，后金上层对进攻何处及如何进攻，进行了商讨。努尔哈赤的第四个儿子汤古代认为："抚顺是我军必经之途，一定要先拿下来。今年四月八日，明朝守将李永芳要大开马市（明朝与后金的边境贸易集市），到二十五日结束。那时必疏于防边。可先令五十人化装成马商，分五路赶马入城交易，我愿率兵五千随后，乘夜至城下，发炮内外夹击，抚顺就能攻下。其他地方就可不战而得了。"努尔哈赤自幼饱经忧患，曾流落至抚顺，通晓汉、蒙文字。因此其对中国古代兵法也耳濡目染，颇为了解。此时他已经是一个成熟的、有丰富用兵经验的统帅了。对其子的建议他十分赞赏，决定照计而行。

努尔哈赤命将领麻承塔率少数化装成马商的士兵于四月十四日先混入城中，汤古代率众夜间抵达抚顺城下，吹筲为号，内外夹攻。努尔哈赤亲率精锐骑兵五千人接应。一切都按计划进行。十四日夜晚，一阵筲声把明军守将李永芳从梦中惊醒。他赶忙披衣而起，此时城中已是火光冲天，乱成一团了。士兵向他报告："敌军已经入城了。"李永芳一看大势已去，又没有以身殉职的勇气，当即投降了后金。努尔哈赤得到了一个深知明朝内情的人，在用间上更得心应手了。

努尔哈赤攻下抚顺后，将汉人张儒绅等放归明朝，并让他们给明军守将带去请和的文书。实际上张儒绅等人是努尔哈赤收买的间谍，被派回去秘密进行谍报活动。由于这些间谍的成功活动，五月十九日后金军连克抚安、三垒、白家冲等堡。七月，后金军攻克了清河堡（今本溪）。明朝对后金军的凌厉攻势大为震怖，决心调集大军与后金军决战。

公元1618年四月，朝鲜战场上的败将杨镐以"熟谙辽事"被再度起用为兵部右侍郎，负责对后金的军事行动。杨镐到任后"申明纪律"，征调明军前往前线。公元1619年初，杨镐与总督汪可受、巡抚周永春、巡按陈王庭等定议，于二月二十一日誓师出兵。因为此时后金军正忙于征讨女真叶赫部，明军想乘其手脚被缚之际，一举将其消灭。

明军出师一事，被杨镐大肆张扬，因此努尔哈赤的间谍把明军部署摸了个一清二楚。杨镐之所以如此，一方面是为了壮大声势，吓唬一下后金；另一方面也是上了努尔哈赤故意散布的假情报的当。从前一年冬天，就不断从后金中传出消息："东夷（当时明朝对后金的称呼）缺粮，一天每人才能喝粥两碗。"还真有些女真人跑到明朝军队驻防的蓟州乞食。对此明朝上下做出了错误判断。后来在与后金军作战时才发现后金军粮食之充足远胜明军。基于这种认识，杨镐大吹大擂地泄露了他的军事部署，诸军在行动过程中也谈不上保密，等于明军在明处挺起胸膛呆头呆脑地往后金军的剑上撞。连明军的进军时间，会师日期都为后金掌握了。

二月二十一日，明军兵分四路，向后金大举进攻。面对明军以号称四十七万大军气势汹汹地压来，努尔哈赤根据掌握之情报制定了"凭尔几路来，我只一路去"的作战方略，决定以五百人阻滞刘𬘓军，其余后金军主力先消灭由抚顺进攻后金西部的杜松军。

西路军主将杜松是明军防卫西部边境的名将，为人骁勇善战。杜松率军十万号称十二万，一马当先，杀到了浑河。明军约定三月二日会师二道关，其他明军因大雪误期。杜松想立头功，不顾部下反对，命明军立即渡河。明军主力渡过河后，后金军掘上游之水坝。原来不及马腹的河水突然猛涨，明军数千人被淹死。明军渡河后，驻扎于萨尔浒山上。努尔哈赤率后金军猛攻。杜松被杀，明军全军覆没。

消息传到杨镐那里，他赶紧给刘𬘓、李如柏写信，命二人撤退。李如柏为人既贪功又怕死。出师之前，他就因忌恨杜松，做了一些手脚，使杜松轻易地进入后金军伏击之处。此时他当然立即后撤。刘𬘓也是明朝一员善战的名将，但同样贪功好名。此时他已深入三百里，进入后金腹地了。

后金军在与刘𬘓交战中知道他的厉害，决定以计取之。杜松部下的被俘降卒受后金派遣，化装成明军军官手持杜松的令箭，到刘𬘓营中告急："杜将军派我请将军会师，夹攻敌军。"刘𬘓看到杜松手下的人拿着令箭来请自己出兵，很不高兴："我与你的总兵同为指挥，用令箭来调我，是以对待属下的方式对待我。"这个降卒脑筋动得飞快："所以用令箭请将军，是因为事情紧急，而又没有别的法子让将军相信呵！"刘𬘓不愧是朝鲜战场上的名将，他又问："出师时约定大军至城下发炮联络，此时为何不闻炮声？"那个降卒回答："发炮不如派人骑马来得快。"刘𬘓这才相信了。那个降卒跑回后金军后，对后金军将领说："赶快发炮。"后金军这才赶忙发炮。

刘𬘓因为急于抢功，那个后金间谍刚走出营门，就下令全军出动了。由于怕杜松抢了头功，刘𬘓率军急进，一改其过去行军小心谨慎的作风，结果匆匆进入后金军伏击圈。明军这一路也全军覆没，刘𬘓被杀。明军另一路由马林率领，也被后金军击败。

明军在这次决战中文臣武将战死者三百一十多人，士兵战死者四万五千余人。明军的善战将领有不少死于此役。双方攻守之势逆转。后金军进一步向开原、铁岭一带进击。六月，后金军攻克开原。七月，铁岭又被后金军攻破。明朝在东北边境越来越被动了。

第二十四节　降民为间

开原、铁岭相继失守，人心惶惶。防守沈阳等地的明军纷纷逃往辽阳。这时，明兵部右侍郎兼右佥都御史熊廷弼，带着皇帝赐给的尚方宝剑出关督师。熊廷弼到了前线以后，斩临阵脱逃的明将刘遇节，安抚边民，布置军民加强城防。经过一番整顿，使北部战线以辽阳为中心稳定下来。

熊廷弼曾镇守辽东，与后金打交道颇有经验。他镇守辽阳时，有不少自称从后金逃回的百姓进入辽阳。熊廷弼把这些人统统安置于辽阳原来的旧城内居住，不让这些人当兵。这些人中有敢私自出城者，立即斩首。有一个叫卖得功的人，自称是辽阳的秀才，逃回乡里。他还带了四人同来，其中有一个八岁小孩。熊廷弼把这个小孩安置在自己左右，经常给他糖果吃。在熊廷弼引诱下，这个小孩说出了卖得功底细。原来此人先在开原城中做后金军间谍，开原失陷后又潜入辽阳，企图重施故伎。他带小孩同来，是为了不让人怀疑。熊廷弼掌握这一情况后，立即将卖得功等人处死。明将贺世贤不好驾驭。熊廷弼命其自统一军，但不让其固定驻所。熊廷弼还密令其他明将注意监视其动静。

熊廷弼虽然能干，但当时明朝政治腐败，臭名昭著的太监魏忠贤已登台，党争不断。连熊廷弼也受到朝臣的弹劾。公元 1620 年十月，熊廷弼被解职。取代他的是袁应泰。袁应泰是个干练的地方官吏，爱民如子，为政颇有可观之处，因此升为兵部右侍郎。但此人不通兵略，尤其是他如果把一副菩萨心肠用在战争中更可能把事情弄糟。对这些问题，明朝毫无察觉。明朝末年，边帅用人不当或遭随意杀戮，也是明亡的原因之一。

袁应泰到了辽阳，果然一反熊廷弼之所为。他认为招抚百姓来降，是削弱后金、壮大明军的好办法，于是下招抚令，大量收纳建州来的百姓。贺世贤与尤世功率军驻沈阳。贺世贤向袁应泰报告招纳建州百姓为兵，已达六万人。尤世功秘密向袁应泰报告，实际是十万人，沈阳绝不可守，请以所统部队向辽阳转移。尤世功已看到了袁应泰这一政策将陷明军于危地。袁应泰不顾诸将苦劝，我行我素。沈阳、辽阳两地住了许多建州百姓。这些人在城中任意行动，甚至为所欲为。

公元 1621 年三月十二日，后金军猛攻沈阳。明军将领贺世贤、尤世功出城与后金军交战，败回城中。第二天，城门大开，尤世功等明军将领战死。沈阳失守的消息传来，守辽阳的明军监军太监想把城中的建州百姓杀掉。办法残酷了些，但不失为亡羊补牢。可袁应泰再次宽大为怀，置之不问。

三月十九日，后金军攻到辽阳城下。明军出战不利，袁应泰督军驻扎于城外。第二天明军又大败，不得已退入城中。袁应泰亲率明军力战攻城之后金军。但是那些投降来的百姓却大开城门，迎接后金军入城了。后金军受到这些人张灯结彩的盛大欢迎。这些人都是什么人，就一清二楚了。袁应泰此时后悔已晚，但气节是有的。他誓死不离城，自杀身亡。

沈阳、辽阳失陷后，辽河以东尽为后金占领。明朝灭亡的日子更近了。

这又是一个后金精于用间的事例。不过这个事例颇有耐人寻味之处。后金派大量间谍混入百姓中里应外合，实际上是利用了袁应泰政策上的失误。后金的间谍活动是以百姓流亡的公开形式出现的。袁应泰判断失误于前，丧失警惕于后，失败是注定的了。

这提出了一个问题，如何判断敌方的民事活动，也即百姓的正常经济、政治活动甚至一些民俗活动。百姓的正常生活活动往往成为敌人间谍活动的掩护，甚至成为敌人以民事活动外衣为掩护的大规模间谍活动。草木皆兵是不必要的，但对敌人或潜在敌人的各方面活动进行认真的分析、判断，有适当的警惕与预防也是必要的。

第二十五节　袁崇焕之死

公元1625年三月，后金由辽阳迁都沈阳。公元1626年努尔哈赤率后金军十余万人攻宁远（今辽宁兴城）。这次他没有如愿以偿。守城的明将袁崇焕（公元1584—1630年），字元素，广东东莞人。袁崇焕进士出身，却好谈兵事。他经常和明军守边老兵谈论边防情况，立志为捍卫边疆做一番事业。

公元1622年初，后金与明军间爆发了广宁之战。明军内部意见不一，又轻信降后金明将李永芳"愿为内应"的话，遭到惨败。此时袁崇焕受命于危难之际，单骑出关，稳住了大局。袁崇焕出关后，决定以宁远为防卫重点，派军民增修宁远城防。明军以宁远为中心，被动的防守态势有所改善。

公元 1626 年初，后金军在努尔哈赤统率下猛攻宁远。袁崇焕命城外百姓坚壁清野，与将士刺血为书，誓死守卫宁远。努尔哈赤率军到城下，袁崇焕命人施放西洋大炮。努尔哈赤负重伤。后金军不得不撤退。这年八月，努尔哈赤病死于沈阳，第八子皇太极（公元 1592—1643 年）即位，是为清太宗。

皇太极上台后，继续其父未竟之业，统军进攻明朝。但是他害怕袁崇焕，决定绕过明军防守的宁远、锦州一线，由蒙古直攻河北之背，威胁北京。这不能不说是一步好棋。

公元 1629 年十月，后金军兵分三路，直逼北京。十一月，北京被围，形势极为严峻。在这种情况下，袁崇焕自宁远率军入京勤王。袁崇焕率军日夜兼程，很快到了北京，驻扎于广渠门外。明思宗朱由检（公元 1610—1644 年）也即著名的崇祯皇帝，立即召见了袁崇焕，大加勉励。袁崇焕请崇祯皇帝批准让士兵入城休息一下，未获批准。袁崇焕只好率疲惫之师与后金军大战，双方都有损失。但这在明军来说已是了不起的战绩。

这个劲敌的到来，使皇太极十分挠头。他决心以计除去袁崇焕。

公元 1622 年五月，明将毛文龙率军进驻皮岛（今朝鲜西朝鲜湾内）。此后数年间，他以皮岛为根据地，招纳逃避后金军杀戮的辽中百姓，训练士兵，经常与后金军作战。由于毛文龙部的存在，使后金始终存在对后方妇孺安全的担心，因而难以下决心深入内地。在当时情况下，毛文龙部在很大程度上钳制了后金军在东北正面战场上发动的进攻。但是毛文龙有些不听话，有时还有冒领军饷等毛病。袁崇焕以其通敌为名，亲到皮岛，诱杀了毛文龙。这在袁崇焕一生中是一大败笔。毛文龙桀骜不驯，不听调遣，但确实在与后金作战。其通敌之说也有捕风捉影之嫌。杀毛文龙，既使其部下离心，也给袁崇焕树了不少敌。毛文龙的部下，同情毛文龙的京官，都对袁崇焕不满，伺机发难。努尔哈赤死时，袁崇焕以吊丧为名，派使节到后金，实际是刺探后金政局。后来袁与后金间也有一些礼尚往来。这些事情后来都成了袁崇焕被杀的重要因素。

皇太极屯兵于南海子，开始施展他的计谋。明末皇帝常爱派太监到边疆去直接刺探情报或做监军。因此后金军中有两名被抓获的明朝派出的太监。皇太极对负责看守这两名太监的副将高鸿中、参将鲍承先、宁完我等授以密计。于是高鸿中、鲍承先、宁完我等故意在离太监很近的地方，凑在一起耳语。其中一人说:"今日撤兵,是皇上决定的。刚才我看见皇上一个人单骑出营,与敌军那里来的两人密谈,谈了许久才各自回营。大概与袁巡抚(袁崇焕)有密约,事情办得差不多了。"两名太监中,有一姓杨的太监一边装睡,一边把这些话全偷听到了。过了几天,后金军故意放杨太监回到北京城。

杨太监将窃听到的情报上奏崇祯皇帝。崇祯皇帝是一个急功近利,对臣下以严刑峻法相督责的人。他上任之初就杀了臭名昭著的魏忠贤,面对内忧外患也颇思振作。但当时他才十九岁,政治经验和用人之道是谈不上的。听了太监密报,他勃然大怒。十二月一日,崇祯命将袁崇焕下诏狱。此时原来因杀毛文龙而不满袁崇焕的朝臣、与袁崇焕有私人恩怨的朝臣、魏忠贤的余党纷纷向袁崇焕扑来。

公元 1630 年八月十六日,一代名将袁崇焕被杀于北京。死后家无余财,兄弟、妻子都遭到流放。不少不明真相的百姓也对其"通敌"切齿痛恨。袁崇焕以悲剧结束了他的一生。明朝灭亡的大悲剧也快闭幕了。

在评论后金与明在战场上的胜负原因时,我们很难不把间谍工作的成败纳入视野。后金统治者在间谍运用上是十分成功的。他们大量利用降兵降将,大量运用当地百姓充当间谍。明末,后金与明拉锯作战之地区,双方百姓实际上来往甚多。因为明与后金对峙之地区,并非农业区与非农业区的截然对立地区,而是同为农业区。长期互有往来的地区,其人民交往,文化背景,都有不少相似之处。因此,后金大量利用百姓为间,是有一定经济、社会基础的。后金用间,还有一大特点,就是最高首脑亲自设计、实施。

相比之下,明军将领在用间上很少优良表现。有数的尚能与后金抗衡的几个将领,在战争中并无以间制敌的成功事例。"熊廷弼任用奸细刘一瓛为中军,而输情逆虏。纵官舍孟成勋过河透露内事"。袁崇焕在用间上也乏善可陈,自己反而为敌所害。明军将领以文臣出任,应该说在这方面不会没有理论准备和实际的考虑。很可能是明末的政局黑暗,党争严重,又有监军在身边监视,为了防身保命,避免嫌疑,只好多一事不如少一事了吧。

总之,双方在间谍战中的攻守之势是一目了然的。

第二十六节　兵临城下

明朝末年，不仅政治黑暗、官场腐败，土地兼并也日趋严重。公元1618年，明朝廷以"辽饷"（与后金作战的军饷）为由，向农民加征赋税共三次，得白银五百二十万两，相当于全年总赋额的1/3以上。江南富庶之地一亩多者可收三石，少者一石，而私租却达一石二三斗。明末手工业、商业已较发达。但从事手工业、商业的劳动者、商人甚至一部分下层兼营手工业、商业的地主、官吏，也受到明朝廷派出的搜刮财富的宦官骚扰。城市中多次发生起义和骚乱。

陕西一带连年遭灾。在贫瘠的土地上挣扎的农民们不堪地主压迫揭竿而起。明代在边疆广布驿站，在驿站当差是贫苦无去处农民的栖身之处。公元1629年明朝撤裁驿站。再次失去生计的农民也汇入了农民起义军中。著名农民起义军领袖李自成（公元1606—1645年）就曾当过驿卒。

起义军以燎原之势发展壮大。明军虽然还占有一定优势，但已是捉襟见肘，穷于应付。公元1641年初，李自成起义军破洛阳，杀福王。二月，张献忠（公元1606—1646年）起义军破襄阳，杀襄王。义军流动作战，明军越来越力不从心，双方攻守之战略态势发生变化。

在艰苦转战中，义军逐渐创造出一套适合于义军的间谍活动方式。主要有以下几点：

其一，广泛利用各种身份做掩护，进行间谍活动，起义军的间谍常以商人、术士、民间艺人、僧道、医生、乞丐、苦力等身份为掩护，广泛刺探情报。统治阶级对这些义军间谍的活动有过详细描述，"传闻流寇奸细，皆以小本营生为名，手无盈掬之握，打探地方虚实，因而潜藏城郭，奸谋叵测。"由于明末流民到处皆有，这些人当然同情义军。所以义军间谍广泛地利用各种身份，是有深厚群众基础的。

公元1639年十月，义军老回回、革里眼、左金王等部进攻安庆、桐城。"回、革多购麻、黄、蕲水人为间谍，或为医卜星相，或缁衣黄冠，或卖械乞食，分布江、皖诸境，以觇虚实。兵多则窜，少则迎敌。官兵搜山清野，则突出郊关；及列阵平原，又负险平箐。贼主我客，相持逾年，流毒四境。"统治阶级的论述，反映了义军间谍活动之有效，使敌军处处被动。这毕竟是一场被压迫阶级反对统治阶级的斗争，因此其间谍活动之规模与方式远非统治者之间争斗时的间谍活动可比。

其二，起义军的间谍活动往往注重截取敌方官员以及文件，然后再用以欺敌。公元1635年二月十六日，明太和知县接到明军将领调兵的马票（以塘马传递的命令），接着又接到了地方长官指示太和县不可无兵防守的手本。知县大人小心翼翼，生怕是义军间谍所为，并自称看出了种种"破绽"，因此把两道命令均搁置起来。谁知第二天又接到命令，这才知道前后两道命令皆真，但发出时间有先后而已。知县大人只好向上司自责胆怯。可见义军这类欺诈行动之厉害。

公元1641年二月，张献忠手下将领袁继咸侦察到明军襄阳守备力量薄弱，于是利用缴获的敌将印信、敌统帅杨嗣昌的檄文，命刘兴秀率义军两千人化装成官兵直扑襄阳。义军途中劫杀了一队送银两的商人，由一些士兵化装成躲避义军的商人，混入城中。当天夜里，义军两千人来到城下，守城明军验看了令箭，大开城门。义军一拥而入，襄阳城中预伏的义军乘机策应，明军很快被消灭了。

公元1642年五月，张献忠派侦察骑兵到庐州附近活动。前进到白露寺附近，由于明军封锁无法前进。义军联络了百姓，以贸易为名混入庐州。经过侦察发现敌军守将残暴，百姓恨之入骨。恰巧此时明朝督学御史徐之垣到本地监考。张献忠就命义军截取了徐之垣的信牌，然后派士兵伪装成书役去迎接徐之垣。徐之垣中计，途中被刺。张献忠坐在车中，命诸将、士兵化装成迎接考官的书生，一起进了庐州城。庐州官吏恭恭敬敬把"徐之垣"，迎到府邸。这时三声炮响，眼前的书生都显出武夫本色，一个个操刀露甲。官吏们如梦初醒，抱头鼠窜。庐州曾被义军围攻七天，未能打破，有"铁庐州"之称。张献忠略施小计，就拿下了。

公元1644年四月，张献忠攻下了重庆，缴获了不少明军衣服、旗号。八月，张献忠手下士兵利用这些衣服、旗号，又骗开了成都的大门。

其三，以间谍活动与军事活动相配合，里应外合。李自成、张献忠擅长流动作战，如果不研究其间谍活动，就不会明白义军为何能在短时间内屡克坚城。义军要向某一方面活动，总是间谍先行探明行动方向上敌人城防情况。如果敌人防卫森严，实力雄厚，那么"地有所不攻"，义军往往绕过去，或吓唬敌人一下。如果有机可乘，那么下一步必定派间谍入城，里应外合。这既是义军间谍活动之特点，也是义军军事活动之特点。

公元1635年，各路义军聚于荥阳，共议反明大计。会上决定采纳李自成提出的联合作战，分兵迎击的办法，分兵四路，向东、西、南、北四个方向突围。其中东路军是主力。

荥阳大会标志着分散流动作战之义军，有了明确的战略意识，开始自觉地互相配合，牵制、打击明军。荥阳大会后，东路义军由高迎祥、李自成、张献忠率领，经河南转战安徽，直逼明中都，也即朱元璋老家凤阳。

义军密遣壮士三百余人，伪装成商贩、僧道、乞丐、苦力，先混入了凤阳。这些人入城后分头找地方住下，等待时机。元宵节到了。凤阳作为朱皇帝的发祥地，即使在兵荒马乱之际，也要喜庆一番，粉饰升平。当天晚上，街上游人颇多，笙歌处处。突然火光四起，到处是"流贼来了"的喊声。明军做梦也没想到义军来得如此之快，区区两千明军很快被消灭了。凤阳城转眼落入义军之手。义军焚毁了皇陵，杀守陵太监六十余人。

崇祯皇帝在北京得知这一消息，立即罢朝，到太庙祭告列祖列宗。守凤阳城的巡抚杨一鹏因此被斩首。

凤阳之战后，张献忠率军进击柘皋。他也如法炮制，先派二百多义军装扮成卖帽子、卖布的商人、占卜术士、游方医生等潜入城中。大军出击时，入城义军从街巷中杀出。柘皋又轻而易举地落入义军之手。

同年六月，义军"动天摇"部要攻打西和县城。"动天摇"先命义军二千人，装扮成替人割麦子为生的苦力，受雇于西和县地主豪绅。守卫城门的明军对这些人不大在意，允许其随意出入城门，甚至抓他们帮助守夜打更。一天夜里，"动天摇"率军到了城下。守门义军迎接义军入城。西和县在不知不觉中易手。

这种以间谍为内应的作战方式，是以其深刻的阶级斗争内容为背景的。连明朝统治者也不得不承认"贫民恨富人，为贼内应"。这种作战方式使义军在千里转战中以相对小的损失，获取了较大战果。

经过几年转战，义军力量越来越大，尤其是李自成部，在进攻北京前已发展到百万人之多。由于义军有家属随行，这个数字可能有些夸大。但双方力量对比更不利于明军了。

李自成起义军进逼北京前，间谍已向北京进发了。

公元1644年三月，有一个人持公文到北京兵部衙门投递。公文中写道，三月十日将有一支明军开到北京，增援守城部队。兵部发现公文是伪造的，立即将此人抓起来审问。原来此人是北京人，到涿州办事回京途中，有一同住旅馆之人给他十两黄金，请他代为投送此公文。兵部认为这是说谎，以间谍罪将其斩首。

其实李自成的间谍早已化装成富商大贾，潜入京师了。在向北京进击途中，每攻下一地，李自成就命当地投降的吏员带着财物入京，分头设法活动到明朝各衙门当吏员，刺挥情报。这些情报经过李自成布置的情报传递系统，"数千里飞递，纤细必知"。

李自成大军于三月十六日攻克昌平。朝廷上下一片惊恐。崇祯皇帝督催守城将领，一天内派出好几批探马侦察义军动向。这些探马出动前，城中的义军间谍早已将他们的行动时间、路线报告给李自成了。因此这些探马全部被抓入义军营中。李自成对这些人予以厚赂。结果这些人反而为李自成提供了城中情况。李自成还利用叛逃的太监杜勋等，瓦解城中的明朝官员、太监。

十八日崇祯皇帝在煤山（今景山）上吊自杀，义军攻入北京。明朝就此灭亡。

一定历史阶段的阶级斗争，给当时的间谍活动以决定性影响。我们在研究中国古代间谍史时同样要以历史唯物主义来认识和分析间谍活动，这样才能恰如其分地对历史事件和历史人物做出评价。

第二十七节 熊熊大火

在镇压农民起义军的作战中，明朝的各级官吏、将领也逐渐摸索出一些对付义军间谍活动的办法，并反其道而行之。

公元1634年七月，义军化装成明军，到凤翔西关下，借口奉督抚命令，要进城休息。城中守将判定是义军无疑，于是欺骗义军道："城门不可轻易打开，但可用吊筐把你们一个个吊上来。"义军上当了。被吊上去的三十六名士兵全部牺牲。

公元1636年初，义军在南京附近活动。不少人逃入南京城。为防间谍混入，南京守将不许百姓过长江。同时派人到义军已撤离的和州（今安徽和县）侦察动静。派到和州去的军官在长江边看到一个身材高大的乞丐，带着两个十二三岁的小孩，一起往南京去。这名军官觉得此人可疑，命手下人将三人抓了起来。在乞丐大腿内侧发现刺有"太河第八钻天龙"的字。原来三人是义军派往南京去的间谍。三名义军被杀于南京。

距和州六十里的江浦县，当时也十分紧张。驻南京的明军将领派出一支千余人的队伍，协助当地驻军防守。明军对入城的人，如自称江北人，就由军中江北人审问。如自称江南人，则由江南人审问。一天城中抓到一个人，自称是江南人，经审问不会讲江南话，立即斩首。当天夜里，义军攻城，被明军发觉。这才知道入城间谍已全部被抓。

公元1637年初，义军"闯塌天"部派间谍带白旗混入麻城，但被明军抓获。看到明军有准备义军不得不退走。

义军老回回等部进攻扶沟等县。明将左良玉在当地豪绅支持下率三千多明军前往镇压。到了夜晚，只见义军营寨的火光星星点点，声势甚大。左良玉部下抓到一名义军间谍。经审问，这名间谍招供："大帅住在大营，夜间营中火也烧得大；小帅住小营，夜间营中火也就烧得小。"当时正是八月，已是秋收之际。义军以烧地里的麦秆、豆秆为号，互相联络。大帅门口还插有红、白两杆大旗。

左良玉掌握这些情况后，如法炮制。在营门口也插了大旗两杆，敞开营门，帐中暗伏士兵，营中火光冲天。义军首领以为是大帅所在之处，纷纷前来联络。结果二十八位首领被左良玉一网打尽。乘义军不备，左良玉发动了进攻，义军损失惨重。

在间谍战中，掌握并逆用敌人的联络方式及通讯、联络系统是十分有利的。义军的失败就在联络方式过于粗疏。这也从另一方面反映出，一支组织不严密的军队，最容易在这些关键之处为敌所乘。

第二章　清代的间谍活动

第一节　江阴保卫战

公元1636年四月，皇太极祭告天地，改后金国号为大清。清军乘明朝忙于镇压李自成等农民起义军，征服了一向依附于明朝的朝鲜，逐步攻取山海关外明军防守的据点。到李自成入京并当上皇帝时，清军已攻占了山海关外明军的几乎所有防守据点，像一只待机的猛虎准备入关了。

李自成起义军入京后，由于起义军上层人物的腐化和政策失误，给清军入关造成了有利条件。明朝山海关守将吴三桂（公元1612—1678年）在明亡后本来持观望态度。李自成也写信招降他，并派人赠以白银四万两，另选将领率二万人取代吴三桂。吴三桂也还听命，率军到了滦州。就在此时，京中传来他的爱妾陈圆圆为刘宗敏所夺的消息。吴三桂本来就心怀不满，徘徊于李自成与清军之间，听到这一消息，立即率兵返回山海关，击溃了李自成派去守关的部队，并与清军勾结。

皇太极已于公元1643年病死。其子福临即位，是为清世祖。福临（公元1638—1661年）即位时才六岁，实权操在其叔父多尔衮手中。

多尔衮得到吴三桂降清的报告后，于公元1644年四月誓师出征。清王朝此次出师与历次入侵的掠夺式作战不同，其志在入主中原了。

四月二十一日，清军败李自成军于一片石。第二天，吴三桂军与清军联合，大败李自成军。李自成匆匆退出北京。五月，清军入京。

清军入关后，明福王朱由崧在明朝一些大臣拥戴下在南京即帝位。这是一个从成立之初就十分腐败，而且对其将领很难有约束力的小朝廷。清军不仅要与李自成、张献忠等部角逐，还面临着消灭明朝残余势力的问题。由于清兵入关后采取的圈地、薙发①、屠杀等民族高压政策，民族矛盾上升为主要矛盾。农民起义军往往与明朝残余势力联合抗清。

公元1645年五月，李自成被清军追击逃至九宫山，遭地主武装袭击，壮烈牺牲。同月，清兵攻占南京。朱由崧被叛将刘良佐献给清兵，后被杀于北京。

南京一失，附近明朝地方官吏纷纷投降。江阴县的明朝地方官吏也投降了。

六月二十四日，清朝委派的新县令方亨到任。上任伊始，他首先严令百姓薙发。城中百姓，"民情汹汹"。一些书生为民请愿，希望能延期薙发。方亨严词拒绝，宣称"留头不留发，留发不留头"。消息传出，江阴县城及附近各乡百姓纷纷拿起武器，决心反抗。闰六月初一，在一些书生带领下，百姓组成队伍在孔庙明伦堂面对朱元璋画像誓师反清。方亨不得已，只好也参加了盟誓。

方亨和一些决心投清的豪绅在城中暗地活动，准备内外勾结，攻破江阴。方亨派军官陈瑞之悄悄出城向清军求救，被义军察觉，抓住杀了。义军提高了警惕，在抓获陈瑞之后，又抓获了清军间谍时隆。根据时隆招供，在城中抓获了清军潜伏的间谍四十余人。原来这些人是奉了清朝委任的常州太守宗灏的命令，每人携带一定数量的火药、银两，准备与清军举火为号，里应外合的。根据这些人的招供，义军又抓获了潜藏在城内寺院等处的间谍六十余名。这些人统统被处死。

义军推举出的首领陈明遇下令悬赏白银五十两，捉拿奸细。这个命令下达两天后，有一身穿青衣的人被百姓怀疑，抓了起来。经过搜查，在他身上找到地图一张。上面绘有义军部署情况和江阴的交通要道。经过审问，此人又是方亨等人派出勾结清军的。原来依附方亨的书生沈曰敬等也参与了这个阴谋。除方亨、沈曰敬外，其他人全部被愤怒的百姓杀死。

随着清军大兵压境，间谍越来越多。方亨等人终于成了义军刀下之鬼，防止了消息泄露。

陈明遇也向清军驻地派遣了间谍。这名间谍在葫桥发现了清军的火炮阵地。他乘清军不备，将这些大炮扔到水中，还偷回一门火炮。这名间谍回城的晚上，清军的间谍书生尹吉、康宁被斩首。尹吉是因在家中暗藏了

---

① 薙发，即剃发。清军入关后严令军民剃发，不从者军法处置。

大批枪刀铠甲,被发现后抓获的。

七月九日,义军请原明典史闫应元入城指挥军事。闫应元为人有胆略,曾指挥过军事活动。闫应元上任后,对义军的组织、防务都进行了整顿。义军的战斗力增强了。闫应元之所以到现在才出山,是因为混入义军的间谍顾元泌的阻挠。顾元泌也是义军首领之一。清军攻城时,顾元泌在城上发箭从未中敌,这引起义军官兵的怀疑。接着又发现他手下的人偷窃火药,从城头上扔给清军。义军搜查他的寓所,又发现其亲笔书写的请清兵加紧进攻的信。顾元泌及其同伙四十余人被杀。清军在城中耳目一时断绝。

七月十四日,清军薛王派人至江阴诱降。陈明遇、闫应龙派四名书生到薛王营中接洽,实为观察动静。四名书生到薛王营中,被赠以元宝四锭重二百两,并与薛王一起饮宴。回营后,这四名书生向陈、闫二人建议:可以派百余人前往清军营中诈降,暗中夹带火药,可能会成功。陈、闫二人答应了。到了出发那一天,陈、闫二人命四书生做向导,四个人面面相觑。陈、闫立即命人将四书生斩首,另选白发老者数人手执降旗,焚香前导,到薛王营中诈降。薛王看到城中有人出降,非常高兴,命人大开营门,放炮升帐,准备受降。城中出降百姓声称"献银买命",担了几桶银子献上。薛王命人将银子先抬上来。清兵将木桶抬上正要验收,已被诈降义军点燃的木桶内炸药猛然爆炸。清军官兵伤亡二千余人,薛王被炸得只剩下一颗头,另有两员大将受伤。江阴人民用必死之决心,表现了自己的抗清意志!

江阴义军为诱敌于城下,故意把民间搜集到的头发乱七八糟地扔到城下,并声称:"已经剃发了。"清军喜出望外。叛降清军的原明军将领刘良佐此时也参加攻城,他还颇有心计,对清军士兵们说:"看看城上士兵剃发了吗?"清军士兵仔细观察,果然城上士兵均未剃发,这才知道险些上了义军的当。

八月八日,江阴一带大雨如注。清军在雨中仍连放大炮攻城。半夜时分,闫应元派善于游水的陈宪潜出护城河,将敌人大炮破坏了。清军大炮不灵,只好暂停两天攻城。闫应元督催军民乘机加厚了江阴城。刘良佐怕义军又来破坏大炮,只好命清兵昼夜不停地对江阴实施攻击。

尽管义军严加戒备,清军的间谍还是侦察到城中义军严重缺粮的情况。清军将领主张留下四万人做久困长围的打算,其他军队北调。又是刘良佐出来反对。清军放弃了北调的打算,从南京调集重炮攻城。

八月二十一日,清军终于攻陷了江阴。闫应元被俘不屈而死,陈明遇与清军作战时牺牲。清军"满城杀尽,然后封刀"。江阴军民坚守孤城八十一天,在清军前后共达二十四万人的围攻下,击毙清军七万五千余人。江阴城内外被杀之百姓达数十万人之多。

江阴保卫战,显示了城中军民崇高的民族气节,的确可歌可泣。从间谍战角度来分析,这虽然是一个间谍活动有限的空间,但义军防谍严密,并派间谍主动出击,是使区区孤城,得以支持了许多日子的重要因素。

第二节 呼风唤雨的人

公元1646年十一月,张献忠牺牲于川北西充的凤凰山。他的余部由李定国、孙可望、刘文秀、艾能奇等率领,与明桂王朱由榔建立的政权合作抗清。李定国等接受桂王给予的封号,成为支撑桂王政权的主力。

李定国率部活跃在云贵一带,一度给清军造成很大威胁。这时有一个叫贾自明的人来见李定国。此人自称是安西人,对天文地理、阴阳象纬、遁甲之术无一不晓,并能造木牛流马、火攻器具。更玄的是,他自吹能驱遣风雷。贾自明摆出一副反清复明义士的样子,大讲自己在陕西往来深山之中,召集义军,但因看王气在滇贵间,所以只身逃到贵州。

李定国正为壮大力量招揽人才,见到贾自明后当然非常高兴,马上向朱由榔推荐。可笑的是,朱由榔竟封贾自明为雷击将军。可能是想以其神奇的法术对清军进行"雷击"吧。

贾自明为了露一手,还真出了不少花花点子。他指导义军大肆修造作战器械,集中了义军能找到的全部铁匠、木匠,同时征发徭役,使义军地盘内的百姓怨声载道。

有人说贾自明是清军间谍,但又不能拿出确凿证据。贾自明狂妄自大,看不起其他明军将领。明平阳伯靳统武不知是出于什么动机,派人将贾自明暗杀了。事后,果然有人查出贾自明是清军统帅洪承畴派来的间谍。洪承畴派他来的用意是,让明军忙于那些乱七八糟的工事与器械的修造,为清军准备进攻,争取时间。

李定国听到这些报告,因为与自己面子有关,所以也没有当众宣布贾自明的真实身份。此时朱由榔政权小圈子里,又是一场场的危机与内讧。

李定国也忙于和孙可望争权夺利。谁也没有认真思考这个间谍的到来意味着什么。

公元1661年十二月，朱由榔被缅甸人交给了率清兵入缅的吴三桂。第二年朱由榔被杀于昆明。李定国因此忧愤而死。明朝残余势力只剩下活跃于沿海的郑氏势力了。恰巧在这一年五月，民族英雄郑成功病死，其子郑经代统其众。七月，原郑成功部下勇将施琅被任命为福建水师提督，清朝开始全力策划消灭台湾郑氏集团的统一战争。

贾自明之失，不在于其露出了马脚，而在于其个人的脾气狂妄自大。间谍自身如果有十分明显的脾气、性格上的弱点，看来是十分不利于其开展活动的。从这一点出发，在挑选间谍从事活动时，一定要从其将要活动的环境出发，结合其个人脾气、性格，对人选加以慎重鉴别、任用。从间谍自身来看，一定要有较强自制力和较大可塑性。这样才能在各种场合应付自如。

第三节 蒙冤的间谍

清朝统治者基本消灭了明朝残余势力及农民起义军后，论功行赏，把帮助清朝入主中原的吴三桂、尚可喜、耿仲明都封为王。吴三桂为平西王，封地在云南；尚可喜为平南王，封地广东；耿仲明为靖南王，不久自杀身死，其子耿继茂袭爵，封地在福建。

尚可喜、耿仲明均为明将毛文龙手下将领，毛文龙被杀后投降清军，在入关后立下了大功。三王之中吴三桂功劳最大，下属绿营兵（汉人组成的清军部队）一万二千余人。尚、耿两人手下，也各有绿营兵六七千人。清朝初年，封这三人为王也是经过一番深思熟虑的。封这三个汉人为王可以在某种程度上缓和民族矛盾。这三个人都长年带兵打仗立有大功，手下又有一批亲信将领，必须予以安抚。另外，从三人封地看，都是明朝残余势力最后坚持斗争之处，福建、广东一带沿海还常常遭到据有台湾、厦门的郑氏集团的攻击，清朝用此三人也是为了自北向南逐步巩固自己的统治。

可是到了公元1669年康熙（爱新觉罗·玄烨，公元1654—1722年）皇帝拘禁权臣鳌拜，亲掌朝政之后，情况就不一样了。一是清朝此时已巩固了自己的统治，不再需要独立性如此之大的藩王了；二是藩王们在自己的封地日久天长，渐渐形同割据，清朝派驻那里的地方官难以管束他们。康熙亲政之后，把削藩作为他最重要的事情来抓。

公元 1673 年三月，平南王尚可喜上奏朝廷，表示愿意退休回辽东，留其子尚之信镇广东。康熙顺水推舟，下诏命其尽撤藩兵回到辽东。这个信号，吴三桂和耿精忠（耿仲明之孙）都看到了。为试探朝廷真意，他们两人也先后上奏，请求撤藩。当年八月，康熙派出大臣到云南、福建办理撤藩事宜。

吴三桂原想摆个姿态，以为朝廷一定会加以挽留，没想到康熙真动手了，十分恼火。吴三桂久蓄异志，广散钱财，招揽死士，"水陆要冲遍置私人"，"各省提镇多其心腹"。吴三桂的儿子吴应熊是清廷驸马，长驻北京，刺探情报，"朝政纤细，旦夕飞报"。为了及时搜集、传递情报，吴三桂把心腹部将胡心水派到京师，名义上是吴应熊的随从，实际负责吴三桂在京的一切事务。胡心水"散财结客，专刺秘事报滇"。"京师朝事大小飞骑报闻"。①

吴三桂还诡称有外敌入侵，擅自调动军队。康熙派的撤藩大臣一到云南，吴三桂更加紧了谋反准备。在此之前他已部署军队，切断了云南与其他地方的邮传，人员来往许入不许出。

公元 1673 年十一月二十一日，吴三桂杀云南巡抚朱国治，拘留了前往撤藩的大臣折尔肯，公开反清。

公元 1674 年三月，耿精忠叛清。公元 1676 年二月二十一日，尚之信（尚可喜之子，掌握两广实权）也公开叛清。此外还有不少清朝地方官依附于三藩，一时声势颇大。针对三藩的反叛，康熙采取了坚决平叛的态度，命清军劲旅立即出动。但由于三藩经营多年，一时还难以奏效。

三藩反叛，事起突然，有不少清朝在籍大臣身陷叛军之中。叛军也想利用这些人以壮声势。清编修李光地、陈梦雷在耿精忠起兵时恰巧在家乡停留，叛乱时被阻无法回朝。两人相约由陈梦雷接受伪官职，在耿精忠部刺探情报。李光地则北上躲避山中，为清军递送情报。

耿精忠对陈梦雷等被胁迫为伪官的人，监视甚严，"城析严密，片纸只字不能相通"。但陈梦雷仍成功地在耿精忠部进行了间谍活动。陈梦雷散布流言离间了耿精忠和郑经（耿精忠起兵后，郑经在沿海配合耿部行

---

① 刘健：《庭闻录》卷六《杂录备遗》；卷四《开藩专制》。

动）两部之间的关系，"使二逆相图以分兵势"。他派人经山路给李光地递送情报。"一面遣人由山路迎请大兵，道由杉关一鼓可下，若临城不顺，则内应在我。"① 陈梦雷不仅为清军入福建指点道路，还表示愿为清军充当内应，并联络了一些人。

李光地通过其叔父，不断地从陈梦雷处获得耿精忠部的情报，传给清军。根据陈梦雷的情报，李光地引导清军入福建。公元1676年十月，耿精忠向清军投降。

耿精忠部被很快削平，陈梦雷是立了大功的。但事成之后，李光地青云直上，陈梦雷却因当了伪官而下狱。李光地也没及时为之申辩。幸亏其他大臣为之开脱，陈梦雷才保住了脑袋，被发配沈阳。为此陈梦雷沉痛之至，作了洋洋万言的绝交书，怒斥李光地。一时为福建人所传诵。大概不少人都觉得陈梦雷太委屈，李光地心又太狠了。顺便说说，陈梦雷就是著名大型类书《古今图书集成》的编者。

公元1681年十月，清军攻克昆明，吴三桂（已于公元1678年病死）之子吴世璠自杀。在此之前，公元1677年五月尚之信投降，公元1680年赐死于北京。三藩平定了。

间谍战是在极为特殊的情况下展开的，因此间谍个人极易为己方所怀疑，甚至产生误解。对间谍功绩的正确评价，关系到士气问题。因此对这类事情的处理要经过大量调查研究，经过慎之又慎的考虑才可以下结论，做出处理。

第四节 越过台湾海峡

公元1651年四月的一天深夜，占据厦门的郑成功部队一片紧张气氛，士兵们到处搜查一个逃犯，连郑成功手下将领的家中也不能免。士兵们根据逃犯的蛛丝马迹，查到了一个叫苏茂的将领家中。苏茂的妻子从容不迫地撩起遮在床前的帏帐给士兵们看。士兵们仔细搜查了一遍，未见逃犯踪迹，只好离去。苏茂命家人在门口观察，见士兵确实走远了，才从床上的大被中将逃犯叫出来。这名逃犯当天夜里在苏茂的帮助下，乘一叶孤舟，投奔了清军。郑成功后来还是发现了苏茂帮助这个逃犯潜逃的事。他愤慨

---

① 陈梦雷：《闲止书堂集钞》（书五），上海古籍出版社1979年版。

地顿足而叹："我不幸结此祸胎，必遗患将来！"苏茂虽然被发觉了，但郑成功为了笼络人心，当时并未杀他。后来才找了个借口将其除去。那个逃犯的父亲、弟弟均为郑成功所杀。

这名受到郑成功如此重视的逃犯，就是后来以征服台湾郑氏集团名垂史册的施琅（公元1621—1696年）。

施琅，福建晋江人，字尊侯。少年时家道中落，由读书求仕，改而学武。明末应募入明军当了个千夫长，因嫌官微位卑不足以展其才，改投其叔父施福处。施琅不仅勇力过人，而且精读兵书，"尤善水战，谙晓海中风候。"所以在明末混乱的局面中很快在福建显露头角。明亡后，他受郑成功招揽，为郑成功夺取厦门、金门等地出谋划策，立了不少功。郑成功有军机大事必与之商议。有一次郑成功与施琅在出击广东征粮问题上发生了冲突。恰巧在这之后，施琅的一个亲兵因事得罪了施琅，逃到郑成功处。郑成功的亲属中有人与此人关系密切，因此当施琅将此人抓回，并立即斩首时，郑成功命令宽大处理此人的命令也到了，但为时已晚。郑成功把怒火发到施琅身上，派人将其扣押。施琅为人机警，以计欺骗了看守，逃至其副手苏茂家。这才上演了前面讲的脱身而走的一幕。

应当说对施琅的处理上，是郑成功一大失误。施琅这么一个人，既有作战谋略、经验，又熟悉沿海一带情况并对郑成功部内幕一清二楚，本身就成了清军了解郑成功的活字典。果然施琅受到了清朝的重用。

公元1662年七月，施琅被任命为福建水师提督。第二年，施琅就向清朝派到福建观察沿海形势的大臣密言夺取厦门、金门之计划（郑成功于公元1661年三月，从荷兰人手中收复了台湾）。清朝批准了他的计划。同年十月，清军攻下了厦门、金门等地。

公元1667年十一月二十四日，施琅在奏折中阐明了他的攻台之策。他在奏折中说："我命押船官林孔勋和总兵官孔元章同到台湾，侦察贼（对郑部的贬称）中情形，未必有归诚实意"。接着他讲了郑部之情形："贼党盘踞台湾，沃野千里，粮食匮缺。上通日本，下达吕宋、广南等处，火药军器之需，布帛服用之物，贸易备具。兼彼处林木丛深，堪于采造舟楫，以致穷岛一隅，有烦南顾。为今之计，顺则抚之，逆则剿之。若恣其生聚教训，恐养痈为患。"他详细讲了自己对水师的部署与训练，最后提出："盖澎湖为台湾四达之咽喉，外卫之藩屏，先取澎湖，胜势已居半。是役也，当剿抚并用。舟师进发，若据澎岛以扼其吭，大兵压境，贼胆必寒。遣员先宣朝廷德意，如大憨势穷，革心归命，抑党羽离叛，望风趋附，则善为渡过安插，可不劳而定，倘执迷不悟，甘自殄绝，乃提师进发，次第攻克，端可鼓收全局矣。"施琅后来夺取台湾，正是按这一方略进行的。从这一奏折中也可以看到施琅已开展了对台间谍活动，并对台湾情况一清二楚。

朝廷接到这一奏折，认为事关重大，于公元1668年年初，调施琅入京，"面行奏明所见"。于是施琅结束了他福建水师提督的第一个任期，匆匆上京。此时康熙皇帝尚未亲政，朝廷内部正进行着激烈的权力斗争，因此无人专注于此事。当朝臣议论时，主张招抚的又占多数，伐台一事被搁置起来。康熙亲政后，摆在前面首先要解决的又是"三藩"问题，"伐台"自然无暇顾及。施琅在这段时间内，担任内大臣之职，悠游京师，"翻阅历代二十一史"，与公卿士大夫交往。想必长了学问，开阔了眼界，使其成为一名颇具文化素养的将领。

悠悠岁月，转眼过去了十多年。公元1681年，郑成功之子郑经病死。郑氏政权内部经过一番斗争，郑经次子郑克塽在其岳父冯锡范的支持下即延平郡王位。郑克塽即位时才十二岁，大权操于冯锡范、刘国轩等人手中。对清朝来说，这是一个时机，何况"三藩"已平，康熙对坐待郑氏政权归附已失去耐心了。他又想起了施琅。这年七月，施琅被任命为福建水师提督，全权负责平台事宜。施琅离京前，康熙对其加以鼓励："平海之议，惟汝予同，愿努力，无替朕命！"

施琅到任后，一面加紧训练水师，调集善于水战之官兵（福建水师在施琅入京后一度撤裁）；一面开展了对台间谍活动。

施琅在一到任就上奏的密折中说："请以今年三四月轻北风进兵，盖为郑逆（郑克塽）奸细颇多，使贼知我舟师必用北风而进，然后出其不意而收之。臣在密用间谍，乱其党羽，自相猜忌。"施琅不仅对郑氏集团用间，而且十分注意防间。当时郑氏集团的间谍也活跃于沿海，甚至能拉拢清军中将领为其服务。因为此时郑氏集团虽然已是一个割据政权，但仍有一定的民族大义号召力。

施琅又是如何用间的呢？首先，他不断地派清军官兵前往澎湖等处刺探消息，对驻防澎湖的郑氏集团主要战将刘国轩部进行侦察。清军官兵故意以小船向澎湖前进，引诱刘国轩水师出击。经过反复试探，基本弄清了刘部实力，战船情况。入海作战，诚如我们在前面分析蒙军征日失败时所看到的，对水文、气象、潮汐等情报的掌握至关重要。施琅自称"生长海滨，总角从戎，风波险阻，素所履历"，但他仍对进攻的时间、风向、海潮等情况做了认真的调查。

其次，施琅利用旧日关系，刺探郑部情况。施琅上任之初，就调集了投降清朝的郑氏旧将吴英、朱天贵等人，参与平台。这固然是因为这些人熟悉情况，但也有利用他们旧日关系，瓦解郑军官兵之意。施琅自己当然仍有不少老关系在郑军中，此时充分发挥了作用。

公元1681年十月六日，施琅刚刚到任，就派了三四名间谍潜入台湾、澎湖，与昔日旧部拉上了关系。施琅命令这些人，"就中谋叛取事"。双方秘密以信件往来，约定进攻之日里应外合。有趣的是施琅的这些间谍活动，为防泄密不仅以密折形式上奏康熙，而且建议康熙"留中勿发"，以免朝臣议论，传扬出去。施琅在密折中还设置了一道防线，即不写明与其来往之郑军将领的姓名。这样一旦泄露，也可保这名间谍不会立即被发现。攻下台湾之后，施琅才上奏了有关人员的功劳。

通过潜入台、澎间谍的密报，施琅掌握了台湾郑氏集团的内部斗争情况。刘国轩自以为大权在握，擅作威福，有敢于顶撞者，"全家屠戮，人人思危"。施琅据此上奏康熙，认为"此端便是可破可剿之机"。

除施琅派遣间谍入台、澎外，福建总督姚启圣也命知府卞永誉、张仲举等专司对台间谍活动。卞、张二人，以金帛收买郑部官兵，进行了有效的瓦解活动。公元1681年四月，姚启圣接到台湾傅为霖、廖康方的密报："主幼国虚，内乱必萌"，催促清军攻台。

由于清朝的间谍大量派往台、澎，郑部人心涣散，这就产生了施琅用间的第三个方面，大量利用郑氏降将、降兵，从中获取情报。

公元1682年六月二十八日，郑部澎湖守军柳胜、林斗二人投降。二人向施琅提供了包括澎湖守军将领性格、守军中新、老士兵数量等极为详尽的情报。施琅认为"贼中虚实，又已得其详矣"。

公元1683年初，澎湖守将刘秉忠等携家眷降清，接着又有李瑞等带兵二十一人来降。三月十一日，许福等十四人自台湾猴树港出发，投降清军，并带有施琅派至台湾间谍的密信。施琅将许福隐蔽于营中，只将其情报向清朝福建总督、巡抚做了通报。特别是许福等人带来了台湾米贵，"每担价银五六两，七社土番（少数民族）倡反"，形势不稳，人人思危的消息。

投降者络绎不绝。通过对投降者的询问，施琅认为"贼中形势，灭在旦夕"，所以拒绝了刘国轩派来谈判受抚的使者。

综合这些情报，施琅认为发起进攻的政治、经济、军事条件已具备，时机成熟了。施琅决定六月攻打澎湖。清军有些将领认为六月天气太热不宜用兵，施琅坚持己见，认为正如此才可出其不意。

公元 1683 年六月的一天，清军船队在施琅率领下自铜山（今福建东山）浩浩荡荡向澎湖开去。耐人寻味的是，施琅在船上才召集将领开会，聚米做沙盘，给将领们布置任务。施琅把清军船队从何处入港，何处停泊，如何作战，交代得清清楚楚，可见其情报掌握之全面。随后他严令："违令者无赦！"

清军在施琅率领下向澎湖刘国轩部实施攻击。战况激烈，施琅此时已 62 岁，仍身先士卒，眼睛受伤，血流满面，依旧奋力督战。从出师到全歼敌军，共历时七天，终于攻克澎湖。刘国轩败走台湾。

攻克澎湖后，施琅表现出政治家风度，对敌军受伤者予以医治，所有被俘敌军士兵、将领发给口粮送回台湾。这些人回去后，起到了瓦解台湾人心的作用。姚启圣派去的间谍又离间了郑克塽、刘国轩的关系。郑克塽看施琅并无复仇之心，于八月向开入鹿耳门的施琅水师投降。中国终于归于统一。

施琅对台用间，并无太多新奇之处。值得略加分析的是其对情报来源加以保护的做法。他对台湾内部与其联络的旧将，即使在奏折中也不写明名字，对潜入台湾的间谍派回来递送消息的降将不使其露面。这些办法说明人们对反间谍的认识有了提高，防止泄露秘密的技巧更加成熟了。的确，从某种意义上讲，如果不注意对内保护情报来源，有一套掩护情报来源的办法，那么这一面正是最容易泄密的。因为反正都是自己人，往往认为可以放心大胆地讲。殊不知敌中有我，我中有敌，此时也正是敌间拼命活动之际。

施琅在水师出发途中才具体布置作战方略，也表明他小心谨慎，生怕泄密。施琅的成功，是与他对敌人间谍可能造成的危害有深刻认识，并成功地保守了秘密分不开。

最后需要顺便提一笔的是福建总督姚启圣在对台进行招抚、离间方面也做了大量卓有成效的工作。姚启圣其人性格豪放，办事有魄力。他采纳海上投诚人员黄性德的平海十策，在漳州设修来馆，大力招揽郑部官兵，以"高官厚禄，买散人心"。使归来之兵将，兵有饷，官有俸，归农者有土地。愿到外省的，经康熙批准可以在福建无主之地屯垦。对于来归而又逃台的人置而不问。这些逃归台湾的人往往以在修来馆所获财物炫耀，这又进一步动摇了郑部军心。郑军间谍潜入清军中，姚启圣命诸将招待备至，反而为清军所用。台湾来使傅为霖也被姚启圣争取，为之散发宣传品，联络内应。郑军各主要将领都一再收到清朝的劝降书。攻台之前，姚启圣命人在福建大修公馆，同时声言"某月某日某人当来降"。使郑部上层更为离心离德了。

姚启圣的颇有吸引力的政策，使郑部官兵"至者如归"。包括郑部五镇大将廖琠、黄靖、赖祖、金福、廖兴等在内的官员，共有文臣武将三百七十四员，士兵一万二千一百二十四名来归。台湾举足轻重的大将刘国轩也曾受到清朝间谍的离间。由此可见姚启圣招抚工作与间谍工作并行，达到了深入郑氏政权核心的程度。总之，姚启圣卓有成效的工作，为施琅平台创造了良好条件。正因为有如此大量的招抚、瓦解工作为先导，当清军大举攻台时，台湾就像熟透的果子一样，被清军攻下了。

第五节　收复雅克萨

中国既已归于统一，东北边境上沙俄的威胁就更加显得突出了。

公元 1643 年，沙俄政府雅库次克督军戈洛文派遣波雅尔科夫率 132 名哥萨克，入侵黑龙江流域。其后沙俄的小股侵略军陆续东来，向黑龙江流域渗透。沙俄侵略军的渗透，遭到当地居民和清朝军队的奋力反击。尽管如此，由于清朝政府当时正忙于巩固其在内地的统治，一时无法集中力量对付沙俄。因此，沙俄侵略者在雅克萨（今俄罗斯阿尔巴津）、尼布楚（今俄罗斯涅尔琴斯克）筑城，以两城为据点，四处烧杀劫掠，给东北边境造成极大的危害。

清政府为求问题之和平解决，于公元 1666 年派使节赴尼布楚进行交涉。侵略者狂妄地将使节扣押三个月之久，没解决任何问题。公元 1675 年，由于清军对雅克萨、尼布楚两处侵略者据点的压力不断增大，沙俄政府在一再拖延后，派尼古拉·加夫里洛维奇·斯帕法里率全权使团出使中国。斯帕法里其人是外务衙门译员，对外交事务颇为精通。为出使中国，使团做了两年准备工作，"详细研究了现有的一切有关中国的情报。"

1676年五月,斯帕法里率使团到达北京,开始了活动。康熙亲自召见了沙俄使团,并以茶、酒款待。沙俄使节团对中方提出的撤退雅克萨、尼布楚两处军队,并拆毁堡垒的要求,置之不理,同时狂妄地以武力相威胁。

斯帕法里在北京开展了积极的情报活动。他多次与康熙身边的耶稣会传教士南怀仁等进行接触。康熙帝喜好自然科学,当时的在华传教士南怀仁等深受他的器重,并授以官职。因此斯帕法里在与这些人的私下会晤中,获取了当时清政府面临着许多重大难题的秘密情报。南怀仁等透露,清政府正面临着汉族民众的不满,同时对蒙古族的控制也存在着问题。斯帕法里在途中就已获知吴三桂叛乱的消息。在这种情况下,沙俄使团当然不会认真对待清政府的和谈要求。对清政府提出的"勿起边衅,归还逃人"的要求。斯帕法里通过耶稣会传教士摸到了清政府的底。这些传教士为沙俄使团提供了许多清政府及康熙本人正在策划中的对俄谈判策略的情报及康熙的一张机密地图。他们还利用多年在华传教经验,为斯帕法里等出谋划策。谈判当然不会有任何结果。1677年,斯帕法里率使团归国。

看到和平解决边界问题已无望,康熙一面派人警告俄军早日离开,一面做军事行动准备。在他的主持下详细制定了对沙俄用兵方略。用兵方略中对侦察沙俄军队情况,建造兵船,从内地向黑龙江两岸增派兵力,运送武器、粮草,作战方法等问题做出了决定。

公元1682年秋,康熙命郎坦、彭春率清军前往雅克萨一带。康熙在给二人指示此行目的时说:"罗刹(即沙俄)犯我边境,依仗雅克萨城为巢穴,已有数年,杀掠我边民不已。你们到那里后,可派人告诉他们,是去捕鹿的。借此机会详察陆路远近,随后沿黑龙江打猎,直至雅克萨,勘察附近地形、城防。我料罗刹不敢出战。如出战,不必与其交锋,率军退回就行了。我另有策划。"这就点明了郎、彭二人的使命。康熙这番话,实际上是给清军下达了详细的战略侦察任务及执行任务之方法。

郎坦、彭春等人率清兵依计而行。为确实摸清楚情况,康熙还派了身边侍卫随行。① 此行清军详细调查了雅克萨附近兵要地志情况,俄军的实力及雅克萨城的防务。十二月郎坦等人回京后上奏康熙:"罗刹久居雅克

---

① 清代大诗人纳兰性德作为康熙身边侍卫,"觇梭罗",参与了此次侦察。但有学者对此有不同看法。

萨,持有木城。若发兵三千与红衣炮二十具,即可攻取。陆行,自兴安岭以往,林木丛杂,冬雪坚冰,夏雨泥沼,惟轻装可行。自雅克萨至爱浑(瑷珲)城,于黑龙江顺流行船,仅需半月,逆流行船,约需三月,倍与陆行,期于运粮饷、军器、辎重为便。现有大船四十,小船二十六,宜增造小船应用。"① 看来朗坦对于雅克萨附近兵要地志情况进行了周详的调查。郎坦还提出了对俄春季用兵的意见。

笔者于1969年9月作为黑龙江生产建设兵团六师六十团战士,到了这一带。当时的地形、水文、交通、气象等情况仍与朗坦上奏时大体一致。详尽的情报调查,为对沙俄用兵奠定了基础。

十二月,康熙命巴海、萨布素二人率清军一千五百人在黑龙江(瑷珲)、呼马尔(呼玛)造木城驻守,并造船备炮,准备对俄用兵。

公元1683年二月,兵部决定巴、萨二人应不时派兵前往俄国侵略军驻扎处侦察。康熙对此并不满意,他说:"宁古塔(清军当时驻扎处)地方距费牙喀三千余里,如何遣人不时侦探?用兵之道,全在为将者审势相机酌量权变,未可遥度。该部并未详察情形,悬议将军(当时巴海为宁古塔将军)、副都统(萨布素)驻扎地方,殊欠明晰。"命兵部进一步把这个事弄清楚。康熙为了迅速得到前线战报,命令凡宁古塔将军衙门有紧急公务,应发火牌,由驿站迅速上送。平常的公文由铺兵传送,如无铺兵,由驿站上送。情报与通讯是康熙对俄用兵中念念不忘的大事。

公元1683年闰六月,俄军头领梅利尼克夫等带领一支小部队由雅克萨沿江而下至额苏里,被清军抓获。康熙命将梅利尼克夫等留在军中授以官职,并让他们去招降其他俄军。康熙还进一步布置,在黑龙江城修造攻城器械,派出侦察人员,设置驿站,积蓄粮草。萨布素被提升为黑龙江将军,负责这些事情。这一年受命前往了解粮食准备情况的清大臣玛拉,也主动地派间谍对雅克萨等地进行了秘密侦察。他认为利用俄军俘虏来瓦解俄军是不现实的,应当把这些人移往内地。同时他提出,用抢收雅克萨俄军种的粮食的办法,使雅克萨俄军陷入困境;以切断贸易的办法,来对付尼布楚俄军。这两个办法是他根据侦察到的情况提出来的。这些建议为康熙所采纳。

康熙君臣对俄军所进行的侦察及对俄军作战的有条不紊的准备工作是

---

① 《清史稿》卷二十八《郎谈传》。

十分必要的。公元 1969 年 9 月初，笔者到达北大荒时，虽然已修筑了战备公路，但条件之艰苦，补给之困难，仍非一般人所能想象。尤其对大部队展开作战，更是困难重重。大部队作战一旦脱离战备公路，在沼泽、荒原中不仅难以行进，而且难以补给。冬季作战，如无充分补给，大军很难持久。夏秋季作战，如不事先勘探好道路，不仅同样难以补给，行军时道路泥泞难行，还有数不尽的蚊虫袭人，通讯联络在技术手段不发达的古代也一定十分困难。康熙命大臣对雅克萨周围环境、道路进行的侦察，不仅反映了他的大略雄才，大概与其喜好自然科学的研究也不无关系吧。从进攻时间上看，清军两次进攻雅克萨都选在相对易于用兵的适当节气里，选择了相对容易的行军道路，说明康熙君臣对那里的自然环境因素做了充分考虑。东北边陲，如果粮食补给能得到保障，冬天更利于大部队行军作战。东北边陲四五月份乍暖还寒，也是相对来说较易用兵的季节。

清军大举出击前，清军中达斡尔兵的副头目倍勒尔奉命前往雅克萨侦察敌情。他生擒了俄军俘虏，经过审问得知雅克萨城防工事的具体情况，防守雅克萨的沙俄部队"兵众不满千人"。这样出兵前清政府对沙俄用兵的必要情报都具备了，康熙更加坚定了对侵略者用兵的决心。

经过如此充分的准备，清军于公元 1685 年四月，水陆并进，大举进攻雅克萨。清军骁勇善战的士兵奋勇冲杀，并以大炮向城中猛轰。沙俄军队损失惨重。五月二十六日，沙俄军队头目俄方雅克萨督军托尔布津请求投降。清军遵照康熙旨意，释放了全部俘虏，允许俄军带走全部武器、财产，带着妇女、儿童体面地撤走。清军收复了雅克萨。俄军残余退至尼布楚。

第二年年初，沙俄派使者启程赴京，寻求与清政府谈判。但同年二月，康熙得知沙俄军队在头目托尔布津率领下又重返雅克萨。接到萨布素上奏后，康熙非常慎重，派郎中满丕到雅克萨附近侦察。满丕的侦察证实了这一情况。康熙立即下令再攻雅克萨。九月，经过久困长围，击毙了沙俄军头目托尔布津，雅克萨沙俄军人员伤亡惨重，弹药、粮食严重缺乏，已无法再守下去了。此时沙俄政府的使节表示愿意和谈，划分疆界，但请清军先撤雅克萨之围，康熙同意了这一请求。

其后开始了几近三年之久的谈判。在尼布楚进行的清政府与沙俄的谈判中，又出现了一个老问题，耶稣会传教士在谈判中采取了耐人寻味的暧昧立场。担任翻译的葡萄牙传教士徐日升、法国传教士张诚，是被康熙认为"真实而诚恳可信"的人。这两个人利用充当翻译的有利条件,"积极参与了谈判。他们以战争威胁来恫吓俄罗斯人,同时又竭力说服中国人作出让步",以致中国使节团对其用心产生了怀疑,一度想通过蒙古族翻译进行谈判。但由于蒙古族翻译能力有限,不得不又让这两个人参加谈判。"他们施展高超手腕,左右逢源,不仅重新赢得中国人的充分信任,同时也博得了俄国大使的青睐。"徐日升、张诚不仅向沙俄使团负责人戈洛文递送了中国内部情况的情报和一幅中国全图,而且故意到沙俄使团驻地透露中国使团的内部情况。从后来沙俄政府授予戈洛文奖章,并充分肯定了他的外交努力看,徐日升、张诚泄露情报造成的危害是难以估量的。"《尼布楚条约》使俄罗斯人得到了在当时条件下能获得的一切"。

公元1689年七月,在清朝大军压力下,中俄签订了《尼布楚条约》。条约中明确规定:中俄东段边界以外兴安岭到海、格尔毕齐河、额尔古纳河为界,黑龙江、乌苏里江流域广大地区都是中国领土。雅克萨城根据条约,被全部拆毁。沙俄的扩张,暂时被阻挡住了。《尼布楚条约》虽然是个平等条约,但俄国由此合法占有了尼布楚及其周围广大地区,中国的损失仍是十分巨大的。

康熙虽未察觉身边传教士的阴谋,但对其后入京的俄国使节却十分注意。俄国使节入京,康熙命善扑处精干有力者"在馆伺察"。"凡俄国一使一役外出,必有一善扑者随之。"

俄国同样以戒备的眼光看待清朝使节。公元1712年,康熙派往请求归附的土尔扈特蒙古部的使臣,途经俄国。俄国人故意引导使节走迂回曲折之途。尽管如此,使臣图理琛等仍撰《异域图》,记叙了出使经过,并绘制了地图。图理琛等得到了康熙的褒奖。

中俄之间在另一条战线上的扩张与反扩张斗争,揭开了序幕。

纵观中国古代谍报史,间谍活动从宏观上讲主要在四个层次上展开:中国与外国的军事政治斗争;中国内部各敌对政权、割据势力间的军事、政治斗争;中国内部各阶级间的阶级斗争;中国各王朝统治阶层中各种势力的权力之争。其中后三类斗争,对间谍手段的应用可以说丰富多彩,积累了不少经验。但第一类斗争中,间谍手段的使用,情报的搜集,就显得十分薄弱、不足,既缺乏经验的积累,也缺乏制度化的组织平台。这当然与中国古代的封闭状态有密切关系。康熙君臣在雅克萨之战中,详尽地搜集了俄军情报,为后来击败沙俄侵略军创造了条件。然而这毕竟不是放开眼界，主动地探寻世界的变化，各国的动向。中国人主动地搜集、了解外国的情报，和近代中国种种救亡图存的活动一样，要等到大炮和鸦片"敲开"中国的大门后，才真正开始。

康熙君臣对外国传教士丧失警惕，致使谈判时国家利益受损，表明中国统治者在面临外来势力之渗透时没有必要的思想准备，对外国传教士的真正使命与背景并无深刻了解。传教士们的表现，开后来帝国主义间谍操纵中国内政、外交之先河，为中国的前途罩上了一层阴影。尽管如此，天朝帝国仍在昏睡之中。

在外交谈判中，对参与谈判的人员要严格审查，对参与谈判的外交使团内部，要加强反间谍活动，警惕谈判条件由内部间谍外泄。

第六节 鸟枪兵六万

明、清之际，我国蒙古族主要分为三大部，漠南蒙古、漠北喀尔喀蒙古、漠西厄鲁特蒙古。漠南蒙古活动在今内蒙古一带；漠北喀尔喀蒙古活动于今蒙古人民共和国；漠西厄鲁特蒙古的活动地区在今新疆北部。喀尔喀蒙古又分成扎萨克图、土谢图、车臣三部。厄鲁特蒙古又分成准噶尔、和硕特、土尔扈特、图尔伯特四部。

漠南蒙古诸部在清军入关前就归附了清朝，后来成为清朝统治中国的倚靠力量。蒙古贵族在朝中和满族贵族形同一体，享受种种特权。漠北喀尔喀蒙古、漠西厄鲁特蒙古与清朝关系密切，但有时也对清朝进行侵掠、骚扰。

康熙执政中期，漠西厄鲁特蒙古准噶尔部在其首领噶尔丹的带领下，合并了其他三部，接着准备进攻漠北喀尔喀蒙古诸部。噶尔丹的扩张以沙俄为背景，因此他十分嚣张。噶尔丹在向喀尔喀诸部进攻前扬言"借俄罗斯兵助阵，马上就要到了"。喀尔喀诸部十分紧张，马上派出间谍，探听此事。间谍回来说："根本没有此事。"原来沙俄开的是空头支票。但喀尔喀诸部却因此放松了警惕。噶尔丹还一个劲儿地鼓吹他那个谣言，喀尔喀更加放心了。噶尔丹派千余人到喀尔喀诸部牧场放牧。喀尔喀诸部也不加警惕。

公元 1688 年夏，噶尔丹率精锐骑兵三万人，越过抗爱山，突袭喀尔喀之土谢图部，原来到那儿放牧的千余人配合噶尔丹大军内外夹攻，土谢图部大败。恰巧在途中遇到清朝派往沙俄的使臣张鹏翔,于是喀尔喀诸部就扬言:"清兵已来援了。"噶尔丹还真被吓住了,后来弄清楚清军并未出动后,一举击破了喀尔喀诸部。喀尔喀诸部逃到漠南请求内附,康熙下令拨给他们茶、布、牲畜,让他们暂时在科尔沁草原放牧。

公元1690年,噶尔丹以追杀喀尔喀部为名,继续东犯。此时康熙已处理完沙俄入侵东北的问题,正好全力以赴对付噶尔丹。六月,康熙下诏亲征。八月,清军大败噶尔丹于乌兰布通,但未能将其全歼。

公元1694年,噶尔丹派间谍去引诱居住在科尔沁草原上的蒙古诸部。这些活动全部被喀尔喀诸落的首领上奏康熙。康熙密令喀尔喀诸部与噶尔丹联系,并答应他愿为内应。与此同时,康熙调集士兵粮草,准备出击。

公元1695年,噶尔丹率三万骑兵到巴颜乌兰(今蒙古人民共和国温都尔汗西)侵掠,但不敢进一步南下。康熙派使者去激噶尔丹南下,噶尔丹只是夺走了使臣的马匹,让其徒步而归。噶尔丹对使者也施放了一个假情报。他扬言从沙俄借了鸟枪兵六万,即将大举入侵。噶尔丹在乌兰布通一役中吃了清军枪炮的苦头,所以借西洋火器吓唬清军,实际并无此事。

公元1696年春,康熙再度亲征噶尔丹。清军于昭莫多(今蒙古人民共和国乌兰巴托南)大败噶尔丹军。这一次噶尔丹损失惨重。值得一提的是噶尔丹大败之余,派使臣到康熙皇帝驻地请降,实际是刺探消息。这名使臣到了康熙的驻地鄂尔斯旗后,被康熙所感化,反而向康熙提供了噶尔丹的详细情报。康熙让他传诏于噶尔丹,必亲自到清军中请降。噶尔丹当然不会来的。

公元1697年年初,康熙第三次亲征噶尔丹。噶尔丹手下人如惊弓之鸟,纷纷逃散,有的人还为清军做向导。噶尔丹在众叛亲离、走投无路的情况下,自杀了。康熙粉碎了沙俄支持的噶尔丹的分裂活动,维护了祖国统一。

由于噶尔丹分裂活动的国际背景,使噶尔丹经常放出"有沙俄如何如何支持"一类的烟幕。在边疆发生的这类冲突中,不仅要估计到敌对国家可能会插手,而且要估计到敌对国家或潜在的敌对国家一旦插手会拿出多大力量,其国内各方面因素允许其干预到何等程度。这就需要情报工作有一个"超前度"。在康熙时,我们古老的国家还能凭实力,抗击外来之敌,平息外国挑动的边疆骚乱。但随着世界越来越进入近代,仅仅在长城后面坐待敌人入侵的清军，才突然在一天早晨发现敌人已经武装到了牙齿。于是魏源等人才去匆匆编写《海国图志》等书，但为时已晚。只有在人们摆脱了封闭、落后的封建意识后，才能产生各种现代化意识，才能具备现代化的、超前的情报意识！

第七节　听信敌间

噶尔丹失败自杀后，他的侄子策妄那布坦献噶尔丹之尸体给康熙，表示驯服。康熙没有对其予以警惕。其后他以少数骨干重新纠集人马，逐渐强大起来。他不仅重新统领了准噶尔部，而且又重新控制了厄鲁特蒙古的其他三部。他还把手伸进西藏，煽动叛乱。清朝与之进行了长期、艰苦的斗争。为维护祖国统一，清朝不得不派兵入藏，平息了叛乱。

公元 1727 年，策妄那布坦病死，其子噶尔丹策零成了新首领。噶尔丹策零狡猾善战，仍旧给清朝造成极大威胁。

公元 1729 年三月，雍正（爱新觉罗·胤禛，公元 1678—1735 年）皇帝命傅尔丹为靖边大将军，屯阿尔泰山，出北路进攻噶尔丹策零；命岳钟琪为宁远大将军，屯巴里坤，出西路进攻噶尔丹策零。这时噶尔丹策零做出了求降姿态，向清朝交出了煽动叛乱的厄鲁特蒙古和硕特部头领罗卜藏丹津。雍正命大军暂缓出师。但噶尔丹策零继续抢掠依附于清朝的蒙古诸部。雍正不得不命傅、岳两军于公元 1731 年四月，向噶尔丹策零展开进攻。

统率北路大军的傅尔丹是八旗贵族，以近侍得任大官，实战经验并不多。指挥西路军的岳钟琪倒是一个实战经验丰富的将军。他曾率部与策妄那布坦、罗卜藏丹津长期作战，积累了丰富经验。有一次他率军出击，途中见到许多成群结伙奔跑的野兽，岳钟琪马上判断前面有敌人侦骑，命清军做好战斗准备，果然与敌遭遇，歼敌数百名。岳钟琪有一次到傅尔丹营中议事，看到营帐内挂了不少刀剑，岳钟琪不解地问傅尔丹："挂这些有何用？"傅尔丹说："这都是我平时经常用来习武的，所以挂起来鼓舞士气。"岳钟琪笑了笑，出门后对随从说："为大将者不依靠谋略而单凭勇敢，恐怕活不了几天了。"就是这么一位将军统率着北路清军向噶尔丹策零进攻了。

六月，清军北路挺进到距噶尔丹策零军不远的地方。这时噶尔丹策零派了一个间谍，故意在巡逻时让傅尔丹手下清军抓到。这名间谍欺骗傅尔丹说："噶尔丹策零的大军主力还没到，其前锋千余名士兵，驼、马二万匹在博克托岭，离大军不过三天的路程。"傅尔丹一听大喜，认为这是建功立业的好机会，决定以清军万余人奔袭博克托岭。他手下的清军将领纷纷进言，劝他别轻易听信被俘敌兵的话。傅尔丹不听。这时噶尔丹策零又派小部队来引诱清军，傅尔丹稀里糊涂地上了当。

清军进入噶尔丹策零的伏击圈时，只听得胡笳声从远处传来，二万敌军将清军前锋四千余人包围。傅尔丹率后续部队增援，但已无济于事。清军撤到科布多时，只剩二千余人。傅尔丹因此受到处分。岳钟琪的西路军因北路军失利，也未取得战果。

公元1732年七月，噶尔丹策零率军绕过清军在科布多、察罕尔的大营，企图袭击依附清朝之哲卜尊丹巴胡土克图的驻地，扑了个空。八月，噶尔丹策零军袭击了清朝额驸（驸马）策凌的驻地，抢掠走了所有子女牲畜。策凌听到这一消息，对天发誓要报此仇。他一面派人去请清军夹击敌军，一面率军追击敌军。他手下有一个善于侦察敌军的高手叫脱克浑。此人"能昼夜行千里"，在山峰上侦察敌军时，常常用两手张开衣襟，远远看去像老鹰鼓翼而立，使敌人无从察觉。"昼夜行千里"未免有些夸张，但此人善于利用地形、地貌及动物为掩护，却是真的。由于此人善于侦察，策凌掌握了敌军全部情况。在脱克浑的向导下，策凌率军穷追不舍，沿途转战十余次，终于在杭爱山以伤十余人的代价，杀噶尔丹策零军一万五千余人。

公元1757年，准噶尔部的叛乱才算全部为清军所平定。准噶尔部的叛乱仍有沙俄背景。

清军之中伏惨败，完全是雍正用人不当所致。没有丰富战场经验的指挥官，在面对敌间时难免要上当受骗。再深入一步分析，腐败的、用人唯亲的人事制度，必然在刀光剑影的战场上显现出恶果。

第八节 两次登陆

公元1786年十一月二十七日，台湾彰化（今台湾彰化市）天地会首领林爽文率众起义，反抗当地清朝官吏的残暴统治。义军先后攻克了彰化、诸罗（今台湾嘉义市）等地。台湾其他地方的农民也乘机起义，一时清军陷入手忙脚乱的境地。

第二年初,义军会攻台湾府城失利。此时清朝政府振水师提督黄仕简、陆路提督任承恩、副将徐鼎士等率军渡海,镇压农民起义军。四月,清朝政府认为黄、任二人畏敌惧战,革职查办,命总督佟常青为将军前往督师,同时向台湾增调了八千清兵,由原驻台清军总兵柴大纪负责指挥军事方面的事宜。清军力量增强了,与义军在诸罗、凤山等处展开激战。

这年冬天,台湾水师副将丁朝雄率清兵一千二百人及民团二千多人准备进攻东港。东港对凤山之攻守有极大的帮助。丁朝雄身为久镇台湾的水师将领,对这一点有深刻认识。义军初起时,他正赶往北京兵部述职,在福建省城听到这一消息后,立即返台,向总督佟常青献计,屯兵东港,断义军之粮道。佟常青不用其言,丁朝雄参与了镇压义军的作战,率部攻占了凤山。凤山攻克后,东港就成了清军必攻之处。

东港义军首领吴豹,认为东港海岸浅,不利于清军登陆,所以防守懈怠。丁朝雄利用这一点,派间谍乘小船由海岸潜入义军防区,用水灌注义军大炮。随后丁朝雄乘大雨港口水涨,率清军和民团登陆。吴豹猝不及防,被清军抓获。义军受到不小的损失,但是由于丁朝雄带去的兵力有限,未能全部攻克东港。丁朝雄派人到佟常青处请求增援。佟常青只是命令他巩固现有的清军阵地,保护粮道,而没有派援兵来。双方在东港形成对峙。

公元1788年春,林爽文起义军在清朝增派十万大军的进攻下,基本失败。此时丁朝雄派军再攻东港。东港义军们未接受上次的教训,对海岸防卫不十分注意。丁朝雄派间谍再度以小船从海上登陆,用水灌注义军大炮,破坏了义军的火力防御系统。接着丁朝雄督军进攻东港渡口,义军不得不后撤三十余里。当天晚上,义军企图反攻,丁朝雄命清军坚守勿战。天拂晓时,义军已经疲倦了,这时丁朝雄命清军出击,义军被击溃。随后,丁朝雄又击溃了其他来援之义军,彻底攻占了东港。

这年三月十日,林爽文在北京牺牲。清朝鉴于此次农民起义的教训,不得不革除了台湾清朝官吏的某些弊政。

丁朝雄两次派间谍由海岸登陆,破坏义军大炮的事例,值得认真研究。首先是义军对防卫间谍、小部队登陆的认识不足,因而造成可乘之机;其次是丁朝雄对沿海地理、气象等有一定经验,因而敢于采取此类行动;最后是义军没有及时接受教训,导致清军间谍再次得手。

丁朝雄用间方法表明，战场指挥官对战场自然、社会环境之认识，对用间有很大帮助。丁朝雄之用间，侧重于破坏敌人的防御体系。这种行动在现代已发展成特种部队的活动。尤其是英国、美国在使用海上特种部队方面积累了丰富的经验。从这个意义上讲，当代军事指挥官在战场上应当同时是用间之好手。

第九节　诱歼张格尔

清嘉庆（爱新觉罗·颙琰，公元1760—1820年）皇帝在位时，清朝政府驻新疆的官吏对当地百姓横征暴敛。清朝官吏往往将驻防新疆视为发财之途。当地的封建领主"伯克"又往往以清廷和驻新疆清朝官吏的名义搜刮百姓，形成了一个压榨当地百姓，贪污分肥的官僚、地主分肥网络。这些官吏甚至"广渔回女，更番入直"。这不能不引起当地维吾尔族人民的极大愤慨，于是起义不断发生。此时英帝国主义已将手伸到了中亚地区，在浩罕、阿富汗等地着力培养他们网罗到的被清朝赶走的维吾尔族封建领主后代。张格尔就是这类人中的一个。他是维吾尔大封建领主和卓木之孙，从小在阿富汗受英国人培养。在外部势力支持下，他经常窜扰边疆，多次被击退。但清朝驻新疆官吏，十分腐败，根本无心于边防，使张格尔势力越来越大。由于张格尔利用了维吾尔族百姓对清朝官吏的仇恨，因而有不少人为之充当间谍，通风报信，使清军在进攻中处于耳目不灵的境地。

公元1826年六月，张格尔通过情报了解到驻南疆清军兵力虚弱，勾结浩罕（18世纪初，乌兹别克人在中亚费尔干纳盆地建立的封建汗国，都城在浩罕城），进攻喀什噶尔。维吾尔族百姓响应者很快达到万余人。张格尔原来与浩罕有约，攻下喀什噶尔（今喀什）等四城，与浩罕平分金银、子女。当他看到自己可以独力拿下四城时，反悔前约。双方经过一场火并，浩罕军败走，张格尔于八月二十日攻陷喀什噶尔，其他三城相继被攻克。张格尔攻下四城后"尽戕居民，毁廨舍"，暴露出本来面目，开始丧失维吾尔族百姓的民心。

清朝政府此时才如梦方醒，意识到问题严重，于是一面严惩原驻新疆的清廷大员，一面调集大军进攻张格尔。公元1827年三月，清军在喀什噶尔之役中重创张格尔军，收复了喀尔噶什四城。张格尔逃往浩罕，但不为浩罕所纳。清廷悬赏，能抓到张格尔者，封为郡王，赏金十万。张格尔众叛亲离，狼狈不堪。

同年十二月，清军将领长龄等人，秘密派维吾尔族人潜出清军哨卡，去给张格尔"通风报信"。

这人对张格尔说："官兵已全部撤退了，喀什噶尔城中空虚，大家都翘首以待您返回。"清军还对追随张格尔的维吾尔族士兵的亲属，进行安抚，以瓦解其士气。

张格尔果然上当，率兵五百人，企图乘清军不备，偷袭喀什噶尔。行至途中，张格尔发现维吾尔族百姓对其不是赶忙躲避，就是以武力相对抗，觉察出上了当。张格尔赶紧率兵闯出清军哨卡。原来埋伏在喀什噶尔城附近的六千清军，在杨芳率领下分三路穷追。在喀尔铁盖山，清军全歼张格尔部。张格尔被抓获，1828年五月被斩于北京。

张格尔部被消灭后，浩罕派使节到清军表示祝贺。其中有个叫谭禄的人，原为清军士兵，先叛降张格尔，后降浩罕，为之充当间谍，出谋划策。此人被清军发现，予以处决。

清朝对浩罕采取了"严禁茶叶、大黄出卡，以窘其生计；尽逐内地流夷，以断其耳目；收抚各布鲁特，以剪其羽翼，待其款关求贡而后抚而用之"的边防政策，以稳定边疆。这反而招致浩罕的进攻，后来不得不恢复了与其贸易，以求安定。浩罕后来被沙俄吞并。

第十节　奇袭紫禁城

公元1813年九月十五日中午，北京城闹市区的一些小贩、脚夫突然拿出了藏在身上的兵器，组成两支小队伍，在太监的引导下向紫禁城冲去。一支小队伍由陈爽率领，太监刘得财、刘金为向导；另一支小队伍由陈文魁率领，太监张泰、高广福为向导。陈爽率领的一支小队伍进攻东华门，陈文魁率领的小队伍进攻西华门。

清朝宗室仪亲王、成亲王、庄亲王等听到消息，赶忙召集所部营兵入宫时，义军已攻入宫内，杀至中正殿外。此时清宫内的诸皇子也手忙脚乱地督率近侍卫士、太监仓促应战。皇次子旻宁（爱新觉罗·旻宁即后来的道光帝，公元1782—1850年）命近侍赶紧准备鸟枪、火药。此时义军已攻至御膳房，并向旻宁率兵防守处杀来。义军以头包白布为号，有人手持白旗指挥。旻宁与清宗室贝勒绵志等用鸟枪射击义军，使义军无法越墙而过。双方在宫中激战，直到清王公大臣率军赶到，义军才纷纷逃散，但大部分牺牲。

这就是我国历史上绝无仅有的一次由天理教（八卦教）首领林清策划的，奇袭紫禁城的行动。事变发生后，正在返京途中的嘉庆帝震怒，认为这是"汉、唐、宋、明未有之事"。

这些义军是如何组织起来潜入北京城的呢？这要从林清说起。

林清是大兴县人，年轻时干过不少行当，在下层社会勉强谋生。林清为人豪爽，能言善辩。秘密结社是清末政治上一大特色。像林清这种下层社会中有本事的人，自然要向这方面找出路。他加入了天理教（八卦教），并很快成为其中一支的首领。

林清与天理教另外两个首领冯克善、李文成共商反清大计。公元1812年春，李文成与林清会晤于黄村，双方约定第二年九月十五日中午，直隶（今河北）、山东、河南同时起义。李文成对林清说："您这地方兵少，河南滑县（李文成之根据地）兵力不下数万。我可以选精锐士兵，化装成商贾，陆续入京支援您。您千万要等到滑县兵到，才能举事，别轻举妄动。"林清答应了。

公元1813年年初，冯克善到黄村，林清把秘密准备的义军旗帜、号令等交给他，让他调集义军。七月，林清，陈文魁等又到滑县联络，八月回到黄村。李文成派养子刘成章到京，对林清表示："九月十五日河南兵必然到京，请您从中配合。"八月二十日，林清、陈爽入京，会见了他们在宫中的内线刘得财、高广福等。双方约定，义军一旦攻入大内，由陈爽负责一切事宜。九月十四日，义军首领李得、刘进等先后向林清报告："兵众已集，可让陈爽、陈文魁先入京。"林清认为入京人多了，反而容易暴露，就命义军精锐留在城外，准备迎接河南来的义军。十五日早晨陈爽、陈文魁等在太监的掩护下陆续入城，演出了前面攻打紫禁城的一幕。

十六日，义军入城失败的消息传来，林清还寄希望于河南义军的到来，命义军严守村落，等河南义军来了马上报告。十七日清晨，林清听到人喊马嘶，以为是河南义军开到，出来迎接。他发现来的是清军时，已被擒住了。原来李文成部在九月五日前后开始集结，但行动太暴露，被清军发觉。李文成被抓。后来李文成虽被部下救出，但已失去与林清义军合作的时机了。

林清在被俘后很快被杀。李文成也于当年十二月与清军作战时自焚而死。天理教起义虽然失败了，但其领导人表现出的胆略和斗争艺术，却在农民起义的历史上占有光辉的一页。

太监为起义军充当间谍，不绝于史书。但一般是在王朝末日之时。此时的太监，是下层的太监，大概出于其对统治者的愤恨而为义军出力的吧。

天理教（八卦教）是白莲教的分支。清末革命党人陶成章为了利用会党势力反清，曾著有《教会源流考》一书。他认为"南方之人智而巧，少迷信而多政治思想。北方之人直而愚，尚武力而多神权迷信"，"故白莲之教盛于北，而洪门之会遍于南"。这也许是天理教（八卦教）四处弥漫，以致进入宫廷的原因之一。

第十一节 驻北京的沙俄传道团

尽管欧洲诸国传教士在中国捷足先登，但沙俄传教士却后来居上。《尼布楚条约》签订后，直到鸦片战争前，沙俄派驻北京的东正教传道团一直未曾间断。通过传教士，沙俄建立了在清廷统治中心的间谍据点，长期维持了一条有效的对华谍报工作渠道。

随着沙俄势力侵入黑龙江流域，东正教传教士也接踵而至，在雅克萨等地出现了东正教第一批教堂。雅克萨战役后，一批被俘或自愿投奔清朝的哥萨克，约百人，到了北京。在沙俄史书中称为"阿尔巴津人"（阿尔巴津即沙俄对雅克萨的称呼）。这些人在北京得到了优厚的待遇。清政府将他们编入了镶黄旗，并赠给他们一座庙宇。这座庙宇后来被改为俄罗斯人居住区的索菲亚教堂，因为教堂中有一幅显圣者尼克拉的肖像，又称尼克拉教堂。

公元1710年，这些俄罗斯人向彼得大帝恳求，请派司祭来为他们主持宗教活动和圣事。这引起了雄才大略的彼得大帝的重视，1715年1月11日①，由修士大司祭列扎伊斯基率领的俄国传道团到达北京。由此至1865年，沙俄先后向北京派遣了15届传道团。

传道团的使命表面上是为了主持当地俄罗斯人的宗教活动与传教，实

---

① 据沙俄史料，此处是公历。

际上是企图从宗教方面打开缺口，扩大沙俄的影响，获取情报也是其主要任务之一。

在传道方面，沙俄传道团并未取得什么进展。有一次传道团的辅祭菲利蒙回国后造谣说康熙本人想领洗，彼得大帝立即下令东正教最高宗务会议物色一名品德高尚的人，授予主教之衔后前往北京，结果是空欢喜一场。但其以宗教为侵华开路的用心却暴露出来了。

从沙俄传道团的人员构成就可以看出其获取情报的使命。在第一届传道团中，就有"教堂辅助人员"五名。1727年，中俄《恰克图条约》签订，条约正式允许设立驻北京的俄国传道团。当年即有三名"学生"来华，此后以"学生"身份来华的人员一直不断。教堂辅助人员、学生的数量总保持在与宗教人员大体相当的水平。从第十届传道团开始，在传道团人员中又增加了医士、画家、硕士等人员。传道团中甚至有上校军衔所谓监护官，有科学院派出的植物学家和天文学家。

上述人员来华不仅获取了中国各方面的重要情报，而且为沙俄对华外交、军事及政治活动的开展，提供了一批"中国通"。这些人回国后常常得到重用，成为对华外交、军事、政治、经济活动的负责人、智囊及研究者。1840年以后，这些人中的不少人成为沙俄侵华、祸华的得力干部。由此可见，沙俄从长远战略目标出发，通过传道团为侵华打下了人才、情报方面的基础。把人才培养与谍报工作结合起来考虑，令人感到彼得大帝的深谋远虑。

1818年，沙俄政府对华传教士团发出训令，规定"它今后的主要任务不是宗教活动，而是对中国的经济和文化进行全面研究，并应及时向俄国外交部报告中国政治生活的重大事件"，不再是单纯传教，而是逐渐成为沙俄政府的外交、情报机构，某种程度上起着俄国政府官方代表的作用。

从全俄东正教最高宗务会议给前往北京的修士大司祭约阿基姆·希什科夫斯基的工作指示中，也可以看出传道团的真正使命。指示中规定："尔大司祭于驻北京期间，一有机会就应尽量把当地动态认真详细地写成材料上报全俄东正教最高宗务会议。""在你前往北京途中和驻北京期间，为执行委托给你的职务，切勿做出任何与你的职务不相称和与你的职位无关的事情，否则，一定要受到命令上规定的惩罚，绝不宽恕。如果国家事务中有什么必须保守秘密的事情，那么绝对不能在私人信件中提及。要按照彼得大帝于 1724 年 1 月 13 日颁发的谕旨中规定的那样去做。"

沙俄传道团作为西方列强在中国最早的常驻间谍机构，是值得重视的。

在间谍战中，通过公开、合法的外交、文化、经济、宗教、军事机构掩护间谍机构从事活动，是普遍存在的。如何使这种掩护更加自然、更加有效率，则需要根据所在国家的情况而定。

从另一个角度看，如何防止间谍机构以公开、合法的外交、文化、经济、宗教、军事机构为掩护，从事间谍活动，是反间谍机构尤其要注意的。

第十二节　虎门烽烟

中华帝国还在昏睡之际，西方资本主义列强已对这个古老帝国张开了血盆大口。与此相伴的是西方列强的间谍陆续在中国登陆。

公元 1814 年十一月，英国护货兵船，故意违例闯入虎门，实际是探查进入广州的水道。在此之前，英国人司当东曾绘制了北京至广州沿途的山川形势图。这引起了清廷的注意，命官员进行调查。

此时沙俄在北京设有俄罗斯书馆，"中国事情悉知"。沙俄在北京设立的俄罗斯书馆不仅侦察中国的情况，而且侦察中国与其他国家的外交活动。当时沙俄颇有插手西藏，然后南下印度，与英帝国一决雌雄之意，"使人习印度法律、语言"，寻找当地人做向导。英国也不甘示弱，针对沙俄的活动，进行反侦察。在中国领土上，异国间谍的争斗开始了。

其实这些间谍活动仅是冰山的一角。当时英国、法国、荷兰、葡萄牙、美国、沙俄等国与中国贸易往来日多，尽管清廷屡次阻止，他们仍在中国派有变相的常驻机构，不少中国人受雇于外商。中国买办阶层的萌芽已经出现。因此鸦片战争前夜，西方列强对中国的了解与中国对西方列强的了解相比，两者犹如天上地下。

为在对华贸易中获取丰厚利润，英、美等国的商人不惜走上了贩卖鸦片的罪恶之途。其中又以英国在鸦片贸易中占有更大的比重。英国从事鸦片贸易的除英国本土商人外，主要是英国设在印度的殖民机构——东印度公司。后面将要讲到的一系列对华间谍活动就是在东印度公司支持下开展的。

公元1828年到1829年，走私运入中国的鸦片已达13868箱，公元1830年走私运入中国的鸦片为16257箱。"上海开埠后，上海很快成为鸦片走私中心。"鸦片贩子把鸦片在上海化整为零，用驳船或内河船转运苏州、太仓、通州以及邻境之安徽、山东、浙江等地。

围绕着鸦片贸易及西方列强在华利益，西方列强的间谍开始了更为猖獗的间谍活动。

公元1831年六月，曾经在马六甲学习汉语的普鲁士传教士郭士立乘船到中国沿海，以行医售药为掩护，四处收集情报。同年八月，郭士立到达上海，对上海进行了一番刺探，搜集到一些情报。在他的航行记述中，称上海为"南京和整个江苏省的贸易中心，是中国国内贸易的主要商业城市"。同年底，郭士立回到澳门。

郭士立的情报受到东印度公司的重视，东印度公司决定继续窥探中国广州以北沿海的情况。公元1832年二月二十六日，一个英国商人开始了他在中国的间谍活动。他就是化名胡夏米的鸦片贩子、对华航线商船投资人兼英国国内货物经销商。当时他在东印度公司任大班，真名叫林赛。胡夏米以郭士立（Charles Gutzlaff）为翻译，乘560吨飞剪船"阿美士德"号从澳门出发，沿途以贩卖药品、传教为掩护，搜集情报。

"阿美士德"号巧妙地避开清军驱逐，靠近海岸航行。三月二十六日到南澳，四月到厦门和福州，五月抵达镇海、宁波，随后溜进羊山洋。六月二十日晨进入黄浦江。

胡夏米和郭士立在上海逗留期间，引起了清朝最高当局的注意。道光帝命沿海督抚严加驱逐，不准其做买卖。但胡夏米以遇上大风雨为名，赖在吴淞口外不走，最后终于测量了长江、黄浦江的水道。他们搜集的情报是多方面的，对航运情报尤为注意。他们曾连续一星期实地查点了进入吴淞口帆船的数目。结果查得"在七天之内，共有四百艘大小不同，载重自一百吨至四百吨的帆船经过吴淞驶往上海，起初几天进口的都是从天津、辽宁等地开来，主要装载面粉和豆类的北方四桅帆船。后来福建帆船也开始涌到，其数目每天在三十艘到四十艘之间，其中许多来自台湾、广州、东方群岛、安南和暹罗的"。胡夏米还以参观为名，上岸窥探了驻防清军的武器装备。

这年七月初，当时任江苏巡抚的林则徐南下经镇江得知了这一情况，立即飞札有关官员"督率将弁兵船加紧探防，勿使寄泊。一面查拏汉奸勾通销售，以绝其望"。显示了其特有的干练。七月八日，胡夏米起航，先向南而后突然掉头，北上山东、辽宁沿海，窥视了海防要地刘公岛，后又折往朝鲜沿海。同年九月四日，胡夏米回到澳门。

胡夏米的航行搜集到了大量军事、政治、经济情报，测绘了港口、河道、海湾的地图，是西方列强的一次战略侦察。

同年十月二十日，郭士立又乘鸦片飞剪船"气精"号第三次到中国沿海侦察。

过了两年，英国传教士麦都士乘美国飞剪船到中国东北沿海窥探，回去后证实了胡夏米、郭士立的情报。1835年，胡夏米向当时英国外交大臣帕麦顿提出入侵中国的计划："照我的意思，采取恰当的策略，配以有力的行动，只要一支小小的海军船队就万事皆足了。"他建议，敌对行动开始时，单纯地只对沿海进行封锁，在广州、厦门、上海、天津四个主要港口附近各驻以小舰队，并估计了进行军事行动所需舰船和兵员的数量。

胡夏米的间谍活动，为其后英国在鸦片战争中的军事、外交活动创造了条件。鸦片战争中英军进攻、登陆的地点，如厦门、福州、宁波、上海，都是胡夏米航行所到之处。《南京条约》中规定的厦门、福州、宁波、上海四个通商口岸，也是胡夏米等人重点调查过的地方。由此可见这次"调查"对英国及西方列强的重要性。

"阿美士德"号在中国沿海肆无忌惮地窃取情报竟安然无事，连郭士立也认为奇怪。他说："本地之全体海军舰队竟不阻止一只商船进口，真是怪事。"昏睡的封建王朝面对磨刀霍霍的西方列强，只是命令予以驱逐而已。当时清朝连"海关"这一概念都没有，更别提对商船予以管制了。偌大帝国面对一个新的时代，无法理解西方列强情报活动的真实含义，其在世界上的落伍，在谍报方面也充分显示出来。中国历史上赫赫有名的人物林则徐也未真正弄清楚英国人的意图。

鸦片贸易对中国危害日甚，朝中"禁烟"呼声日高。道光帝从维护封建统治出发，也不得不下决心禁烟。

公元1839年一月八日，钦差大臣林则徐受命出京，南下主持禁烟事务，去制止臭名昭著，吸尽了大清帝国血液的鸦片贸易。中国与西方列强的首次搏杀开始了。面对胜负难料的前景，林则徐表示"置祸福荣辱于度外"。

林则徐（公元1785—1850年）字少穆，福建侯官人，是道光年间清廷中最有才干的大臣。对禁绝鸦片,林则徐决心甚大。他认为:"此祸不除,十年之后,不惟无可筹之饷,且无可用之兵。"道光帝亲自召见他十九次,议论禁烟之事。最后,道光帝决定任命他为钦差大臣,南下禁烟。

南下途中,林则徐就显示了他的才干与魄力。当时英国商人常利用一些流氓、无赖、奸商夹带鸦片。林则徐在途中密札广东地方官"密查暗访""所有包买之窑口,说合之孖毡,与兴贩各路之奸商,护送快艇之头目。"他在密札中还指令广东地方官"密派妥干之印委人员,即日改装易服,分投查探,出其不意带役拘孥,并查起所藏脏具簿据,一并搜寻务获,不可稍任窜匿"。①

在林则徐严令下,广东地方官行动起来,绞死了若干名中国鸦片烟贩。

林则徐在途中一面了解情况,一面接二连三地下达了指令。经过调查,他已认识到英、美商人获取情报十分厉害。"引汉奸为心腹。内地衙门,一动一静,夷人无不先知。若向该商问及夷情,转为多方掩饰,不肯吐实。"英国商人颠地"常与汉人往来,传习夷字,学习讼词,购阅邸钞,探听官事,又请汉人教习中国文字,种种诡秘,不可枚举"。为断绝外商情报来源,林则徐命令在洋人商行中的"买办工人一概暂撤,以杜指引"。林则徐在其禁烟之初与西方列强的谍报斗争已拉开了序幕。

公元1839年3月10日②,林则徐到达广州。在他的督责下,禁烟运动得到了进一步的推动。6月3日,经过激烈斗争,林则徐迫使英商交出二百三十七万余斤鸦片,在虎门予以销毁。

林则徐初战告捷是以扎实的情报工作为基础的。他到广州后,就接见文武官员、友人、僚属、同乡,了解鸦片贸易情况。他雇用了两个长期在商馆为外商烹调的厨子,到他的衙门办理伙食,其真正意图是就便了解、询问外商情况。这既显示了林则徐有着不同于一般清朝官吏的精明头脑,也表明清朝政府平日对外商了解甚少,情报来源不多。林则徐还搜集了广州、澳门等地外国人出版的书籍、报刊,包括商业情报和小册子。"日日使人刺探西事,翻译西书"。在西方报纸上,林则徐了解到"西人极藐水师,而畏沿海枭徒及渔船、蛋户"。"于是招募丁壮五千,每人给月费银

---

① 林则徐《信及录》。
② 本节自此处起,均为公历。

六圆，赡家银六圆"，组成了一支水上民兵力量。林则徐还打破偏见，引用华侨、教会学校学生、少数洋行买办进入官府，为之翻译西方书报，提供外国人动向。由于林则徐周密研究、调查外情，使他在禁烟过程中对外敌有着较为清醒的头脑。

为断绝西方鸦片商人的情报来源，林则徐除了命洋行中的买办、工人撤出外，还采取了若干措施：其一是进一步查禁开烟馆、贩烟的不法之徒；其二是对"十三行"（当时西方商人在广州设立的商业代理机构的总称）严加盘查、看守，不许与洋人有联系的中国人随意进出；其三是清查"十三行"附近铺面，在"十三行"附近街道"编立保甲"；其四是利用与洋人交往甚密的商人了解鸦片商人的动向。这些措施虽然有些过于偏激，但确实使西方商人、政客耳目失灵了。

禁与贩的斗争仍在激烈进行。英、美商人利用停在港外的大船，把鸦片卸到小船上，由中国奸商偷运上陆。林则徐命人"仿照粮船勾水之法，将各该船吃水丈尺分寸，前后左右，分三段测量，自水面量到舱面，即于所量水痕之上，注明尺寸，以为认记。并将该船水舱贮水深浅，载沙尺寸，查验造册呈缴"。用这种方法，在某种程度上对鸦片商人的活动进行了牵制。

双方矛盾日渐激化，战争不可避免。9月，中国水师和沿海炮台官兵在九龙山附近海面击败了英国驻华商务监督义律、英国海军驻华司令官士密率领的英军舰只。11月，清军在穿鼻洋、官涌等地连挫英军舰只。

战争阴云密布，英国政府加速了战争步伐。英国政府在八月即训令义律"获取中国沿海贸易场所和东印度群岛中诸海岛的情报"。10月16日，英国首相帕麦斯顿根据义律等人提供的情报及作战计划发出对华作战训令。英国政府决定发动侵略战争了。

面对强敌，林则徐也没闲着。为了解敌情，他秘密派彭风池到澳门侦察情况，又派余保纯到长沙湾等处查视。同时，他继续了解外国的一般情况。他认真阅读《澳门新闻纸》译稿。他手下的译员翻译了一八三六年伦敦出版的《世界地理大全》，有关翻译材料还直接上报道光帝。为了解第一手情报，他还亲自接见了在琼州文昌县遭风遇难的英船上的水手，仔细询问了英国到中国途中的停泊地、航线、航程、所运货物及鸦片产地。林则徐不愧是中国近代史上反抗列强侵略的第一人，在用新的眼光开展对外情报工作上，也堪称第一人。

英国商人在鸦片被禁后,把鸦片贸易转移到船上,由中国奸商、无赖到英船购买,然后偷运上岸。林则徐于公元1840年春,密令水师提督关天培把水师船只伪装成渔民船只,前往鸦片船停泊处。清军水师船只伪装成渔船靠近了英国鸦片船,出其不意将英船焚毁。其后清军水师又连续进攻英国鸦片船、兵舰,并将其击败,"英人自是不敢驶近海口"。林则徐还募沿海渔民为间谍,随时监视英舰动向,并对走私鸦片奸商严加缉捕。

林则徐公开悬赏,"每杀白洋人者赏银二百圆,黑洋人半之,斩首义律者银二万圆"。此令一出,在英舰上卖命的汉奸纷纷来降,西方鸦片商对汉奸也不再敢信任了。林则徐在虎门之横档屿设铁练木筏,横贯江中。同时还购买了"西洋各国炮二百余位,增排两岸"。经过这样一番准备,广州防务是十分充分的了。

1840年6月,英军舰只陆续开到广东沿海。由于林则徐等人早有防备,清军连挫英军。英国政府原定计划中有封锁甬江口、珠江口、黄河口,直逼北直隶湾,迫使清政府谈判的内容。这一计划是建立在对华政治、经济情报全面而深刻的分析基础之上的。此时英军看到第一步封锁珠江口的计划难以完全实现,就移师北上。

英军矛头直指福建厦门。闽浙总督邓廷桢等人率部抗击。先是击中了一艘英舰的弹药仓,使其沉没。接着又募小勇数百,伪装成商船,袭击英舰于南澳港。英舰队再次受创,不得不转向浙江定海一带。7月5日,定海失守。此时清廷内部发生了变化。主和派纷纷上书,攻击林、邓二人,道光帝也开始动摇,谋求与英军接触。

11月,道光帝任命的钦差大臣琦善到达广州,林则徐、邓廷桢被革职。琦善到处寻找林则徐的罪名,但未找到,就想以"先开炮"的罪名将清军一名副将斩首。这一企图虽未实现却大大动摇了军心。接着他又解散了林则徐组织起来的水上民兵。这些人中的少数人投靠英军,反而为英军所用。琦善还撤掉了横档屿水面的铁练、木筏,使英军舰只得以"探水,察径路,而情形虚实尽泄矣。"

在与英军谈判中,琦善专用汉奸鲍鹏,往来传信。鲍鹏是英国鸦片商颠地的奴仆,这使英军气焰更加嚣张。有人向琦善报告侵略军情报,琦善竟回答:"我不似林总督,以天朝大吏,终日刺探外洋情事。"有人检举汉奸,他就训斥道:"你才是汉奸呢!"

就在琦善极力讨好侵略者时,英军却在准备打攻广州。1841年1月

17日英军突然进攻沙角、大角炮台,在汉奸的帮助下攻破了两座炮台。琦善竟坐视不救。随后琦善背着清政府与英军头领义律议定了《穿鼻草约》,琦善未敢在《草约》上正式盖印。清朝政府对琦善所为十分震怒,琦善被逮捕解往京师。英军继续进攻虎门、横档、永安、靖远、镇远等炮台,连连得手。林则徐所购大炮统统被侵略军抢走。英军进入内海,直逼广州。

此时清政府派往广州的参赞大臣杨芳在珠江沿岸布置兵力,并修筑工事。英军不敢贸然进入。这时,杨芳犯了一个不可饶恕的错误。英国舰队首领派人以议和为名送信给杨芳。杨芳此时对敌人真实意图毫无警觉,任凭敌人使节在汉奸陪同下侦察了珠江水路,"偏历营垒,尽得虚实,归报无备"。英国军队立即发起进攻,珠江两岸要塞尽入敌手。

1841年5月27日,清朝政府派往广州全权负责与英军作战的宗室大臣奕山,命人到英军中去求和。此时英军已占据广州城外的四方炮台,用火炮向城中猛轰了。

公元1842年9月6日,道光帝批准了在英军炮口下签订的中国历史上第一个不平等条约《南京条约》。在此之前,清朝军队在宁波、镇海、吴淞、镇江等处与英军激战,均遭败绩。英军所到之处,胡夏米等人进行侦察所造成的危害充分显示出来。尽管如此,英军在入侵中仍十分注意搜集有关战略情报。攻打宁波得手后,英军闯入我国著名的私人藏书楼——范氏天一阁,抢走《一统志》,并购买《长江图》、《黄河图》等书。

相比之下,清政府对战争丝毫不做情报方面的准备于前,又屡次让敌人公然刺探情报于后。有一次传说香港海面有台风,大臣们就急忙入奏,"谓撞碎洋船无数,漂没洋员汉奸无数"。清廷正准备感谢海神,英军已攻入厦门了。另有一件事,笔者顺便提出,作为那个时代间谍工作的脚注。1840年年初,林则徐得到情报:英国本土兵舰十三艘,孟买兵舰十二艘,"不久可到"。对此他发出命令:"此等谎言原不过义律等夸大其词,无足深论。即使果有此事,夷兵涉远而来,粮饷军火安能持久,我天朝劲旅,以逸待劳,岂不能制其死命。"

古老的中国渐渐沦入半封建半殖民地的悲惨境地。随着中国人民反抗封建统治者和外来侵略者的斗争,随着国外先进科技手段与生产工具的传入,随着阶级关系新的变化,国内资本主义的成长,无产阶级开始登上历史舞台,中国悠久而五光十色的古代间谍战,终于走出了原来的轨道,内容到手段都发生了巨变。本书对中国古代间谍活动的叙述与研究也就到此为止了。

本篇小结

　　明代中央政权与地方势力的斗争十分激烈，在间谍战方面也演出了一幕幕活剧。明朝诸藩王对中央政权开展的间谍活动，其手法之多样，准备之充分，组织之严密，超过了明朝之前的王室藩王。其中尤其值得提出的是朱棣。朱棣与其侄子明惠帝朱允炆的斗法，之所以能取得胜利，是与朱棣善于用间分不开的。而朱棣之所以在间谍战中获胜，又因为他毕竟是一个久经战阵，富有政治经验的成熟统帅和政治家。这一点是他的优势。

　　明、清两代，一方面中国内部资本主义因素逐渐萌生，另一方面外部的资本主义发展较快的国家开始敲击中国的大门。明、清两代的边患中，外国势力的影响不断增加，这逼迫着一些有头脑的天朝官吏开始睁开眼睛去看世界。尽管如此，明、清两代的统治者仍安于闭关锁国的状态，不想也不可能主动地适应世界的变化。伴随着中国整体上的不断落伍，中国对外间谍工作的开展当然无从谈起。1840年以后地主阶级中较为勇于接受新思想，头脑较为清醒的一部分官僚和知识分子，开始主动地面向世界。他们不仅收集情报作治世、改良之用，而且大量研究有关外国的一切方面，尽管仍存在着较大局限性，但毕竟开拓了中国人了解世界，了解自己的对手——西方列强的道路。可以说他们开拓的道路，一直延续到今天。今天中国虽然已经在政治、经济、军事、文化等诸方面发生了翻天覆地的变化，但与世界上的发达资本主义国家相比，仍有很大差距。在这种情况下，睁大眼睛看世界就仍然是性命攸关的事。可以说从林则徐、魏源等人起，中国的间谍工作与间谍观念开始了由内向型向外向型的转变。这一转变是为了自卫，也是为了建设。

　　明、清两代，封建集权日趋严密，各类特务组织越来越发挥着重要作用。封建帝王驭下之术也更为纯熟。这对明、清两代的间谍活动也产生了重要影响。

第八篇

中国古代的间谍技术与组织

第一章　中国古代的间谍技术

第一节　鸽子·风筝·烽火·号炮·驿传·蜡丸

通讯联络是人类社会生存、发展的极为重要因素，同样也是间谍活动的重要因素。保密、可靠、安全的联络方式，从来是间谍工作成功的基础条件。

鸽子很早就为人们送信了。中国人至迟在唐代就已知道了鸽子的这一用途。段成式《酉阳杂俎》一书中记载："波斯舶上多养鸽，鸽能飞行数千里，辄放一只至家，以为平安信。"在大洋上飞行数千里，当时驯鸽已达到了很高水平。唐朝兴盛时，都城长安定居、来往的八方商人甚多，驯鸽之法不可能不为中国人所掌握。

宋代，鸽子用来传递情报已较为普遍，鸽子还被用来在军队各部间传达命令。

公元1041年，北宋将领任福率军反击西夏军。西夏军诱敌深入，埋伏主力于好水川口。宋军侦察兵回去报告，西夏军营垒不多，没什么可疑之处。任福命宋军挺进到羊牧隆城。先锋桑怿所统宋军在路边发现了几个密封的大盒子，里面"扑扑棱棱"响。宋军以为是妖物，不敢贸然打开。任福到后，命人开盒。盒子一打开，百余只鸽子带着鸽哨呼啸而起，盘旋于蓝天。埋伏在四面的西夏军听到鸽哨声，潮水般地杀出，宋军全军覆没。

在元代宫廷中，为争权夺利，事变迭起。争斗中也常以放鸽为号，内外呼应，传递消息。

风筝在中国很早就出现了，一开始是为了供达官贵人玩乐之用，后来才在军事上、情报上用来传递消息。公元549年春，萧梁政权的高州刺史李迁仕、天安太守樊文皎等人，率军援救被侯景叛军包围的都城建康。由于建康台城（宫城）被困，援军到来的消息梁武帝萧衍并不知道。这时有人献计，可以把敕文写在风筝上，借风力把命令送往城外，请外将入援。梁武帝萧衍命太子在太极殿前借西北风把风筝送上高空。风筝上写着："得鸱（即风筝做成纸鸱样）送援军，赏银五百两。"叛军看到风筝高高升起，以为萧衍在搞什么妖术，就把风筝射了下来。最后援军派了一个人装作因受鞭打叛逃到侯景军中，随后才乘机把援军到来的消息传入城中。

唐末藩镇割据，节度使田悦率军进攻唐将张伾据守的临洛。张伾守军粮食将尽，形势危急。唐朝廷诏令马燧等三节度使率军往援。张伾得知马燧等人率军到了城池附近，赶忙命人制作了一个风筝，写明城中紧急情况，高高地放了出去。田悦军营中的人看到高高飞过的风筝，连连放箭，但均未射中。马燧营中军士看到风筝飞过来，赶忙出营抢夺。马燧看到风筝上写着"如三日内还不解围，临洛将士将成为田悦的鱼肉"，立即率军进击，终于将田悦军击溃。

公元1232年三月，蒙古军进攻金国汴京（河南开封）。金军把文书固定在风筝上，将风筝放到蒙古兵营上空，然后弄断风筝线。他们希望以此来与蒙古兵营中的金国降人取得联系，但被蒙古人觉察到了。风筝在中国古代谍报活动中，是一种出于无奈时使用的，十分不可靠的通信手段。

用烽火传递敌情，从周朝就开始了。在后来历代中央王朝与北部游牧民族的边境上，烽火作为一种简便、可靠的情报传递手段，一直发挥着十分重要的作用。烽火不仅仅可以报警，而且通过事先约定的烽火信号，可以传递敌人入侵之大致数量的情报。古代常烽燧并称，"盖烽用火，燧用烟，夜宜用火，昼宜用烟"。汉代边境上每一烽火台戎卒少则三人，多则三十人，对烽火的候望、燃点常备不懈。历代也多是如此。

在敌对的中原各割据政权边境上，一般也设立烽火系统传递敌情，把烽火视为重要的情报传递手段。明代为了防备倭寇入侵，在沿海设有烽火台。烽火台大都分布在高山之巅或平原转折的地方。

清代火器有所发展，开始用号炮传递情报。沿边卡伦（边防哨所）一旦有警，则举烟鸣炮。敌人来一百人，则举一烽，鸣一炮；二百人则举二烽，鸣二炮；五百人则举三烽，鸣三炮；千人则举五烽，鸣五炮；万人则举七烽，号炮连鸣以示危急；其他卡伦则如法办理，一站一站传下去。

《墨子》一书中记载了用旗帜和鼓声进行情报传递的方法。有趣的是《墨子》中记载着以烽烟与鼓声配合报告敌人数量、距离远近的方法。发现敌人，军情紧急时，要使烽火上下晃动，随后以五种不同的节奏击鼓报告敌人到来，并再度举火报告敌军人数。白天看见敌人时举一烽；敌人入境时举两烽；敌人攻到城外举四烽，擂鼓两次；敌人攻到内城时举五烽，擂鼓三次。夜间则以火代烽，传递情报。《墨子》中记载的情报传递方法显然表达内容更加丰富，不仅包括了敌人数量的信息，而且包括了敌人入侵状态的信息。《六韬》中也记载了与敌人突然遭遇时，士兵以火炬和鼓声进行联络的方法。

驿传，是中国古代国家治理的重要基础设施，也是传递情报的重要手段。商代驿传制度已较发达。当然驿传作为大一统帝国的通信网络，传递情报只是其诸功能之一。除平时根据行政区划、交通要道、边防需要，设置固定驿路外，还根据战争需要，设置临时驿路。驿站不仅设于陆路，也同时设置于水路。秦代就已形成了世界上最早的驿传网络。成吉思汗时，更形成了横跨亚、欧大陆的驿传网络。到了近代，驿传这一通信方式才衰落下去。驿传在中国古代是一种较为可靠，广泛使用的通信方式，也是主要的情报传递方式。中央政权尤其依靠驿传，及时地了解边境情报，指导边境的军事、情报活动。

在古代间谍战中，间谍们身上带着裹在蜡丸里的密信，四处奔波。蜡丸是古代间谍通讯中很常用的东西。把密信封在蜡丸中，不仅便于夹带，而且在途中经过山川险阻时也不易被损坏，在间谍不得不从水中潜入城时尤其如此。为防止被搜出，间谍们有时把蜡丸缝在衣服里，甚至藏在身体内。蜡丸一直被间谍们使用到清朝。

为了传递情报，间谍们挖空心思。东晋末年，权臣桓玄、殷仲堪、庾楷、王恭等人密谋对抗王室。殷仲堪把密信写在绢上，藏在箭杆中，然后漆好。信送到王恭手中后，由于绢在抽出时已变散了，无法辨别是否殷仲堪亲笔所写，此信又经庾楷转送，使王恭大起疑心。

南北朝时，刘宋政权晚期大权落在权臣萧道成手中。另一大臣沈攸之不服，准备起兵反抗萧道成。有一天一个自称是刘宋朝廷的人来到沈攸之处，这人宣称带来了太后的密旨。密旨藏在一支大蜡烛中。沈攸之剖开蜡烛，果然看到了太后手令。于是以此为依据发兵进攻萧道成。

间谍们有时还将情报藏在头发里、腰带里，有的干脆写在衣服上或缝在衣服里。总之,技术手段落后的古代,间谍们在传递情报时是竭尽所能了。

古代间谍还用涂写暗号,作为联络方式。公元 1087 年吐蕃首领青宜结鬼章攻下了洮州,谋划偷袭岷州,先派人以白粉涂蕃塔为联络暗号,联络宋境内的吐蕃部众。但是被宋岷州守将种谊识破,因而采取主动,奇袭洮州,生擒青宜结鬼章。

第二节　地道与夹壁墙

《韩非子》中记载着这样一个故事:著名游士犀首到了秦国,受到秦王的重视。这引起了秦将樗里疾的不安。他唯恐犀首会取而代之,决心设计赶走犀首。他在秦王与犀首密议军国大计的宫室下面挖了一个地道,秘密窃听秦王与犀首的谈话。秦王对犀首说:"我想进攻韩国,您看如何?"犀首回答:"秋天就可出兵了。"秦王郑重地说:"我想把这件关系国家命运的大事托付给您,千万不可泄露出去!"犀首也严肃地说:"谨遵大王命令。"樗里疾听到这件机密大事后,故意散布得举国皆知。秦王震怒,召樗里疾来问:"外面风言风语地传着伐韩之事,是从何处泄露的?"樗里疾乘机把责任推到了犀首身上。秦王觉得樗里疾讲得有道理,因为此事只有他与犀首两人知道,就派人去叫犀首,可犀首已经逃走了。

这一故事可能含有虚构成分,但毕竟反映出战国时人们已经找到了挖地道从事窃听的办法。这一点还有《墨子》一书为证。在《墨子·备穴篇》中,不仅讲到敌人挖地道攻城的危险,而且详细讲了如何防止敌人从地道中进攻的办法,其中包括挖井来侦听敌人挖地道活动的方法。表明当时人们挖地道已是一种十分常见的军事、情报活动。

除地道外,人们在间谍活动中还充分利用了夹壁墙。夹壁墙不仅用来作为间谍藏身之所,而且用做刺客藏身行刺之处。公元前 199 年,汉高帝刘邦征讨韩王信余党于东垣,经过柏人这个地方。赵王张敖的门客贯高等人,埋伏刺客于馆舍夹壁墙中,企图行刺刘邦。刘邦觉得"柏人"此地名不吉利,没有在柏人留宿,这才幸免遇刺。

第三节　笔墨纸张

中国的文字不仅以其悠久的历史，而且以其独特的结构闻名于世。汉字形体的构造有"六书"之说，即象形、会意、转注、指事、假借、形声。关于"六书"有不同的说法，笔者认为许慎在《说文解字》中的提法，更为确切地反映了汉字结构的特点，由于中国方块字的特点，使中国的书法艺术蔚为大观。书法成了最具个性，在中国古代最为士大夫所欣赏的艺术。中国方块字的特点和书法艺术的发展，不仅给中国文化带来极大影响，也给中国古代间谍活动极大影响。

通过模仿、伪造敌人书信，大做文章的时代，应当始于三国。三国时代，从技术手段上看，纸已大量运用于书写文章、命令。在动荡年代，经常以文字形式传递文件、书信已成为可能。而在以竹简为主要书写材料时，这是不可能的。其次，三国时代，书法渐趋于个性化，这又使模仿与伪造者必须精于此道才行。

三国时魏国的青年才俊钟会就是这么一个善于模仿别人手迹的人。钟会是三国时大书法家钟繇的小儿子，承其家学，写得一手好字。钟会曾模仿其亲戚荀勖手迹，骗取了他的宝剑（宝剑存放在他人之处）。钟会当了大官后，自然将这一本事用在官场尔虞我诈上。攻蜀之时，钟会、邓艾分统两路大军。钟会在剑阁拦截了邓艾上奏司马昭的表章。他模仿邓艾的笔迹，改写了奏章，改写后的奏章多傲慢自大之词。这为日后司马昭下令除掉邓艾埋下了伏笔。不仅如此，钟会还擅自扣留了司马昭给邓艾的书信，模仿司马昭的笔迹写了刺激邓艾产生怀疑的书信，派人送给邓艾。钟、邓之争及灭亡，已在前面讲了，此处不再多讲。

三国时负责魏国机要文件起草的魏中书监刘放，也善于模仿别人笔迹。魏国曾截获了孙权与诸葛亮相约攻魏的书信。刘放模仿信中笔迹，改写成一封孙权致魏国乞求投降的信。然后命人用原来的信封封好，送给诸葛亮。诸葛亮看到此信，疑心大起，把信誊写后送给孙权。孙权再三辩解，但双方伐魏之事因此告吹。

南北朝时，东魏将领段琛、尧杰以宜阳为据点，派阳州刺史牛道恒引诱西魏边境居民，制造麻烦。西魏名将韦叔裕决心除掉牛道恒。他在东魏有一个颇有效率的间谍网。通过间谍，他弄到了牛道恒的手迹。韦叔裕找了一个善于模仿别人笔迹的人，命他模仿牛道恒笔迹，伪造了一封牛道恒致韦叔裕的信。信中流露出想投降西魏的意思。最后韦叔裕又来了画龙点睛的一笔，把这封信弄成被火烧过但又未全部烧毁的样子。韦叔裕命间谍设法将此信送入段琛军营。段琛看了这封信，当然对牛道恒不再信任，对他的建议也一律不予采纳。韦叔裕知道离间计已经生效，就突然出兵，擒住了牛道恒、段琛。边境平静下来了。

西魏权臣宇文泰（北周奠基人，后被尊为太祖文皇帝）要征讨不依附他的侯莫陈悦。但此时宇文泰名义上还要听西魏皇帝的命令。有些大臣并不听他的话。但这难不倒宇文泰。他手下有一名叫冀俊的大书法家，精于模仿别人手迹。宇文泰想利用将领费也头的力量去平侯莫陈悦，就让冀俊伪造西魏皇帝的敕书，调费也头带兵与其一起出征。冀俊还真有一手，他模仿起草敕书人的笔迹写了一道敕书，并按照敕书的模式进行填写。这道敕书到达费也头手中时，费也头刚好在不久前收到一道真正的敕书，两道敕书的模式、笔迹一模一样。费也头信之不疑，立即带兵听从宇文泰的指挥。冀俊因为经常从事此类机密大事，后来当了北周的大官。

中国古代间谍战中，人们不仅在笔迹上大做文章，甚至连书信中的一个墨点，也可能传达了某种信息。东魏大将侯景为人狡猾多智，而且野心勃勃。东魏末期，实权已落入大丞相高欢手中。高欢对侯景既有戒心，又要加以利用。高欢命侯景出镇河南，侯景在向高欢告辞时说："现在我握兵在外，如果有奸人在内生变，无法知道。请大王赐臣书信时，有别于他人。"高欢也正要利用侯景来镇压朝中大臣，因此双方约定：高欢写给侯景的信，一律在信纸的背面加上一个小墨点。如无此墨点，即为伪造。这一秘密连高欢的儿子都不知道。

高欢病重时，其子高澄恐高欢死后侯景难制，想将其召入京师，干掉他。高澄命人模仿高欢笔迹写信给侯景。侯景看到信纸背后没有小墨点，于是托故不入京。侯景镇守河南时间很长，这时干脆拥兵自重。高欢看到高澄面色不快，才知道此事，但也只好说："侯景专制河南十四年，常有飞扬跋扈之志，只有我能豢养他，岂是你能驾驭的！"高欢对高澄布置了后事，不久就死了。侯景果然叛变了。

有了伪造、仿造笔迹的间谍手段，其相对立的防止伪造、仿造的措施也随之产生。中国文字的书写方法除了在书法中常用的真、草、篆、隶之外，还有许多。在段成式《酉阳杂俎》一书记载的悬针书、垂露书等，达数十种之多。其中的虎爪书被朝廷正式指定为诏书、奏折用字体，"为不可学，以防诈伪"。此外"诰下用偃波书。谢章诏极用蝌蚪书。节信用鸟书"。不只书信，印中也极尽复杂之能事，以防伪造。今天人们在研究书法史时，常常把这些东西作为"蛇足"、"恶书"来批判，其实当时自有其实用功能在。在文化不发达、识字者不多的古代，这些措施的防伪造、防仿造功能不可轻视。

第四节　驴耳朵与树枝

古代技术手段极为原始。这使核查派到敌人那边去侦察的间谍报告的情报，成为十分困难的事情。如果这名间谍根本没去，却信口雌黄地胡说一通，那将是十分危险的事。针对这个问题，间谍的使用者想出了各种办法。

侯景叛变后，投降了江南的萧梁政权。不久，侯景又率部发动叛乱。这次叛乱矛头直指萧梁政权都城建康。侯景率军未渡长江前，梁武帝萧衍派了太子家令王质率军三千人防守江边，但很快又将其调走了。因为朝中有人认为侯景不会渡江。侯景听到梁军撤退的消息，简直不敢相信，就派间谍前往侦察。他对间谍交代："王质如果真的撤军，折江东树枝为验。"这名间谍渡江侦察一番后，真的折了江东的树枝回来，表明自己的确去过对岸了。侯景据此渡江，很快攻占了建康。侯景派间谍折的是何种树枝不得而知。大概是一种江东特有的树枝吧。

北魏大将司马楚之率军督运粮草。此时镇北将军封沓叛逃到经常侵犯北魏边境的柔然那里去了。他劝柔然袭击司马楚之率领的督运粮草的部队。一天，军中有人向司马楚之报告，有一只驴突然耳朵没了。诸将都丈二和尚摸不着头脑。司马楚之说："这必定是敌人派间谍潜入营中侦察，割驴耳回去让其主将检验了。敌人马上就要到了。要尽快做好防御敌人进攻的准备。"当时已是地冻天寒。司马楚之命人伐柳树做成城墙，上面再泼水成冰。城刚做好，柔然骑兵到了。敌骑看到魏军有备，冰城坚滑不可攻，只好撤走了。

中国古代类似的验证间谍活动的办法很多，这里就不一一列举了。总之，为了验证间谍的活动，用间之人总要让间谍在所活动的地区做出某些暗号或记号。这样做实属无奈之举，如果被对方发现了，反而会使对方提高警惕，有所准备。

第五节　画像与绘图

　　现代间谍可以用各种摄影机把看到的东西拍下来。运行在高空的间谍卫星则更是肆无忌惮地拍摄着它看到的一切。古代的间谍可没这么方便，但他们仍设法用笔去画像与绘图，把他们侦察到的情报形象地记录下来。

　　南唐大臣韩熙载颇有才干，为人不拘小节，经常和一些文人做长夜之饮，家中广蓄歌伎、姬妾，因此在朝中颇招物议。南唐后主李煜很想重用他，但又担心他为人过于放浪形骸，耽误大事，于是派了一名画工潜入韩熙载宅中刺探其平日生活。韩熙载本不拘泥于礼法，平日与文人混在一起不分上下，其歌伎、姬妾、门生、宾客在家中任意出入。画工很容易混到了韩熙载府中。当天晚上，韩熙载举行夜宴，其豪华、热闹景象颇有"笙歌归院落，灯火下楼台"的气魄。画工躲在一个地方，把韩熙载夜宴的情形一一画了下来。其作画之逼真，连府中贵妇逗弄的小狗身上佩戴着红系带都画了下来。李煜看了这幅画，只好长叹一声，放弃了重用韩熙载的念头，并将韩熙载贬为地方官。

　　这次侦察活动为后世留下了题为"韩熙载夜宴图"的不朽艺术杰作。

　　朱元璋对臣下监视甚严。有一次他派出的画工献上一幅偷偷画的大臣宋讷的画像。朱元璋看画上的宋讷好像在生气的样子，第二天见了宋讷就问他："昨天为何发怒？"宋讷大惊失色赶忙奏道："昨天门生到家里做客，打碎了茶杯。都是我平日教导不周，所以发怒。陛下如何知道的呢？"朱元璋向他展示了画工的画，宋讷顿首谢罪，这才免去了麻烦。

　　派间谍潜入敌占区绘制地图，前面已讲过多次。这里想讲讲宋代大科学家沈括绘制敌人地图的事。

　　沈括（公元1031—1095年）被人称为"当时百科全书式"的人物。他写的《梦溪笔谈》一书，在我国科技发展史上占有重要地位。正因为沈括是个科学家，所以其绘制地图也有突出表现。

　　公元1075年三月，辽国派肖禧出使宋国，办理与宋国的领土之争。辽国使者坚持河东黄嵬这块地方应属于辽国。北宋的谈判代表韩缜与之辩论到半夜，没有结果。宋神宗不得不派沈括为谈判代表。沈括在谈判前先到枢密院查看了过去的档案文件，发现过去双方议定以古长城为界，而黄嵬山距长城尚有三十里的距离，无疑是宋国辖地。沈括根据文件绘成图，质问辽国使节。辽国使节无言以对。宋朝派沈括出使辽国，继续谈判那块有争议的辖地。这次出使前，沈括命自己手下的人把他从枢密院找出的有关文件背熟。辽国派丞相杨益戒与沈括谈判。杨益戒每提出一个问题，沈括手下的人就应声而答。杨益戒理屈词穷，只好对沈括说："不要因为区区数里之地，搞坏了两国关系。"沈括答道："如果北朝（辽国）背弃先君（前几任辽国皇帝）的信约，只靠实力而驱使百姓，这不是我朝的不利。"前后六次谈判，由于沈括据理力争，辽国不得不同意黄嵬之地为宋朝所有。双方达成协议，并明确划定了宋、辽分界。

沈括在返国途中，把辽国的山川险易迂直，各地风俗及人情之向背，绘制成"使契丹图"。沈括把这张图上奏宋神宗，因出使及绘图有功，沈括被任命为翰林学士。

沈括在记述自己出使及绘制辽国地图的情形时说："予奉使按边，始为木图写其山川道路。其初遍履山川，旋以麦面糊木屑写其形势于木案上。未几寒冻，木屑不可为，则以木刻上之。上召辅臣同观，诏边州皆为木图，藏于府内。"沈括之出使辽国，用心之深于此可见。

大科学家身手毕竟不凡。他绘制的是一幅有立体感，对辽国山川一目了然，具有某种沙盘性质的木图。这在我国地图绘制史上也是值得予以记述的。

另外，沈括所绘制的显然不是一般地理形势图，而是包括当今所称为经济地理、政治地理、军事地理诸因素的一张地图。这种地图的战略价值是显而易见的，所以宋朝才予以推广。情报工作，在中国古代促进了地理学及地图绘制技术的发展。

第六节　隐语·符·密码

在中国古代间谍战中，间谍们在传递情报时，除面对情报的物质载体的传递问题外，还面对着情报的信息形态如何加以保密，以防万一被敌人获得后，掌握情报中的机密的问题。

中国古代间谍战在这方面最初的探索是隐语与各类符。

所谓"隐语"，是在军事、情报通讯中，用双方约定好的事物或语言来掩盖真正所要表达的意思。隐语可分为口头隐语、书面隐语、实物隐语、人体隐语等几种形式。

隐语在春秋时就已出现。《史记·滑稽列传》载"齐威王之时喜隐",就是指的隐语。他的弄臣淳于髡以隐语来刺激他,使他振奋起来。可见此时隐语使用已十分普遍,并成为一种游戏。

公元697年年初,突厥军带着被俘的唐将许钦明进犯灵州。许钦明在灵州城下对城上唐军大喊,"求美酱、粱米及墨"。这实际上是一个口头隐语,意思是要城中选良将引精兵秘密偷袭突厥等。可惜这一隐语是许钦明急中生智想出来的,城上唐军无人会意,坐失了良机。

清朝反清秘密帮派洪门(即天地会、三合会),组织严密,长期处于地下状态,因而以秘密方式联络会众,成为十分重要的问题。"隐语"这一秘密通讯方式被洪门发挥到极致,各种形式的隐语都被洪门所用。以口头隐语为例,洪门对日常生活用品、食物、人物都有自己的一套叫法,略举一二:猪肉叫白爪。青菜叫青苗。牛肉叫大菜。谷米叫洪沙。酒杯叫连米。筷子叫双铜。雨伞叫独脚。纸扇叫清风。和尚叫念三。截路叫打鹧鸪。官府叫对头。官兵叫猛风。外人或官差叫风仔。此外洪帮弟兄在见面时,都有一套联络的诗句,也是一种口头隐语,不过更为复杂罢了。

北宋大臣徐休复,上奏皇帝,攻击他的政敌王延范"私养术士,厚待过客,抚部下吏有恩,发书与故人韦务升作隐语,侦朝廷事"。此处指的隐语,即为书面隐语。需要说明的是,徐对王蓄意攻击,王延范在信中未必敢"侦朝廷事",但可能用隐语谈了一些官场的事。可见隐语应用已较为广泛。

清初,嘉定城百姓反抗清军暴行,拒城死守。清军包围了嘉定。嘉定城中军民尽管浴血奋战,但毕竟无力回天。就在城将破之际,城中军民抓到一个奸细。他的衣领中藏有书信一封。信上写有诗谜一首,有"女墙无处不栖鸾"一句。城中军民猜测此诗可能表示城中某处有内应,于是在城的东西南北各设层台一座,加强了防守。

洪门在其徒众相互联络,识别时也大量应用了书面隐语。洪门在书面隐语中创造出许多只有在会徒众才能理解的字。如以三八二十一代表洪字;"三青"写作三月,表示"清"无主。洪门会众有识别之腰牌。腰牌以八角形文字居中,文字组合认读有多种方法,或其中一句颠倒其文字,或各句互相错综,或组成回旋诗的形式,花样繁多,外人很难辨别。

明朝时宁王朱宸濠图谋造反,江西左布政使张嵂不买他的账。宁王朱宸濠想拓宽王府，遭到张嵂拒绝。朱宸濠十分生气，派人给张嵂送去一盒"礼物"。张嵂打开盒子一看，里面放的是枣、梨、姜、芥四样东西。四样东西的名称连在一起念，与"早离疆界"四字谐音。张嵂知道这是朱宸濠在赶他卷铺盖走路。后来张嵂被朝廷调走，才免于一死。朱宸濠之隐语，当属实物隐语。这是下了一番功夫的。以这种方式警告地方官，既可以起到威吓作用，又不留痕迹。因为四样东西可以解释成一种无意的巧合，便于加以否认。张嵂如果自己把这四样东西的含义予以阐发，又难免"罗织"之嫌。朱宸濠在与人通信中还使用了书面隐语。

南北朝时，刘宋政权的权臣萧道成准备夺权，另一大臣沈攸之不服。为了摸清沈攸之的态度，萧道成让依附于他的雍州刺史张敬儿去打探沈攸之动向。张敬儿与沈攸之手下司马刘攘兵私交甚好，他就秘密派人去刘攘兵处打听消息。刘攘兵对来人没讲任何要紧的事，只托来人带马蹬一只，送给张敬儿。张敬儿收到马蹬后，悟出沈攸之正在调集军马，准备进攻萧道成。于是张敬儿赶紧做好了应变的准备。

洪门的实物隐语更是登峰造极。洪门专门有"茶阵"。"茶阵"就是把茶壶、茶杯、筷子、扇子摆成不同的形状，杯中盛的茶也有多少、有无之别，用来表示不同的意思。"茶阵"配以会中联络的各类诗歌，使洪门徒众互相联系，成为一种很复杂的过程。

此外洪门还创造出了十分复杂的人体隐语。人体隐语通过人的坐、蹲、站、立，并辅以手脚的不同动作，来表示洪门徒众所属的分支机构。洪门徒众在以人体隐语联络时，创造出了一种手语。原始人类最初是用手来传达多种信息的。一双手十个手指头，在聋哑人的灵活使用下，可以完全满足其社会人际交往的需要。因此手语是人体隐语中有着无限发展的一个方面。洪门徒众也以一双手十个手指头，发展了一种徒众间相互联系的隐语。如洪门徒众可以用双手比画出"国泰民安"、"天"、"地"、"人"等词、字。洪门徒众的隐语还可以在手中拿着不同的东西，如茶杯、纸盒等，配合手指的不同动作，表示丰富的含义。洪门徒众在使用人体隐语时，还以身穿不同衣服，及不同衣服的不同穿法，来表示一定的含义。这样便于在大庭广众场合的联系。

隐语颇类中国文化中的谜语。两者用途不同，但在发挥汉语文字的特点上是一致的。隐语中的实物隐语、人体隐语则与哑谜相似。

符，《说文解字》解为"信也，汉制以竹长六寸，分而相合"。符最早用于人类最初的通讯、组织等活动。1924 年发表的一篇实地考察苗民的文章中写道："苗民有事，一以公意决之，故事必会议，议必实行。……其召集之法，由苗头（众所选举）砍木刻，使人传示区内各寨，急者加枯炭鸡毛，又急者加辣椒火绳，尤急者烧之使燃。苗瑶睹此，立即奔走骇汗，齐赴会场，莫或敢后焉。"这反映出尚存的先民遗风。

符，由一般社会应用转向用于间谍活动是很自然的。春秋、战国时，符已大量应用于军事、情报活动，其式样也多起来。用来调遣兵力，指挥战争的是虎符。虎符制作精巧。在冶炼技术不甚发达的春秋、战国时，普通百姓是伪造不了的。有些虎符在脊背、颌下刻有错金文字，文字在虎符合拢后方可认读。虎符由将帅、君主分别掌握。在虎符内侧还有凸出的子榫，只有真正是一副的虎符才能分毫不差地合拢。这更增加了伪造的难度。正因为如此，手下人才济济的信陵君，为了盗窃虎符才花了那么大力气，甚至不惜流血。虎符上的文字根据君主授权、部队建制、驻地用途而有所不同。平时一半留在宫中，另一半在驻军统帅手中。传达国君命令时，使者持另一半符前往，合符后将领才受命。

有意思的是这类虎符，在过去彝族各部落中也存在。各部落的使者往来持"虎节"，用木头雕成虎状，长约七寸八分，称为"斯洛莫"。"斯"是木头，"洛莫"是母虎，合起来是木母虎。木母虎用于求援或宣战。彝族崇拜母虎图腾。《周礼·秋官》载："达天下之六节，山国用虎节"，这两者间有什么联系，值得有兴趣的人进一步研究。

除虎符外还有用于水路运输用的符节。1957 年于安徽寿县出土的"鄂君启金节"，就是楚怀王赐给一位名叫启的鄂地封君的特许证，特许这位鄂君启的 150 艘船在长江、汉水、湘江、资江等江河上行船经商。符的使用已超出其原始阶段，所传递的信息量增加了。汉代调动水军也用虎符。

《战国纵横家书》载："燕使蔡乌股符胠璧，奸（间）赵入秦。"燕国间谍使者蔡乌把作为联络信物的符绑在大腿上，把玉璧藏在腋下，潜入秦国。玉璧何用？唐人段成式撰《酉阳杂俎》一书中的一条史料，或可透露此中消息。"古者平安用璧，兴事用圭，成功用璋，边成用珩，占斗用璩，城围用环。"用玉制成的各种器物被赋予了不同的信息含义。蔡乌持玉璧入秦，只要将玉璧交给联络人，其义自明。

《墨子》中记载着把符作为出入城门的通行证，并指出战时尤其要注意查验。

　　符、节有密切关系，但又有区别。沈括认为："古之节如今之虎符，其用则有圭璋龙虎之别。"这与段成式的说法相一致。但后来符以联络功能居主，节则主要表示皇帝的授权。二者在形式上有时很难分别，但在功能上是清楚的。

　　符的形式及运用，在《六韬》一书中更为复杂了。《六韬》中明确提出，为了军事行动中能进行保密通讯，要用阴符。君主与统军将帅间使用的阴符共八种："大胜克敌之符，长一尺；破军擒将之符，长九寸；降城得邑之符，长八寸；却敌报远之符，长七寸；警众坚守之符，长六寸；请粮益兵之符，长五寸；败军亡将之符，长四寸；失利亡士之符，长三寸。诸奉使行符，稽留者，若符事泄，闻者、告者皆诛之。"这八种符所表示的内容基本上包括了古代用兵打仗时可能出现的主要情况，并为符的使用规定了严格的保密制度。《六韬》中认为，这种通讯方式可以互通消息，又可避免语言传达容易泄密的缺点。这种阴符看来是在符的外形上做文章，通过不同长度的符来传达较为丰富的信息。双方对符的辨识早有约定，因此符上不必另写文字，保密程度自然提高了。但由于仅此几种，久而久之负责传送的人自然能猜出个大概，因此又为之规定了严厉的制裁措施。

　　符的使用，在中国一直沿用到清代。符的形式也发展成多种多样。如北宋军中联络用信牌，后来为防止敌人假冒，用铜钱为符。前线将领与君主间各持一半破钱，传达命令者需合上破钱，才能传达命令。南宋时调军也用信牌。皇帝调兵时用金牌。岳飞被金牌召回，是尽人皆知的事。明代驿传极为发达，不少达官显贵假公济私，免费享受驿传之便。为了控制这一现象的蔓延，明朝把符牌分为"温良恭俭让"五字。分别供不同公务的人出差之用。另有"火牌专供兵部走探军情与边镇飞报，亦分内、外、换三字以清楚之"。后来符牌又变为大小勘合，以五字编号。大勘合供文武大吏、皇室用，小勘合供小吏用，为防任意渔利，小勘合上写有明确的享受马匹、人夫数目。明代还有一种鱼形符，做调兵之用。此外符还有令箭等形式。汉代还有帛制符券称为军绣。军士出入边卡，"关吏予军繻"，"裂繻头合以为符信"。

　　尽管如此，古人认为单凭符仍不能完全解决军事、情报活动中的通讯问题。因为其容纳信息量有限，而且是模糊不清的定性信息。为此，在同一本书中载有"阴书"一节。"阴书",实际上是在把隐语与阴符结合起来的思路上顺理成章地产生的。《六韬》(阴书第二十五)中明确提出"主将欲合兵行无穷之变,图不测之利,其事烦多,符不能明,相去辽远,言语不通"的情况下,"诸有阴事大虑当用书不用符"。"主以书遣将,将以书问主,书皆一合而再离,三发而一知。再离者分书为三部。三发而一知者,言三人,人操一分,相参而不相知情也,此谓阴书。"这种阴书写好后分成三部分,由三个人分别携带,送往军中或朝廷。将领或君主把收到的三部分再合而为一,方能看出全部内容。而送信的人却弄不清楚送的是什么信。保密性增强了。阴书是通往简易密码通讯方式的过渡形式。然而这一过渡在中国经历了很长时间。

《六韬》据传是太公望(姜子牙)所著,这是明显的后人假托。但此书成书年代不会晚于秦末汉初,很有可能和其他几部兵书一样,是自春秋、战国到西汉初年,经人改写、增删而成的。书中关于阴符、阴书的论述,是对历次战争中的军事、情报通讯活动的技术总结。所以至少在战国末期至西汉初年,这两种通信手段已得到大量使用。

阴书在中国古代的使用,时有变化。北宋真宗在位时,在与辽军作战中,"因命漆木为牌,长六寸,阔三寸,腹背刻字,而中分之。置凿柄令可合,而又穿二窍容笔墨,其上施纸札。每临阵则分而持之,或传令,则署其言而系军吏之颈,至彼合契,乃署而复命焉。"

中国古代通讯中的密码,有人认为在三国时就已出现了。陈寿在《三国志》中记载了蜀国选举官吏,有的官吏编制作弊符号向考生报信。我认为从密码的诸要素来讲,这类符号只是偶一为之的另一种形式的隐语,不能称为密码。

我国古代最早的密码见于北宋曾公亮编著的一本当时的军事百科全书《武经总要》中。当时北宋与辽国、西夏战争不断,边境上间谍战频繁,这些都使曾公亮忧心忡忡。他指出:"旧法,军中启事,若以文牒往来,须防泄露。以腹心报复,不惟劳烦,亦防人情有时离叛。"为了提高通讯的保密性,他在总结以往通信技术的基础上,提出了一种简单的密码通讯方式。他收集了军中常用的40个短语,如"请弓"、"请箭"、"请固守"、"将士叛"等。关键的一步是,他把每个短语都分别编了号码。四十个短语的号码排列如下:

1. 请弓; 2. 请箭; 3. 请刀; 4. 请甲; 5. 请枪旗; 6. 请锅幕; 7. 请

马；8. 请衣赐；9. 请粮料；10. 请草料；11. 请车牛；12. 请船；13. 请攻城守具；14. 请添兵；15. 请移营；16. 请进军；17. 请退军；18. 请固守；19. 未见军；20. 见贼讫；21. 贼多；22. 贼少；23. 贼相敌；24. 贼添兵；25. 贼移营；26. 贼进兵；27. 贼退军；28. 贼固守；29. 围得贼城；30. 解围城；31. 被贼围；32. 贼围解；33. 战不胜；34. 战大胜；35. 战大捷；36. 将士投降；37. 将士叛；38. 士卒病；39. 都将病；40. 战小胜。汉字代码化，是迈向密码通讯的关键一步。

在 40 个短语进行代码化后，大将率军出征，兵部与其约好以一首 40 字的五言诗为解译密码的密钥，并发给一写有 40 个短语代码排列顺序的密码本（为保密代码顺序可变换）。双方以这种方式进行通讯。为了更好地说明这种通讯方式，试举一例。

如果双方商定以唐人孟浩然《临洞庭》一诗为解译密钥。其诗为："八月湖水平，涵虚混太清。气蒸云梦泽，波撼岳阳城。欲济无舟楫，端居耻圣明。坐观垂钓者，徒有羡鱼情。"大将在战斗中急需补充兵力，从密码本中查出"请添兵"的代码为"14"，诗中第十四字为"梦"字，于是这位大将就将"梦"字混写入一普通公文，不过在"梦"字上加盖印章。兵部收到公文后，对"梦"字在诗中的顺序进行查询，找出"14"后，对照密码本查出是"请添兵"，于是就可以向大将处增调援军了。曾公亮的这一密码通讯方式的确是别出心裁，在当时世界上处于领先地位，为汉字这种表意文字密码化取得了突破性进展。但是此后一直到近代，汉字密码化再未有太大发展，的确是一个令人困惑的问题。

清朝康熙年间，传教士东来，南怀仁等著名传教士出入宫廷，为康熙讲解天文学、几何学等西方科学。传教士的影响也波及康熙诸子。康熙晚年，诸子对帝位之争白热化。九子胤禟、八子胤禩、十四子胤禵等与四子胤禛（即雍正帝）间进行着激烈的帝位之争。后来雍正取得了胜利。雍正上台后，公元 1726 年年初，发现了胤禟手下的人用西洋字母组成密码写给胤禟的密信。雍正命人持信去质问胤禟之子弘旸。弘旸说："这是胤禟所造的字。"此时胤禟已被流放西宁，与他一起遭放逐的还有教他学拉丁文的葡萄牙传教士若奥·莫朗。这种西洋字母组成的密码大约是在若奥·莫朗协助下搞出来的。雍正以此为借口将胤禟开除出皇族，从西宁逮回北京囚禁。

这里顺便讲讲现代意义上的密码为什么一直未在中国出现呢？除中国

表意文字的束缚外，还有什么别的原因呢？中国的数学在宋、元时代曾在世界上居于领先地位，其后的发展与密码的演进却十分不协调。中国古代《易经》中的二进制被视为启迪了电子计算机出现的一个思想源头。值得提出的是，中国古代数学实用性较强，常常是围绕某一具体问题发展的。那么问题何在呢？笔者这里提出三点"猜想"。

其一是中国文、武官分置，出身途径越到后来越截然分开。由科举制度造成的文、武官员知识构成极端分化，阻碍了对密码需求的认识及对密码的进一步发展。少数几个文人数学家对军事、情报这一层次上的问题无从接触，当然也谈不上研究。

其二是中国在近代以前，作战对象主要为周边国家。对内主要是地主阶级之间各派势力以及地主与农民之间的斗争。这些斗争并不能提供改进密码手段的外部刺激。因为汉字本身就够复杂了，再略施分解、组合等变化，就足以满足军事、情报斗争中保密的需要。

其三在我国古代数学发展进程中，未能及时采用大约于13世纪传入中国的阿拉伯数字，这一情况使中国古代数学发展受到严重阻碍，也阻止了汉字形式的原始密码向现代意义上的密码发展。由汉字密码向数码密码转换，中间还隔着一个汉字拼音化的中介。宋元数学发展到一个高峰，其后出现了突然下降，后劲不足的现象。这与明代算盘大量使用代替了我国古老的符号体系"算筹"有关。算盘是更为专门化的运算工具，从此中国广泛的数学应用是与算盘连在一起的。这样也阻止了数学向密码的靠拢。面对重重阻滞，难怪原始的汉字密码迟迟不能向现代意义上的密码转化。间谍技术的发展也必须置于世界文化交流的大潮之中。

据考，密码一词最早见于明代蒋一葵所著《尧山堂外记》一书。

第二章 中国古代的间谍（特务）组织

第一节 间谍（特务）组织的萌芽

周王朝为统治民众，监视诸侯国的需要，派"行人振木铎行于路以采诗，献之太师，比其音律，以闻于天子"。这种采诗活动的情报意义已在前面进行了分析，这里不再多说。但是这些"行人"，应当说是以采诗为掩护，或至少可以说是有双重任务的间谍。周王室负责这些"行人"的机构应当说是兼有间谍组织性质的，当然并非专业间谍组织。

春秋、战国时间谍活动频繁，在《左传》中多处记载了"谍"的活动。记载间谍组织的书也出现了。《周礼》中记载："士师"的首要职责就是刺探情报。《六韬》（王翼第十八）中系统地显示了一个军事指挥部的构成。其中设有"耳目七人。主往来听言视变，览四方之事军中之情"，"羽翼四人。主扬名誉，震远方，摇动四境，以弱敌心"；"游士八人。主伺奸候变，开阖人情，观敌之意，以为间谍"。这是三个从不同角度进行间谍活动的组织，但统一由主帅管辖。这反映出当时已有从军事、情报需要出发，既统一指挥，又有适当分工的间谍组织。

《周礼》一书，记载了春秋、战国时的史料。《六韬》一书某种程度上也记载了春秋、战国时的史实。两书中的记载反映了春秋、战国间的间谍组织设置的某些情况。

另外，春秋末期开始，游士纵横，养士之风一直持续到战国末年。战国"四公子"的门客集团，也可以看作某种某程度上具有间谍组织性质的集团。

《周礼·秋官》中记载：司隶，掌捕盗。为维持治安，兼搞地方上的治安情报也是理所当然的。

中国古代间谍（特务）组织的设置，基本上是按照萌芽时期的四种倾向发展起来的。其一为类似"行人"的历代监察机构。这类监察机构，一般地说在政府中占有正式的一席之地，是政府机构一部分，但直接对皇帝负责，得以"风闻言事"，成为皇帝督责臣下的耳目，牵制各级地方政府、地方官吏的工具。这类监察机构主要是对内搜集情报的，具有"兼营"性质。其二为军事情报机构。这类机构类似《周礼》、《六韬》中的组织，专门进行对内、对外间谍活动。其三是依附于皇帝或分裂势力、割据势力、权臣的间谍组织。这类间谍组织是从事间谍活动的"专营"集团，类似战国"四公子"的间谍组织。其四是负责治安的机构在其管辖范围内也兼管治安地区的情报。这一类机构大多存在于京师及地方基层政权中。中国古代长期存在的"保甲"组织，就是这类机构的神经末梢。

在中国古代社会，这几类组织的职能常常随着君主个人的意愿以及施政重点，变得模糊不清。但是维护皇权，维护统治阶级利益，进行对内、对外战争，维持社会治安，则是中国古代间谍组织的几项基本功能。

此外，中国古代间谍活动，尤其是天下大乱之际高层次的间谍活动，在很大程度上是由各种势力的最高决策者或主要将帅、谋士来操作、指挥的，存在着一定的、相对的固定组织形态，但组织上并无定制。在出现南北对抗或长城内外对抗时，边境将帅也可以建立相对比较固定的间谍组织，但是组织上同样无一定之规，可以由边境将帅自己根据当时的情况，以及掌握的资源决定。例如，北宋与吐蕃对峙时，由于僧人在吐蕃地位甚高，可以自由往来，因此宋边将长期依靠吐蕃僧人，侦察边境情报，达十余年之久。而在河北地区，则又是另一种形态的间谍组织了。[①] 这是我想顺便提请读者注意的。本章中，我们主要注重于对"专营"的间谍、特务组织的分析。

第二节 秦、两汉、三国的间谍（特务）组织

秦祚甚短，其留给人们可以分析的东西相对较少。秦朝设有中尉一职，负责京师治安，巡察京师盗贼。另有内史一职，为京师行政、司法、治安长官，自然对京师地方治安情况负有责任。内史与中尉的关系，是分

---

① 见本书有关章节。

工的关系，不过尉更为具体地负责治安事宜罢了，二者都兼有情报职能。

西汉时，汉武帝经常派出"绣衣直指"，"出讨奸猾，治大狱"。"绣衣直指"由侍御史充任，衣服上绣有杖斧，以示威严。"绣衣直指"直接受命于皇帝，出巡地方，调查情况。但是"绣衣直指"并非常设之职，是有很大随意性的，"兼营"调查地方官吏情报的官员。"绣衣直指"还对刘姓诸侯王进行监视。

除"绣衣直指"外，西汉还设有司隶校尉，专门负责京师治安，当然掌握京师一带的情报也在其职责之内。所以司隶校尉"捕巫蛊，督大奸猾"。

西汉时执金吾取代了中尉，掌管京师治安。其与司隶校尉的分工与秦类似。执金吾负责宫廷外的警卫，缉拿奸猾，并在皇帝出行时担任护卫。

汉武帝时，还置刺史十三人巡察地方。刺史当时不过是六百石的官职，后来在东汉逐渐演变成一方大吏。直接对皇帝负责的巡察、监督地方的官吏，往往演化成一方名正言顺的大吏，皇帝又接着搞出另一个直属于自己的"非正式"的、由皇帝直接派出巡察、监督职位，这在中国古代政治制度中是经常发生的现象。直接对皇帝负责的督察地方官吏的机构也往往演变成政府的正式监察机构，本节对这类机构一律不再涉及。

东汉三国基本上延续了西汉的做法，设司隶校尉负责京师治安，刺史巡察地方。但司隶校尉之权有所扩大，对所属郡国的文书、信件有督促、检查之权，管辖范围也大了。

西汉时养士之遗风在诸侯王中仍然存在。西汉初，陈豨任赵相国时，随其出入的宾客达千余人。吴王刘濞、淮南王刘安在造反前也都网罗门客。这些门客集团或为其主出谋划策、打探消息，或为其主行刺中央政权的重要人物，或为其主勾结外部势力。因此可以说是有战国"四公子"门客集团遗风的间谍组织。值得注意的是，此时这类"士"的精神面貌和战略谋划能力虽无法与战国时的"士"相比，但仍慷慨任侠，与后来此类集团中"士"的奴气相比，有很大不同。

值得特别提出的是三国时魏、吴两国的校事组织。

三国时代，有一个引人注意的政治现象，那就是在魏、吴两国出现了名为"校事"的机构。它是为统治者巩固内部，镇压政治上可能出现的反对者而设立的。

三国时代，魏、吴、蜀三个封建政权彼此对峙，攻战不已。由于东汉末年战乱频仍,造成士大夫流离失所,往往兄弟、师生服务于对立的政权。另外,许多地方军阀、地主豪强是带着自己的"部曲"(私人武装)加入其中的某一政权效力的。他们的武装,在其加入某一政权后,往往仍归自己统率,甚至父子相承,兄弟相因。三国时代,将领拥兵抗命的事情屡见不鲜,就与这种情况有关。

三国鼎立之时,黄巾余绪未绝,为了镇压人民的反抗,统治者们也亟须在统治上有新的手段。出于防止敌国渗透,严密控制属下和有效地镇压人民的反抗的需要,"校事"组织应运而生。

曹操首先设立"校事"组织,作为传统监察机构的补充。他大业草创,就面临着蜀、吴两国的威胁,政权内部仍有不少士大夫尊汉室为正统,甚至几次企图发动政变。在这种情况下,为了巩固曹魏政权曹操"置校事卢洪、赵达等使察群下"。

孙权在父兄经营江东的基础上建立了吴国。"性多嫌忌,果于杀戮"的孙权也建立了校事组织。他"信任校事吕壹,壹性苛惨,用法深刻"。

魏、吴两国的校事组织主要有两种职能:一种职能是对各级官吏进行监视。曹魏政权建立之初,曹操下了禁酒令,尚书郎徐邈却私下喝了个大醉。"校事赵达问以曹事,邈曰:'中圣人'"。赵达向曹操报告了此事。多亏度辽将军鲜于辅为之讲情,才得以免刑。宜阳典农刘龟在皇室禁地偷猎,被其部下张京向校事告发,立即下狱。幸亏高柔坚持依法办事,刘龟才得免重刑拷掠。吴国校事在这一点上更甚,吕壹甚至"典校诸官府及州郡文书",陆逊、顾雍等重臣都受其监视。陆逊与潘濬谈起校事,竟至于痛哭流涕。

另一种职能是侦察百姓中有无不利于统治者的事。魏国校事刘慈等在魏文帝黄初初年,数年之间,竟"举吏民奸罪以万数"。校事组织在其成立之初就有着封建社会这类组织的共同特点,即只对君主本人负责,其职责范围并不十分清楚。校事组织发展到后来,如魏国程晓所说:"其后渐蒙见任,复为疾病,转相因仍,莫正其本。遂令上察宫庙,下摄众司,官无局业,职无分限,随意任情,唯心所适。法造于笔端,不依科诏;狱成于门下,不顾复讯。"

魏、吴两国的校事组织从其成立之日起,就与士大夫势力形同水火。高柔曾抨击校事"以憎爱擅作威福,宜检治之"。曹操为平息众怒,不得不杀了赵达等。魏文帝曹丕时,校事更为猖獗,使大官僚们有如芒刺在背之感。嘉平年间,"校事放横",程晓力言废除校事,由此魏国校事才被废除。值得注意的是其时政权已转移到司马氏手中。司马师在随其父司马懿政变前夕,阴养死士三千,散处民间,校事竟未能及时发觉。是司马氏政变前已掌握了校事组织,还是司马懿的韬晦之计瞒过了校事,不得而知。总之,校事组织未能阻止晋兴魏废。校事组织最终被取消,可以看作司马氏上台后,革新政治,收揽人心的政治措施之一。

孙权也杀了吕壹以平息大臣们的不满,但校事仍猖獗如故。孙权死后,权臣诸葛恪曾一度取消了校事。到孙皓时,校事又被恢复了。

魏、吴两国的校事都由出身低微的人担任,被士大夫们视为"小吏",为士大夫们所不齿。因此从整体上看,校事无法与士大夫势力在政治上相抗衡。但是,"小吏"由于自身地位卑贱,难以自成体系,不能不依靠皇权,因此君主又喜好利用这些人。曹操在回答高柔对校事的抨击时说:"要能刺举而办众事,使贤人君子为之,则不能也。昔孙叔通用群盗,良有以也。"他视校事为鹰犬,校事也的确是一种有效的统治工具。

魏、吴两国校事组织的出现标志着中国封建社会向高度君主集权又迈进了一步,它们为封建君主提供了一种可以绕过政府、绕过正规司法体系,为所欲为的手段。校事组织跋扈残苛,但在避免汉末动乱局面重演这一点上,其所起的某些历史作用还是应予肯定的。

第三节 两晋、南北朝的间谍(特务)组织

西晋负责京师治安的是司隶校尉、城门校尉、中尉。晋祚甚短,南渡后东晋政权罢司隶校尉一职,由扬州刺史行使司隶校尉的职权。

刘宋政权设五尉之职负责宫廷和都城治安。

萧齐政权仍以卫尉负责京师治安,"警夜巡昼",宫城的警卫与治安是其工作重心所在。

梁、陈两朝,京师治安也是由卫尉负责的。

北魏负责京师治安的是城门校尉。

北齐设京畿大都督、领军将军检校虞侯事、城门校尉等职负责京师治安。

北周设武环率与武侯率管理京师治安。武环率下大夫二人,其下设武环率上士,武环率下士,依《周礼》建制,掌"巡邦国(京师),搏谍

贼"。另设有司门下大夫，掌管皇城、皇宫的警卫事宜。看来在北周时，首都的警卫与情报、治安是分开的。

两晋、南北朝时，皇帝也经常派出一些大员巡视地方。东晋朝廷建立后，王导派从事顾和等八人到扬州八郡考察。这些人回来后纷纷报告当地长官的为政得失，只有顾和不讲话。王导问他为何无言，他说："您为皇帝辅佐，宁可使大网漏吞舟之鱼，也不要听这些风闻，为政过苛！"王导明白了。中央政权虚弱，难以真正对地方大员予以管束，对地方官的监视往往无实际效果。

刘宋政权时，宋文帝派大使巡行四方，观察地方官员为政得失，访求民隐，探查有无冤狱。

这段历史时期内值得特别提出的是北魏设立的候官。北魏以少数民族入主中原，不仅面临着中原百姓、汉族士族大姓势力的反抗，其内部部落酋长也未完全习惯"定于一尊"的封建集权统治。因此北魏道武帝拓跋珪于公元 404 年九月制定北魏官制时，设立候官之职。

北魏官制，不用汉、曹魏政权之旧称，取法上古龙官、鸟官之类的称呼。"以伺察者为候官，谓之白鹭，取其延颈远望"。这一名称形象地表示出这一职位的行动方式与任务。这是一个专业的间谍、特务机构。公元 458 年，根据需要，北魏又增设内外候官，监视、侦察百官行动，如有过失送有关部门处理。候官在北魏朝廷中的地位与行动的"合法性"大概比三国时的校事更堂而皇之一些，其行动也不致太为所欲为。尽管如此，仍然招致官僚机构和王公大臣的反对。

公元 479 年四月，北魏孝文帝拓跋宏下诏罢候官。他指责候官"重罪受贿，不列轻罪，吹毛发举，宜悉罢之"。从中可以看到候官在朝中无法无天的情况了，同时也可以体会到候官组织与官僚士大夫间存在着尖锐斗争。候官在被北魏孝文帝撤裁时已发展成为有千余人的庞大组织。这一组织显然是直接听命于北魏皇帝，为皇帝个人服务的。候官撤裁后，北魏另设"谨直者数百人"，巡逻街巷，抓捕打架闹事者。史称自候官撤裁，"吏民始得安业"。足见候官之厉害。

魏、晋、南北朝时，政权更迭频繁，在天下大乱之际，各割据势力、集团的首领手下往往有一些出谋划策之辈，此辈人往往同时也为其主子指挥、策划间谍活动。东晋小朝廷先天不足，一直在士族大家的威胁之下，这些形同割据的士族大家往往也有自己的谋臣班子，如东晋权臣王敦手下的钱凤等人，这些人为其出主意，想办法，也直接指挥间谍活动。由于此类集团甚多，又在间谍活动部分涉及了，在这里不再多做分析了。

第四节　隋、唐、五代的间谍（特务）组织

隋朝负责京师治安的是卫尉卿。卫尉卿不仅负责京师、皇城的保卫，而且受理京师的诉讼案件，"纠察不法"。另有左、右武候大将军，具体负责皇帝的警卫工作。他们在皇帝出行时为皇帝"先驱后殿，昼夜巡察"，对沿途"烽火道路、水草"都要仔细予以巡视，以防"奸非"。除此之外还有左、右虞候，这是专门的间谍机构了，但又类似于军事组织建制。左、右虞候"掌斥候"，"伺非常"。看来这一机构也主要是承担皇室的保卫工作的。

所以说左、右虞候是类似军事建制的机构，因为其正式列名于隋代百官之中，其官职全为军事名称，其下属官员与军事机构的下属也完全一样。同时隋朝另有皇帝的间谍机构在。隋文帝在杨广（隋炀帝）、杨素等人挑唆下，对太子杨勇产生猜疑之心，于是从"玄武门达至德门，量置候人，以伺动静"。这时出现的"候人"，即是直接听命于隋文帝的间谍组织。

唐朝负责京师治安和情报的是左、右金吾卫上将军、左、右金吾卫大将军。职责与隋代相仿，负责京师、皇城的保卫工作，对皇帝出巡所经之"烽火、道路、水草"等进行巡视。唐德宗曾命"金吾伺察朝士相过从"。足见其还有监视大臣来往，朝廷内外各种政治势力关系的特务使命。另有左、右翊中郎将，左、右街使，负责京城街道的昼夜巡逻。巡逻分"巡行"、"暗探"两种。

唐代值得一提的间谍、特务机构有武则天任用酷吏索元礼、周兴、来俊臣等人，建立起来的机构。武则天掌握唐朝大权后，知道唐朝宗室、大臣中有不少人对她不满，再加上徐敬业等公开以武力反抗她的统治，武则天"欲诛大臣以威之"，于是建立了她的特务组织。索元礼、周兴、来俊臣等人，"相与私蓄无赖数百人，专以告密为事。欲陷一人辄令数处俱告，事状如一"。这些酷吏在陷被告于重罪后，以酷刑逼供，花样翻新，一旦落入其手凶多吉少。武则天对这些酷吏的恶行十分欣赏，"益宠任之"。武则天在其统治稳固后，把这些酷吏除掉了，用以收揽人心。

唐肃宗李亨在位时，大太监李辅国也建立了自己的间谍（特务）组织——察事。李辅国在"安史之乱"后，拥立李亨，立了大功，因此受到信任。唐肃宗回京后，李辅国掌握了禁军大权，朝廷文件必经他签署后才能发出。文武百官有事上奏肃宗，也必须经李辅国转达。为巩固自己的权力，李辅国在京师置察事数十人，"潜令于人间听察细事，即行推案。有所迫索，诸司无敢拒者"。察事由李辅国控制的禁军中抽人充任。由于察事横行不法，引起唐朝官僚们的不满。公元759年夏四月，宰相李岘上奏唐肃宗，指责李辅国"专权乱政"。李辅国虽然怀恨在心，但仍以退为进，请求解除自己担任的行军司马之职。随着李辅国政治上的这一波折，察事这一组织也寿终正寝了。

唐朝中晚期，出现了藩镇割据的局面。各藩镇手下都有一批网罗到幕中的人才，为之进行策划，从事各种间谍活动。详细情况在"间谍活动"部分已有涉及，此处不再多讲。这里想重点分析藩镇设在京师的间谍机构——进奏院。

唐朝在各藩镇设有监军院，监军使作为朝廷在藩镇的代表，根据不同情况发挥着不同的作用。各藩镇在京师设有进奏院（即驻京办事处），同样根据其与中央关系之不同情况，发挥着不同的作用。进奏院在唐朝藩镇割据之局形成后，成了维系中央政权与地方势力联系的重要渠道。中央的命令通过进奏院传达至藩镇。进奏院除在政治上起着重要作用外，还起着办理交纳本镇上交贡赋、租税等经济上的作用。进奏院一般由各藩镇派其能干的亲信主持，有紧急事情时甚至可以代节度使上奏朝廷。主持进奏院的藩镇代表往往与中央政权的要员相周旋，对中央政权与地方势力间的矛盾、冲突进行磋商、讨价还价。强藩甚至可以通过进奏院支持或反对朝中的某一派别，施加政治压力，操纵政局。在节度使入朝时，进奏院是其落脚之处。藩镇派人进京活动或与其他藩镇在京协调活动，也依托于进奏院。这类进奏院在五代时仍存在。

当然进奏院的一项主要任务是为各藩镇获取情报。进奏院与藩镇间有着迅速、灵活的通信系统，当时人称进奏院"能传万里之音，不坠九霄之命"。有时朝命尚未正式下达，节度使却先知道了命令的内容。

进奏院从事间谍活动主要有以下几种形式：

1. 从公开途径传抄朝廷发布的"报状"，写成"进奏院状报"，报给本镇节度使。此类"进奏院状报"涉及内容极为广泛，是节度使了解朝廷政治、经济、军事乃至皇室动向的主要渠道。

2. 进奏官以收买、拉拢等手段秘密刺探情报。淄青进奏院就曾向本镇密报判官高沐"潜通朝廷"。公元930年九月，四川进奏官苏愿打听到安重诲想发兵进攻西川，马上向孟知祥报告："朝廷欲发大兵讨西川"。这显然是以非法手段获得的秘密情报。

3. 组织间谍从事行刺等破坏活动。具体例子在前面"间谍活动"部分已做了详细论述，这里不再多分析了。从事这类活动时，进奏院往往成为间谍的据点，是以京师为中心进行活动的藩镇间谍的指挥中心。

唐朝末年，天下分崩离析，各地方势力自成局面。西川节度使陈敬瑄在其辖地，"多遣人历县镇诇事，谓之寻事人"。此类"寻事人"，"所至多所求取"。有一次两名"寻事人"到了资阳镇，一反常态，没有索取财物，反而使当地驻军将领谢弘让不安起来。谢弘让邀请二人赴宴，这两人也拒绝前往。谢弘让以为一定是来抓自己的，于是潜逃入"群盗"中。第二天一早，这两名"寻事人"就离开了资阳镇，原来不过是途经此地。可当地的捕盗使杨迁却假戏真唱，把谢弘让从"群盗"中诱出押往成都邀功。陈敬瑄命人将谢弘让以极其残酷的方式处死。由此激起了蜀中以阡能等为首的农民起义。从这件事也可以看出"寻事人"之猖獗。

唐检校司徒、扬州大都督府长史、淮南节度副大使高骈拥兵自重，听信方士之言，好求仙问神，经常与方士"著羽服"、"炼金烧丹"。方士吕用之、诸葛殷、张守一等自称有长生之术，骗取了高骈的宠信。这几个人为了巩固自己的地位，除以厚贿收买高骈左右，侦伺其动静外，还建议高骈设立了"巡察使"这一职务。巡察使由吕用之担任。"募险狯者百余人，纵横间巷间，谓之'察子'。民间呵妻骂子，靡不知之"。吕用之等人以"察子"为工具，"欲夺人货财，掠人妇女，辄诬以叛逆，榜掠取服，杀其人而取之。所破灭者数百家"。高骈集团内部将士离心，"将吏士民虽家居，皆重足屏气"。高骈的土皇帝没当多长时间，就为其部将师铎等所杀。

五代时设有左、右金吾大将军、京城巡检使等职务，负责京师治安及皇城保卫。五代时，王朝更替，帝王多起家于军阀，因此对军队视如生命，多有天子亲率之侍卫亲军。此类侍卫亲军的长官为侍卫亲军马步军都指挥使、侍卫军虞候等。后周时置殿前司，其长官为殿前都点检、副都点检及殿前都指挥使。这类武装力量是直接拱卫皇室的，同时也有监视潜在敌人的作用。这实际上是一种内重外轻的军事、政治、治安布局。后来赵匡胤起家于后周禁军头领，更是把这一布局发挥到极点，这一点是需要在此特别提出的。后面还要进一步分析，为什么一直对京师、皇城的治安、情报机构予以注意的原因所在，尽管这些机构平时在情报方面的职责有限，活动也有限。

五代时值得提出的间谍（特务）组织是后唐庄宗李存勖依靠伶官景进等建立起来的间谍（特务）组织。李存勖善音律，幼年时喜欢演戏，当了皇帝后仍然粉墨登场。这样"伶人多有宠，常侍左右"。伶人中不乏敬新磨一类像东方朔那样以开玩笑形式讽劝帝王的人，但也有不少倚仗皇帝邀宠揽权之人，景进就是这类人的首领。

李存勖称帝不久，伶官的势力就十分强大，"诸伶出入宫掖，侮弄缙绅，群臣愤嫉，莫敢出气。亦反有相附托以希恩泽者。四方藩镇争以货赂结之"。李存勖想了解外面情况，就委托景进负责组织了间谍（特务）组织。景进善于打听街谈巷议等事上奏。李存勖在召见他时，经常命左右撤下，形成"独对"的局面。这样景进就可以从中大做手脚了。凡不利于他的大臣，景进就乘"独对"时尽力攻击之。有些唐军士兵因吃不饱，编造谣言表示不满。这些谣言被伶官侦察到了，上奏李存勖，牵连人甚多，连中书令李嗣源也在其中。由于景进居中用事，朝政日益混乱。公元926年，率军前往镇压魏州兵变的李嗣源在叛变的军队拥戴下反戈相向，攻入开封。李存勖为乱军所杀。李存勖本想利用伶官来巩固自己的统治，没想到却加速了自己的灭亡。难怪欧阳修在《新五代史·伶官传序》中说："及其衰也，数十伶人困之，而身死国灭，为天下笑。夫祸患常积于忽微，而智勇多困于所溺，岂独伶人也哉。"

中国古代帝王们建立的种种间谍（特务）组织，一般来讲都具有与君主关系亲近，直接依附于君主的特点。此类人往往出身卑微，自身无多大社会影响和权力，君主成了其往上爬的唯一阶梯。这类人一旦爬上去，又往往依仗君主权力，作威作福，使朝政陷于紊乱。中国古代越是独裁、昏暗的君主，越是依赖于这类间谍（特务）组织。这在中国古代社会是一个反复出现的政治现象。

五代时，南方的几个割据政权的君主、权臣也建立过类似的组织。割据福建一带的闽，在闽主王昶当政时，就曾"遣使散诣诸州，伺人隐匿"。割据四川的前蜀政权大臣唐文扆乘蜀主王建病重之时，"遣其党内皇城使潘在迎侦察外事"，企图尽去诸大臣。但潘在迎反而向大臣泄了密，唐文宸的阴谋失败了。

五代十国之际，王朝兴替时，权臣或将领总有一个为自己出谋划策，进行间谍活动的小集团，南方小割据政权也有类似组织，前面已有涉及，在这里不再多讲了。

第五节　宋、辽、金、元的间谍（特务）组织

宋代开封府长官（牧尹或权知府）负责京师地方的治安，其职责与历代京师长官相同。南渡以后，临安府的地方长官承担起相同责任。但宋代京师长官的治安、情报方面任务相对减轻。因为真正侦察不法、刺探情报的事情由另一个机构承担起来了，这就是皇城司。皇城司既与历代直接承担皇城、皇帝警卫任务的武装力量相似，又是一个真正的"专业"间谍（特务）机构。

辽国起于草原，"先世未有城郭、沟池、宫室之固"，因此君主的警卫成了大问题。为此辽国置有北面御帐官，负责君主、皇室之警卫。其下设有侍卫司负责具体保卫工作。侍卫均由贵戚担任。辽国占领燕云十六州及部分农耕之地后，实行五京制。在五京之地分设警巡院维持治安。在其南部统治重心燕京设燕京统军司，大约是维持地方治安的军事机构。

金国设武卫军都指挥使司，负责京师治安，"掌防卫都城，警捕盗贼"。另设有卫尉司负责皇宫及皇帝出行的警卫。

元代设有大都路兵马都指挥使司，"掌京师盗贼奸伪鞫捕之事"。大都留守司则是负责京师守卫的行政机构，其管辖范围从"守卫宫阙、都城"到皇帝游幸、出行及城门的开、闭。另外京师还有左、右巡警院，为低层次的具体负责治安、巡逻的机构。

宋朝根据长期与辽金对峙的军事态势的特点，设立了有关机构。宋代在边境诸路设有走马承受一职，名义上隶属于经略安抚总管司。边境无事，每年向朝廷报告一次情况，"有边警则不时驰驿上闻"。此辈人不属边帅管辖，却可以干预边境之事，并得到"诏许风闻言事"。显然这是宋朝廷安插于边境监督边将的耳目。此种职务一度改为廉访使，南宋初年又改回原名。

宋代在边境及水陆要冲设有巡检司。巡检司是集治安、防边及训练军

队于一体的机构。在北宋与辽国交界处、南宋与金国交界处，巡检司显然有搜集情报与反间谍的任务。在北宋与辽、南宋与金的边境上使节、间谍、商人、百姓、僧人往来频繁，这是宋代设立巡检司的重要原因。巡检司还承担缉查"私茶"、"私盐"的任务，有点像今日之缉私队。巡检司不仅以马队在陆地巡逻缉查，在沿海、内陆河流也有巡检司的船只进行巡检。巡检司是宋代维持地方治安的机构，只在所辖地区行使职权，这与下面讲的皇城司有很大区别。

金国在各地设掌管治安的巡检、都巡检使、散巡检。其中位于边境地带的巡检、都巡检使、散巡检是与宋朝针锋相对地进行反间谍工作的。在边境及重要关口、渡口，金国设有讥察官，"掌关禁讥察及管钥"。显然也有防止宋谍往来的任务在内。

这一时期值得注意的间谍（特务）组织是宋朝的皇城司。宋代皇城司管辖范围很广，从皇城、皇帝警卫到皇室生活。皇城司设有禁卫所、符宝所，主管大内钥匙库、御药院、内东门司、内通进司、御前军器库、果子库、香药库、进奉库等机构。但它主要还是一个情报机构，是皇帝个人的耳目。

赵匡胤登上帝位不久，"欲周知外事，令军校史珪博访"。史珪因刺探情报有功，被提升为马军都军头领毅州刺史。史珪有皇帝当靠山开始作威作福起来。有一次他为自己的好友郭贵在赵匡胤面前攻击郭贵之政敌梁梦升。赵匡胤不但不贬斥梁梦升，反而升了他的官，认为梁梦升是"清吏"。这实际上是给了史珪一个警告。皇城司是由武德司改组而成的，其正式更名是在公元981年，宋太宗赵光义在位时。

赵光义对皇城司的依赖有增无减，派皇城司军吏"潜察远方事"。皇城司军吏到了汀州，被知州王嗣宗抓了起来解送京师。王嗣宗还乘机上奏："陛下不委任天下俊贤，而猥信此辈为耳目，窃为陛下不取。"赵光义龙颜大怒，命人把王嗣宗抓了起来，削去原官职，降级使用。后来又恢复了其官职。观察判官张观曾因上奏"请不遣武德卒诣外州事"，"颇称旨召拜监察御史"。从这些事例中可以看出皇城司不同于历代京师治安、情报机构之处，它实际上是一个把手伸向全国的治安、情报机构。这些事例中也透露出宋代官僚们与皇城司斗争的消息。皇帝居于至高无上的地位，从中协调，时而给皇城司一点警告，时而对官僚们来些颜色，中心只有一个：维护皇权。

皇城司常派士兵若干人在京城伺察，每月给予津贴，每季一换。所察的事情直接上报皇城司，皇城司不分大小事一律记下上奏。有一次御龙直院副指挥使吕遇喝了个大醉，骑着马在街上跑乱，扰乱了市面。皇城司上奏，皇帝下旨："可下开封府按问。"这类事多了，皇帝不得不为皇城司划一条界限，"于是令枢密院条约之，自今非奸盗及民俗异事，所由司不擒捕者，勿得以闻。"由此可见，皇城司仍列入军事组织，属枢密院管辖。皇城司不仅负责对内的情报工作，还派军吏在边境活动，侦察辽国军事动态。北宋有些边防军长官就是挂着皇城司军官的头衔，其职责就是注意并负责边境的间谍与反间谍活动。

皇城司与宋朝正式司法、治安机构的斗争也颇为激烈。公元 1002 年，皇城司上奏宋真宗："亲从第二指挥使马翰称在京有群贼愿自缉逐收捕。"宋真宗对臣下说："朕管京师时（宋代太子常为京师开封府长官）常听到马翰以缉盗为名，为害百姓。其一为都市豪民因惧怕他而厚赂之；其二为抓到盗贼，将赃物据为己有；其三为经常豢养无赖数十人，命这些人四处侦察，这些人也乘机扰民。今后捕贼，只授权给开封府，不要让马翰参与此事！"由此可见马翰从前并未将太子放在眼里。

公元 1054 年九月，皇城司军吏犯法，有关司法机构追查，皇城司拒不交人，宋仁宗赵祯下诏交开封府审问，实际上是支持皇城司。这引起了有关大臣的不满。大臣杨察上奏求去，以示抗议。宋仁宗同意了。有的大臣上奏："皇城司占护亲从官，不以付外勘鞫，此等事皆是害政伤理之大者。三司义当论列，而逸邪小人多方沮毁，使其请解使权，朝廷因遂其请，臣窃为陛下惜之。"由于大臣之拼命力争，虽然杨察未获复职，攻击杨察的内侍杨永德也受到了皇帝的冷落。宋朝皇帝在两者间巧妙地把握着平衡。

皇城司的官员属军事建制，任期满后可依次晋升军职。皇城司官员的工作"在内中最为繁剧，多差亲信有心力人"。担任皇城司职务的官员多为边疆上立有战功的将领或"名将子孙之有才略者"。俨然是一个军功精英集团。

宋徽宗赵佶道出了皇城司的另一用途，他训示宰相，皇城司应"以为如文臣馆阁储才之地"。后来的宋朝君主对此一条一直较为注意，因此有宋一代皇城司的人才选拔颇严。因为其人员素质高，又可由正途谋发展，所以尽管其有历代帝王建立的间谍（特务）组织的通病，但对政治并未造成太大恶劣影响。在皇城司任职后外放的将领自然被视为信得过的人。这是赵匡胤重内轻外的统治权术的自然发展。治安、情报、储才，成为皇城司的三大功能，也使其有别于中国古代其他间谍（特务）组织。

南宋奸臣秦桧秉国政时，也建立了自己的间谍（特务）组织。他"命察事卒数百游市间，闻其言奸恶者，即捕送大理狱，杀之"。实际上是镇压不满其卖国投降行径的大臣、百姓。南宋还设有"察官"这一特务组织，直接对皇帝报告情报，监视面甚广。当然，"察事"与大臣间也存在着形同水火的矛盾。

宋朝枢密院是负责军事行动的最高机构，枢密院最高长官枢密使在负责军务的同时，对边境上宋朝对辽、金的间谍活动也负有指挥之责。北宋沿边各州设有机宜司专门开展对辽之情报活动。"澶渊之盟"后改称为国信司，披上了外交机构的外衣，工作性质一如既往。

北宋的太监也是帝王手中的一支特务力量。宋仁宗赵祯在位初年，太后刘氏垂帘听政，"任内官罗崇勋、江德明等访外事。崇勋等以此势倾中外。"刘太后以太后之尊临朝，当然要依靠自己熟悉的太监，因为大臣们与其交往并不多，起用太监，正好制衡大臣们。但英宗赵曙仍然信任太监干这类活动。以至于司马光上书："窃闻陛下好令内臣采访外事，及问群臣能否。臣窃以为非宜。"太监之特务活动于此可见。

金国宣宗完颜珣（公元1163—1223年）在位时，喜用内侍为耳目伺察百官，"故使其奉御辈探访民间，号'行路御史'。或得一二事即入奏之"。宣宗以此督责监察部门的官员未尽职守，并处以刑罚。金宣宗还把这类"行路御史"派至军中，监视将领的行动，号称"监战"。由于这类人的掣肘，金军将领无法在作战中"临机制变"，因而在与蒙古铁骑的作战中，金军常常吃败仗。这种状况一直持续到金国灭亡。本来是用以巩固自己统治的工具，反而加速了自己的垮台，这是金国统治者始料不及的。

中国古代地方官在没有形成类似唐代藩镇割据局面时，由于政治、地理等方面的情况，也可以设立自己的谍报组织。南宋末年，四川在抗击蒙古侵略时孤处一隅，长期抗战。负责四川防务的长官余玠就置机捕官，负责监视四川当地的情况，并负责对敌情报。然而更多的是对人民、官吏进行监视。史称机捕官"虽足以廉得士情，然寄耳目于群小，故人多怀疑虑"。寥寥数语，表明此类组织是中央政权同类组织的缩影。

第六节 明、清的间谍（特务）组织

明代负责京师治安的是"中东西南北五城兵马指挥司"。其主要职责是"指挥巡捕盗贼，疏理街道沟渠，及囚犯、火禁之事"。

清代设"提督九门巡捕五营步军统领"，负责京师治安。其职责为巡捕盗贼，保卫京师、皇城的治安等。此职一般由满族亲信大臣出任，可见清廷对其之重视。此外清朝还设有隶属于都察院的文职机构五城御史、五城兵马司。东、西、南、北、中五城各设满、汉御史一人，兵马司正副指挥使各一人，由五城御史统辖。五城御史的职责为："缉捕盗贼，审理人命，盘获逃人，及禁约赌博，稽查奸宄，邪教谣言煽惑人心，恶棍衙蠹指官吓诈，奸徒恶官潜往地方，聚众烧香，并僧道寺院坊店等项事务，责令巡城御使通行严饬。"步军统领衙门有明代锦衣卫之余习。其所属番役往往借缉捕侦察为名，滥用刑威危害甚大。

明代值得提出的间谍（特务）组织是锦衣卫、东厂、西厂、内行厂。

首先要明确的是，锦衣卫与东、西、内行诸厂的地位有重大不同之处。锦衣卫是列入朝廷正式行政机构序列的一个机构，而东、西、内行诸厂却无此明确的地位。锦衣卫的人员是朝廷的正式官员，东、西、内行诸厂的下属人员却无此地位。尽管东、西、内行诸厂有时可以指挥锦衣卫的行动，但名正言顺地讲，锦衣卫可以置身于诸官僚衙门之列，东、西、内行诸厂却不行。确切地说，锦衣卫是类似皇城司一类的组织，但其从事间谍（特务）活动却又有过之而无不及。

朱元璋扫平群雄时就经常派自己身边的军吏从事谍报活动。朱元璋坐稳天下后，为了巩固自己的统治，于公元1382年四月，罢负责皇帝警卫之仪鸾司，改置锦衣卫。锦衣卫原为上直卫亲军指挥使司所属二十六卫之一，是拱卫皇城的部队。改为皇帝的侍从军事机构后"锦衣卫主巡察缉捕，理诏狱，以都督都指挥领之。盖特异于诸卫焉"。锦衣卫成了集谍报、保卫、司法于一体的组织，与近世之宪兵颇类似。

朱元璋在位时，在锦衣卫内设镇抚司，掌管有关的刑讯、司法事宜。这里所讲的"司法"，指的是奉旨而行的"诏狱"。"诏狱"应当与朱元璋杀戮功臣，迭兴大狱的背景联系起来。正因朱元璋大规模杀戮功臣，本来也没什么道理可讲，因此依托锦衣卫大兴"诏狱"，省却朱元璋许多麻烦。但朱元璋毕竟是开国之君，公元1387年，朱元璋"以治锦衣卫者多非法凌虐，乃焚刑具，出系囚，送刑部审录。诏内外狱咸归三法司，罢锦衣卫狱"。

明成祖朱棣登上帝位，这位从侄子手中夺取帝位的皇帝对朝中诸大臣很不放心，自己又没有一个完整班底能将这些大臣全部弃之不用，也无此必要，同时为了镇压反对派，他又恢复了诏狱。

朱棣在北京设北镇抚司专治诏狱，原来设在南京的镇抚司改为南镇抚司。北镇抚司专门负责诏狱。这一部署表明朱棣在利用锦衣卫时也有人事上的安排，机构上的侧重。北镇抚司在朱棣的老巢北京，其锦衣卫官员一定也是燕邸旧人。以北镇抚司负责诏狱，整起政敌来可谓得心应手。南镇抚司专理军匠和本卫的刑名。到了明宪宗朱见深在位时，北镇抚司在审理诏狱时可以专奏皇帝，锦衣卫指挥使亦无权过问。

锦衣卫这一机构与明王朝相始终。它之所以地位较稳定，与前面讲的那些特点不无关系。东、西、内行诸厂在明末政治斗争中常常成为士大夫攻击的对象，并随其主持者命运而兴衰。锦衣卫则没出现过这种情况。锦衣卫军吏从民间壮丁中挑选。明世宗朱厚熜在位时，锦衣卫已发展成拥有流氓无赖特务达十五六万人之多的庞大间谍（特务）组织。明神宗朱翊钧在位时，锦衣卫旗校就达一万七千四百余人。户部尚书认为花费过大，上书请求撤裁，自己反而失了官。

明成祖朱棣不仅恢复了诏狱，还建立了明代第一个由太监主持的间谍（特务）组织——东厂。朱棣建立东厂与其起家时依靠太监出谋划策不无关系。另外朱棣登上皇位时，对满朝文武包括锦衣卫皆有疑虑，在这种情况下，起用家奴当然是顺理成章的了。东厂虽然有不太走运的日子，但也维持到了明朝末年。

东厂于公元1420年八月，设立于北京东安门北，常以司礼监秉笔太监之第二、第三人出任头目，称为"钦差总督东厂办事太监"。属官有掌刑千户、理刑百户各一员，由锦衣卫之军官充当，隶役、缉事等官校也由锦衣卫拨给。东厂有秘事可直接上奏皇帝。皇帝以其亲信秉笔太监掌东厂，也含有直接督察外面情况的意思。在这里锦衣卫作为皇帝基本警卫武装力量的性质充分显露出来。东厂尽可以组织自己的间谍（特务）组织，但依靠的骨干仍得来自锦衣卫。东厂由于其与皇帝的关系凌驾于锦衣卫之上，但其自己不构成武装力量，因而亦无法对皇帝构成威胁。厂卫相互牵制之局由此形成。

公元 1477 年年初，明宪宗朱见深设立了由太监汪直统领的另一个间谍（特务）组织——西厂。西厂的声势更大于东厂，权势当然也非锦衣卫可比。西厂所用的军官仍是锦衣卫提供。但是好景不长，当年五月，西厂就在大臣们的反对声中暂时解散了。同年六月又重新登场。公元 1482 年三月，西厂又因汪直失宠，再度撤裁。明武宗朱厚照登位后，于公元 1506 年恢复了西厂，公元 1510 年撤裁。

明武宗朱厚照在恢复西厂的同时，还设立了由臭名昭著的大太监刘瑾统领的间谍（特务）组织——内行厂。内行厂在京师荣府旧仓地，其任务是专门对东、西厂的活动进行监视。至此中国古代间谍（特务）组织的发展到了顶点。不仅有了庞大的间谍（特务）组织，而且有了监视这些组织的组织。刘瑾权倾一时，他的党羽马永成、谷大用等掌握东、西厂，他自己掌握内行厂。但是随着刘瑾的失势被杀，内行厂也于公元 1510 年被撤裁。

明代有权势的大太监如魏忠贤之流，常常同时控制厂、卫，其权势足以震主。但到了这种程度，皇帝也就不得不设法除掉他了。在平时厂、卫之间、东厂、西厂之间虽然经常发生狗咬狗的争斗，但锦衣卫作为一支武装力量始终是这些间谍（特务）组织的基础。

锦衣卫、东厂、西厂都是在全国范围内活动的间谍（特务）组织。公元 1458 年十月，大臣李贤因锦衣卫校尉四处刺事，所至官吏震恐，敲诈勒索，请罢锦衣卫。皇帝置之不理，锦衣卫却更加猖獗了。公元 1462 年，锦衣卫校尉四处侦事，告密者甚多，以至于所抓因犯监狱已容不下，只好增建新狱。汪直统领西厂时，任锦衣卫百户韦瑛为心腹，自诸王府边镇及南北河道，所在校尉罗列，百姓不安。东厂的活动也遍及全国。

锦衣卫、东、西、内行诸厂的主要职能基本相同，但根据各自情况又有所区别，它们的基本职能是：

1. 监视文武百官动向，打击政治上的反对派。厂、卫如果掌握在权倾一时的大太监手中，他就可以假皇帝之名为所欲为，实际上是在打击政治上的反对派。明末，魏忠贤掌厂、卫大权。锦衣卫抓获云游京师的和尚一名，搜出扬州知府刘铎赠给他的扇子一把。扇上刘铎的题诗有"阴霾国是非"一句。魏忠贤即以此为由杖杀刘铎，并打击东林党人。

2. 监视、镇压百姓中反抗朝廷的人，"缉访谋逆、妖言、大奸恶"。

严格地说明朝皇帝对厂、卫的活动是有范围的,那就是负责政治案件的侦破、处理。但由于其本身就是在正规司法机构之外设立的来路不明的机构,直接听命于皇帝。因此很难加以控制。明宪宗朱见深执政末年,宦官陈準统领东厂。陈準还算是一个正直的太监。他命令东厂的刺事官校:"反逆妖言则缉,余有司存,非汝辈事也。"陈準统领东厂数月,"都城内外安之"。可陈準的这种做法却招致其他宦官的不满。在他们合力攻击下,陈準被逼自杀而死。崇祯皇帝在位时也曾命令东厂、锦衣卫只抓捕"谋逆乱伦"的人,"其作奸犯科,自有司存"。也就是说刑事案件用不着厂、卫插手。但厂、卫宣称奉旨行事,很少有人敢过问。因此这种约束很难发生效力。再说皇帝自己就在随意而行,这才是厂、卫猖獗的根源。

除以上主要职能外,锦衣卫较为侧重对军中情况的缉查。明英宗朱祁镇在石亨等人支持下发动"夺门之变",推翻了明代宗朱祁钰,重登大位。石亨一时权倾中外。锦衣卫指挥使逯杲受密旨监视石亨动静。根据逯杲之侦伺,石亨被抓起来,死于狱中。

明末,清军入侵,明军统帅卢象升率军抗击,宦官高起潜拥兵观望,在距战场五十里处坐视卢象升战死。明军全军覆没后,高起潜仓皇逃回,不言卢象升战死之事。大学士杨嗣昌命锦衣逻卒去查实卢象升战死的情况。锦衣逻卒找到了一个逃回的明军士兵。杨嗣昌听这名士兵讲了高起潜拥兵不救的情况后,竟将此人拷打至死,以掩盖他和高起潜牵制卢象升的事。从这件事中可以看到明军出征时,军中就有锦衣卫的人监视将领们的行动。

厂、卫与朝廷官僚的矛盾、斗争十分激烈。但锦衣卫在斗争中并未成为官僚们攻击的主要对象。这是由于锦衣卫本身也是官僚机构中的正式机构。锦衣卫的统领一般由功臣、国戚担任。锦衣卫军官一般也是武将之后或皇亲国戚。明朝还把锦衣卫的官职作为封赏功臣后代的手段。由于锦衣卫与官僚有着千丝万缕的联系,虽然厂、卫并称,在明代两者在官僚士大夫眼里还是有区别的。厂、卫之间有时矛盾也是很尖锐的。关于明代厂、卫之详细情况可参阅丁易先生所著《明代特务政治》。

清军入关后,江浙一带人民反抗清军最烈,遭受的屠杀、掠夺也最重。因此江浙一带人民在心理上与清朝存在着极深的对立情绪。江浙为人文渊薮,又是清朝最富庶之地,"竟有一县额征多于他处一省者"。康熙皇帝在位时,清朝虽然已站稳了脚跟,但又有"三藩之乱"。

东南沿海的郑氏势力到康熙二十二年（公元1683年）清军进入台湾才算彻底解决。有不少江浙一带的知识分子虽然在行动上不再反抗清朝统治，但却以思想、气节相标榜，对清朝采取不合作态度。他们的这种不合作态度，在江南百姓中有很大影响。在这种情况下，康熙设立了独特的间谍（特务）机构——织造衙门。

明代，江浙一带纺织业发达，明朝廷就在江浙设织染局，由织造太监负责为皇室采办各类纺织品，清朝入主中原后，也在江宁（南京）、杭州、苏州设织造衙门负责为皇室采办纺织品，并兼管机户，征收机税。织造衙门的官员由内务府派出，但并非宦官。康熙时担任江宁织造的曹寅，担任苏州织造的李煦都出身于皇室的包衣（满族入关前的奴隶）。曹寅自称"窃臣身系家奴，蒙圣恩擢任，虽竭犬马之诚，难报高厚于万一。"这种主子与奴才的关系当然非同一般。曹、李等人虽非皇帝的贴身宦官，但也不同于一般朝中大臣。他们起家于皇帝家奴，与朝臣并无渊源。任用他们当织造衙门长官，显示出这些机构与皇帝非同寻常的关系，这些机构也真的负有非同寻常的任务。

康熙在位时，织造衙门除为皇室采办江南贡品供皇室享乐，在皇帝南巡时负责接驾外，主要是为皇帝个人从事间谍活动。康熙在李煦的奏折上多次批道："凡有奏帖，万不可与人知道。""凡苏州来的各行人等，倘有多事者，尔察明即当奏知，不可少懈，不时访访才好。""近日闻得南方有许多闲言，无中作有，议论大小事，朕无可以证人打听，尔等受恩深重，但有所闻，可以亲手书折奏闻才好，此话断不可叫人知道。若有人知，尔即招祸矣。"织造衙门是个什么机构，康熙君臣的关系，在这里可以看得再清楚不过了。

织造衙门开展间谍活动主要表现在以下几个方面：

1. 监视当地行政官员及在乡退休官员动向。当时清朝对地方官吏中的汉人尤为不放心，因此康熙命曹、李等人严加监视。户部尚书王鸿绪解职回家后，"每月必差家人进京"，到他兄弟都察院王九龄处，"探听宫禁之事，无中作有，蛊惑人心"。被李煦在密报中狠狠奏了一本。公元1709年九月，曹寅在密折中上奏在籍大学士熊赐履病故的情形。康熙批道："再打听用何医药，临终曾有甚言语，儿子如何？"并命曹寅送些礼去。曹寅不敢怠慢，马上打听清楚回奏。康熙又批道："闻得他家甚贫，果是真否？"曹寅再度上奏了熊赐履的家产情况。康熙又批道："熊赐履遗本，系改过的，他真稿可曾有无？打听得实，尔面奏。"从这几道密折和康熙的批示，可以看到曹、李等人作为皇帝的耳目是如何活动的。也可以看出康熙对臣下了解之深，监视之严密。

江苏巡抚张伯行附庸风雅，好刻书。李煦将其所刻书六十四种，装了两箱子，由其弟李炆带给康熙。康熙批道："书目并书二箱留下了。"张伯行怕刺客杀他，种种丑态又被李煦奉康熙密令探出上报。不仅汉人，对满族官吏，康熙也怕他们对自己有所蒙骗，命曹、李二人予以监视。曹、李二人对江浙一带清廷大吏的所作所为，官声如何，密奏不断。有时一事由二人分别上奏，可见康熙在对曹、李的使用上也是用了心思的。

清廷大吏有违法乱纪之事，康熙也密令他们前往调查。公元1704年十一月二十二日，曹寅上奏："去年圣驾南巡，蒙恩赏借两淮商人库银一百万两。臣访闻商人只实得八十万两，其中又有非商借名领去者，臣不胜惊异。随行文按册集商细查，见其皆联络保结，一人有欠，全纲摊赔，日后征收无碍，虽有瑕疵，臣不敢苛刻多事。"康熙答应借商人银子，又疑心地方大吏从中侵吞，派曹寅去调查。曹寅一查果有二十万两白银另行他用，但手续还算"正规"，于是对这一"瑕疵"不予追究。康熙也认为尚属过得去，于是以"知道了"了结此事。

公元1711年，安徽歙县贡生吴泌以白银八千两贿赂考官，中了举人。事发后曹寅密奏："今中者甚是不公，显有情弊。"接着曹寅又就此事，留心打听清朝大吏的处理办案情况以密折上奏。密折中矛头直指总督噶礼与江苏巡抚张伯行。其时噶、张二人正在相互攻击，曹寅却毫无袒护，上奏噶、张二人"徒博虚名，各为己私，互起朋党，殊无大臣之礼"。把二人结结实实地奏了一本。可见曹寅腰杆子之硬，立场之鲜明。他对官员们持中道而行，一心为的是主子——皇上。从这个意义上讲，康熙用曹寅此类人是达到目的了。

2. 监视百姓动向。公元1708年二月十一日，曹寅由北京返回江宁，以密折上报沿途所见情形，"臣一路自山东至江宁，俱安生乐业如常，不知何以间阎下贱尽知皇上平籴之恩，凡臣过处，男女老幼，无不感颂皇仁。行至滁州，闻六合陈家桥，有盐贩侉汉与百姓争斗，地方官随即遣人擒捕五名，其余尽行逃散，闻总督已严饬汛兵巡拿，此系细小之事，事关盐务，故敢据闻。臣到江宁，访问有自浙江、苏州来者，俱云百姓安堵如常，米价亦不昂贵"。曹寅在此密折中还讲了他对四明山"盗贼"（实际上是农民起义军）的看法。康熙对曹寅此密折表示满意，批示"以后有闻地方细小之事，必具密折来奏"。

公元 1708 年五月二十五日，曹寅在密奏中报告朱元璋陵墓西北角梧桐树下出现塌陷，百姓中流传朱元璋陵墓已塌的谣言。曹寅在密折中报告："臣随往勘验，离地宫尚远十五丈余，毫不相关，原系当先培填之土不坚，日久值雨冲塌，水流宝城之外。当有地方该管官员，即命陵户挑土填平。恐谣言流播，讹传失实，有厪宸衷，合先奏闻"。康熙对曹寅的政治敏感十分满意，批道："此事奏闻的是，尔再打听，还有什么闲话，写折来奏。"从这个奏折也可以看到曹寅这个品位并不算高的官员，政治敏感度很高，比封疆大吏管得还要多、还要细。由于曹、李二人活动得力，后来两人都分别挂上了监察御史等官职，也许是为了活动方便吧。曹寅死后，康熙在其过继儿子曹頫的奏折上批道："尔虽无知小孩，但所关非细，念尔父出力年久，故特恩至此。虽不管地方之事，亦可以所闻大小事，照尔父密密奏闻。是非朕自有洞鉴。就是笑话也罢，叫老主子笑笑也好"。足见康熙十分想了解来自民间的、广泛的、第一手的情报。所以他命令上奏原汁原味的情报。于是曹頫又接着干起了其父的事来。

3. 搜集经济情报。在曹、李等人密折中，几乎每次都涉及天气、收成、粮价、庄稼长势等情况。苏州、扬州的"晴雨录"，曹、李二人每月必奏，是康熙必看的内容。有一次李煦把康熙四十九年冬（公元 1710 年）的"晴雨录"推迟至第二年二月才上报，受到康熙严责，命其"明白回奏"。李煦赶紧上了一个"迟进晴雨录原因并请处分"的奏折，才免予追究。康熙注意"晴雨录"与其个人对气象学的研究不无关系，但主要的是气象对农业收成有着重要意义。值得注意的是，康熙在搜集这方面情报时，对地方大吏并不信任。公元 1708 年七月十五日，曹寅在密折中除上报了"仔细访得"的民间关于朱元璋陵塌了的谣传外，还奏道："臣前奏徽、宁、池、太等处雨水甚大，臣遣老成员役至彼处密密看验，回称雨水过多，山水骤发，江边圩田口岸俱被冲倒。"康熙显然通过另一条渠道来了解气象情况。

曹、李等人在密奏中还经常涉及盐价及盐的运输等问题。因为曹、李二人当时还兼管盐务。康熙使二人兼管盐务，一方面是让他们有钱为皇室采办东西，为自己南巡时服务，另一方面另有用途。所以曹、李二人账面上老有亏空，康熙却一味袒护，不予追究。康熙对经济情报的搜集，表明其是一个精心治国的有为之君。在封建的农业社会掌握了上述几类经济情报，对整个国家经济状况就可有个大致的估计了。

4. 笼络、分化知识分子，影响民意。康熙惯会以高官厚禄拉拢当时汉族著名知识分子。苏州织造李煦在公元 1702 年八月的密奏中写道："前奉谕旨，串客回南去了，其中若有纳监者，尔着量与他些须。钦此钦遵。止有张本官要纳监，臣煦已为捐纳，将实收交付明白矣。"曹、李二人在盐务上的收入有相当部分用在这上面了。

曹寅本人擅长写诗、曲，文学上造诣颇深。因此他与江南文人来往就显得十分自然、融洽。曹寅在江南结识了明朝遗民中的重要人物如钱澄之、杜濬、杜芥、顾赤寅等，与洪升、施闰章等文人过从甚密。对一般知识分子也不放过。公元 1709 年三月，曹寅在密奏中除对康熙的老师熊赐履的动静进行密报外，还密奏："近日与江宁一二秀才陈武循、张纯及鸡鸣寺僧，看花作诗，有小桃园杂咏二十四首，此其刊刻流布在外者，谨呈御览。因其不与交游，不能知其底蕴。"诗酒唱和中，曹寅开展了他的谍报活动。康熙批道："知道了，并诗稿发回。"康熙对熊赐履的注意也可称严密了。为了推行文化怀柔政策，曹寅在康熙的直接指挥下大刻《全唐诗》、《佩文韵府》等书。李煦曾奉命为康熙搜罗南方的文人才子。康熙为了争取江南百姓的民心，经常为庙宇题赠。曹寅、李煦等人深知此中奥妙。题词一到，必率当地军民举行盛大仪式，以谢"天恩"，然后又在密折中大大吹捧康熙一通。

5. 皇帝交办的其他机密事宜，公元 1701 年二月，李煦在奏折中密奏"去年十一月内奉旨，三处织造会议一人往东洋去"事宜，李煦在密折中认为杭州织造司库莫尔森可以到东洋去。在同一密折中，李煦还上奏了奉旨为孙岳颁建房之事。对此康熙批示道："知道了，千万不可露出行迹方好。"

在康熙眼里，江宁、苏州、杭州三处织造衙门是三位一体的间谍（特务）系统。他在批示中亲自为织造衙门规定了密折上奏的制度，"倘有疑难之事，可以密折请旨。凡奏折不可令人写，但有风声，关系匪浅。小心、小心、小心、小心。"李煦是曹寅的内兄，二人之关系自不必多说。杭州织造原来由敖福合担任。大概此人与曹、李有些矛盾，又不得康熙赏识，为了让曹、李二人放手办事，公元 1706 年杭州织造换上了曹寅的母系亲属，又是他"曾经保举、实知此人"的旧部孙文成。孙文成上任后到扬州会见了曹寅并传达康熙口谕,"三处织造,视同一体,须要和气,若有一人行事不端,两个人说他改过便罢,若不悛改,就会参他。不可学敖福合妄为。"曹、李、孙三家在清朝政海中坐在一条间谍(特务)船上沉浮,深深地卷入了政治斗争漩涡,可谓"一损俱损,一荣俱荣"。

雍正新皇登基后,曹、李等家倒霉的日子来了。虽然最初几年,他们照样上报类似康熙在位时的情报,但已不时被加以训斥、刁难。原因无他,在雍正眼中,曹、李等家是支持他政敌胤禩、胤禟的势力,必须予以打击。

果然,李煦家先受到打击,公元1727年二月二十三日,李煦受到"宽免处斩,派往打牲乌拉"的处罚。同年十二月五日,杭州织造孙文成因"年已老迈"被罢官,在此之前江宁织造曹頫已被立案审查。十二月二十四日,雍正命江南总督范时绎查封了曹頫家产。曹、李、孙三家"落了片茫茫大地真干净"。需要指出的是,曹、李全盛时期"兼巡视两淮盐课监察御史",从其间谍活动范围看,是遍及江南的。

顺便提一笔,曹寅是我国伟大的文学家曹雪芹的祖父。曹家的这段遭遇成了曹雪芹写作不朽名著《红楼梦》重要背景材料。

雍正对其父的间谍(特务)组织施以毁灭性打击的同时,很欣赏其父获取情报的这种做法。他模仿其父的做法,把密折制度推向全国,形成了有名的"密折制度"。密折制度把全国官吏都变成了监视者和告密者,又都随时处于被监视告密的境地,较之其父依靠几个家奴另成系统又高了一筹。

雍正帝夺位时兄弟相残,不择手段,登基后又要随时注意政敌的活动。雍正在登位时已经四十五岁了。久在紫禁城外,使他深知官僚体制的弊病,满族贵族权力过大,官僚朋党相互包庇。为了督责臣下,雍正帝也要建立密折制度。

应当说明,康熙时除曹、李等人外,另有一些大臣也可密折奏事。雍正一上台,立即以命令形式,把密折范围做了规定。康熙死后第六天,雍正就下旨"内而大臣及闲曹,外而督抚以及知县,有适当人选,便具折密奏。"此后雍正在对密折的御批中不时提到官员们的才干、品质等问题。雍正登位之初还命令"著科道每日一人上密折,轮流具奏"。雍正在位时,可以上密折的人文武都有。官职从大学士直到知府、同知等,限定并不严格,视其与雍正关系而定。这也反映出这一制度与历代间谍(特务）机构有很大共同点，那就是直接依靠皇权，对皇帝个人负责。

　　密折的主要内容与康熙时曹、李二人的密折相仿，包括经济情报（气象、物价、水利等）、政治情报（包括对百姓动向的报告、官员们相互监视、揭发的报告）、军事情报等。雍正治理天下，对吏治看得尤重。因此雍正一代对官员才干、操守、人际关系的密报，实为一大特色。在密折批示上可以看出，雍正以随时提醒部下大吏一举一动皆在掌握，使大吏们战战兢兢不敢有所敷衍、欺瞒。密折制度，使雍正能利用下级监视上级，同级间相互监视，充分发挥了这一制度对臣下的督责作用，并在一定程度上防止大臣结党营私。

　　雍正帝对密折的缮写、装匣、传递、批阅、退回等具体做法做了详尽规定，使这一制度愈加完备。关于雍正帝密折制度可参看杨启樵先生所著《雍正帝及其密折制度研究》。

　　雍正帝身边的亲信侍卫，也是他运用得十分称手的一支特务力量。"凡关防风宪衙门，多密遣亲信逻察，以故万里若堂阶。"礼部郎中周人骥外放负责四川的考试事宜。三年任满之后，准备回京受命。这时他手下的一名由礼部尚书介绍来的仆人，请求先行回京。周人骥不解其意，对这个仆人说："我马上就要回京复命，你到时可和我一起回去。"这人说："我也要回京复命！"周人骥大吃一惊。此人这才暴露身份："我是皇上身边侍卫，特地来观察您的政绩。您主持考试公道，我将先行奏闻皇上。"周人骥到京时，皇帝褒奖他的诏书早已下来了。由此可见雍正运用侍卫之方法，及其对臣下伺察之严。

　　清朝还设有"尚虞备用处"（亦称粘竿处）这一颇有意思的组织。表面上是在皇帝出巡、游乐时，负责抬轿、捕鸟、钓鱼一类的娱乐事宜，实际上是皇帝的又一私人特务组织。

　　粘竿处管理大臣无定员，由满蒙要员充任。下设侍卫若干人，并有笔帖式三人掌文墨。充当侍卫的人均为身手敏捷，胆大灵活的八旗亲贵子弟。这个具体而微的皇帝侍从机构，经常奉皇帝之旨从事间谍（特务）活动。红学家周汝昌先生考证，乾隆的著名宠臣和珅，正是粘竿处出身。而《红楼梦》这部禁书，在当时连王公贵族尚不敢公开取阅，却由和珅呈上乾隆，并得到了"肯定"。可见粘竿处活动之一斑。

　　清代反清秘密帮会"洪门"中有"巡风"一职"负责侦察一切事宜"，地位在帮中不高，但由此可见洪门组织之严密。

第七节　告密制度

中国古代君主为直接了解下情，监视臣下，打击政敌，经常建立告密制度。由于其往往与间谍活动、间谍（特务）组织有密切联系，在这里做一简略的介绍。

《吕览》一书中有"尧有欲谏之鼓，舜有诽谤之木"的记载。

西汉宣帝在位时，颍川太守赵广汉命手下人制作了"缿筩"（告密箱，投书入内，只能进不能出）接受举报。颍川大姓豪强势力强大，赵广汉根据举报的违法行为，把举报者姓名改为大姓中某人姓名，然后张扬出去。被举报的豪强对举报者当然不满。于是大姓豪强相互揭发检举，"奸党散落"，颍川称治。赵广汉成为耳目灵通的太守，豪强大姓不敢欺。

南北朝时，梁武帝萧衍命人在公车府置谤木、肺石（赤石）。谤木、肺石旁各有一匣子。平民百姓对朝廷大事有所议论，可投书于谤木匣内；有功劳、有才能之人蒙受沉冤，可以投书于肺石匣内，上诉皇帝。

唐高宗时，令人在东、西都设登闻鼓：允许百姓直接上告。

唐代武则天广开告密之门，以此来监视打击反对派。她命人铸铜为匦，置于一室的东、西、南、北四面。置于西面的名为"申冤"，有受冤屈者投书入匦内；东面的名为"延恩"，有吹牛拍马者或想当官者可投书入内；南面的名为"招谏"，鼓励大家议论政事得失；北面的叫"通玄"，专门接受"天象灾变及军机秘计"。可见其收罗的信息面是很广的。武则天还规定："有告密者，臣下不得问。皆给驿马，供五品食，使诣行在。虽农夫樵人皆得召见，廪于客馆。所言或称旨，则不次除官，无实者不问。"有好吃好住，又有当官之望，何乐而不为。于是"四方告密者蜂起，人皆重足而立"。武则天宠信的酷吏来俊臣等人，还"私畜无赖数百人，专以告密为事。"

五代周世宗时，"令东西都各置登闻鼓"，百姓有冤屈可直接上告。赵宋政权建立后，设立"登闻院"，同时"置鼓于禁门外以达下情"，名曰"鼓司"。后"鼓司"改为"登闻鼓院"，"登闻院"改为检院，成了相互牵制的两个官僚机构。辽国也设有"登闻鼓院"、"匦院"，负责同样的工作。

清代设登闻院，雍正执政时合并于通政司。

历代帝王设立这类告密、申诉制度其意有三：其一，便于帝王了解下情，防止官僚蒙蔽君主；其二，督察臣下不法之事，防止结党营私；其三，发现人才，接受"身处草野"的平民对军国大事的建议。但由于此类制度往往经过一定时期，转化为正式官僚机构，因此其效果与原意往往相反。

接受告密，在朝廷权力分布相对均衡、政治较为清明、政治体系运作也较为正常的情况下，常常成为监察机构的一项日常工作。告密制度也转化为由接受告密的正规官僚机构办理的事宜了。

我国古代绵延不绝之"保甲"制度，自商鞅创立时起，就具有告密之功能。商鞅在秦失势后逃亡到了一家旅店门前，店主人竟连大门都不敢开："商君之法，舍人无验者坐之。"可见其法之严厉。正因如此，秦国在列国中有效地制止了六国间谍的游说、煽惑。这种保甲制度作为历代封建政权的基层治安、情报组织，不管朝代如何变迁，仍屹立不倒。因为它在维护封建统治这一点上具有无可替代的作用。这种保甲制度之长期存在，除政治上的原因外，还因其与中国古代自然经济条件下的宗法社会相一致，两者自然地融合在一起。所以保甲的头目往往由乡里有权势之人或宗族中有声望的人充任。保甲制度的变迁，已有不少专文论述，本书不再详述了。

本篇小结

中国古代的间谍技术在本篇中做了简要的介绍。需要说明的是，由于作者接触的材料有限，肯定还有许多东西没有发掘出来，这方面的研究仍大有可为。

笔者想重点归纳、分析一下中国古代间谍（特务）机构的特点。

首先，中国古代间谍（特务）机构主要是内向型的，以监视、镇压国内或政权内部大臣、百姓为主要任务。这与中国长期处于东方大国的地位有关。在中央政权强盛有力时，"四夷"对其不构成致命威胁。封闭的农业经济，也使中华帝国没有向外发展的欲望。因此这类机构基本上是内向型的，以国内政敌、被统治阶级为主要对象。其镇压职能有时往往超过了搜集情报的职能。这也是作者为什么在间谍后面加上"（特务）"这一附注的原因。

其次，这类机构往往是依托皇帝个人的授权而存在、发展的。因而往往成为扰乱封建王朝法治及正常政治秩序的一个重要因素。这类机构与正式政府机构常常发生矛盾，严重时表现为一种"特务政治"，加速了王朝更迭。

这类机构往往由皇帝的近侍机构演变而成，如皇城司、锦衣卫。有的则由皇帝的近侍、亲信在皇帝授意下组建。此类机构往往由职务并不高甚至出身卑贱的，但经常接近皇帝的人组成。这类机构在封建王朝的政府序列中往往没有名正言顺的地位。实际上中国封建帝王始终需要这类机构，来保证自己个人想法的贯彻、推行，保证自己的独裁统治。

再次，无论是警卫都城、皇城、皇室而兼做情报工作的机构，还是身份不明，由皇帝身边近侍建立的间谍（特务）机构，在活动上都表现出一种"重内轻外"的倾向。即重都城，重皇室，重朝廷大臣，重内地；轻外地，轻边境，轻外敌，轻外部世界的倾向。这与中国古代都城是政治、军事中心，以及寡头独裁政权的脆弱性相一致。与此相应的是中国古代县以下行政单位的情报、治安工作，基本上是以保甲制度为特色的情治合一的组织。

最后，令人困惑的是，在中国古代史籍中很少见到军事组织中专门从事间谍工作的高级机构。即便有也是层次很低的负责战时侦察和边境侦察的小官。需要指出的是历代往往在兵部设"职方郎中"或相似的职务。职方郎中主管天下地图，了解外国山川险要、政情、风俗，有时也奉旨出使外国刺探一下情报。但严格地说这并非间谍机构，其主要职能与其说是刺探情报，不如说是掌管军用文献、资料，与今日军队之测绘局职能相类。

中国古代，内部战乱一起，在逐鹿中原的各派势力中，首领就建立起自己的谋略集团从事高级战略间谍活动。一旦某一势力的首领登上皇帝宝座，中国趋于统一、强大，对外战争中又居于优势地位，此时关心敌军情报成了边境统帅之事，皇帝关心的只是国内谁可能觊觎自己的宝座。这样对外情报工作趋向于低层次、边缘化，情报机构也是如此，对内却发展起以对内谍报工作为主的间谍（特务）机构。这是笔者对中国古代间谍机构这种现象的一点认识。如此循环往复，战乱之际，高级间谍、谋略集团出现，统一强盛之际以对内镇压、监视为主的间谍（特务）机构崛起。使中国对外间谍机构长期停留在低水平上，停留在战役、战术一级的水平上。这样中国对外间谍活动在古代常常处于一种被动的、"后发"的、临时抱佛脚的状态之中。当然，这与中国古代封闭的、封建的经济、政治体系有密切联系。

从世界史角度看，中国间谍机构的这种状况一直与中国古老的经济、政治体系相伴延续到近代，成为落伍的东西。到1840年鸦片战争时，中国不仅抵挡不住英国人的大炮，从间谍战角度看，也是必败无疑了。资本主义国家以传教士、商人、外交使节、报人为先导，早已看透了大清帝国的虚弱，准确找到了大清帝国的柔软部位。而大清帝国，却凭着对万里之外的英国一鳞半爪的了解，乱做决策。陈旧的间谍机构和陈旧的经济、政治、军事体制一样到了该进博物馆的时候了。时代呼唤着中国人以全新的谍报意识和新的间谍机构去迎接挑战，去争取在世界上继续生存的资格，去与西洋、东洋诸强国搏杀。

公元1901年，清廷大员张之洞、刘坤一等在内忧外患中上书："更请仿英法之总营务，日本之总参谋部，于都城专设衙门掌全国水陆兵制、饷章、地理绘图、操练法式、储备粮饷、转运舟车、外交侦探等事。平日之预筹，临时之调度，悉以此官掌之。兼采众长，务求实用。"第二年又设立了北洋行营将弁学堂。在此之前，公元1900年八月，八国联军攻入北京。中国坠入被外国列强蚕食鲸吞的可悲境地。偌大帝国不得不笨拙地开始行动，寻求图强之路了。

中国古代间谍机构的落伍，是那个可悲时代的注脚。

第九篇

中国古代间谍思想简析

第一章　先秦间谍思想简析

第一节　间谍思想的萌芽

《周易》是成书于西周初年的卜筮之书。在古代社会初期，筮人是文化、历史知识的主要掌握者和记录者，对社会有很大的影响。古代文化的最初状态是混沌的，筮、史不分的。因而在《周易》中记载了西周以及在西周之前古代社会的史实。在卜筮一类迷信意识完全抽象出来，成为纯主观主义的推理前，《周易》中的史实，实际上反映了人们对历史经验的不自觉的综合运用。在《周易》中，人们对经验的依赖与对世界的无知、迷信相结合，形成了一种经验归纳与对经验的盲目运用的先验思想体系。但它反映了先民对预卜未来、预卜吉凶的渴望，反映了先民对情报的渴求。

《周易》有："初六：履霜，坚冰至。"尽管解释《周易》的学者众说纷纭，但对这一爻的解释却基本一致。这一爻是以坚冰渐渐结成的物象来显示见微知著的道理。脚下踏到薄霜，就应当想到结冰的季节就要到来了。这一爻中包含有仔细观察四周的事物，然后作出推论的思想，是情报思想的萌芽。用自己的心智和感官去思索和倾听"履霜"时脚下发出的声音，不正是要用心对自然、社会的微小信息进行搜索和分析吗？在此基础上才能预先做好应付自然、社会变化的准备。

在《左传》中记载了不少间谍活动的情况。《左传》惜墨如金，一次大的战役不过数百字而已。多次记载下间谍的活动，表明当时的人们已经认识到间谍活动在军事、政治斗争中的重大意义。从《左传》中还可以看出当时人们对间谍活动的认识，尚不如后来那样范围广阔。对游说之士的高级间谍活动，《左传》中是作为政治活动的一部分来记述的。

第二节　墨子的间谍思想

　　墨子（约公元前468—前376年），名翟，鲁国人。墨子是战国初年的大思想家，墨家学派创始人。他的思想主要记载在现存的《墨子》五十三篇中。

　　墨子是代表下层社会劳动者利益的思想家。在其政治思想中主张"兼爱"，反对非正义的战争。墨子及其门徒具有"摩顶放踵，利天下为之"的强烈的实践精神。墨子本人曾从齐国出发，步行十天十夜到楚国都城，阻止了楚国对宋国发动战争。

　　墨子的这些政治思想对其间谍思想产生了决定性影响。由于其主张"非攻"，因而其谍报思想是侧重于防间，侧重于"专守"防御的。由于其有很强的实践精神，因而其谍报思想中大多为可操作的具体技术与方法。现分别予以评述。

　　1. 侦察敌情的技术。《墨子》中记载要在城的四面及四角筑起观察楼，派贵家子弟在上面观察敌人的动静。如有失职，要处以斩首的重刑。在城中靠城墙根处打井，井中置坛子，用来侦听敌人挖地道的声音。墨子还详细论述了情报的传递技术、方法（见本书第八篇）。

　　2. 防守时的防谍制度。这些制度包括：对城中卜、筮一类人要集中于专门的住所，卜筮只能把情报汇报给守城主将，由守城主将掌握，防止泄露出去扰乱人心。对卜筮要注意监视，以防其造谣惑众。士兵、将领、百姓都要凭符信出入城门，在城中活动也要有符信。城中要严加盘查，由大将派亲信巡视街巷。巡视的时间、地点也有详细规定。此外还规定了突然发生紧急情况时的措施，中军击鼓三遍，城中禁止通行，违禁者斩。墨子为我们描绘了一幅当时城中的战时戒严图。

　　3. 对敌侦察之方法。墨子认为，守城诸事中，"先以候为始"。即从布置和使用间谍开始。但是他对充当间谍的人的处置方法另具深心。对派出充当间谍的人，不应当让其知道城中守卫布防情况。间谍及其父母、妻子要住在专为他预备的宅院里，以"衣食酒肉"厚待之，并派亲信与其联系。间谍的人选一定要用本地忠实、稳重之人。他的亲戚、妻子应当给予优厚的待遇。间谍们的待遇要相同。间谍返城后，要详细核对他们带回的情报。间谍出去三次都带回了可靠情报，就要予以重赏。不愿受赏的，可以让他当官,由守将亲自授予印信。如能深入敌人都城探听到可信的重大情报,封赏更要倍于其他间谍。不愿受赏的,可授以比其他间谍所受职务更高的官职。

外出侦察时,派出的人员总数不能超过三百人,一次派出的侦察员不可超过五十人。在黄昏时派这些间谍出城,间谍们要佩戴特殊标志,以便识别。间谍要重点监视敌人的交通要道和关卡要塞。守将应发挥善于刺探敌情的人的特长。

墨子提出了一整套如何使用间谍的具体方法和制度,在中国古代间谍思想史上是值得大书一笔的。

墨子间谍思想受其专守防御军事思想的束缚,显得过于拘束,停留在具体城防时的战术层次上。但其对防守城池时防谍、派遣间谍侦察敌情的论述,对于我们认识当时的军事、情报活动,仍有一定意义。尤其是其对即将派出的间谍的处理上独具匠心。反映了当时人们对充当间谍的"人"的关心已十分细致、周到。为防止其万一被俘,不让其过多知道城中军事部署。对其亲属、妻儿予以厚待,以使其义无反顾。在其侦察回来后,要反复核对情况,以防其投向敌人充当反间。在证明其侦察确有成果后,又要予以重赏或官职,以鼓舞士气。这些措施从防守一方的"用间"特点出发,环环紧扣,对今天从事这方面活动的人仍不无启发之处。千载之后,如何善待间谍,保护间谍,约束间谍,仍然是一个国家使用和巩固间谍队伍的根本问题。另外墨子对卜筮一类人的处理方法,既反映了当时人们对卜筮仍存在着相当程度的情报依赖,在情报搜集上有较强的主观色彩,也反映出当时人们对情报的利用有了较深认识。那就是在危城之中,情报可能对人心理上产生不良影响。在卜筮的话在人们心目中占有重要位置的古代尤其如此。

总之,墨子的间谍思想是为其专守防御的军事思想服务的,但是从具体防御措施角度看是较为周密的,是守中有攻的。

有人根据《墨子·备城门》以下诸篇多汉代官名,认为乃汉人伪托。先秦诸子之书成书、流传问题都很复杂,有些已难确证。在此注明,聊备一说。

第三节 《吴子兵法》中的间谍思想

吴起（约公元前 440—前 381 年）是战国初期赫赫有名的大政治家、大军事家。在中国人们往往把他与孙武并称为"孙吴"，列为兵家典范。其实从成就事功看，吴起的成就远比孙武为大。在理论上吴起也留下了他的著作《吴子兵法》。《吴子兵法》一书基本反映了吴起本人的军事思想，但也掺入了一些后人的论述，不过其基本思想仍可以说是吴起的。《吴子兵法》一书，是以吴起与魏文侯问对形式写成的，共六篇，是经后人整理保存下来的《吴子兵法》中的一部分。

现存六篇《吴子兵法》中，鲜明地反映了吴起政治家兼军事家的特点，对政治的论述占了较大比重，对行军打仗之事论述也比较详细。其间谍思想也沿着这两个方向展开。

在《吴子兵法》料敌篇中，吴起详细论述了如何从敌国政治、经济、军事等方面去分析敌国，决定攻取的方法。其范围之广可与《孙子兵法》相媲美。值得指出的是吴起把各国民俗、人民强悍与否也看作一个战略因素，列入战略分析的内容。在军事上，吴起提出了"凡料敌有不卜而与之战者八"，"有不占而避之者六"。也即从政治、经济、军事诸方面全面分析敌国、敌军的战略、战役因素，以决定进退。

在《吴子兵法》论将篇中，吴起提出为将的本领要包括"善行间谍，轻兵往来，分散其众，使其君臣相怨，上下相咎"。对敌人则要"必先占其将而察其才。因形用权，则不劳而攻举"。吴起认为对敌人将领的侦察是作战中的首要因素。掌握了敌方将领的弱点，就可以采取相应对策来针对其弱点实施谋略，击灭敌军。同时，吴起还提出了"使其君臣相怨，上下相咎"，即政治上、战略层次上用间的思想。

吴起在《吴子兵法》论将篇中，提出对于敌人将领的侦察与了解，是非常重要的。并且提出根据敌人将领的不同弱点，采取不同策略的观点。"凡战之要，必先占其将而察其才。因形用权，则不劳而功举。"[①]

在《吴子兵法》应变篇中，吴起提出"敌人若坚守以固其兵，急行间谍以观其虑。彼听吾说，解之而去。不听吾说，斩使焚书，分为五

---

① 《吴子兵法》（论将）第四，解放军出版社 1988 年版，第 88 页。

战。"这里的间谍显然指的是以使节身份到敌营中去侦察的人。吴起将战争使节为间写入兵法，并且把用间与改变战争态势相联系，在中国古代兵书中也是独到的。

第四节　孙膑的间谍思想

孙膑，战国时的军事家，大致与商鞅、孟轲同时，是大军事家孙武之后代。人们原来对其是否有兵书传世，甚至是否有孙膑其人，持怀疑态度。直到1972年4月，山东临沂银雀山出土了《孙膑兵法》一书，这一悬案才算解决。

从《孙膑兵法》的残简中可以看出孙膑是非常重视情报之作用的。孙膑认为"恒胜有五"，也即制胜有五个必要条件。其中之一为"知道"。何谓"知道"，孙膑在《八阵》篇中阐述道："知道者，上知天之道，下知地之理，内得其民之心，外知敌之情，阵则知八阵之经，见胜而战，弗见而诤，此王者之将也。"孙膑在此提出"知道"的含义就是全面掌握政治、地理、民心、敌情及用兵作战的方法等情报，以此来决定是否作战，这样才是"王者之将"。他还分析了导致失败的五个因素，其中有"不用间，不胜"。从反面进一步说明了用间之重要。

孙膑把"内得其民之心"作为"王者之将"的必须掌握的情报，是很有见地的。这表明他把"民心"这一重要的因素摆在十分重要的地位，精神因素也是重要的情报之一种。

第五节　《管子》一书中的间谍思想

《管子》一书在中国古代思想史上占有重要地位。但此书内容颇庞杂，号称难读。梁启超认为，此书乃战国末期人所假托；郭沫若认为"《管子》这部书整个不是管仲做的而是战国、秦、汉的人假托《管子》的文字的总汇"。《管子》今有七十六篇，其中《侈靡》等篇经当今学者考证认定是汉人之作。

《管子》既然假托春秋时大政治家管仲，其内容可想而知。书中充斥"王霸"之气，"经世致用"色彩很强。因此《管子》一书中对间谍之运用的论述也颇有可观之处。

《管子》一书中，对防谍保密之重要性屡有论述。在《法法》篇中有"几而不密，殆"的论述。意思是机密之事却没有保守秘密，一定要失败。值得注意的是作者在这里是作为强调法治之一部分时，提到保密问题的。也就是说作者注意到了使保守机密制度化，法治化。在《幼官》篇中，作者认为，在对敌展开军事行动时，应当使敌人无所察觉，以取得出其不意的战果；在边境要严加防范，否则敌人的间谍就会趁机而入。《幼官篇》讲的是如何作战，防谍保密在这里是作为军事行动的一部分提到的。

关于防谍保密最有意思的看法出现在《侈靡》篇中。作者提出"行人可不有私？不！有私所以为内因也。使能者有主矣而内事"。行人即外交使节。作者在这里说，不能用有私心的人办外交。外交使节贪图私利正是他成为内奸的原因。一定要用公忠体国、才干卓著的人来办外交。这是从外交角度谈了反谍保密的情况。作者尖锐地认识到外交官的私利与国家利益之间存在着矛盾，存在着由于私利使国家利益受到损害的可能。

作者还说："大臣得罪，无出封外，是为漏情。"即大臣犯了法或触怒了君主，不可让其出国，因为那样将导致机密的泄露。这是从内政的角度来谈保密问题了。《侈靡》篇中对保密问题，是从治理国家的权术高度来论述的。从春秋、战国之际游士们为一己之利翻云覆雨的行动来看，《侈靡》篇中这些论述，是对历史经验的总结。此外《侈靡》篇中对边防线上的情报工作也有论述。作者认为，"候人不可重也"，"请问诸边而参其乱，任之以事而因其谋"。也就是说边境上主管侦察敌情的官员不可轻易调动，应当让他专心在边境上注视敌人动静，深入了解敌情，并听取他的意见。

《管子》一书是强调谋略之运用的。在《七法》篇中，作者指出"故凡攻伐之为道也，计必先定于内，然后兵出乎境"。因此《管子》一书中对战略情报的搜集十分重视。作者提出"存乎遍知天下，而遍知天下无敌"，即注意了解各国情况，就可以立于不败之地。注意了解一些什么情况呢？作者进一步提出"不明于敌人之政，不能加也；不明于敌人之情，不可约也；不明于敌人之将，不可军也；不明于敌人之士，不先陈也。"从政治、敌军动向、敌将、敌士卒四个方面了解敌情，是"百战百胜"的必要条件。

在《八观》篇中，作者提出从一个国家的农业、储备、法令、外交等方面去观察一个国家的兴衰。在《问》篇中，作者提出对国内情况要做详细的调查，调查的内容在中国古代兵书中堪称最为详细。从青壮年参加军训的情况，直到军械修理、牛羊放牧情况，全在调查范围内。对国内政治、经济、军事情况进行如此详细的调查，正是为了在对敌作战时胸中有数。作者之所以提出如此详细的调查清单，是因为作者认为"事先大功，政自小始"。也即首先要掌握主要的、宏观的情况，但解决问题，要从小处着手，具体解决问题，关注关键的细节。这具有很强的实践意识。战略情报的整合与搜集，要建立在具体情报的基础上。解决整体的、宏观的战略问题，必须以具体、微观的情报为基础。

值得特别提出的是《管子》一书，有极具特色的《地图》篇。"凡主兵者，必先审知地图。"实际上是对将帅必须掌握的军事地理情报提出了要求。

在对了解情报提出要求、目标时，《管子》一书也提出了用间之法。"金城之守者，用货财、设耳目也"。守城之所以能固若金汤，是因为不惜财宝，广布间谍。这似乎与《墨子》一书中的思想有一定渊源。在《制分》篇中，作者提出："故小征，千里遍知之。筑堵之墙，十人之聚，日五间也。大征遍知天下。……故善用兵者，无沟垒而有耳目。"这就是说小的征讨，要了解清楚千里之内的情况。即便是一个小的村落。也要不厌其烦地去侦察。大举用兵，要把天下各国的情况都弄清楚。大将出兵打仗，依仗用间谍为壕垒。作者在这里提出了不同战争行动对间谍活动的不同要求。小征，也即一次战役行动，与其周边相连地区的情况尽知就可以了。大的战略行动，势必牵涉甚广，这样间谍活动范围必然要扩大到天下各国。

在《禁藏》篇中，作者提出了对敌进行间谍战的五种方法。其一为"视其所爱以分其威。一人两心，其内必衰；世臣不用，其国可危。"也即离间敌君主之宠臣。其二为"视其阴所憎，厚其货赂，得情可深，身内情外，其国可知。"也即用金钱拉拢国君所厌恶的人，使其为我提供其国家的机密情报。其三为"听其淫乐以广其心，遗以竽瑟美人，以塞其内；遗以谄臣文马，以蔽其外；外内蔽塞，可以成败。"也即以美女、珍玩、异兽对敌国君主展开攻势，使其不理政务，沉湎于淫乐。其四为"必深亲入，如与同生。阴内辩士使图其计，内勇士使高其气。内人他国，使倍其约，绝其使，拂其意，是必士斗。两国相敌，必承其弊。"也即派人打入敌国成为君王的亲信，派谋臣为之策划，武士为之壮胆。然后再派间谍到另一个国家去，使这个国家背弃与他们立的盟约，不按照他的意志办。两国相斗，使我有可乘之机。其五为"深察其谋，谨其忠臣，揆其所使，令内不信，使有离意。"也即离间其忠臣，除掉其忠臣。

这五条用间之法，是对春秋、战国时高级战略间谍活动的高度概括与总结。《孙子兵法》中虽然提到了以"上智"为间的问题，但并未展开。《管子》一书中则对高级战略间谍活动做了深入论述。

《管子》一书中的间谍思想有很强的实践性，而且涉及的范围广阔，论及保密防间、军事行动中如何用间、高级战略间谍活动诸方面。其论述的特点是与政治权术、治国方略结合在一起开展分析，因而能看到一些军事理论家看不到的问题。但也正因为如此，所以在整体结构上给人以重复、零乱之感。尽管如此，《管子》一书中的间谍思想仍是值得重视的。

第六节　韩非的间谍思想

韩非（约公元前280—前233年）是战国末年韩国贵族，法家学派著名代表人物。韩非总结了新兴地主阶级的统治经验，把这些经验上升为政治理论，提出了"法"、"术"、"势"相结合的政治思想。他对商鞅、申不害、慎到三家的思想进行了总结，使"人主之术"达到了一个理论顶点。

所谓"法"即法令，以法令为中心，来巩固封建统治。所谓"势"即政权，统治者要充分运用"势"来推行法治。然而以"法"、"势"尚不足以进行统治，这就需要有统治之"术"。"术者，藏之于胸中，以偶众端，而潜御群臣者也。故法莫如显而术不欲见。"也即统治者在彰显法律的同时，要以不测之威，收发自如地督责群臣，像驾驭马匹那样驾驭群臣。由于韩非这一套政治统治术适合当时将要出现的封建大一统独裁统治的需要，韩非受到了秦王政的重视。但由于李斯、姚贾等人的嫉恨而死在秦国狱中。韩非虽死，其学却大显。韩非的这套政治统治术，对历代君主影响尤深，因而对中国古代间谍活动及间谍组织都产生了重要影响。

韩非的间谍思想（严格地说是统治术）主要体现在《韩非子》一书中。韩非认为，秦国之所以"国治而兵强"，是因为"匿罪之罚重而告奸之赏厚也。"也就是说秦国严惩敢于隐匿罪犯的人而重奖告密的人，是秦国强大的重要原因。韩非认为"此亦使天下必为己视听之道也"。也就是说，广开告密之门，以天下人为自己的耳目，是治理天下的不二法门。韩非认为"至治之法术已明矣，而世学者弗知也"。这是个治世的良方，不过学者却不知道罢了。

韩非的"以天下人为耳目"的政治技术，应当说是总结了当时秦国的商鞅变法以来，实行保甲制度，广开告密之门的政治实践得出的理论。君主登临大位之后，"高处不胜寒"，随时要提防有人窥视帝位。韩非的这一理论正好投合了帝王的心理，因此为历代帝王所奉行。他们不是广开告密之门，就是组织自己亲信操纵的特务机构。韩非的政治技术在当时客观上起了巩固君主独裁统治的作用，也成了各种维护独裁统治的间谍（特务）组织诞生的催化剂。韩非这一理论是君主人格的理论化。

韩非还认为"千乘之君无备，必有百乘之臣在其侧，以徙其民而倾其国；万乘之君无备，必有千乘之家在其侧，以徙其威而倾其国。"所以必须防止大臣坐大，结党营私。使"大臣之禄虽大，不得籍威城市；党与虽众，不得臣士卒。故人臣处国无私朝，居军无私交，其府库不得私货于家。此明君之所以禁其邪"。也就是说，严密监视大臣，使大臣们不得壮大自己的实力，是君主贤明的体现。以大臣为仇敌的心态在韩非的理论中表现得淋漓尽致。从战国时期策士纵横，这些人左右逢源于几国之间，鼓莲花之舌，影响国策，充当高级间谍，到韩非学说的出现，标志着间谍舞台的转换。随着那个间谍活动黄金时代的过去，允许那种间谍活动的思想也必然为大一统的帝国统治术所替换。如果说孙子的间谍思想是对春秋、战国之际间谍活动的总结；韩非的思想则是为君主结束此类游士进行的间谍活动提供了武器。一个大一统时代到来了。在后来漫长的封建社会中，即使是在天下大乱时，各派势力的首领，也俨然是以帝王自居，用韩非这一套督察臣下的。

韩非在《韩非子·亡征篇》中指出了对大臣要注意监视的具体意见。"羁旅侨士，重帑在外，上间谋计，下与民事者，可亡也。""境内之杰不事，而求封外之士，不以功伐课试，而好以名问举措，羁旅起贵以陵故常者，可亡也。""贵臣相妒，大臣隆盛，外借敌国，内困百姓，以攻怒仇，而人主弗诛者，可亡也。""出军命将太重，边地任守太尊，专制擅命，径为而无所请者，可亡也。"韩非提出的这几条"亡征"，矛头直指当时游说之士。同时韩非还提出了对文武大臣的抑制之法。应当说韩非这几条抓住了当时君主之间、君主游士之间利害关系的关键，为君主以"术"来制裁、制衡、督责大臣提供了理论。韩非讲的这几条，往往也正是后世君主对其大臣易起疑心之处，这说明他抓住了封建独裁政治体制下政治权力运作、权力分配的客观规律。

此外韩非还明确提出"君臣之利异，故人臣莫忠，故臣立而主利灭。是以奸臣者，召敌兵以内除，举外事以眩主，苟成其私利，不顾国患"。至此韩非算讲到家了。由于君主臣子之利害关系不同，所以大臣没有对国君十分忠实的。奸猾的臣子常常招敌兵入国内铲除异己，以办理外交挟敌国自重，只要能达到满足私欲的目的，根本不考虑国家的利益。应当说韩非这段话对当时封建独裁政权的巩固，防止高级战略间谍的活动有积极意义。

韩非的这些思想严格地讲是政治权术和政治哲学。但是他的思想对中国几千年封建社会中君主的统治行为，朝廷内部的政治斗争产生了很大影响，作为封建君主开展间谍（特务）活动的理论依据为他们所遵循。这并非因为韩非的理论有什么别的魔力，而是因为韩非的理论反映了封建政权中政治关系的特点，启动了君主大臣之间利害的扳机。韩非的理论对我们认识封建社会间谍战中君主、大臣的行为、动机有重要意义。

第七节 《六韬》一书中的间谍思想

《六韬》一书，乃后人假托姜太公之名所作。但此书成书之上限不早于周显王时（公元前368—前321年），下限不迟于秦末汉初，因此仍体现出春秋、战国时的间谍思想，当然书中有些部分渗入或夹杂了西汉初年的一些思想。《六韬》一书在宋代被列入《武经七书》绝非偶然。《六韬》全面地论述了国家安全的各个方面，诸如政略、兵略、谋略、作战方式、军事装备、间谍战技术等，堪称当时这方面的"百科全书"。

《六韬》一书的间谍思想，主要集中于高级战略间谍活动的展开和军事行动中如何用间两个方面。其中又以高级战略间谍活动的论述更为精彩。《六韬·武韬》中提出"文伐"的十二种方法，可谓集当时高级战略间谍活动之大成。

"一曰，因其所喜，以顺其志，彼将生骄，必有奸事，苟能因之，必能去之。"这就是说要在表面上投敌之所好，顺应其意向，使敌人生骄奢淫逸之心，然后乘机加以利用。

"二曰，亲其所爱，以分其威。一人两心，其中必衰。廷无忠臣，社稷必危。"也就是说要拉拢敌人君主亲信的人，使其怀有二心，既然朝廷上没有忠臣了，天下也就快丢了。

"三曰，阴赂左右，得情甚深，身内情外，国将生害。"拉拢敌国君主左右之人，了解其机密，使他们为我所用，这样这个国家就危险了。

"四曰，辅其淫乐，以广其志，厚赂珠玉，娱以美人。卑辞委听，顺命而合。彼将不争，奸节乃定。"这一条与第一条似有重复之处，但细一分析却又不然。第一条是政治上做出百依百顺的姿态，以骗取敌国君主的信任；这一条则是以"糖衣炮弹"直攻敌国君主的生活弱点。目的是同一的，即从敌国君主心理上打开缺口。

"五曰，严其忠臣，而薄其赂。稽留其使，勿听其事。亟为置代，遗以诚事，亲而信之，其君将复合之。苟能严之，国乃可谋。"这一条具体讲了离间敌国忠臣的方法。对敌国的忠臣，要给予隆重的礼节，不必给多少财物。在他出使时，故意使其多停留在国中，不与其进行谈判。敌国君主必然要很快撤换他，此时再透露一些内情给他，使其与我们友好。这样必然使君臣生疑，就可以图谋其国了。此条令人想起了陈平离间项羽与范增的活动。

"六曰，收其内，间其外，才臣外相，敌国内侵，国鲜不亡。"这一条是说要收买君主近侍，离间君主与镇守外地的文臣、武将的关系，使其有才干的大臣产生外心。那样一来，敌国入侵时很少有不亡的国家。

"七曰，欲锢其心，必厚赂之，收其左右忠爱，阴示以利，令之轻业，而蓄积空虚。"这一条引人注意的是，其目的在于破坏敌国的经济，而着手之处是以厚利收买敌大臣。把收买权臣与破坏敌国经济联系起来，这一构思颇为独到。

"八曰，赂以重宝，因与之谋，谋而利之。利之必信，是谓重亲。重亲之积，必为我用。有国而外，其地大败。"同样是贿赂，这一条却又把贿赂敌国君主，与引诱其执行有利于我的外交方针联系起来了。要在收买敌国君主时，引诱其执行有利于我的外交路线，同时在外交中使其陷于不利的境地，乘机削弱之。

"九曰，尊之以名，无难其身，示以大势，从之必信；致其大尊，先为之荣，微饰圣人，国乃大偷。"这一条是以各种荣誉去吹捧敌国君主，使其狂妄自大。间谍战中的心理战手段也包括了进来。

"十曰，下之必信，以得其情；承意其事，如与同生；既以得之，乃微收之；时及将至，若天丧之。"骗取敌方君主的信任，好像是他的兄弟一样，在不知不觉中控制他，等待时机。

"十一曰，塞之以道，人臣无不重贵与富，恶危与咎，阴示大尊，而微输重宝，收其豪杰。内积甚厚，而外为乏。阴纳智士，使图其计；纳勇士，使高其气。富贵甚足，而常有繁滋，徒党以具，是谓塞之。有国而塞，安能有国。"这一条讲的是更为重要的战略间谍活动，那就是在敌国内部造就一个颠覆集团，一个窃据高位，足以堵塞君主视听的间谍集团，这样就容易消灭敌国了。值得注意的是这一条中还提出了"内积甚厚，而外为乏"以经济上的假象迷惑敌人的办法。

"十二曰，养其乱臣以迷之；进美女淫声以惑之；遗良犬马以劳之；时与大势以诱之；上察而与天下图之。"这一条中值得注意的是，要"时与大势以诱之"，就是说要有间谍或游说之士，进行高级游说活动，通过影响舆论，影响君主决策思想，从而影响国家战略决策。

书中认为，"十二节备，乃成武事"，就可以对敌国讨征了。也就是说作者把间谍进行的谋略战，作为武力进攻的前提与准备。一旦"文伐"得逞，"武攻"就会如瓜熟蒂落一般，是水到渠成的事了。作者将此十二节专门作为谋略来论述，表明作者将其看成是与武力进攻相同的重要手段的卓见。如此细致地论述谋略，论述高级战略间谍活动，在中国古代兵书中是不多的。值得提出的是《六韬》中的十二条与《管子》一书中的五条有相似之处。这既表现出两书的因袭之点，也表明对高级间谍进行的战略性间谍活动已成为人们感触颇深的一个问题，因而纷纷对此予以论述。

《六韬》一书中还提出了"凡帅师之法，当兵发远候，去敌二百里，审知敌所在"等军事侦察的方法。"听其鼓无音，铎无声，望其垒上多飞鸟而不惊，上无氛气，必知敌诈为偶人也"，则总结了战术侦察经验。

《六韬》一书中的高级战略间谍活动方法之研究，比《孙子兵法·用间篇》中所论述的更为深刻、详细、丰富。研究中国古代间谍思想时，有必要强调一下《六韬》所占据的重要地位。

第二章 孙子的间谍思想及后人的注释与阐述

第一节 孙子的间谍思想

孙武字长卿，后世尊称其为孙子，春秋末期齐国乐安人（今山东惠民）。孙武曾在吴国为将，史称其助吴"西破强楚，入郢，北威齐晋，显名诸侯"。孙武并非仅仅以显赫武功名垂后世，更重要的是他留下了一部流传千古，至今仍被奉为兵家经典的著作——《孙子兵法》。与其他先秦著作一样，《孙子兵法》的成书与流传也是件颇令人费神的事。有人怀疑此书是后人伪托。我认为《孙子兵法》一书，应为孙子所作，但陆续经后人整理、删改，到今天已定型的"十三篇"成书时，无疑融入了西汉时甚至东汉时的一些军事思想。此问题在此不再做进一步论证。但是《孙子兵法》一书，就其主要内容与思想来说，无疑反映了春秋、战国之际的军事思想，是孙子对那个剧烈变化时代的军事活动的理论总结。

由于《孙子兵法》后来被捧到极高的地位，推崇备至，因而后世研究兵法者往往采取注释之法，在《孙子兵法》这座宏伟的大厦上添砖加瓦。这样逐渐形成了一个让人能看清脉络的兵学思想体系，其弊病是束缚了后人另辟蹊径的发展。

因此，我将《孙子兵法》及其注释者的思想单列一章。对其注释者中较有新意的思想进行一下分析，其他则点到为止。由于《孙子兵法十一家注》基本上包括了宋代以前的一些兵家，因此本章中也附带了对汉、唐、宋人一些卓见的分析。

正如美国国防大学战略研究所所长、《大战略》一书作者柯林斯指出的，"孙子是古代第一个形成战略思想的伟大人物。"孙子在他的不朽著作《孙子兵法》一书中也最早提出了较为系统的间谍理论。不少《孙子兵法》的研究者往往把《孙子兵法·用间篇》作为《孙子兵法》的一个局部来研究、注释，而忽视了其在间谍史上所具有的作为最早的间谍理论体系的重要地位。主要体现在《孙子兵法·用间篇》中的孙子的间谍思想，是对春秋、战国之际激烈间谍战的理论总结，反映了那个时代人们对间谍活动的认识。《孙子兵法·用间篇》不仅对其后的中国古代间谍活动产生了深远的影响，而且在当今世界激烈的间谍战中仍被奉为行动的指南。

孙子的基本战略思想，举其要者我认为有如下几点：1."兵者，国之大事，死生之地，存亡之道，不可不察也。" 2."兵者，诡道也。" 3."夫未战而庙算胜者，得算多也；未战而庙算不胜者，得算少也。" 4."不战而屈人之兵，善之善者也。" 5."上兵伐谋。" 6."知彼知己，胜乃不殆。"以这几点战略思想为前提，孙子主要在《用间篇》中系统地展开了他的间谍理论。

间谍战是在古今中外激烈的政治、经济、军事、思想斗争中采取的一种特殊的斗争方式。间谍战中的道德观至今仍是在国际舞台上迭起波澜的一个因素，它影响着一个国家、一个政治、军事集团对间谍战这一特殊斗争形式的使用与控制，在许多国家中，影响着间谍机构与政府的关系，影响着公众对间谍活动的看法，也影响着一个国家间谍组织的活动方式和活动风格。

孙子作为两千多年前新兴地主阶级的代表，对此提出了自己的看法。"凡兴师十万，出征千里，百姓之费，公家之奉，日费千金。内外骚动，怠于道路，不得操事者，七十万家。相守数年，以争一日之胜，而受爵禄百金，不知敌情者，不仁之至也。"他在《用间篇》开头就提出了用间与"仁"的关系。这是与他的"兵者，国之大事，死生之地，存亡之道，不可不察也"的思想相一致的。用兵既是关乎国家存亡的大事，那么为了国家的存亡，必须用间。这在孙子看来是必然的，否则就是"不仁之至"。这是孙子的间谍思想的理论基础，也是孙子的"间谍哲学"。

今天在我们看来，新兴的、代表社会进步、历史进步的国家、阶级，对这一问题的看法也应如此。但是这一论点不应成为反动、没落国家、阶级从事破坏活动的辩护词。孙子的这一道德论是有历史特定的含义的。

孙子在其战略思想中主张"庙算胜"，主张"不战而屈人之兵"。所谓"庙算胜"与"不战而屈人之兵",就是从战略分析、战略制定、战略部署上先为战争的胜利打下基础,同时尽量通过谋略战争,通过"伐交"等战略威慑手段,使敌人在战争爆发之前就处于不利态势。而要实现上述战略思想,孙子认为"不可取于鬼神,不可象于事,不可验于度,必取于人,知敌情者也"。这样,用间就被摆到了很高的战略地位,成为重要的战略因素,成为取胜的前提条件。

孙子在兵法中又说"知己知彼,百战不殆"。这就是说在战争过程中,在实际投入战斗后,用间仍起着重要作用。《孙子兵法》以《始计篇》开始,以《用间篇》结束,并不是随心所欲,而是首尾呼应的。以大战略分析开始,经过对战争具体进程的指导(中间的若干篇),而以《用间篇》结束。也即要把书中的战略、战术理论用于战争实践,一个不可缺少的前提是"用间",了解敌情,对敌人的决策进行干扰、破坏,对敌人内部进行谋略战争。相比之下,现代战争理论的中外论著中往往缺少这关键的一环。令人感到《孙子兵法》体系的严整和气魄的宏大。

孙子在其《用间篇》中具体论述了用间的五种基本形式即诱使敌方乡人的"因间";诱使敌方官吏的"内间";诱使敌方间谍为我所用的"反间";散布假情报,通过自己的间谍提供给敌人,自己的间谍也难免一死的"死间";活着回报敌情的"生间"。

孙子在其活动的那个烽烟四起的时代对间谍活动的模式作了一个概括与总结。孙子认为"五间具起,莫知其道,是谓神纪,人君之宝也"。也就是说要在间谍机构的平台上,把五种间谍活动方式同时使用,令敌人莫测高深。五间并用,可以使间谍战发挥最大的效用。他特别重视"反间"的作用,这又是与他的"兵者,诡道也"的基本战略思想联系在一起的。也就是说孙子提倡的不是单纯地了解敌人,而是主动向敌人提供假情报,迷惑敌人,扰乱敌人的部署。这样,情报工作与作战就完全融为一体了。综观第二次世界大战中英国对德国派遣到英国的间谍网的"反间"应用,不能不让人叹服孙子的先见之明。

孙子认为,没有高明的智慧,不能利用间谍,对间谍不以诚待之和给以厚赏,不能使用间谍。在决策主要由君主、将领个人作出的古代,孙子这一观点强调间谍活动是一项复杂的斗智活动,间谍的使用者要有很高的智力,否则难以指导间谍进行有效的活动,也难以对情报加以辨别和利用。

孙子在《用间篇》中讲了"用间"要绝对秘密，还在《虚实篇》中提出"故形兵之极，至于无形。无形，则深间不能窥，智者不能谋"的积极反间谍思想。只有主动伪装佯动，变化无穷，使敌人感到莫名其妙，才能有效地防止敌间。孙子还提出了战术间谍情报搜集范围，包括敌方守城官员、亲信、掌管传达命令和接待宾客的人、守门官吏、幕僚、宾客。除此之外，笔者认为孙子在《始计篇》中提到的"道、天、地、将、法"五事，实际上也是为间谍活动获取战略情报划出了方向、范围。如此广泛的搜索范围，又与他"兵者，诡道也"、"上兵伐谋"等基本战略思想紧密联系。

孙子在论述了间谍工作的重要地位后说："五间之事，主必知之。"间谍活动的组织指导，必须置于国家最高负责人监督领导之下。

孙子认为，能成功地使用间谍的人必须是贤能的将帅、有智慧的国君。并举出商朝兴起，有伊尹在夏为间；周朝兴起，有姜尚曾在殷了解内情的例子。说明成功的、发挥大作用的间谍也应是有高度智慧的人。显然，孙子举的这类间谍是在敌人内部进行高层次间谍活动的战略间谍。

从上面的分析可以看出，孙子从间谍工作的道德观、地位、作用、活动的展开、五间并用的基本形式、间谍人才的素质、情报的搜集、间谍工作的指挥等方面，系统地论述了世界最早的间谍理论。孙子不仅是世界第一位形成战略思想的伟人，也是对"用间"进行理论上研究的开山祖。他的间谍思想不仅给中国古代漫长的政治、经济、军事斗争打下了烙印，而且影响着当今国际舞台上瞬息万变的风云。深入研究孙子的这部分思想遗产，可以加深我们对其整个军事思想的理解，对于分析当今世界上错综复杂的斗争，也具有一定的现实意义。

最后要指出的是孙子认为"先知者不可取于鬼神，不可象于事，不可验于度，必取于人，知敌之情者也"。从前面的分析中我们可以看到春秋之前及春秋、战国之际，在战争中人们常用占卜等方法来预测战争结果。孙子的这一命题是古代军事、间谍思想的一大进步，是具有哲学意义上的变革。中国古代兵家遵循孙子这一教导，无不把通过用间获取敌情摆在重要位置。孙子的兵法中贯穿着朴素的唯物主义思想，在其间谍思想中同样如此。

需要指出的是，孙子的间谍理论作为世界上最早、最系统的间谍理论，在世界，尤其在东方产生了深远的影响。

第二节　后人对孙子间谍思想的注释与阐述

后人在对孙子谍报思想进行注释的同时，也作了某种程度的阐述。本节集中讲宋以前也即《宋本十一家注孙子》一书体现出来的后人的注释与阐发，从而对唐宋以前的古代间谍思想做一简要描述与分析。

《孙子兵法·用间篇》中讲道："五间俱起，莫知其道，是谓神纪，人君之宝也。"这一点引起了后世兵家的极大兴趣。魏武帝曹操认为这是指"同时任用五间也"。也即在战争中"因间"、"内间"、"反间"、"死间"、"生间"要同时开展活动，多方面了解敌人情报，并进行破坏瓦解活动。

唐人杜牧有感于唐末藩镇割据的局面，以豪放不羁的诗人之身，对《孙子兵法》下了一番功夫。他认为"五间俱起者，敌人不知其情泄形露之道，乃神鬼之纲纪，人君之重宝也"。杜牧是从"五间俱起"，使敌人无法探知情报泄露之源这一技术层面来理解的。

杜牧观点为后来的注释者宋人梅尧臣（公元 1002—1060 年）等所继承，只有宋人张预对此有新的理解。他认为"五间循环而用，人莫能测其理"。也即五种间谍手段轮换使用，使敌人无法摸出间谍运用之规律，使敌人难以防范，这才是"人君之宝也"。后世对这一句用间语录大加注释是因为这句话牵扯到对间谍活动全面展开的指挥与领导，是"人君重宝"，用间之关键。应当说几种阐发对间谍思想各有其贡献。

对于"非微妙不能得间之实"一句，杜牧注道："间亦有利于财宝，不得敌之实情，但将虚辞以赴我约。此须用心渊妙，乃能酌其情伪虚实也。"也就是说，派出去的间谍，也有为利所使，虚报情况的时候，因此对其报告的情报要用心分析、判断。对此杜佑认为"用意密而不漏"，也即对己方间谍也要不露意图，归结到用间须保密上。但后来梅尧臣注道："防间反为敌所使，思虑故宜几微臻妙。"王晳注道："谓间者必性识微妙，乃能得所间之事实。"梅尧臣沿着杜牧的思路又往前走了一步，考虑到间谍反为敌所用的问题，这对孙子的用间思想是有发展的。因为孙子用间思想基本上是从我方如何用间出发进行论述的，对如何反间、防间则论述得不够。王晳所注，是从间谍个人素质出发，认为间者个人素质，关系到情报的质量、真伪。诗无达诂，看来对"兵圣"的著作也几近之了。

"故惟明君贤将能以上智为间者，必成大功。此兵之要，三军之所恃而动也"。对此唐人李筌认为："孙子论兵，始于计，而终于间者，盖不以攻为主。为将者可不慎之哉。"这是从孙子军事思想的整体结构上去解释了。也即孙子军事思想中崇尚"不战而胜"、"不战而屈人之兵"，以大战略和具体谋略贯穿《孙子兵法》之中，是孙子军事思想的特点。李筌此说是有见地的。通过间谍，开展谋略攻势，在许多情况下，可以兵不血刃地达到目的。

对此宋人张预有完全不同的看法，他说："然处十三篇之末者，盖非用兵之常也。"这种说法是不正确的。孙子把用间看成"三军之所恃而动"的基本依据，怎么会"非用兵之常"呢？

后人对孙子谍报思想的注释与阐发，各自在自己时代的用间经验基础上，使孙子间谍思想不断"现代化"，增强了其实用性。至于注释与阐发，有些虽非孙子本意，但也在某种程度上丰富和延伸了孙子的间谍思想。但是应当说《宋本十一家注孙子》的作者们，对孙子间谍思想的发展是不大的。

第三节 《黄石公三略》中的间谍思想

《黄石公三略》是西汉人伪托黄石公之名撰写的一部专门论述政略、军略的兵书。此书具有浓厚的黄老道家色彩，其论述往往是治世之道、用兵之道融会贯通的。因此，讲此书以黄老之道为依据来论述一般战略，也未尝不可。即便此书在讲到"主将之法"时，也仍然是着眼于国家的整体治理的。书中大量引用了《军谶》、《军势》等古代兵书来论证自己的观点，其中不乏有关间谍的论点。

首先，极为强调保密："《军谶》曰：将谋欲密，士众欲一，攻敌欲疾。将谋密，则奸心闭。""将谋泄，则军无势，外窥内，则祸不制，财入营，则众奸会。"黄老之道是提倡阴柔之术的。《黄石公三略》中也提出"端末未见，人莫能知"，"四海化行，百姓不知其所以然"。将这种思想贯穿于军事、政治行动，就要提倡保密防间。

对敌进行间谍活动，该书也有论述："《军谶》曰，用兵之要，必先察敌情。视其仓库，度其粮食，卜其强弱，察其天地，伺其空隙。故国无军旅之难而运粮者，虚也；民菜色者，穷也。千里馈粮，民有饥色。樵苏后爨，师不宿饱。夫运粮千里，无一年之食；二千里，无二年之食；三千里，无三年之食，是谓国虚。国虚则民贫。民贫则上下不亲。敌攻其外，民盗其内，是谓必溃。"

《黄石公三略》中的这段话是十分精彩的。这段话表明了两个问题：其一，表达了对敌国的国力如何进行战略侦察。农业社会，看一个国家的国力，主要是粮食的有无、多寡，军队的强弱及天时地利的情况。作者在这里总结了对敌观察、分析的几条经验。其二，表达了古人对战略情报进行分析、推理的能力。作者抓住运粮这个动态的重要因素，对敌人状况进行了分析推理。由运粮之远近向两头延伸，一头分析了这样做部队的状况，一头分析了这样做给国力造成的巨大危害，然后由对部队、国家的危害归结到"必溃"之结论。这种抓住动态的关键因素对敌国、敌军进行分析的方法，今天读来仍让人拍案叫绝。

应当说《黄石公三略》中这些对敌观察、侦察之内容在《孙子兵法》中都提到过，但是对敌人进行动态的运筹、分析却是其独到之处。《黄石公三略》中还提出"敌动伺之"，也是讲对敌人的动向要做动态的侦察，以便"因敌转化"，提出对策。这是与作者"不为事先，动而辄随"的一般策略方法紧密相连的，也就是说要潜藏于无形，在暗中紧紧跟踪，盯住敌人的动向，然后伺其"空隙"、弱点暴露之时，突然攻击、消灭之。这也是以弱胜强的先决条件。

如果把《黄石公三略》当作一部一般论述强弱转化的策略方法论的书来读，从整体上是很有回味之处的。

第四节　《李卫公问对》中的间谍思想

《李卫公问对》一书，是以唐太宗李世民与唐初著名军事家李靖问答形式写成的一部兵书。此书据历代学者考证成书于北宋，为宋代大臣阮逸伪托之作。当然与其他许多兵书一样，后人对其成书众说纷纭。当代学者中也有坚持此书为李靖所作的。《李卫公问对》是一部颇有创见的兵书。在后人纷纷注释、阐发《孙子兵法》之际，《李卫公问对》中的许多思想显示了作者的独到之处，其用间思想亦是如此。

《李卫公问对》上卷中写道："此所谓'多方以误之'之术也。蕃而示之汉，汉而示之蕃，彼不知蕃汉之别，则莫能测我攻守之计矣。善用兵者，先为不可测，则敌乖其所之也。""多方以误之"的思想是十分深刻的。这里指的是在与敌人作战中，要千方百计制造假象，造成敌人的错觉，使敌人摸不清我们的意图，为我方乘机战而胜之创造条件。"多方以误之"就是要积极制造各类假情报，去主动地迷惑敌人，欺骗敌人。《李卫公问对》一书在提出这一思想时，虽然是从具体作战的战术层次提出的，但仍有重要意义，以积极主动的行动取代了消极地保守机密的做法。

在《李卫公问对》（中卷）写道："按《孙子》，用间最为下策，臣尝著论其末云：水能载舟，亦能覆舟。或用间以成功，或凭间以倾败。若束发事君，当朝正色，忠以尽节，信以竭诚，虽有善间，安可用乎？"太宗曰："诚哉！非仁义不能使间，此岂纤人之所为乎？"《孙子兵法》中把间谍活动抬到了应有的高度，但间谍活动绝非万能。《李卫公问对》对间谍活动的作用做了适当的评价，并把间谍活动是否能成功与政治状况联系起来考虑，这是独具慧眼的。成功的间谍活动，尤其是瓦解敌方上层的高级间谍活动总是与对方的政治状况紧密相连的。间谍活动仅是一种手段，既不可轻视它，又不可将其作为解决问题的唯一法宝。间谍活动的成败与使用间谍的统治集团的政治状况、道德水准、指挥艺术等有极大的关系。

第五节 《百战奇略》中的间谍思想

《百战奇略》（原名为《百战奇法》）在我国军事理论著作中，堪称一部高水平的著作。但该书成书年代、作者均模糊不清。

据张文才先生所著《百战奇法浅说》一书考证，《百战奇略》成书于宋代。该书作者不详（南宋谢枋得曾刊刻此书，但宋本已不存）。明正统六年（公元1441年）《文渊阁书目》录有《百战奇法》。清咸丰三年（公元1853年）麟桂刊刻《水陆攻守战略秘书七种》时，《百战奇法》改为《百战奇略》，署名"明朝刘伯温"（刘基），这是最早托名刘伯温所作的版本。

笔者认为《百战奇略》为宋人所作，应当是大致不错的。因为《百战奇略》列举了大量古代战例，自春秋至五代，五代后战例不见踪影。其次，《百战奇略》与《武经七书》呈现明显渊源关系。该书援引的百条古代兵法（即书中"法曰"引文），八十七条出自宋元丰三年（公元1080年）朝廷颁定的《武经七书》。再次，《百战奇略》中的语言、文风与已知刘基（刘伯温）的文章相对照，略显通俗，差异明显。最后，笔者认为流传至今的《百战奇略》经历了一个"叠层累加"的过程，在流传过程中，掺入了某些宋以后人的东西。

不管《百战奇略》作者为何人，成书于何年代，作为一部兵书，其在中国军事理论著作中占有突出地位，是毫无疑义的。尤其相较明以后的军事著作，其理论性、立足点之高，都是明显的。该书既包括了战略思想，也包括了具体行军作战的战役、战术思想，当然也包括了用间思想。

该书中"法曰"引文中，大量来自《孙子兵法》，看上去像是对《孙子兵法》的系统阐述。该书继承了《孙子兵法》的以大战略为主线，引领其他论述的传统，同时又有所发明。

在战役层面的论述，较《孙子兵法》更为丰富、系统。作者把军事斗争中的状态，分为不同的矛盾统一体，进行论述，充满了辩证思维。

《百战奇略》在《计战》中首先提出，"凡用兵之道，以计为首。未战之时，先料将之贤愚，敌之强弱，兵之众寡，地之险易，粮之虚实"。也即用兵先要进行战略分析，从而提出了间谍活动的大方向。

在《间战》中，作者提出"凡欲征伐，先用间觇敌之众寡，虚实、动静，然后兴师，则大功可立，战无不胜。法曰：无所不用其间也。"以《孙子兵法·用间篇》中名言结束。至此《百战奇略》把间谍活动的成败，作为军事活动成败的先决条件，并且指出了战略侦察的方向。但是，应当说《百战奇略》中的战略侦察内容，与《孙子兵法》中提出的内容相比，略显不足，侧重于军事方面。

在《离战》中，作者认为，"凡与敌战，可密候邻国君臣交接有隙，乃潜间者以间之。彼若猜贰，我以精兵乘之，必得所欲"。作者把战争与间谍战结合起来，提出以间谍挑拨离间敌国君臣关系，是战争的前提条件之一。

在《和战》中，作者把欺骗敌人与作战结合起来："凡与敌战，必先谴使约和。敌虽许诺，言语不一。因其懈怠，选锐卒以击之，其军可破。"

在《降战》中，作者对如何警惕敌人的诈降，提出了具体要求："凡战若敌人来降，必要查其真伪。远明斥堠，日夜设备，不可怠忽。严令偏裨，整兵以待之，则胜。"

在《斥战》中，提出非常具体的战场侦察、警戒规则与做法："凡行兵之法，斥堠为先。平易用骑，险阻用步。每五人为甲，人持一白旗，远则军前后左右接续堠望。若见贼马，以次转近告白主将，令众为之备。"让人对古代的战场侦察、信息传递，有历历在目之感。

《百战奇略》中还很重视通过制造假象惑敌、诱敌，从而掌握战场主动权，提出了若干惑敌、诱敌的具体做法。

《百战奇略》把间谍的使用，贯穿于战争始末，摆在很高的位置，在战略层面、战役、战术层面，系统提出了间谍活动的目标与方法。但是，整体而言，其间谍思想还是侧重于战争中的间谍活动，与《孙子兵法》相比，在宏观层面的论述相对较少。

第三章 明、清的间谍思想

第一节 何良臣的间谍思想

何良臣字际明,浙江余姚人,大约是明正德至万历间人。何良臣是以文人从军升至蓟镇游击将军的儒将。他有感于当时明朝统治者在指挥抗击蒙古统治者频频发动进攻时的无能及明军的腐败,写下了《阵纪》一书。当时东南沿海一带也发生了动乱,明军在平息战乱中频频失利。这些都刺激了何良臣。因而其《阵纪》一书,有很强的实用色彩。对当时军中的防间反谍及侦察工作都有论述。

何良臣在《募选》篇中对间谍进行挑选,提出了自己的看法。他认为,"乖觉晓事,诚慎细密,备谙山川进退险易者,宜充哨探巡察"。这就是说要选机灵善变,为人谨慎细心,但又对当地地形熟悉的人充当侦察员。他还提出"捷能飞檐走壁,而杀人放火;技能奇巧异人,而骇世惊俗;术能窥天测地,而预知吉凶之类,俱应选入中军。"显然这是要收集一些人才,供特殊场合时使用,对敌人进行奇袭与破坏。在《致用》篇中,他又提出"他如蛇行蝛伏者,可使为探报"。也就是说行动轻捷的士兵可以做侦察工作。这是从士兵的体质、行动特点对挑选间谍提出了要求,而前面讲的则是从士兵的性格、智能等角度提出了充当间谍的条件。何良臣在同一篇中还接着提出"因显知微者,可使查敌情"。何良臣在此之前提出的对间谍的要求,是针对军队派出的侦察员而发的,也即在战术层次上进行战场军事侦察的低级间谍。此处讲的则是有一定观察能力与分析能力,可以派到敌方去进行间谍活动的较为高级的间谍。

在《赏罚》篇中,何良臣提出:"伏路出奇,生擒敌首,及奸细人员,因得机情,而偷营砍寨,致敌自挠,而我兵乘进者为上功。"对截取敌人首脑、情报，对敌人发动偷袭的，要给予最高的褒奖。相反，对"缉得军中与敌相通机事情实者，所犯腰斩，伍队官目连坐有差，其家私妻子，具赏缉者"。手段是残酷的，但赏罚分明地以军法、军纪来保证间谍工作的进行与保守军中机密，是十分必要的。

在《节制》篇中，何良臣提出行军时"兵卒助①言者斩，更不得与别营人马挤杂混行，防有敌奸诈劫"。"兵卒助言者斩"即口令传达错了的士兵要杀掉。整句话是针对行军如何防止敌间而发的。

在《奇正》篇中何良臣具体描述了战场上值得特别予以关注的几种情况。"群鸟集其上，烟岚疏其中，鼓铎之音不节凑者，空营也，旁必有伏。无伏者遁也。"针对这些情况，何良臣提出了相应的应对之策。何良臣对当时战场侦察经验进行了总结。

在《战令》篇中，何良臣提出"哨探发行，不知敌至者斩。哨探不以敌情实告主将，而反与同辈宣露者斩。""失旌旗金鼓符节，或为敌所窃者，全队斩之。""主将进退密令未出，攻伐机事未行，而有先闻者，告与所闻者俱斩之。""巫祝为军士卜其行军之吉凶，所问与巫者俱斩之。""漏得失机事于敌人，匿奸细缘由于境内者斩之"。这一系列"斩之"，总的着眼点在于防止情报泄露，防止军心涣散。何良臣考虑的是十分周密的，较之《赏罚》篇中更进一步具体化了。值得注意的是，他特别提出以严刑来督责派出去的间谍如实、准确地报告情况。的确，战时间谍的情报准确与否，关系到千百人甚至是万人的生命。没有严厉的军纪保证是不行的。有意思的是，他还在同篇中对敌方情报的处理提出了见解，"获得敌人私书，即宜密送主将，或先开读，及先与本官看者斩。敌使入军，非主司辄与语者斩。擒获敌人及来降者，即时领见主将，不得辄问敌中事宜，因而漏泄者斩。"何良臣的这部分论述，在中国古代间谍思想中是较为独到的。这部分论述集中讲了军旅之中对敌人情报的处理问题。敌人情报的处理不慎可能影响军心，也可能使敌人有所准备。因此，对敌人的书信、敌俘都要采取慎重态度，对内也要保密。另外对敌人使节入军中的保密问题，也规定了严格的军纪。何良臣这段话是总结了中国古代间谍战的实践提出来的。此外何良臣还提出"他将与左右偏裨聚议秘事，有逼帐瞩垣窃听者斩"。

---

① 助，通锄，除去。助言，即使口令失传。

何良臣在《阵纪》一书中的间谍思想，具有很强的军中实用色彩。其论及间谍与保密的地方，大都着眼于具体行军作战中的情况，因而层次较低。但也正因如此，其论述又十分细致，论及其他兵家在用间时所未涉及的几个方面。其一为军中间谍人才之选拔；其二为行军作战中的侦察、保密之法；其三为对间谍之督责；其四为对所获取的敌人情报及敌俘之适当处置。

总的来说，何良臣的间谍思想是着眼于为一个将军如何在战场上打胜仗而设计的。

第二节 戚继光的间谍思想

戚继光（公元 1528—1587 年）字元敬，明代著名军事家，在平定东南沿海的动乱和长期驻防北部边境的戎马生涯中，被明朝倚为长城。戚继光是山东蓬莱人，出身军官世家，但颇有儒将之风。虽然"一年三百六十日，多是横戈马上行"，但他在紧张、繁忙的军务之余，仍写下了《纪效新书》、《练兵实纪》两部兵书。他的间谍思想也主要体现在这两部书中。

戚继光重视情报的作用。前面提到，由于东南沿海的动乱带有某种特殊性质，因而明军在情报方面屡吃大亏。针对这一点，戚继光主张应随时注意变化着的敌情，并根据敌情尽快决策。把敌情看成是动态的，把情报工作看成是一个连续不断的监视过程，是戚继光的卓见。

戚继光为防间保密规定了严格的军纪。在《纪效新书·行军篇》中，戚继光提出，行军途中有"迎候禀事人员，及各处赍送紧急公文之人，前总领哨官审实，差人报知，方许进见。倘有异言异服可疑之人，送中军研审发落，不许擅放擅问"。戚继光注意到了行军作战时通讯联络是一个薄弱环节，最易为敌间所乘，因此做了严格规定。对可疑之人的处置也是十分认真的，并考虑到了防止可能产生的心理影响。戚继光还对行军秩序做出严格规定，以防敌间混入。

在《练兵实纪·练营阵第六》中规定："凡行营，夜不收不亲见贼，爪探不的（不准确），风闻欺诈，架梁塘报军马瞭望失真，漏下伏贼，因而误事者，登时斩。"戚继光以严明的军纪，保证派出去的间谍不欺骗，不夸张，不漏报敌情。《练胆气篇》中戚继光规定："凡承受军期密约号令，及关报贼情文字，只有传到将领等人员自知，常作提备，不许泄漏令众人知之。如泄漏，致贼乘我者，军法不货！"对保密的具体范围、内容及方法，做出了具体规定。

在此顺便提一下"夜不收"是明军中对夜间进行侦察巡逻的士兵的称呼。作为明军中的一种制度一直保持到明末。明末农民起义军张献忠部也有"夜不收"，专门在夜间执行警戒、侦察任务，并监视地主豪绅的动静。

值得注意的是戚继光还注意搜集了天气、地形的大量情报资料，写入兵书。这与他常年在东南沿海一带复杂的地形、气候条件下作战密切相关。在《纪效新书·治水兵篇》中，载有浙江沿岸全年的潮汐时刻表、日出没应潮信长短歌诀、定寅时歌诀及其他物候谚谣。作为一个将领能如此留心气候、地形情报资料的搜集，是难能可贵的。

戚继光积累了大量用间之经验。在东南沿海、北部边境他都因地制宜地使用间谍，保证了军事行动的完成。在北部边境镇守时，他派出的谍报人员，多的时候竟至五千余人。对如何用间，他在《条陈尖哨事宜》一文中进一步做了总结："惟有多差广探，即（有）被执之人，我无不知。各役须当散处，凡遇变知风，即便腾山传报，有失亦必有得也。但暗哨之人，不许与明哨相约，使各自为哨。"这里戚继光对用间之法提出了两个重要观点：其一是广布间谍，间谍与间谍间并无统一的垂直指挥系统。这样一来可以数量对质量；二来可以防止一人被捕即渠道、情报全失；三来可以相互补充，相互监视，敌人一旦抓获我间谍，也可以及时报知。其二是派出去的侦察、巡逻士兵分成明、暗两种，相互不联系。这样加强了战术侦察的可靠性。戚继光的这些观点对中国古代间谍思想是有发展的。

戚继光的间谍思想是一位将军克敌制胜的间谍思想，属于战役、战术这一层次。戚继光是以一位以严格训练部队并在战场上取得胜利的军事指挥官而名垂后世的。因而他的间谍思想对我们认识当时环境下的军事行动有较大认识意义，对今天战场指挥官也不无启发。

第三节 《投笔肤谈》中的间谍思想

《投笔肤谈》一书，为明人"西湖逸士"所著。有人查证"西湖逸士"当为何守法其人，其活动年代约在嘉靖至万历年间。从《投笔肤谈》

引中可以看出作者是一位文人无疑。作者自称"目击时艰，不欲自限于博士业，遂励志武事，间尝亦仿《孙子》之遗旨，出一隙之管窥。"由于是文人著兵书，其内容虽不一定直接有用于当时，但思想却十分广阔，其对用间的论述也颇有独到之处。

在《达权第三》篇中，作者提出"遣间谍者，不可不密"，"乘疑可间"的间谍思想。"乘疑可间"，即敌人内部处于相互猜疑状态时，正是施展离间之计的大好时机。同一篇中，作者还提出了战争中财钱之用的思想。"委敌以货而胜之者，货在我也。贪敌之货而败焉者，货在敌也。"也就是要舍得财物去瓦解、收买、迷惑敌人，只要战争打胜了，钱财最终为我所有。以银弹支持间谍战古来有之，深入论述银弹与战争之利害关系的则不多。作者这里的宣讲对象明显的是那些掌握财权的君主、重臣，为他们剖析舍小财而赢得战争的道理。作者在这里还讲了相反的道理，以进一步打动这些人。论述问题总是从正反两方面来看，也是此书的特点之一。作者还提出要"布疑言于人耳"，迷惑敌人。

在《持衡第四》篇中，作者提出"且亡奴多至降虏，必有泄机之灾，攻之当虑也。奸民易于导寇，此为室中之患，守之当防也"。作者从两方面考虑了泄露情报的危害。其一是投降敌人的士兵；其二是我方百姓中的降敌分子。作者把进攻、防守诸因素中的情报泄露因素，作为一项重要的内容提出引起用兵者的注意，从预防的角度来加以论述，是有独到之处的。对谍报工作不仅要严加保密，而且要预先考虑到可能出现什么泄露情报的情况，这较之消极地保守秘密又近了一步。作者不仅仅从这个角度考虑到泄密问题，在《战形第九》篇中，还提出"谋人而使人知者败，诈人而使人识者败，间人而使人反者败"的间谍战中几类可能失败之处，列为"必败之形"。也即让敌人知道了我方的计谋必败；欺诈敌人被敌人识破必败；我方间谍被敌人利用必败。间谍战是一个斗智过程，方法要巧而又巧，尽量不让敌人识破。尽管如此，多考虑失败的可能也不无好处。

作者集中论述间谍活动的是《谍间第五》篇。作者把间谍活动置于"得则胜，失则败"的重要地位。他认为统率军队的人"相持而不知其情，是木偶也，相制而不制以术，是猛兽也。""知己知彼"就必须用间谍的道理，古来兵家已不厌其烦地讲过了。作者在这里从"博弈"的角度提出间谍工作是为了相制以术，是谋略战的重要部分，见解是深刻的。

作者进一步提出"伐人以其主，贤于以己伐之也。谋人以其臣，贤于以己谋之也。散人之交而合其斗，贤于以己斗之也"。这里提出了依靠间谍活动，分散、瓦解、削弱敌人的"间接战略"。应当看到这是对《孙子兵法》中"不战而屈人之兵"的进一步发展。作者认为间谍主要应刺探以下四方面情报："物价之腾平"；"风俗之好尚"；"人事之喜怒"；"上下之乖和"。这是一个文人战略家从政治家、战略家的高度提出的战略情报搜集问题。物价、风俗、人事关系、政治情况，这些角度是独到的。尤其是把物价、风俗置于十分重要的地位。针对此四方面的敌方存在的问题，作者进一步提出了间谍战进攻之方法。作者对间谍可能误传敌情、被敌俘获的情况也予以充分考虑。特别提出"谍为敌擒而得归者，勿听其言"。最后作者提出"间谍可用而不可恃，用之者智也，恃之者愚也"。这一思想是十分深刻的。间谍活动只是为取胜创造了条件，如果只依靠间谍活动，难免失败。间谍活动并非万能的。

作者在间谍刺探的四个方面情报中未列入敌军情报一项，这是因为作者在《敌情第六》篇中专门论述了这一问题。作者提出敌人的情报有用间得之者，也有通过对敌军的态势进行观察分析而得知的。作者不仅在这一篇中指出了通过观察敌军动态来识别敌情的方法，而且提出"不得其情，形之乃知"的思想，认为"能形敌而得其情者，兵之妙也"。也就是说，如果不知道敌人的意图和布置，可以通过我军有意识的行动来诱使敌人暴露出意图、布置等情况。与这一思想相连的是，作者提出了不少以假象示敌、欺敌的方法。以我之主动行动，来获取情报，这一论述是独到的。

《投笔肤谈》一书的作者与其他兵书作者有一个极大的不同之处就是对自然科学中可用于间谍战的诸多因素有所论述。对敌人的"幻妄之术"，作者认为不可不知。间谍应当预先察明敌人可能用哪些幻妄之术来对我军进行心理作战，以便预先防范。在迷信盛行、科学尚不昌明的古代，作者将"幻妄之术"的使用列入间谍侦察之范围，是颇有见地的。

《投笔肤谈》一书中的间谍思想，较之其他兵书中的间谍思想更趋向于治国者的谋略，战争全面指导者的谋略，而较少军事色彩。

第四节　揭暄的间谍思想

明末出现了一部颇为奇特的兵书——反清志士揭暄所著《兵经百

字》。该书以一百个字为"经",在每字之下,论述了作者在军事上的见解。由于作者生当乱世,"少负奇气,喜论兵,慷慨自任",以一介书生而言兵,因而虽然以"兵经"名之,但"善身宜世之术咸备,不独兵法一端"①,涉及面颇广。作者在思辨中能够超出军事之范围,某种程度上对"对抗之千般"进行了深入思考。因此该书不仅是明末一部独树一帜的兵书,在间谍思想上也颇有值得探讨、研究之处,值得我们研究间谍史时予以注意。

一 揭暄其人

揭暄字子宣,广昌人。其父揭衷熙是明末学者,有为国家干一番事业的志向。明末清军主力南下时,他曾想为明军策划攻守之策,但未能如愿。揭暄在其父影响下,留心兵事,"独闭门户精思,得其要妙,著为兵经战书"。在当时已被人称为"异人异书"。可见揭暄是个注意时事,有志匡复天下的知识分子。他还研习西方科技知识,著有《璇玑遗述》一书。南京被清军攻陷后,揭暄父子举兵抗清,并被称帝于福州的明唐王朱聿键招揽为官。其父为推官,揭暄为职方司主事,这是一个与军事关系甚密的职位。揭暄曾屡次上书言"天时、地利、人事,及攻守战御机要",均被接受。其父被强盗所杀,揭暄经过努力,终于将杀死其父的强盗擒获并斩首。明朝彻底灭亡后,他隐居山林,"幽抑以终"。②

揭暄的经历、学识,给他的兵法以极大影响。生当末世,难以挽狂澜于既倒,但又要尽力支撑危局,这就使他不能不注意以谋略胜敌。综观全书,揭暄尤其注意以各种方式欺敌、惑敌,全书开头就说,"为惑为疑,无非克敌之法,不得已乃用拙。总之,预布叠筹,以底乎周谨,而运之行间,乃能合之以秘也"。也就是说,使敌人迷惑,产生错觉,完全是为了战胜敌人,不得已时,应故意显示笨拙。总之,要预见安排一系列的计谋,以保周到细密,并且运用间谍,才能使整个行动达到诡秘。揭暄的间谍思想的核心和特色也于此可见。为了在兵力不如人的情况下支持下去,间谍活动要尽力为惑敌、误敌的目的服务。下面分别对他的间谍思想予以分析。

---

① 《兵经百字·读兵书凡例》。
② 《揭暄父子传》。

二　重视间谍战中舆论的作用

我国古代间谍战中，一向重视舆论的作用。在有关兵书中对此也有所涉及。但是如揭暄这样进行了较为深入、全面的研究、论述的，却不多见。

揭暄对舆论的作用，有着高出我国古代其他言兵者的认识，他认为"言为剑锋上事"，也即舆论是另一种致敌于死地的武器。正因为舆论是另一种对抗的武器，所以与用兵一样，"所用之法多离奇"。[1] 以舆论为武器去克敌制胜，就要以舆论去促进、控制事态的关键之处，这样舆论的使用，就如"驱精骑"，可以转化为巨大的物质力量。这是揭暄对舆论运用的总的看法。

揭暄在书中具体列出了以舆论进行间谍活动的若干种形态：

1. "预发摘奸，诡谲造惑。"也即预先发现敌人的奸细，并根据情况制造出迷惑敌人的假象。

2. "故泄取意，反说龋意。"也即故意泄露一些敌人易于相信的情报，顺应敌人的主观想象，欺骗敌人。

3. "款剧导情，壮烈激众，怆痛感军，高危耸听，震厉敌胆。"也即用语言来激励己方的军队，用虚张声势来吓倒敌人。

4. "或诬构以疏敌。"也即以舆论去离间敌人内部。

揭暄对施展舆论攻势的指挥者应如何行动做出了具体描述："假痴，伪认，佯怒，诈喜，逆排，顺导，飞、流、绐、狂、吃、谵、附、瞪、形、指、蹑、嘿。"[2] 从揭暄的描述中，我们仿佛看到了中国古代间谍史上若干著名用间事例中，谍报活动指挥者的行动。揭暄的描述是建立在对历史经验研究的基础之上的。

在一定历史时期，某个国家中，由于文化的影响，由于特定的政治、军事、经济制度及它们所导致的人际关系，形成了一定的谋略范式。一定的谋略范式与一定时期的大众传播手段相结合，又形成了那个时期间谍战中"舆论"应用的特点。我国古代间谍战中大众传播手段的运用，集中

---

[1] 《兵经百字·读兵书凡例》。
[2] 《兵经百字·言》。

体现在几种手段上。揭暄对此有所概括:"有书,有文,有言、有谣,用歌。"① 揭暄把间谍战中的这几种舆论载体、手段与间谍战中的其他手段并列,但仍反映了他对舆论手段的区分与认识。在历代兵书中,对舆论载体、手段进行了如此细致的划分,尚不多见。

"书"指的是通过写信离间、欺骗敌人;"文"指的是故意遗弃伪造的文件,蒙骗敌人;"言"指的是通过各种言论离间、欺骗敌人;"谣"指的是用传播谣言去除掉敌方的得力大臣;"歌"指的是用歌曲涣散敌人军心。

在间谍战中运用舆论去开展谍报活动,选择恰当的、有实效和便于传播舆论的舆论工具至关重要。从大众传播学角度看,在"传者"与"受众"间必须有适当的传播媒介,一定历史时期内有一定的人际传播通道。对传播媒介、人际传播通道的选择,关系到间谍战中舆论这一手段使用的成败。应当说揭暄对我国古代间谍战中舆论传播工具、方式,进行了细致的研究,基本上概括了我国古代间谍战中使用的几类舆论传播工具、方式。其中"谣"、"歌"更体现了我国古代间谍战中一般的舆论传播方式。在我国古代,"谣"、"歌"不仅用于间谍战而且是传播某种政治、经济、军事信息的更为一般的工具。在我国古代历次动乱、改朝换代之前,都不乏谣言之出现与传播,值得有识者做深入研究。

三 "善用兵者,误人不为人误"②

前面提到,揭暄处于大势已无可挽回的明末,却要尽力抗清,敌我之力相差悬殊的情况下,不得不求助于谋略。在揭暄的间谍思想中也突出地论述了这方面。

揭暄提出的误敌之法有:故意炫耀军力以吓唬敌人;多设假象以迷惑敌人;虚张声势,放出空气,使敌人丧失斗志;尽力掩饰、隐藏自己的实力以欺骗敌人。在论述误敌之法时,揭暄用"张"、"敛"二字概括之,相反而相成,体现了他对"误敌之术"的辩证思考。不言而喻,揭暄提出的这些方法,实际上就是间谍战中的以"示形"制造假情报,来欺骗敌人。所谓"张"就是示之以强,吓唬敌人。所谓"敛",就是示之以

---

① 《兵经百字·间》。
② 《兵经百字·误》。

弱，迷惑敌人。

在"巧"字节中，揭暄还进一步论述了如何具体误敌之法："示弱使忽，交纳接慢，习处使安，屡常使玩，时出使耗，虚警使防，挑骂使怒。"也即示弱使敌人疏于防备；向敌方进贡使敌人傲慢；长期相安无事使敌人放心；采取经常的行动使敌人习以为常；经常骚扰敌人耗损其国力；故意散布要用兵的消息，使敌人疲于防备；对敌人辱骂使其失去理智。

误敌之法，揭暄可谓用尽心思了。值得特别提出的是，揭暄的误敌之法，反映了他的积极运用间谍组织这一平台，去改变战略、战役态势的思路，对于我们今天考虑间谍手段的应用，仍具有启示。

四 "胜天下者用天下"[①]

"胜天下者用天下"是揭暄对间谍工作高人一筹的认识。中国古代兵家把间谍工作视为瓦解破坏敌人者多，视为变害为利、壮大自己者少。揭暄从间谍工作促成敌我力量对比的转化这一角度去认识间谍工作，的确独具慧眼。由于他从这个独特的角度去认识谍报工作，因此，他专门在书中写了"勾"字一节。

他认为"勾"，乃"勾敌之信以为通，勾敌之勇以为应。与国勾之为声援，四裔勾之助攻击"。也就是说，对敌方要从其盟国、将领、百姓、士兵，进行全面的策反，使敌人内部自顾不暇，同时壮大自己力量，以用天下之力胜天下。间谍工作在这里显示为一种国家的或某一集团的政治策略。从这里我们可以体会出揭暄所处的强敌压境，动荡不安的时代。揭暄所处时代，民族、政治关系复杂，因此，自然使他从这一角度对间谍的作用寄予了极大的希望。但是他也清醒地看到，"勾者乃险策，用则必防中变。恩足以结之，力足以制之，乃可勾"。对敌人内部某些力量的瓦解、利用，是建立在清醒的利害关系的考虑之上的，建立在实力的对比之上，没有白白送上门的礼物。

五 抉剔之法

揭暄对"抉剔之法"的论述在古代兵法中是颇为独到的。虽然揭暄

[①] 《兵经百字·勾》。

的论述,是从军事的关键部位、要害之处来考虑"眼"的作用的。但是正因为其论述的是对一般的关键之处的看法与做法,才对间谍战更有意义。

揭暄认为"眼"是敌"所恃而动者",也就是敌人的决策系统或关键支持系统。这个"眼"可能是智谋之士、国君亲信、得力将领。一旦发现这个"眼"之所在,就要千方百计破坏之。至于破坏之法,就要运用间谍手段了,要使敌人的谋士不发挥作用;使国君的亲信被疏远;使敌人的勇将被搞掉;使敌人的联盟被瓦解;无疑要运用间谍手段。

揭暄在这里把间谍活动与破坏敌人的决策系统、关键的支持系统联系起来,把敌决策系统作为间谍战的打击目标,无疑在古代论述用间的兵书中,显示了他的独到之处。我国古代间谍战中,往往把迷惑、欺骗敌方君主,作为主要打击目标,运用各种方式使其昏庸、暴虐、不理政务,以达灭亡敌国之目的。揭暄则把打击重点予以泛化为"眼",凡敌人的决策系统或关键的、影响全局的系统,均在间谍战的重点打击之列。而且此种打击应在双方对抗之初就予以实施。

将此种思想上升为间谍战的一般理论,也即间谍战的作用和打击方向的问题。间谍战的作用之一在于对抗发生前以种种非常手段搞掉敌人的"眼",使敌人的决策系统或关键支持系统不发挥或难以发挥作用,陷于"中枢瘫痪"的境地。间谍战的打击方向应首先指向敌人的决策系统或关键支持系统。在对抗、战争越来越现代化,依赖于高技术进行情报收集、命令传达、运筹决策的今天,这一理论自有其现实意义。海湾战争爆发前及战争初期,美国的行动正是采取了种种"抉剔之法",而萨达姆则千方百计以"误敌"。篇幅所限,不再展开叙述了。

揭暄对行军打仗时如何用间、用间的方法、情报搜集的范围、通讯保密、间谍人员的选用,均有所论述。由于揭暄是一个善于行动的人,因而诸方面论述,实用性颇强。虽然散见于全书,但揭暄对用间的论述是全面的。由于其他论述并无太多的独到之处,因此不再一一予以分析了。

揭暄自己对其间谍思想进行总结时,提出间谍活动的重点就是"祛敌心腹,杀敌爱将,而乱敌计谋也"。① 揭暄的间谍思想中,间谍绝不是以搜集情报为主,而是以战略、战役层面诱惑、扰乱敌人为活动重点。揭

---

① 《兵经百字·间》。

喧提出的是一种积极主动的、进攻型的间谍战方式。

揭暄其人，以其对用间的独到思考，名垂中国古代间谍史。

第五节　魏源的间谍思想

中国古代地理学基本上是沿着一条自然地理、经济地理、政治地理、军事地理混杂而成的路子发展的。历代帝王十分重视"版图"之作用，将其作为统治帝国的基本资料。二十五史中此类资料的搜集、撰写已成为定例。在域外政治、军事、经济等情况之研究方面，客观地讲，由于"威服四夷"的天朝大国思想之统治，对外患之防卫，历代也还算是重视的，但仅仅是对周边国家。其来源主要是使节提出的报告；政治、经济、军事交往中对周边国家人员所讲问题的汇集；有关的史料。从深刻性来说是远远不够的，远逊于国内情况的研究。地理著作某种意义上说是中国古代对公开的历史、自然情报的汇集与整理，这也是历代帝王将相十分重视这类资料的原因。

到了明代，这种情况开始改变。为防止以日本为基地的沿海"盗匪"之骚扰及防备"真倭"之进攻，明人对日本及其附近国家，颇下了一番功夫进行研究。在这种情况下产生了《筹海图编》、《倭情戎田议》、《日本犯华考》等著作。对日本的政治、经济、军事情况作了较为深入的分析，并从历史、政治、经济、军事的角度提出了应对之策。明代是欧洲资本主义加速发展，中国开始落后的时代。在这一时代产生出这样的著作是耐人寻味的。中国人对公开情报资料的搜集尽管是被迫的、临时性的，但第一次把重点放在了海外。可是到了清代又趋于沉寂。

到了 1840 年前后，对外患之担忧，使杰出的中国人不得不再次把情报搜集的重点放在海外。林则徐、魏源就是这方面的代表。林则徐的情况，我们在前面已有涉及，在这里重点讲一下魏源的间谍思想。

魏源（公元 1794—1857 年）字默深，湖南邵阳人，是一个对时代有敏感认识的知识分子。魏源讲求经世致用之学，著有《圣武纪》、《海国图志》、《皇朝经世文编》等书，试图通过总结历史经验，"师敌长技"，以富国强兵。

魏源满怀忧国忧民之心，在 1842 年匆匆写就了《圣武记》一书。此书重点总结了清朝对内对外用兵之经验，其中对抗击外敌入侵及边境治理有深入的分析、研究。魏源在此书中注意到了随着中外交流的发展，中国不得不对外开放，帝国主义列强对中国间谍活动的开展及其活动方式。例如他首先指出了外国报馆之情报功能，从中也可以看到魏源等人已认识到同样可以从报纸上得到外国的动向，了解列强之情报。魏源这些看法也是对林则徐在鸦片战争时了解列强的一些做法的记载与总结。

《海国图志》是魏源最著名之著作。《海国图志》是魏源受林则徐嘱托而编著的综合介绍世界各国地理、历史、政治、军事、气候物产、交通、工商、贸易、风土民情、中外关系、宗教、历法、科学技术的著作。该书在林则徐主持编译的不足九万字的《四洲志》基础上，将搜集到的其他书刊资料和魏源的文章进行扩编而成，1843年刊行于扬州，初版为五十卷。其后扩展到六十卷，辑录徐继畬所作《瀛环志略》及其他资料后，增补到一百卷，共88万字，1852年刊行。

魏源在此书中全面发挥了他的政治、军事思想。与这些政治、军事思想相连的是他的了解"夷情"的间谍思想。魏源认为"夷情"包括列强的政治、经济、外交、地理、军事等情况。这是情报观上的一大进步。历史把中国人推上世界的竞技场，历史也同样逼迫中国人不得不睁开双眼全面地打量对手。魏源认为："欲制外夷者，必先悉夷情始；欲悉夷情者，必先立译馆，翻译夷书始；欲造就边才者，必先留心边事之督统始。"

魏源的《圣武记》、《海国图志》等书都是在这一心情下写成的。他在提出关心了解"夷情"的同时，目光远大地提出了"人"的转变这一中国近代史的重要命题。这一深刻的命题，是当时先进中国人感到最紧迫的问题。中国几千年奴隶制、封建制社会中的拼斗厮杀，主要是在中国内部各阶级、各派势力之间进行的。在这一背景下，人们的情报观基本上是内向、封闭的情报观。意识到需要造就了解"外夷"的将帅和各类人才，这是魏源对时代大潮冲击中国时产生的灵感。这一命题在今天仍不乏现实意义。

魏源在《海国图志叙》中说："何以异于昔人海图之书？曰：彼皆以中土人谭西洋，此则以西洋人谭西洋也。是书何以作？曰：为以夷攻夷而作，为师夷长技以制夷而作。"目的很明确，提倡"知夷情"，最终目的是"师夷长技以制夷"。在魏源的那个时代，存如此认识，实为难得。这就超出了简单的"认识外夷"的命题，而含有改革之色彩。

《海国图志》用外人资料写书，评价世界之形势，已超出了"天朝帝国"之狭窄眼界。此书本身就是"师夷之长"的结果。为了达到这一目的,魏源还提出应了解列强纷争中的情报,了解列强的利害关系。他在其他文章中注意到了鸦片战争时西方国家的不同态度,并认为没能及时予以利用是清政府的失误。这中间当然不乏中国几千年来"以夷制夷"这一思想的色彩,但毕竟是从世界的角度来界定情报的范围,并提倡在世界的潮流中,去寻求中国的有利态势了。《海国图志》一书正是魏源对列强情报搜集之大成,并在此基础上提出了对策。

魏源针对当时中国处于守势的战略态势,对防守与军备进行了深入的研究。在《城守篇》中,他提出要倚靠间谍,施展谋略,来解孤城之围的思想。以间谍的主动出击来击败对方,较之中国其他议论防守的著作中,只讲如何防谍,是进了一步。他还提出,在运用谋略攻敌时,"攻以密成,谋以泄危"的思想,并详细列出了维持城中治安的"戒严"方法。包括"禁擅入汛地,恐贼谍托艺贩以觇探也;禁私启门窦,禁私酬贼语,禁私启贼书","厚间谍以审敌",等等。这些观点是对鸦片战争及其后的外国列强入侵中国的战争的总结。

魏源是处于旧的中国逐渐沉沦消失,新的中国在痛苦中挣扎于母腹这样一个历史转折点的中国人。他目送古代间谍时代的消逝,迎接了一个全新间谍时代的到来。

魏源的间谍思想中包含着放开眼界看世界,向世界各国学习先进东西这一命题。这一命题至今并未失去其积极意义。在一个落后国家拼命发展生产力并对外开放,引进外国先进东西时,间谍工作的意义远远超过了古代仅仅对敌手进行刺探、破坏的范畴。

需要强调的是,由林则徐、魏源开其端绪,中国近代、现代有识之士无不对搜集公开情报资料,了解、认识对手予以高度重视。由于中国长期处于弱势地位,既要救国图存,又要在政治、军事、经济、科技各方面学习对手,追赶对手,所以产生了战略上全面、大量、持续地搜集公开情报资料的需要。

就情报搜集而言,国家的战略态势是难以完全予以掩饰的,只要运用科学方法,全面、深刻地分析公开情报资料,总能对敌人的战略态势有大致了解。公开情报资料搜集易,分析难。分析难,难在如何从海量信息中，筛选出战略信息①；难在如何从战略、专业角度，理解和认识有战略意义的信息。

毛泽东同志就很重视公开情报资料的搜集。红军时期，每打下一个地方，他总是让人先搜集当地的报纸杂志。抗日战争中，他曾经请周恩来、董必武在国统区为党中央订"中央日报、扫荡报、新蜀报、新民报、时世新报、新中国日报、华光日报、国家社会报及云南各种报纸。并即向重庆中四路的中国国民经济研究所代购下类书刊：四川经济参考资料，贵州经济，日本对支经济工作，列强军事实力，中外经济年报（三九、四〇年版），中外经济拔萃（创刊起全要）。"②可见毛泽东同志对公开情报资料何等重视。

对中国古代间谍思想的论述到此而告结束。需要指出的是，中国古代的军事家、政治家、思想家在他们的言论、著作中不乏关于间谍的精彩论述，但囿于篇幅所限，不能再一一论述了。有待于将来，以论文形式补上这一遗憾。

本篇小结

在对中国古代间谍思想进行了扼要分析后，我们可以看到中国古代间谍思想基本上可以分成三大部分：其一为高级间谍活动的论述。这是指对敌方政治、军事上层人物展开离间、瓦解等高级谋略活动的论述。这与中国古代兵家崇尚谋略紧密相关，与中国古代源远流长的政治统治技术及帝王权术紧密相关，是在同一文化背景下产生的。其二为假情报的施展、使用与散布。对假情报的施展、使用、散布同样与中国古代文化背景相联系，如对占卜、星相、谣言的利用等。当然更与中国古代谋略思想密切相关。其三为军事间谍活动。也即在行军、作战中开展的层次较低的间谍活动。这部分论述有很强的实用性，在当时是专为带兵将帅所写的，在今天对研究当时将帅的军事活动也不乏认识意义。

中国古代的间谍思想基本上是对中国古代政治、军事斗争中间谍手段

---

① 21世纪借助于"大数据"等技术手段，在一定程度上有助于这一问题的解决。
② 毛泽东：《致周恩来、董必武》，载《毛泽东书信选集》，人民出版社1983年版，第168页。

运用之总结，因而基本上是一种内向型的思维。中国古代间谍思想的理论体系，由于受历史、自然环境的影响，受技术的限制，因而变化不是十分剧烈的。虽然有不少具有真知灼见者在一些问题上有所创新，但《孙子兵法》中的间谍思想体系，并未受到多么剧烈的冲击。

随着中国迈入了近代，陈旧的行为方式和思想方式已十分不适应世界的变化，中国人也开始以新的思维方式来考虑自己在世界间谍角斗场上的竞争方式。

本书结语

一　中国古代间谍活动的特点

在本书结束时，有必要对中国古代间谍战的特点、经验做出简单、扼要的总结。在做这个简单的总结前，笔者想讲一点对间谍活动的门外汉的看法，以使总结变得更有现实感。

首先笔者想谈谈"间谍活动是什么？"这包括间谍活动的性质、目的、作用等。笔者认为，讲间谍活动是政治通过特殊手段的继续，是可以讲得通的，但又不完全如此。间谍活动同样也是经济、军事、科技甚至文化通过特殊手段的继续。广义上讲，间谍活动之所以与军事活动有不同的含义，是因为间谍活动有更广的适用性，是决策的一个必要环节。这里讲的决策既包括政治、军事决策，也包括经济、科技、文化、宣传方面的决策。只要有对抗存在，以特殊手段获取情报，破坏敌人或潜在敌手的决策，就不可避免。这样就连带而及间谍活动的目的、作用是什么的问题。我认为间谍活动的目的、作用主要有以下几个方面：

1. 获取情报。
2. 干扰敌人决策。
3. 对敌方的各类活动进行干扰、破坏、瓦解甚至小规模的武力进攻。
4. 在我方政治、军事、经济、科技、文化活动展开时起到战略、战术配合作用。
5. 打破敌人的威慑、包围、限制，推动本国经济、科技的发展，保障本国人民的福利。

间谍活动根据其活动范围，打击目标可以分成战略、战役、战术等不同层次的间谍活动。针对敌国整体及敌国领袖人物展开的间谍活动可以称为战略性间谍活动；针对敌人某一重大活动、某一部门、某一重要人物展开的间谍活动可称为战役性间谍活动；针对某一具体军事、经济、科技、文化等活动而展开的间谍活动可称为战术性间谍活动。

从间谍活动的五项基本目标来看，我们不妨将单纯获取敌人情报称之为消极间谍活动，而把后面四项主动向敌人进攻，以假情报等手段干扰敌人决策，破坏、瓦解敌人的间谍活动称之为积极间谍活动。

间谍活动是决策系统的一个必不可缺的组成部分，其本身也是一个由情报的获取、传递、收集、分析、利用等环节构成的系统。组织形式、人才构成、谍报手段（方法及技术）、谋略运用，是间谍战成功的几个要素。这些要素的组合就形成了某一时期间谍战的特色与风格。当然间谍活动与某一历史时期的政治、经济、文化、军事背景有密切的联系，与某一历史时期的权力结构有很大关系，这些也是我们在研究间谍史时要予以注意的。

从时间上看，我们可以把在战略事件发生前就积极活动的间谍组织称为预发型间谍组织。在战略事件发生后开展活动的间谍组织称为后发型间谍组织。从间谍活动方向、地域上区分还可以区别出外向型间谍组织与内向型间谍组织。

在初步讲明了上面几个概念后，我认为值得强调的是，上述区分只是为了研究方便而划分的，实际上这种区分只能是相对的。在间谍战中间谍组织的行为是十分复杂的。

现在我们可以对中国古代间谍活动做一简单、扼要的总结了。

1. 崇尚谋略，重视针对敌国、敌方上层的战略性间谍活动。这一点是与中国古代军事文化中崇尚"谋攻"，崇尚"不战而胜"联系在一起的。中国古代间谍战中"离间计"使用频繁就反映了这一点。战略性间谍活动常常是对付封建独裁体制下的决策系统的有效武器。封建独裁的文化、心理氛围和权力结构，为"离间计"等针对上层统治集团的谍报活动的开展创造了条件。

2. 中国古代间谍活动主要是为政治、军事活动服务的，绝少与经济、科技发生联系。这与生产力的发展、上层建筑的状况有很大关系，在这里不再多讲了。

3. 中国古代间谍活动基本上是内向型的。在动乱时国内各类势力间以间谍手段展开厮杀，在一统天下时皇帝以此来督责臣下，权臣以此来作为与政敌斗争的工具。

4. 中国古代间谍活动基本上是后发型的。中国古代间谍活动呈现出明显的周期性。间谍活动频繁之际，往往是中国内部陷于动乱之时。天下分崩之后，各种势力集团往往形成以若干名智谋之士为首的最高层间谍战略指导中心，展开尔虞我诈。此时的间谍活动往往表现为一系列战略谍报活动而且较有计划性。天下趋于一统后，这种中心自然消失。日常的间谍活动只剩下皇帝对大臣们的监视了。中国古代间谍活动往往缺乏长远目标和持续性，一旦天下太平，间谍组织和活动几乎消失了；一旦遇到危机，又仓皇上阵，被动地临时组织间谍机构，开展活动。

需要指出的是，中国古代间谍活动中，存在于军队的、从事军事间谍活动的间谍组织，其存在形态和存在时间，倒是相对比较固定的、制度化的。一代军队，有一代的军事间谍机构。但是，这类间谍组织主要从事的是层次比较低的战役、战术情报的搜集。处于边境的军事情报机构虽然搜集的情报比较全面，但也主要是为边将守边之用。

5. 中国古代间谍活动中，积极的间谍活动活动超过消极的谍报活动。在中国古代间谍活动中尤其在高级战略间谍活动中，以假情报去迷惑敌人，派遣间谍去瓦解、破坏敌人内部，占有很大比重。这一情况与第一条密切相关。在第四条中所讲到的间谍活动往往由智谋之士来组织，也是导致这种情况的原因。

对中国古代间谍史进行了简单的总结之后，我们可以提出，以有计划、有组织、有充分准备的高层次间谍活动，去干扰、破坏敌人决策者或决策集团，影响其决策，以达到"不战而屈人之兵"的战略目的，应当是间谍战的最高、最终的目标。这应当是一切间谍理论与间谍活动据以展开的出发点。在当今世界，也是如此。

笔者想在此顺便谈谈本书中多次出现的"类战争"概念，并对间谍战展望做一点猜测，以进一步说明"不战而屈人之兵"应当成为间谍战的最高目标。

二 "类战争"与间谍战的展望

在本节中我试图提出"类战争"① 这一概念。在提出这一概念前,我曾反复思考,这是不是一种词句上的翻新呢?经过长时间对这一问题的深入研究、思考,我意识到固然这一领域的斗争早已客观存在,但人们对这一领域理论上的自觉认识却还有待于用一个新概念加以明确、突出。最近,在欧洲两大集团间的对话,仿佛使"冷战"成了历史名词,这就更有必要提醒人们另一类"战争"的存在。与这种"战争"相比,"冷战"不过是其中一种特殊的形式罢了。更反映这类"战争"的一般实质与内容,而不受某时某地事态局限的名词,应当是"类战争"。它更本质地反映了这类对抗的实质。当我在报刊、书籍中看到此类"战争"的消息时愈加感到,有必要用一个新的概念提醒人们注意:天下并非就此安宁!战争就在你的身边!国家之安危仍是一件不可掉以轻心的事。因此我在这里对这一概念及其和间谍战的关系与展望,做一扼要说明。

克劳塞维茨说:"战争是迫使敌人服从我们意志的一种暴力行为。""暴力用技术和科学的成果装备自己来对付暴力。"但是自有战争以来,在赤裸裸地使用暴力与和平状态之间,总有一片介于两者间的"灰色区域"。在这个区域中,有些现象既非暴力的使用,又非善意的和平行动。战争与和平这两种状态在"灰色区域"内变得面目不清了,变得既像又不像自身了。在这片"灰色区域"中,各国以经济、文化、政治、生态、间谍等手段进行着怀有敌意的对抗。在这片"灰色区域"内隐蔽着潜在的、变形的战争,也有防止战争的巨大努力。在这片"灰色区域"从存在的时间、空间看,要远远大于战争形态存在的时间与空间。这种形态、现象,我想命名为"类战争"。"类战争"为研究国家间对抗提供了一个新视角。从事国家安全研究的人,应当将其纳入视野,与军事战略融为一体,进行整体的研究。

"类战争"是随着人类社会中"对抗"的出现而产生的,可以说比战争的历史更为久远,生命力也更长。对抗,随着人类社会存在着利益冲突

---

① 本书出版后,1992年云南人民出版社出版了笔者的《新的国家安全观——战争之外的对抗与抉择》一书,对"类战争"及国家安全战略、国家安全体制等问题进行了深入研究,提出了由国防战略向国家安全战略转变,制定国家综合安全保障战略;由国防体制向国家安全体制转变,建立国家安全委员会等观点。

就产生了，但对抗并不一定意味着赤裸裸地以暴力相见，以武力解决问题。在这个意义上，对抗是人类社会冲突的普遍形式，而战争则只是对抗趋向极端时最后的一种解决方式，是对抗的特殊形式。在进行了这种哲学思维后，我们进一步考虑就可以看到"类战争"存在的广阔领域。在发生利益冲突，但又不值得或不想刀兵相见时，除了真心实意地和平谈判之外，只有诉诸"类战争"手段。

"类战争"古已有之。在中国以自然经济为主的封建社会中，它表现为对敌手经济上的破坏，也即对农业的破坏；表现为通过外交手段"伐交"来孤立敌手；表现为以种种谋略手段打击、瓦解、离间敌人统治集团。但是一直到近代，在解决敌手之间利益冲突上，诉诸战争的门槛比较低，动辄刀兵相见，"流遍了郊原血！"自从第二次世界大战后"核威慑"的出现，使这一情况有了很大改变。世界经济、文化、人才、信息交流的一体化对这一情况有极大影响。人类共同面临的生态、环境等问题也使这一状况发生了变化。正是由于上述几点，使"类战争"手段更为突出了。由于"核威慑"的限制，使大国间爆发全面战争的可能性减小，大国的对抗变成全面的国力之争，发展之争。以各种手段去影响对方的发展，使"类战争"成了重要手段。在对抗手段的光谱上，"类战争"手段大大多于战争手段。"类战争"手段给予政治家更多样化的战略、政策选择，提供了更广阔的回旋余地。在以"核威慑"为主要特色的今日世界战略格局中，"灰色区域"不断扩大。随着经济、信息、文化的全球一体化以势不可当的势头推进，"灰色区域"中"类战争"手段的有效性逐步扩大，以至于重大的国家意志的较量不是在炮火硝烟的战场上，而是在工厂，在科学家的实验室中，在政治家的谈判桌上，在银行家的会议室里进行的。位于大国核力量，武装力量中间的"灰色区域"，是双方以核武器为背景进行政治、经济、外交、心理上抗衡的搏杀之处。在这一区域的搏杀，国家、集团追求的往往并非"零和博弈"。"类战争"手段的存在，提供了其他选择。

"灰色区域"的不断扩大是由世界各国经济、文化、人才、信息交流、基础设施一体化日趋联系密切等因素造成的。由于这种一体化趋势，用以影响对方的"类战争"手段也相应增加。

由于对人类共同面临的环境、生态等问题的关注，束缚了（某种意义上）暴力手段的使用。但同时对环境、生态与人类生存问题的认识日趋深刻，也使人类以"类战争"手段影响环境、生态的能力日增，人们忧心忡忡地看到了各种以破坏敌手环境、生态为目的的手段出现了。

随着全球互联网的影响力日益增加，少数人或团体通过"类战争"手段，影响一个国家经济、社会、心理、基础设施的能力，也在增加。"类战争"手段，还成为某些国家对其他国家进行"类战争"干预、进行低成本介入的战略与政策选项。"类战争"发生概率在提高，影响面在扩大。

"类战争"与"冷战"不同。"冷战"是人们用来描述第二次世界大战后两极对抗的政治术语，"类战争"则更广泛、更深刻。在当今国际形势趋于缓和时，人们可以认为"冷战"消失了，但在缓和的"一江春水"下"类战争"问题则变得更突出了。"冷战"指的是两极对抗，"类战争"则指的是世界上一切国家间以非战争手段进行的全面或局部的对抗。如美日贸易战；约旦河西岸人民以特殊方式对以色列的反抗；种种目的不同、手段各异的恐怖活动等。可以说"冷战"是"类战争"在某一历史时期的特定表现形态，是以各种"类战争"手段在"核威慑"背景下进行的全面"类战争"。如果以"冷战"来代替"类战争"就会使我们的思维和眼界大受局限。

"类战争"的实质是国与国或国家联盟间的非战争对抗性冲突；少数人或团体与国家间的非战争对抗性冲突；这些冲突中有些并不是政治的延续。"类战争"为决策者在战争与和平两极间提供了另外的选择和政策工具，必将受到人们越来越广泛的注意，得到越来越广泛的使用。

"类战争"主要有如下几个方面：

1. 经济战。当今世界经济交流日趋紧密的情况下，以经济手段来影响、威慑乃至打击敌手，不仅有较大的可能性而且有较广阔的活动余地、选择余地。如美国政府以美元为武器，企图逼迫一直以美元为通货的巴拿马政府的首脑诺列加下台；再如美欧日等国组成的巴黎统筹委员会，一直从科技、工业贸易上对社会主义国家进行封锁。经济战是一把"双刃剑"，弄不好可能反而伤了舞剑者。发展中国家也可以反其道而行之，例如石油禁运。

2. 心理战。随着文化、人才、信息交流日趋扩大，各国间人员交往更加深入，宣传这一工具更为重要起来。科技手段的发达，使宣传手段更具威力。对各国人民文化背景、行为方式的理解日深，心理学的进展，使宣传更能按照人的心理活动去进行。戴高乐在制服企图发动政变的法国驻阿尔及利亚殖民军时，只是依靠了事先发给士兵的收音机。

3. 生态、环境战。美国一艘油轮戏剧性地在美国海岸泄漏出大量原油，给美国社会造成极大的惶恐和巨大的经济损失。这一事件说明如果以生态、环境为目标进行破坏是多么可怕！再如在河流上游建筑大坝也可以给下游的敌国造成极大的威胁；以人工降雨或人工制造干旱等方式影响别国农业；以生物基因武器侵袭别国社会等。

4. 外交战。外交战可以通过孤立或瓦解敌人，影响敌方联盟，以集团的力量或强大的外交攻势来施加压力等方式来进行。集团外交、集团间的对抗，已是当今国际舞台上一大特色。这方面例子甚多，不再多谈了。

5. 各种恐怖行动。恐怖活动是一种极为不得人心的"类战争"行动。但由于其提供了少数人能影响较大局面的可能，冒险一试者不乏其人。其动机从政治目的到图财害命、表现自己，十分复杂。但是应当看到，现代社会各种政治、经济、军事制度、基础设施及其所依托的技术基础日趋精密，越来越复杂，越来越"经不起"破坏了。拿走一个关键的元器件，可以使整套自动指挥系统失灵甚至发出错误指令，而错误指令可以使一个地区停电，或者导致核战争；只要破坏某一城市的唯一供水源，就可能造成全城恐慌。我们前面分析到的经济战、生态、环境战中的因素，使恐怖分子影响、威胁现代社会生存的机会增多、增大。以西方的大规模食品生产、销售系统为例，就曾有一恐怖分子打电话声称在某种糖中下了毒，使某国引起了社会恐慌。这种情况在自然经济状态下就不会出现。日趋加大的国际经济、文化、信息诸方面的交流，为恐怖分子在境外针对某国采取行动提供了条件，国际往来中的人与物可能成为恐怖分子的牺牲品。现代大众传播工具又为这些人利用恐怖活动，制造"轰动"效果，提供了舞台。高科技产品可以使少数人掌握极大的破坏力，为犯罪分子提供了工具，少数人危害社会的能力增大了。恐怖活动有愈演愈烈之势。

6. 信息战。信息在社会经济发展中占有日趋重要的地位，信息已成为国家发展的重要财富，信息全球化时代已经到来。封锁经济、科技、文化等方面的信息，已成为影响敌国发展的一种手段。针对敌国信息系统（如计算机网络、金融网络）进行破坏，散布"计算机"病毒等行为，则已经出现了。

7. 各类"无意识"的"类战争"行动。某些并非有敌意的人，出于种种心态和不同的客观原因，也可能做出类似敌对分子干的事来。当然解决其要比敌对分子容易，因为干这种事的人往往就是平民百姓。如德国青年鲁斯特以普通民用小飞机突破严密的苏联防空网，降落于红场，实际上是检验了一下苏联防空网的实战能力，给其他国家提供了一个评价、观察前苏军防空军实力和反应能力的机会。在大的战争不会很快爆发的情况下，这类突发事件（包括地震、海啸等各种自然灾害）给人们提供了一些难得的，从总体上评价一国军事能力、政府决策能力、国家动员反应方式的机会与条件。如苏联切尔诺贝利核电站事故，就为人们评价核战争条件下苏联政府的反应能力及核危害提供了机会，也为人们评价一旦恐怖分子袭击核电站可能产生的后果提供了机会。又如通过某国在发生大地震情况下的部队出动状况，可以看到该国军队的战争准备状态。再如前不久，美国一艘大油船在海岸附近漏油，造成了极大的环境污染，损失达数亿美元之巨。这为人们评价一旦恐怖分子或敌国军队袭击大油船可能造成的危害提供了例证；还可以使人看到美国政府遇到类似危机时的行动方式与反应能力；同时也为人们预防、制止类似的事件发生，提高战时这方面的防卫能力，提供了有益的启示。

在类似的事件中，危害国家安全的虽然是各类意外事件，但仍足以给国家造成极大危害，使国家不得不采取紧急措施。通过对类似事件的等价置换分析，采取某些技术措施，可以多少推论出对方在面对战争或"类战争"时可能出现的情况。有些国家自觉或不自觉地利用鲁斯特一类"民间人士"造成"误会"时，就更是一种"类战争"行动了。如韩国客机被苏军飞机击落事件中，韩国客机何以偏离航线如此之远，不能不让人生疑。

综上所述，可以看到"类战争"手段将在今后被广泛地运用。在国与国对抗中，"类战争"为决策者提供了广阔的选择范围，必然日益受到决策者的重视。战争的打击对象主要是敌人的军队和战争设施，"类战争"打击对象则主要是敌人或潜在敌人据以依托来从事战争的各类因素：经济力量、同盟国、人民的士气、生存的环境等。通过打击敌方或潜在敌方的这些因素，迫使对方在走向战争之前就知难而退或俯首称臣。讲当今已是一个"类战争"时代，并不过分。

上述种种"类战争"之开展，种种"类战争"手段之运用，为国与国之间的对抗，提供了不同层次、不同程度上的政策工具。这些方面的运用又都离不开间谍手段的运用。"间谍战"是"类战争"得以展开、实施的重要方式与路径，其本身也是一种"类战争"。作为开展"类战争"的手段、工具，间谍机构这个广阔的平台可以广泛运用于其他"类战争"领域，支持其他领域"类战争"的实施。当我们从古老的间谍战迷雾中走出时，我们面临的是一个充满挑战的 21 世纪。间谍战在这个科技进步日新月异，各方面联系日趋紧密，变化日益急剧的时代，不仅作为一种对抗的政策工具而存在，为决策者提供了在战争之外解决问题的选择，而且上升到战略工具的重要地位。

古今对军事问题进行思考的贤哲，早已合乎逻辑地想到了战场之外的对抗。孙子有"上兵伐谋，其次伐交，其次伐兵，其下攻城"，"屈人之兵而非战也"的重要思想。英国军事理论家李德·哈特提出了著名的"间接战略"，主张在军事斗争中通过迂回、间接的战略取胜。在当今世界，李德·哈特这一"间接战略"可以看作大战略的一个组成部分。所谓"大战略"，指的是国与国之间在政治、经济、文化、军事、科技诸方面综合协调的全面抗衡战略。"类战争"正是在"大战略"前提下，可供选择的"间接战略"。

在对抗中，流血的军事斗争只是矛盾最后趋于极端化时的解决方法。而在此之前，则只能通过"类战争"的对抗来解决问题。对抗是一个全过程。只研究战争是很不全面的，只有把"类战争"与战争结合起来，才能在平时、战时制定正确的战略与政策。在这里可以看到"类战争"在很大程度上是一种"威慑"。"类战争"与威慑的沟通，一是表现在各种"类战争"手段的运用上，以实实在在的"类战争"力量压对方就范；二是向敌对一方表示有对抗下去的决心和对抗下去有不断升级，直至发生真正战争的危险。"类战争"给予敌对势力造成的一般是"软杀伤"（例如，对敌对国家资产的控制与侵害），为谈判、妥协留下了时间、空间。通过开展"类战争"，可能兵不血刃地达到目的。以间谍战与其他"类战争"手段相配合，更易于达到"间接战略"的目的。"不战而屈人之兵"是当代"大战略"中"间接战略"的最高目标。因此当代间谍战也应以"不战而屈人之兵"为最高目标。

在国与国之间对抗的博弈中，人们完全可能在冲突中运用各种谋略手段去化解、解决冲突。战争只是最后、最迫不得已的手段。间谍战作为一种"投入少，产出多"的博弈方式，可以有机地与各种因素相结合，通过巧妙运筹，战胜对手，对处于不利态势的一方尤其如此。处于不利态势或实力较弱的一方，可以通过间谍战等"类战争"手段，在整体不利的对抗局面中，寻求局部优势，争取主动权。当今世界，间谍战略如果真正作为一种"间接战略"发挥防患于未然，维护国家安全与独立（军事、政治、文化、经济诸方面的综合安全）的作用，就必须是预发型的、进攻型的、外向型的，更有想象力，视野更广阔的战略间谍活动。与之相适应的人才也应当具有更广博的知识和适应性。间谍活动已成为关系国家发展的，跨专业的"艺术"，成为国家综合各方面力量从事的活动。因此各国纷纷把这一活动置于国家的最高安全机构（如国家安全委员会）指挥下是顺理成章的。科技的新发展也不断扩展了间谍机构的能力，这也使间谍工作、间谍机构趋向于综合化、整体化。

我们对中国古代间谍史的研究，也应从决策学、管理学、心理学、经济学、军事学诸方面进行多视角、多学科的研究，才能鉴古知今，得出更有借鉴意义的成果。

笔者愿以孙子的两句话结束本书：

"不战而屈人之兵，善之善者也。"

"故惟明君贤将能以上智为间者，必成大功。"

附 表

中国古代战争中接受、搜集敌方档案、文书一览表

年代（公元）及事件	接受、搜集敌方档案、文书者	接受、搜集之敌方档案、文书
公元前206年十月刘邦军攻入咸阳，秦亡。	沛公刘邦手下丞萧何	秦丞相，御史之律令、图书。
公元24年五月刘秀军消灭河北割据者王郎。	刘秀（汉光武帝）	王郎之文书。刘秀军中有与王郎通信者。为安军心，尽焚之。
公元200年九月曹操大败袁绍于官渡。	曹操（魏武帝）	袁绍之图书。内有曹操将士与袁绍所通书信，为安众心，焚毁之。
公元280年三月晋军灭吴。	晋将王濬	东吴之户籍、版图。
公元589年一月隋军灭陈。	隋臣高颎、裴矩	陈朝之图籍。
公元621年五月唐军攻克王世充割据之洛阳。	唐臣房玄龄	李世民命其先入中书、门下省收隋图籍、制诏。已被王世充所毁。
公元819年二月唐军攻克淄青镇治所在地郓州城。淄青节度使李师道为部将所杀。	唐魏博节度使田弘正	李师道之簿书。由此发现李师道等藩镇行刺唐宰相之真相。
公元947年年初辽太宗耶律德光率军攻入后晋都城大梁（汴）灭后晋。	辽太宗耶律德光	取后晋之图籍、礼器、石经、乐谱、历象，北归，然后制度渐以修举。
公元966年五月宋军灭后蜀。	宋右拾遗孙逢吉	收后蜀之图书、法物。法物皆不中度，悉毁之。图书皆付史馆。
公元971年二月宋军灭南汉。	宋将潘美	收岭南图籍。赵匡胤据此除南汉之苛政。

续表

年代（公元）及事件	接受、搜集敌方档案、文书者	接受、搜集之敌方档案、文书
公元975年十一月宋军灭南唐。	宋将曹彬	南唐后主李煜所藏图书。
公元1122年金兵攻陷辽中京。	辽统帅	辽与宋之外交档案。金使高庆裔至宋，商议两国外交关系，请依辽、宋故例。宋以两国往来之议未定，请待他日。高庆裔出辽国例卷，面证宋朝之非，请载之国书，宋朝不得已，皆从之。
公元1126年金兵入汴京，北宋亡。公元1127年撤军。	金将宗翰	凡法驾、卤簿。皇后以下，车辂、卤簿、冠服、礼器、法物。大乐教坊乐器、祭器、八宝九鼎圭璧、浑天仪、铜人、漏刻古器、景灵宫供器、太清楼秘阁三馆书、天下州府图及官吏、内人、内侍、技艺工匠、倡优、府库积蓄为之一空。
公元1227年六月蒙古军灭夏。	蒙古大臣耶律楚材	诸军抢掠，只有耶律楚材取图书数部及大黄等草药。后蒙古军遇瘟疫，赖此药解之。
公元1276年二月蒙古军入临安，南宋亡。	元臣伯颜	秘书监图书、太常寺祭器，乐器、法服、乐工、卤簿、仪卫、宗正谱牒、天文地理图册，凡典故文学并户口版籍，尽仰收拾。又命宋内侍王垩收宋宫图籍宝玩、车辂、辇乘、卤簿、麾仗等物。命宋臣焦友直收秘书省禁书图籍。
公元1366年十一月朱元璋将朱文忠克杭州（张士诚的地盘）。	朱元璋部将朱文忠	图籍、张士诚所授诸印。
公元1368年八月明军攻入元大都，元亡。	明将徐达	收元图籍。
公元1519年七月明臣王守仁率军攻入宁王朱宸濠据守之南昌。	明右佥都御史、巡抚南赣王守仁	宁王朱宸濠之籍簿。朱宸濠所记平日馈送者姓名，遍于中外，多达数万，少亦以千计。王守仁以牵连者众，尽焚之。

续表

年代（公元）及事件	接受、搜集敌方档案、文书者	接受、搜集之敌方档案、文书
公元1644年五月清军入北京，明亡。	清大学士范文程	考文献，更定律令，广开言路，召集诸曹胥吏，征求册籍。明季赋额屡加，册皆毁于寇（李自成军）。唯万历时故籍存。或欲下直省求新册。文程曰："即此为额，忧虑病民，其可更求乎。"于是议遂定。
公元1676年十月清军平定参与"三藩之乱"的耿精忠部。	清大将军康亲王杰书	到福州，耿精忠献所属官兵册籍。
公元1683年八月清军攻克台湾。	清水师提督施琅	郑克塽献印册投降。

（此表据二十五史、《资治通鉴》、《续资治通鉴》及有关史料制成。）

注：《吕氏春秋》载：夏太史终古见桀惑乱，载其图法出奔商。商太史向挚，见纣迷乱，载其图法出奔周。晋太史屠黍见晋之乱，亦以其图法归周。《史记》亦载：司马错论伐蜀之利，有"据九鼎，按图籍"之说。可见人们对这类档案、文书之重视，由来已久。

引用书目

第一篇
第一章
第一节
《马王堆汉墓帛书——经法》（十大经），文物出版社 1976 年版。
第二节
《史记》（夏本纪），二十五史（卷一），上海书店、上海古籍出版社 1986 年版。
《左传》（襄公四年）、（哀公元年），岳麓书社 1988 年版。
第三节
《史记》（殷本纪），二十五史（卷一），上海书店、上海古籍出版社 1986 年版。
《资治通鉴外纪》（夏商纪），《资治通鉴》（上卷），上海古籍出版社 1987 年版。
《吕氏春秋》（慎大览），上海书店 1986 年版。
第二章
第一节
《史记》（殷本纪）、（周本纪），二十五史（卷一），上海书店、上海古籍出版社 1986 年版。
第二节
《史记》（齐太公世家）、（周本纪），二十五史（卷一），上海书店、上海古籍出版社 1986 年版。
第三章
第一节
《史记》（周本纪）、（鲁周公世家），二十五史（卷一），上海书店、上海古籍出版社 1986 年版。
第二节
（北魏）郦道元：《水经注》（沔水篇），巴蜀书社 1985 年版。
《竹书纪年》，商务印书馆 1959 年版。

第三节

《史记》(周本纪)，二十五史(卷一)，上海书店、上海古籍出版社1986年版。

瞿蜕园选译：《古史选译》(国语厉王监谤一节)，上海古籍出版社1982年版。

第四节

郭沫若：《奴隶制时代》，人民出版社1973年版。

《诗经》，上海古籍出版社1986年版。

《汉书》(艺文志)、(食货志)，二十五史(卷一)，上海书店、上海古籍出版社1986年版。

第二篇

第一章

第一节

《左传》(隐公元年)，岳麓书社1988年版。

《史记》(郑世家)，二十五史(卷一)，上海书店、上海古籍出版社1986年版。

第二节

《左传》(桓公六年)、(桓公八年)，岳麓书社1988年版。

第三节

《左传》(桓公十四年)，岳麓书社1988年版。

第四节

《左传》(庄公二十九年)，岳麓书社1988年版。

第五节

《资治通鉴外纪》(周纪二)，《资治通鉴》(上卷)，上海古籍出版社1987年版。

《史记》(齐太公世家)、(管晏列传)，二十五史(卷一)，上海书店、上海古籍出版社1986年版。

冯梦龙：《智囊》，中洲古籍出版社1986年版。

第六节

《左传》(僖公二年)、(僖公七年)，岳麓书社1988年版。

第七节

《左传》(僖公二十五年)，岳麓书社1988年版。

第八节

《左传》(僖公二十五年)，岳麓书社1988年版。

第九节

《左传》(僖公二十六年)，岳麓书社1988年版。

第十节

《左传》(僖公三十年)，岳麓书社1988年版。

第十一节

《左传》（僖公三十二年）、（僖公三十三年），岳麓书社1988年版。

第十二节

《史记》（齐太公世家）、（刺客列传）、（鲁周公世家），二十五史（卷一），上海书店、上海古籍出版社1986年版。

陈直：《史记新证》，天津人民出版社1979年版。

第十三节

《史记》（吴太伯世家）、（孙武列传），二十五史（卷一），上海书店、上海古籍出版社1986年版。

第十四节

《史记》（秦本纪），二十五史（卷一），上海书店、上海古籍出版社1986年版。

第十五节

《左传》（宣公十四年）、（宣公十五年），岳麓书社1988年版。

第十六节

《左传》（襄公二十九年），《史记》（吴太伯世家），岳麓书社1988年版。

第十七节

《史记》（楚世家）、（伍子胥列传），二十五史（卷一），上海书店、上海古籍出版社1986年版。

《左传》（昭公十五年）、（襄公二十九年），岳麓书社1988年版。

第十八节

《史记》（伍子胥列传）、（吴太伯世家），二十五史（卷一），上海书店、上海古籍出版社1986年版。

第十九节

《史记》（吴太伯世家）、（伍子胥列传）、（越王勾践世家），二十五史（卷一），上海书店、上海古籍出版社1986年版。

第二十节

《史记》（吴太伯世家）、（伍子胥列传）、（越王勾践世家），二十五史（卷一），上海书店、上海古籍出版社1986年版。

（东汉）袁康、吴平：《越绝书》（卷第三、卷第五、卷第六），上海古籍出版社1985年版。

第二十一节

《史记》（孔子世家）、（仲尼弟子传）、（田敬仲完世家），二十五史（卷一），上海书店、上海古籍出版社1986年版。

《左传》（哀公六年）、（哀公十一年），岳麓书社1988年版。

（东汉）袁康、吴平：《越绝书》（卷第三、卷第五、卷第六），上海古籍出版社1985年版。

第二章

第一节

《史记》（晋世家），二十五史（卷一），上海书店、上海古籍出版社1986年版。

《韩非子》（说林），《韩非子集释》，上海人民出版社1974年版。

第二节

《史记》（赵世家）、（韩世家）、（魏世家），二十五史（卷一），上海书店、上海古籍出版社1986年版。

《韩非子》（十过），《韩非子集释》，上海人民出版社1974年版。

第三节

《战国策》（齐策一），上海古籍出版社1985年版。

第四节

《史记》（周本纪），二十五史（卷一），上海书店、上海古籍出版社1986年版。

《战国策》（东周），上海古籍出版社1985年版。

第五节

《史记》（商君列传），二十五史（卷一），上海书店、上海古籍出版社1986年版。

《资治通鉴》（周纪），上海古籍出版社1987年版。

高亨：《商君书注释》，中华书局1974年版。

第六节

《史记》（孙子吴起列传）、（田敬仲完世家），二十五史（卷一），上海书店、上海古籍出版社1986年版。

《孙膑兵法》，文物出版社1975年版。

《资治通鉴》（周纪二），《资治通鉴》（上卷），上海古籍出版社1987年版。

《竹书纪年》，商务印书馆1959年版。

第七节

《资治通鉴》（周纪二），《资治通鉴》（上卷），上海古籍出版社1987年版。

《史记》（田敬仲完世家），二十五史（卷一），上海书店、上海古籍出版社1986年版。

第八节

《史记》（张仪列传）、（楚世家）、（秦本纪），二十五史（卷一），上海书店、上海古籍出版社1986年版。

《战国策》（秦策一）、（秦策二），上海古籍出版社1985年版。

《资治通鉴》（周纪二）、（周纪三），《资治通鉴》（上卷），上海古籍出版社1987年版。

第九节
《战国策》（齐策二），上海古籍出版社 1985 年版。
第十节
《史记》（张仪列传）、（韩世家），二十五史（卷一），上海书店、上海古籍出版社 1986 年版。
《战国策》（秦策一），上海古籍出版社 1985 年版。
《战国纵横家书》，文物出版社 1976 年版。
第十一节
《史记》（樗里子甘茂列传），二十五史（卷一），上海书店、上海古籍出版社 1986 年版。
第十二节
《史记》（魏世家），二十五史（卷一），上海书店、上海古籍出版社 1986 年版。
第十三节
《史记》（燕召公世家）、（苏秦列传）、（孟尝君列传），二十五史（卷一），上海书店、上海古籍出版社 1986 年版。
《战国纵横家书》，文物出版社 1976 年版。
《贾谊集》（过秦论），上海人民出版社 1976 年版。
第十四节
《史记》（乐毅列传）、（燕召公世家）、（田单传），二十五史（卷一），上海书店、上海古籍出版社 1986 年版。
第十五节
《史记》（匈奴传），二十五史（卷一），上海书店、上海古籍出版社 1986 年版。
《资治通鉴》（秦纪一），《资治通鉴》（上卷），上海古籍出版社 1987 年版。
第十六节
《史记》（楚世家）、（秦本纪），二十五史（卷一），上海书店、上海古籍出版社 1986 年版。
《吕氏春秋》（处方），上海书店 1986 年版。
第十七节
《史记》（赵世家），二十五史（卷一），上海书店、上海古籍出版社 1986 年版。
《资治通鉴》（周纪三），《资治通鉴》（上卷），上海古籍出版社 1987 年版。
第十八节
《史记》（楚世家），二十五史（卷一），上海书店、上海古籍出版社 1986 年版。

《资治通鉴》(周纪三)，《资治通鉴》(上卷)，上海古籍出版社1987年版。

第十九节

《史记》(孟尝君列传)，二十五史（卷一），上海书店、上海古籍出版社1986年版。

《战国纵横家书》，文物出版社1976年版。

第二十节

《史记》(赵世家)，二十五史（卷一），上海书店、上海古籍出版社1986年版。

《资治通鉴》(周纪五)，《资治通鉴》(上卷)，上海古籍出版社1987年版。

第二十一节

《史记》(赵奢列传)、(廉颇蔺相如列传)、(白起王翦列传)，二十五史（卷一），上海书店、上海古籍出版社1986年版。

第二十二节

《史记》(范雎蔡泽列传)，二十五史（卷一），上海书店、上海古籍出版社1986年版。

《战国策》(秦策二)，上海古籍出版社1985年版。

第二十三节

《史记》(信陵君列传)，二十五史（卷一），上海书店、上海古籍出版社1986年版。

第二十四节

《史记》(燕召公世家)，二十五史（卷一），上海书店、上海古籍出版社1986年版。

第二十五节

《史记》(秦本纪)，二十五史（卷一），上海书店、上海古籍出版社1986年版。

李约瑟：《四海之内》（在公主墓前），生活·读书·新知三联书店1987年版。

第二十六节

《史记》(秦本纪)、(李斯列传)、(秦始皇本纪)，二十五史（卷一），上海书店、上海古籍出版社1986年版。

第二十七节

《史记》(吕不韦列传)，二十五史（卷一），上海书店、上海古籍出版社1986年版。

《资治通鉴》(秦纪一)，《资治通鉴》(上卷)，上海古籍出版社1987年版。

第二十八节

《史记》(燕召公世家)、(刺客列传)、(秦本纪)，二十五史（卷一)，上海书店、上海古籍出版社1986年版。
  第二十九节
  《史记》（秦本纪）、（田敬仲完世家），二十五史（卷一），上海书店、上海古籍出版社1986年版。
  《资治通鉴》（秦纪二），《资治通鉴》（上卷），上海古籍出版社1987年版。
  第三篇
  第一章
  第一节
  《史记》（秦本纪）、（李斯列传）、（留侯世家）、（秦始皇本纪），二十五史（卷一），上海书店、上海古籍出版社1986年版。
  第二节
  《史记》（项羽本纪）、（高祖本纪）、（留侯世家）、（秦本纪），二十五史（卷一），上海书店、上海古籍出版社1986年版。
  第三节
  《史记》（高祖本纪）、（肖相国世家）、（留侯世家），二十五史（卷一），上海书店、上海古籍出版社1986年版。
  第四节
  《史记》（项羽本纪）、（高祖本纪）、（留侯世家）、（樊郦滕灌列传），二十五史（卷一），上海书店、上海古籍出版社1986年版。
  《资治通鉴》（汉纪一），《资治通鉴》（上卷），上海古籍出版社1987年版。
  第五节
  《史记》（高祖本纪）、项羽本纪）、（留侯世家）、（张耳陈余列传），二十五史（卷一），上海书店、上海古籍出版社1986年版。
  《资治通鉴》（汉纪一）、（汉纪二），《资治通鉴》（上卷），上海古籍出版社1987年版。
  第六节
  《史记》（高祖本纪）、（郦生陆贾列传）、（淮阴侯列传），二十五史（卷一），上海书店、上海古籍出版社1986年版。
  《资治通鉴》（汉纪一），《资治通鉴》（上卷），上海古籍出版社1987年版。
  第七节
  《史记》（黥布列传）、（高祖本纪），二十五史（卷一），上海书店、上海古籍出版社1986年版。
  第八节
  《史记》（陈丞相世家）、（高祖本纪）、（项羽本纪），二十五史（卷一），上海书店、上海古籍出版社1986年版。

第二章
第一节
《史记》（高祖本纪）、（陈丞相世家）、（淮阴侯列传），二十五史（卷一），上海书店、上海古籍出版社1986年版。
第二节
《史记》（匈奴传）、（陈丞相世家）、（韩王信卢绾列传）、（刘敬孙叔通列传），二十五史（卷一），上海书店、上海古籍出版社1986年版。
《资治通鉴》（汉纪三），《资治通鉴》（上卷），上海古籍出版社1987年版。
内蒙古自治区蒙古语言文学历史研究所历史研究室、内蒙古大学蒙古历史研究室编：《中国古代北方各族简史》，内蒙古人民出版社1979年版。
林干：《匈奴史》，内蒙古人民出版社1979年版。
第三节
《史记》（匈奴传），二十五史（卷一），上海书店、上海古籍出版社1986年版。
第四节
《史记》（高祖本纪）、（韩王信卢绾列传），二十五史（卷一），上海书店、上海古籍出版社1986年版。
《资治通鉴》（汉纪四），《资治通鉴》（上卷），上海古籍出版社1987年版。
第五节
《史记》（孝文本纪）、（刘敬孙叔通列传）、（匈奴传），二十五史（卷一），上海书店、上海古籍出版社1986年版。
《资治通鉴》（汉纪六）、（汉纪七），《资治通鉴》（上卷），上海古籍出版社1987年版。
《中国军事史》（兵略）第七章，解放军出版社1986年版。
第六节
《史记》（孝景本纪）、（孝武本纪）、（匈奴传）、（韩安国列传），二十五史（卷一），上海书店、上海古籍出版社1986年版。
《资治通鉴》（汉纪九）、（汉纪十），《资治通鉴》（上卷），上海古籍出版社1987年版。
第七节
《史记》（淮南衡山列传），二十五史（卷一），上海书店、上海古籍出版社1986年版。
《淮南子》，上海古籍出版社1989年版。
《西京杂记》，上海古籍出版社1987年版。
《资治通鉴》（汉纪九）、（汉纪十）、（汉纪十一），《资治通鉴》（上卷），上海古籍出版社1987年版。

任继愈主编：《中国哲学史》（第三篇）第五章，人民出版社1963年版。

陈直：《史记新证》，天津人民出版社1979年版。

第八节

《史记》（孝武本纪）、（卫将军骠骑列传）、（李广列传），二十五史（卷一），上海书店、上海古籍出版社1986年版。

《资治通鉴》（汉纪十）、（汉纪十一），《资治通鉴》（上卷），上海古籍出版社1987年版。

第九节

《史记》（孝武本纪）、（匈奴传）、（大宛传）、（卫将军骠骑列传），二十五史（卷一），上海书店、上海古籍出版社1986年版。

《汉书》（张骞李广利列传），二十五史（卷一），上海书店、上海古籍出版社1986年版。

陈直：《史记新证》，天津人民出版社1979年版。

第十节

《史记》（孝武本纪），二十五史（卷一），上海书店、上海古籍出版社1986年版。

《汉书》（西域传）、（傅常郑甘陈段传），二十五史（卷一），上海书店、上海古籍出版社1986年版。

第十一节

《汉书》（赵充国辛庆忌传），二十五史（卷一），上海书店、上海古籍出版社1986年版。

《资治通鉴》（汉纪十三）、（汉纪十八），《资治通鉴》（上卷），上海古籍出版社1987年版。

第三章

第一节

《汉书》（鲍宣传）、（王莽传）、（食货志），二十五史（卷一），上海书店、上海古籍出版社1986年版。

漆侠等：《秦汉农民战争史》，三联出版社1979年版。

《后汉书》（光武帝本纪）、（齐武王縯传）、（刘玄刘盆子传），二十五史（卷二），上海书店、上海古籍出版社1986年版。

《资治通鉴》（汉纪三十），《资治通鉴》（上卷），上海古籍出版社1987年版。

第二节

《后汉书》（光武帝本纪）、（冯异传）、（刘玄刘盆子传），二十五史（卷二），上海书店、上海古籍出版社1986年版。

《资治通鉴》（汉纪三十一），《资治通鉴》（上卷），上海古籍出版社

1987年版。

第三节

《后汉书》（耿弇传），二十五史（卷二），上海书店、上海古籍出版社1986年版。

《资治通鉴》（汉纪三十三），《资治通鉴》（上卷），上海古籍出版社1987年版。

第四节

《后汉书》（隗嚣公孙述传）、（来歙传）、（岑彭传），二十五史（卷二），上海书店、上海古籍出版社1986年版。

第五节

《后汉书》（乌桓传）、（南匈奴传），二十五史（卷二），上海书店、上海古籍出版社1986年版。

《资治通鉴》（汉纪三十七），《资治通鉴》（上卷），上海古籍出版社1987年版。

陈直：《摹庐丛著七种》（读子日札），齐鲁书社1981年版。

第六节

《后汉书》（耿弇传），二十五史（卷二），上海书店、上海古籍出版社1986年版。

第七节

《后汉书》（班超传），二十五史（卷二），上海书店、上海古籍出版社1986年版。

《资治通鉴》（汉纪三十七）、（汉纪三十八）、（汉纪三十九），《资治通鉴》（上卷），上海古籍出版社1987年版。

林干：《匈奴史》，内蒙古人民出版社1979年版。

第八节

《后汉书》（虞诩传），二十五史（卷二），上海书店、上海古籍出版社1986年版。

《资治通鉴》（汉纪四十一），《资治通鉴》（上卷），上海古籍出版社1987年版。

第九节

《后汉书》（陈蕃传）、（李膺传）、（张让传）、（侯览传）、（郑众传）、（灵帝本纪），二十五史（卷二），上海书店、上海古籍出版社1986年版。

第四章

第一节

《三国志》（魏书·公孙瓒传）、（魏书·袁绍传），二十五史（卷二），上海书店、上海古籍出版社1986年版。

第二节

《三国志》（魏书·魏武帝本纪）、（魏书·夏侯惇传），二十五史

（卷二），上海书店、上海古籍出版社 1986 年版。

第三节

《三国志》（魏书·魏武帝本纪）、（魏书·袁绍传）、（魏书·荀彧传），二十五史（卷二），上海书店、上海古籍出版社 1986 年版。

《资治通鉴》（汉纪五十五）、（汉纪五十六），《资治通鉴》（上卷），上海古籍出版社 1987 年版。

第四节

《三国志》（魏书·魏武帝本纪）、（吴书·孙权传）、（吴书·黄盖传）、（吴书·周瑜传），二十五史（卷二），上海书店、上海古籍出版社 1986 年版。

《资治通鉴》（汉纪五十七），《资治通鉴》（上卷），上海古籍出版社 1987 年版。

第五节

《三国志》（魏书·蒋济传），二十五史（卷二），上海书店、上海古籍出版社 1986 年版。

第六节

《三国志》（魏书·魏武帝本纪）、（蜀书·马超传），二十五史（卷二），上海书店、上海古籍出版社 1986 年版。

第七节

《三国志》（蜀书·先主传）、（蜀书·刘焉刘璋传）、（蜀书·关羽传）、（吴书·鲁肃传）、（吴书·吕蒙传）、（魏书·董昭传），二十五史（卷二），上海书店、上海古籍出版社 1986 年版。

[日] 宫崎市定：《宫崎市定论文集》（历史与盐），商务印书馆 1965 年版。

第八节

《三国志》（魏书·魏文帝纪）、（吴书·周鲂传）、（魏书·满宠传）、（吴书·胡综传·裴松之注），二十五史（卷二），上海书店、上海古籍出版社 1986 年版。

第九节

《三国志》《吴书·胡综传》、（魏书·吴质传·裴松之注），二十五史（卷二），上海书店、上海古籍出版社 1986 年版。

第十节

《三国志》（魏书·魏文帝纪）、（吴书·徐盛传），二十五史（卷二），上海书店、上海古籍出版社 1986 年版。

第十一节

《三国志》（吴书·陆逊传），二十五史（卷二），上海书店、上海古籍出版社 1986 年版。

《资治通鉴》（魏纪四），《资治通鉴》（上卷），上海古籍出版社 1987

年版。

第十二节

《三国志》（蜀书·关羽传），二十五史（卷二），上海书店、上海古籍出版社1986年版。

《晋书》（宣帝纪），二十五史（卷二），上海书店、上海古籍出版社1986年版。

第十三节

《三国志》（蜀书·诸葛亮传）、（魏书·曹爽传）、（魏书·魏明帝纪），二十五史（卷二），上海书店、上海古籍出版社1986年版。

《世说新语》（方正第五），浙江古籍出版社1986年版。

第十四节

《三国志》（蜀书·费祎传），二十五史（卷二），上海书店、上海古籍出版社1986年版。

第十五节

《三国志》（魏书·牵招传）、（魏书·乌桓传）、（魏书·鲜卑传），二十五史（卷二），上海书店、上海古籍出版社1986年版。

第十六节

《三国志》（魏书·钟会传）、（魏书·邓艾传），二十五史（卷二），上海书店、上海古籍出版社1986年版。

《晋书》（景帝文帝纪）、（唐彬传），二十五史（卷二），上海书店、上海古籍出版社1986年版。

第四篇

第一章

第一节

《晋书》（武帝本纪）、（羊祜传）、（王濬传），二十五史（卷二），上海书店、上海古籍出版社1986年版。

第二节

《晋书》（杜预传），二十五史（卷二），上海书店、上海古籍出版社1986年版。

第三节

《晋书》（武帝本纪）、（卫瓘传），二十五史（卷二），上海书店、上海古籍出版社1986年版。

《魏书》（帝纪第一），二十五史（卷三），上海书店、上海古籍出版社1986年版。

第四节

《晋书》（武帝本纪）、（卫瓘传）、（汝南王亮传），二十五史（卷二），上海书店、上海古籍出版社1986年版。

《资治通鉴》（晋纪三）、（晋纪四），《资治通鉴》（上卷），上海古籍出版社1987年版。

　　第五节

　　《晋书》(赵王伦传)、(齐王冏传)、(长沙王乂传)、(成都王颖传)、(李特传)、(李流传)，二十五史（卷二），上海书店、上海古籍出版社1986年版。

　　第六节

　　《晋书》(李雄载记)、(张光传)，二十五史（卷二），上海书店、上海古籍出版社1986年版。

　　第七节

　　《晋书》(李雄载记)，二十五史（卷二），上海书店、上海古籍出版社1986年版。

　　《资治通鉴》(晋纪九)，《资治通鉴》(上卷)，上海古籍出版社1987年版。

　　第八节

　　《晋书》(赵王伦传)、(齐王冏传)、(成都王颖传)、(河间王颙传)、(荀晞传)、(刘琨传)、(段匹磾传)，二十五史（卷二），上海书店、上海古籍出版社1986年版。

　　第九节

　　《晋书》(石勒载记)、(王濬传)，二十五史（卷二），上海书店、上海古籍出版社1986年版。

　　第十节

　　《晋书》(祖逖传)，二十五史（卷二），上海书店、上海古籍出版社1986年版。

　　《资治通鉴》(晋纪十)、(晋纪十三)，《资治通鉴》(上卷)，上海古籍出版社1987年版。

　　第十一节

　　《晋书》(郭默传)、(石勒载记)，二十五史（卷二），上海书店、上海古籍出版社1986年版。

　　第十二节

　　《晋书》(刘曜载记)、(麴允传)，二十五史（卷二），上海书店、上海古籍出版社1986年版。

　　第十三节

　　《晋书》(慕容廆载记)，二十五史（卷二），上海书店、上海古籍出版社1986年版。

　　《资治通鉴》(晋纪十三)，《资治通鉴》(上卷)，上海古籍出版社1987年版。

　　第十四节

　　《晋书》(甘卓传)、(王敦传)，二十五史（卷二），上海书店、上海古籍出版社 1986 年版。

第十五节

《晋书》（王敦传）、（温峤传），二十五史（卷二），上海书店、上海古籍出版社 1986 年版。

《世说新语》（假谲第二十七），浙江古籍出版社 1986 年版。

第十六节

《晋书》（石勒载记），二十五史（卷二），上海书店、上海古籍出版社 1986 年版。

《资治通鉴》（晋纪十六），《资治通鉴》（上卷），上海古籍出版社 1987 年版。

第十七节

《晋书》（苻洪载记）、（苻健载记），二十五史（卷二），上海书店、上海古籍出版社 1986 年版。

第十八节

《晋书》（苻坚载记）、（桓温传）、（王猛传），二十五史（卷二），上海书店、上海古籍出版社 1986 年版。

《资治通鉴》（晋纪二十三）、（晋纪二十四），《资治通鉴》，上海古籍出版社 1987 年版。

第十九节

《晋书》（苻坚载记）、（苻融传）、（王猛传）、（谢安传）、（朱序传），二十五史（卷二），上海书店、上海古籍出版社 1986 年版。

《资治通鉴》（晋纪二十七），《资治通鉴》（上卷），上海古籍出版社 1987 年版。

第二十节

《晋书》（石秀龙载记）、（慕容皝载记）、（殷浩传）、（苻健载记）、（沮渠蒙逊载记），二十五史（卷二），上海书店、上海古籍出版社 1986 年版。

第二章

第一节

《晋书》（桓玄传），二十五史（卷二），上海书店、上海古籍出版社 1986 年版。

《宋书》（武帝本纪），二十五史（卷二），上海书店、上海古籍出版社 1986 年版。

《魏书》（司马楚之传）、（王慧龙传），二十五史（卷三），上海书店、上海古籍出版社 1986 年版。

《资治通鉴》（宋纪四），《资治通鉴》（上卷），上海古籍出版社 1987 年版。

第二节

《宋书》（檀道济传），二十五史（卷三），上海书店、上海古籍出版社 1986 年版。

《资治通鉴》（宋纪四），《资治通鉴》（上卷），上海古籍出版社 1987 年版。

第三节

《魏书》（崔浩传）、（李顺传）、（奚斤传），二十五史（卷三），上海书店、上海古籍出版社 1986 年版。

《资治通鉴》（宋纪五），《资治通鉴》（上卷），上海古籍出版社 1987 年版。

第四节

《魏书》（世祖本纪），二十五史（卷三），上海书店、上海古籍出版社 1986 年版。

《资治通鉴》（宋纪六），《资治通鉴》（上卷），上海古籍出版社 1987 年版。

第五节

《宋书》（沈攸之传），二十五史（卷三），上海书店、上海古籍出版社 1986 年版。

《资治通鉴》（宋纪十三）、（宋纪十四），《资治通鉴》，上海古籍出版社 1987 年版。

第六节

《南齐书》（高祖本纪），二十五史（卷三），上海书店、上海古籍出版社 1986 年版。

《资治通鉴》（宋纪十五），《资治通鉴》（上卷），上海古籍出版社 1987 年版。

第七节

《魏书》（昭成子孙传），二十五史（卷三），上海书店、上海古籍出版社 1986 年版。

第八节

《梁书》（武帝本纪），二十五史（卷三），上海书店、上海古籍出版社 1986 年版。

《资治通鉴》（齐纪九），《资治通鉴》（上卷），上海古籍出版社 1987 年版。

第九节

《梁书》（武帝本纪）、（康绚传），二十五史（卷三），上海书店、上海古籍出版社 1986 年版。

《南史》（康绚传），二十五史（卷三），上海书店、上海古籍出版社 1986 年版。

《资治通鉴》（梁纪四），《资治通鉴》（上卷），上海古籍出版社 1987 年版。

尚恒元、彭善俊编：《二十五史谣谚通检》，山西人民出版社 1986 年版。

第十节

《资治通鉴》（梁纪五），《资治通鉴》（上卷），上海古籍出版社 1987 年版。

第十一节

《魏书》（昭成子孙传）、（景穆十二王传）、（尔朱荣传），二十五史（卷三），上海书店、上海古籍出版社 1986 年版。

（北魏）杨炫之：《洛阳伽蓝记》（高阳王寺），《洛阳伽蓝记校释》，科学出版社 1958 年版。

《周书》（达奚武传）、（韩雄传），二十五史（卷三），上海书店、上海古籍出版社 1986 年版。

《北齐书》（王峻传），二十五史（卷三），上海书店、上海古籍出版社 1986 年版。

《资治通鉴》（梁纪十三），《资治通鉴》，上海古籍出版社 1987 年版。

第十二节

《魏书》（李崇传），二十五史（卷三），上海书店、上海古籍出版社 1986 年版。

《资治通鉴》（梁纪十四），《资治通鉴》（上卷），上海古籍出版社 1987 年版。

第十三节

《周书》（晋荡公护传）、（贺若敦传），二十五史（卷三），上海书店、上海古籍出版社 1986 年版。

第十四节

《北齐书》（后主幼主本纪）、（斛律金传）、（和士开传）、（祖珽传），二十五史（卷三），上海书店、上海古籍出版社 1986 年版。

《周书》（韦孝宽传），二十五史（卷三），上海书店、上海古籍出版社 1986 年版。

《资治通鉴》（陈纪二）、（陈纪四）、（陈纪五），《资治通鉴》（下卷），上海古籍出版社 1987 年版。

第十五节

《隋书》（突厥传）、（高祖本纪）、（长孙览传附长孙晟传），二十五史（卷三），上海书店、上海古籍出版社 1986 年版。

第十六节

《隋书》（高祖本纪）、（高颎传）、（贺若弼传）、（来护儿传）、（麦铁杖传），二十五史（卷五），上海书店、上海古籍出版社 1986 年版。

《陈书》（后主本纪），二十五史（卷三），上海书店、上海古籍出版社 1986 年版。

第五篇
第一章
第一节
《隋书》（高祖本纪）、（长孙览附长孙晟传），二十五史（卷五），上海书店、上海古籍出版社1986年版。

《资治通鉴》（陈纪九）、（隋纪二），《资治通鉴》（下卷），上海古籍出版社1987年版。

第二节
《隋书》（高祖本纪）、（炀帝本纪），二十五史（卷五），上海书店、上海古籍出版社1986年版。

《资治通鉴》（隋纪三），《资治通鉴》（下卷），上海古籍出版社1987年版。

第三节
《隋书》（炀帝本纪）、（裴矩传），二十五史（卷五），上海书店、上海古籍出版社1986年版。

《资治通鉴》（隋纪五），《资治通鉴》（下卷），上海古籍出版社1987年版。

第四节
《隋书》（炀帝本纪）、（杨素传）、（高丽传）、（新罗传）、（百济传），二十五史（卷五），上海书店、上海古籍出版社1986年版。

《资治通鉴》（隋纪六），《资治通鉴》（下卷），上海古籍出版社1987年版。

第五节
《隋书》（突厥传）、（裴矩传），二十五史（卷五），上海书店、上海古籍出版社1986年版。

《旧唐书》（太宗本纪），二十五史（卷五），上海书店、上海古籍出版社1986年版。

《资治通鉴》（隋纪五）、（隋纪六），《资治通鉴》（下卷），上海古籍出版社1987年版。

第六节
《隋书》（炀帝本纪），二十五史（卷五），上海书店、上海古籍出版社1986年版。

《旧唐书》（高祖本纪），二十五史（卷五），上海书店、上海古籍出版社1986年版。

《新唐书》（李思行传），二十五史（卷六），上海书店、上海古籍出版社1986年版。

第二章
第一节
《旧唐书》（高祖本纪）、（太宗本纪）、（刘黑闼传），二十五史（卷五），上海书店、上海古籍出版社 1986 年版。

第二节

《旧唐书》（李子通传）、（沈法兴传），二十五史（卷五），上海书店、上海古籍出版社 1986 年版。

《资治通鉴》（唐纪三），《资治通鉴》（下卷），上海古籍出版社 1987 年版。

第三节

《资治通鉴》（唐纪四），《资治通鉴》（下卷），上海古籍出版社 1987 年版。

《旧唐书》（太宗本纪），二十五史（卷五），上海书店、上海古籍出版社 1986 年版。

第四节

《旧唐书》（太宗本纪）、（突厥传），二十五史（卷五），上海书店、上海古籍出版社 1986 年版。

第五节

《旧唐书》（太宗本纪）、（突厥传）、（苏定方传）、（裴矩传）、（唐俭传）、（李靖传），二十五史（卷五），上海书店、上海古籍出版社 1986 年版。

《资治通鉴》（唐纪九），《资治通鉴》（下卷），上海古籍出版社 1987 年版。

（唐）吴兢编著：《贞观政要》，上海古籍出版社 1978 年版。

第六节

（唐）吴兢编著：《戒太子诸王第十一》，上海古籍出版社 1978 年版。

《资治通鉴》（唐纪十二），《资治通鉴》（下卷），上海古籍出版社 1987 年版。

第七节

《旧唐书》（高宗本纪）、（程务挺传）、（元万顷传），二十五史（卷五），上海书店、上海古籍出版社 1986 年版。

第八节

《旧唐书》（裴行俭传）、（突厥传），二十五史（卷五），上海书店、上海古籍出版社 1986 年版。

第九节

《旧唐书》（玄宗本纪）、（吐蕃传）、（王忠嗣传），二十五史（卷五），上海书店、上海古籍出版社 1986 年版。

苏晋仁、萧𬭚子校证：《（册府元龟）吐蕃史料校正》，四川民族出版社 1981 年版。

第十节

《旧唐书》（高仙芝传），二十五史（卷五），上海书店、上海古籍出版社 1986 年版。

《资治通鉴》(唐纪三十二)、《资治通鉴》(下卷),上海古籍出版社1987年版。

第十一节

《旧唐书》(玄宗本纪)、(后妃传·玄宗杨贵妃传)、(安禄山传)、(李林甫传)、(杨国忠传),二十五史(卷五),上海书店、上海古籍出版社1986年版。

(唐)姚汝能:《安禄山事迹》,上海古籍出版社1983年版。

《资治通鉴》(唐纪三十)、(唐纪三十一)、(唐纪三十三),《资治通鉴》(下卷),上海古籍出版社1987年版。

第十二节

《旧唐书》(肃宗本纪)、(安禄山传)、(郭子仪传)、(史思明传),二十五史(卷五),上海书店、上海古籍出版社1986年版。

《资治通鉴》(唐纪三十六),《资治通鉴》(下卷),上海古籍出版社1987年版。

第十三节

《册府元龟》(将帅部机略七),中华书局1960年版。

《资治通鉴》(唐纪三十九),《资治通鉴》(下卷),上海古籍出版社1987年版。

《旧唐书》(郭子仪传),二十五史(卷五),上海书店、上海古籍出版社1986年版。

张国刚:《唐代藩镇研究》第三章,湖南教育出版社1987年版。

第十四节

《旧唐书》(玄宗本纪)、(田承嗣传)、(李正己传)、(李宝臣传),二十五史(卷五),上海书店、上海古籍出版社1986年版。

[美]本尼迪克特:《菊花与刀——日本文化的诸模式》,浙江人民出版社1987年版。

第十五节

《资治通鉴》(唐纪四十三)、(唐纪四十四),《资治通鉴》(下卷),上海古籍出版社1987年版。

《旧唐书》(李希烈传)、(朱滔传)、(卢杞传)、(朱泚传),二十五史(卷五),上海书店、上海古籍出版社1986年版。

第十六节

《旧唐书》(韦皋传),二十五史(卷五),上海书店、上海古籍出版社1986年版。

《新唐书》(南诏传),二十五史(卷六),上海书店、上海古籍出版社1986年版。

李昆声、祁庆富:《南诏史话》第四章,文物出版社1984年版。

《资治通鉴》(唐纪四十九),《资治通鉴》(下卷),上海古籍出版社

1987年版。

第十七节

《旧唐书》（宪宗本纪）、（裴度传）、（武元衡传）、（李正己传）、（王武俊传）、（吴少诚传），二十五史（卷五），上海书店、上海古籍出版社1986年版。

《新唐书》（田令孜传），二十五史（卷六），上海书店、上海古籍出版社1986年版。

（宋）李昉等编：《太平广记》（河东记），中华书局1986年版。

《资治通鉴》（唐纪四十三）、（唐纪五十五）、（唐纪五十七），《资治通鉴》（下卷），上海古籍出版社1987年版。

［美］赫尔曼·康恩：《设想一下不可设想的事》，世界知识出版社1964年版。

史念海：《河山集》（隋唐时期长江下游农业的发展），生活·读书·新知三联书店1963年版。

第十八节

《旧唐书》（裴度传）、（李晟传）、（吴少诚传）、（宪宗本纪），二十五史（卷五），上海书店、上海古籍出版社1986年版。

第十九节

《旧唐书》（刘济传）、（王武俊传）、（吐突承璀传）、（田承嗣传），二十五史（卷五），上海书店、上海古籍出版社1986年版。

《资治通鉴》（唐纪五十四），《资治通鉴》（下卷），上海古籍出版社1987年版。

第二十节

李昆声、祁庆富：《南诏史话》第三章，文物出版社1984年版。

《旧唐书》（李德裕传）、（杜元颖传），二十五史（卷五），上海书店、上海古籍出版社1986年版。

第二十一节

《旧唐书》（懿宗本纪），二十五史（卷五），上海书店、上海古籍出版社1986年版。

《新唐书》（崔彦曾传），二十五史（卷六），上海书店、上海古籍出版社1986年版。

《全唐文》刘允章（直谏书），中华书局1983年版。

《旧五代史》（梁书·杨行密传），二十五史（卷六），上海书店、上海古籍出版社1986年版。

《资治通鉴》（唐纪六十七）、（唐纪七十二），《资治通鉴》（下卷），上海古籍出版社1987年版。

第二十二节

《旧五代史》（田頵附朱延寿传），二十五史（卷六），上海书店、上海古籍出版社 1986 年版。

《资治通鉴》(唐纪八十)，《资治通鉴》(下卷)，上海古籍出版社 1987 年版。

第二十三节

《旧五代史》(梁书·刘鄩传)、(梁书·王师范传)，二十五史(卷六)，上海书店、上海古籍出版社 1986 年版。

《资治通鉴》(唐纪七十一)、(唐纪七十九)，《资治通鉴》(下卷)，上海古籍出版社 1987 年版。

第二十四节

《新唐书》(沙陀传)，二十五史(卷六)，上海书店、上海古籍出版社 1986 年版。

《旧五代史》(氏叔综传)，二十五史(卷六)，上海书店、上海古籍出版社 1986 年版。

第三章

第一节

《旧五代史》(梁书·太祖本纪)，二十五史(卷六)，上海书店、上海古籍出版社 1986 年版。

《资治通鉴》(唐纪八十)，《资治通鉴》(下卷)，上海古籍出版社 1987 年版。

第二节

《旧五代史》(梁书·太祖本纪)，二十五史(卷六)，上海书店、上海古籍出版社 1986 年版。

《资治通鉴》(唐纪八十一)，《资治通鉴》(下卷)，上海古籍出版社 1987 年版。

第三节

《新唐书》(沙陀传)，二十五史(卷六)，上海书店、上海古籍出版社 1986 年版。

《资治通鉴》(后梁纪三)、(后梁纪四)，《资治通鉴》(下卷)，上海古籍出版社 1987 年版。

第四节

《旧五代史》(僭伪列传·王建传)，二十五史(卷六)，上海书店、上海古籍出版社 1986 年版。

《资治通鉴》(后梁纪四)，《资治通鉴》(下卷)，上海古籍出版社 1987 年版。

李昆声、祁庆富:《南诏史话》第九章，文物出版社 1984 年版。

《新唐书》(南诏传)，二十五史(卷六)，上海书店、上海古籍出版社 1986 年版。

引用书目   743

第五节

《旧五代史》（外国列传·契丹传），二十五史（卷六），上海书店、上海古籍出版社 1986 年版。

《新唐书》（刘仁恭传），二十五史（卷六），上海书店、上海古籍出版社 1986 年版。

第六节

《旧五代史》（外国列传·契丹传），二十五史（卷六），上海书店、上海古籍出版社 1986 年版。

《辽史》（百官志），二十五史（卷九），上海书店、上海古籍出版社 1986 年版。

《资治通鉴》（后梁纪四），《资治通鉴》（下卷），上海古籍出版社 1987 年版。

第七节

《旧五代史》（唐书·庄宗本纪）、（僭伪列传·李异传），二十五史（卷六），上海书店、上海古籍出版社 1986 年版。

《新五代史》（吴世家）、（南平世家）、（南汉世家）、（楚世家）、（唐臣传·郭崇韬传）、（唐臣传·安重诲传），二十五史（卷六），上海书店、上海古籍出版社 1986 年版。

《资治通鉴》（后唐纪一）、（后唐纪二）、（后唐纪四）、（后唐纪五），《资治通鉴》，上海古籍出版社 1987 年版。

（清）吴任臣：《十国春秋》（第三册）（楚一·世家·武穆王世家），中华书局 1984 年版。

（明）王夫之：《读通鉴论》（五代）上，中华书局 1975 年版。

第八节

《新五代史》（杂传·李仁福传），二十五史（卷六），上海书店、上海古籍出版社 1986 年版。

《资治通鉴》（后唐纪七），《资治通鉴》（下卷），上海古籍出版社 1987 年版。

第九节

《资治通鉴》（后唐纪八）、（后晋纪一）、（后晋纪二），《资治通鉴》（下卷），上海古籍出版社 1987 年版。

《新五代史》（晋高祖本纪）、（杂传·范延光传），二十五史（卷六），上海书店、上海古籍出版社 1986 年版。

第十节

《新五代史》（吴世家）、（南唐世家）、（闽世家），二十五史（卷六），上海书店、上海古籍出版社 1986 年版。

（清）吴任臣：《十国春秋》（闽九·列传·朱文进传）、（闽十·列传·建州僧传），中华书局 1983 年版。

第十一节

《新五代史》（晋出帝本纪）、（汉高祖本纪）、（周太祖本纪），二十五史（卷六），上海书店、上海古籍出版社1986年版。

第十二节

《新五代史》（周太祖本纪），二十五史（卷六），上海书店、上海古籍出版社1986年版。

《资治通鉴》（后汉纪四），《资治通鉴》，上海古籍出版社1987年版。

第十三节

《新五代史》（杂传·慕容彦超传），二十五史（卷六），上海书店、上海古籍出版社1986年版。

《资治通鉴》（后周纪一），《资治通鉴》（下卷），上海古籍出版社1987年版。

第十四节

《新五代史》（周世宗本纪），二十五史（卷六），上海书店、上海古籍出版社1986年版。

《资治通鉴》（后周纪四），《资治通鉴》（下卷），上海古籍出版社1987年版。

第十五节

《资治通鉴》（后唐纪七）、（后晋纪二）、（后周纪五），《资治通鉴》（下卷），上海古籍出版社1987年版。

第十六节

《宋史》（太祖本纪）、（太宗本纪）、（赵普传）、（石守信传）、（范质传），二十五史（卷七），上海书店、上海古籍出版社1986年版。

《续资治通鉴》（宋纪一），《续资治通鉴》，上海古籍出版社1987年版。

第六篇

第一章

第一节

《续资治通鉴》（宋纪一）、（宋纪二）、（宋纪三）、（宋纪四）、（宋纪五）、（宋纪六）、（宋纪七）、（宋纪八），《续资治通鉴》，上海古籍出版社1987年版。

《宋史》（赵普传）、（李处耘传）、（南唐李氏世家）、（康延泽传）、（樊知古传），二十五史，上海书店、上海古籍出版社1986年版。

（清）朱逢甲：《间书》（南唐浮屠传），群众出版社1979年版。

第二节

《续资治通鉴》（宋纪五）、（宋纪六），《续资治通鉴》，上海古籍出版社1987年版。

第三节

《宋史》（张齐贤传），二十五史（卷七），上海书店、上海古籍出版社1986年版。

《续资治通鉴》（宋纪十三），《续资治通鉴》，上海古籍出版社1987年版。

第四节

《宋史》（曹利用传），二十五史（卷七），上海书店、上海古籍出版社1986年版。

《续资治通鉴》（宋纪二十五），《续资治通鉴》，上海古籍出版社1987年版。

第五节

《续资治通鉴》（宋纪十四）、（宋纪二十五）、（宋纪三十四），《续资治通鉴》，上海古籍出版社1987年版。

（宋）沈括：《梦溪笔谈》（卷十三），中华书局1957年版。

《宋史》（张洎传）、（姚垣传）、（李允则传），二十五史（卷七），上海书店、上海古籍出版社1986年版。

（宋）苏辙：《龙川别志》、《龙川略志》，中华书局1982年版。

第六节

《续资治通鉴》（宋纪四十一）、（宋纪四十二），《续资治通鉴》，上海古籍出版社1987年版。

《宋史》（夏国传），二十五史（卷七），上海书店、上海古籍出版社1986年版。

（宋）岳珂：《桯史》（张元・吴昊），中华书局1981年版。

第七节

《续资治通鉴》（宋纪四十一）、（宋纪四十三），《续资治通鉴》，上海古籍出版社1987年版。

（清）朱逢甲：《间书》（东轩笔录），群众出版社1979年版。

《宋史》（张亢传）、（曹玮传）、（王鬷传）、（折克行传）、（蔡延庆传）、（林广传）、（随君正传），二十五史（卷七），上海书店、上海古籍出版社1986年版。

（宋）苏轼：《东坡志林》，华东师范大学出版社1983年版。

（宋）苏辙：《龙川别志》、《龙川略志》，中华书局1982年版。

第八节

《宋史》（仲世衡传）、（庞籍传），二十五史（卷七），上海书店、上海古籍出版社1986年版。

吴天墀：《西夏史稿》，四川人民出版社1980年版。

（宋）沈括：《梦溪笔谈》（卷十三），中华书局1957年版。

《续资治通鉴》（宋纪四十三）、（宋纪五十），《续资治通鉴》，上海古籍出版社 1987 年版。

第九节

《宋史》(刘舜卿传)、(薛向传),二十五史(卷七),上海书店、上海古籍出版社 1986 年版。

《续资治通鉴》(宋纪五十五),《续资治通鉴》,上海古籍出版社 1987 年版。

第十节

《宋史》(王超附王德用传),二十五史(卷七),上海书店、上海古籍出版社 1986 年版。

第十一节

《续资治通鉴》(宋纪七十八),《续资治通鉴》,上海古籍出版社 1987 年版。

(宋)岳珂:《桯史》,中华书局 1981 年版。

第十二节

《宋史》(狄青传),二十五史(卷七),上海书店、上海古籍出版社 1986 年版。

《续资治通鉴》(宋纪五十)、(宋纪五十三),《续资治通鉴》,上海古籍出版社 1987 年版。

第十三节

《续资治通鉴》(宋纪二十七),《续资治通鉴》,上海古籍出版社 1987 年版。

(宋)费衮:《梁谿漫志》卷五,上海古籍出版社 1985 年版。

《宋史》(宋守约传附宋球传)、(陈升之传),二十五史(卷七),上海书店、上海古籍出版社 1986 年版。

(宋)沈括:《梦溪笔谈》(卷十三),中华书局 1957 年版。

第十四节

《宋史》(高永能传),二十五史(卷七),上海书店、上海古籍出版社 1986 年版。

《续资治通鉴》(宋纪九十四),《续资治通鉴》,上海古籍出版社 1987 年版。

第十五节

《续资治通鉴》(宋纪九十五),《续资治通鉴》,上海古籍出版社 1987 年版。

《宋史》(郭药师传),二十五史(卷八),上海书店、上海古籍出版社 1986 年版。

第二章
第一节

《续资治通鉴》(宋纪一百五)、(宋纪一百七),《续资治通鉴》,上海古籍出版社 1987 年版。

《宋史》（韩世忠传），二十五史（卷八），上海书店、上海古籍出版社 1986 年版。

第二节

《宋史》（岳飞传），二十五史（卷八），上海书店、上海古籍出版社 1986 年版。

《续资治通鉴》（宋纪一百一十一），《续资治通鉴》，上海古籍出版社 1987 年版。

第三节

《宋史》（韩世忠传），二十五史（卷八），上海书店、上海古籍出版社 1986 年版。

《续资治通鉴》（宋纪一百一十四），《续资治通鉴》，上海古籍出版社 1987 年版。

第四节

《续资治通鉴》（宋纪一百一十九），《续资治通鉴》，上海古籍出版社 1987 年版。

《宋史》（岳飞传），二十五史（卷八），上海书店、上海古籍出版社 1986 年版。

第五节

《宋史》（岳飞传），二十五史（卷八），上海书店、上海古籍出版社 1986 年版。

《续资治通鉴》（宋纪一百二十一），《续资治通鉴》，上海古籍出版社 1987 年版。

第六节

《宋史》（刘锜传），二十五史（卷八），上海书店、上海古籍出版社 1986 年版。

《续资治通鉴》（宋纪一百二十二）、（宋纪一百二十三），《续资治通鉴》，上海古籍出版社 1987 年版。

邓广铭：《岳飞传》第十二章，生活·读书·新知三联书店 1958 年版。

第七节

《宋史》（刘锜传）、（洪皓传）、（李显忠传），二十五史（卷八），上海书店、上海古籍出版社 1986 年版。

［英］彼德·赖特：《抓间谍者》中译本，军事译文出版社 1987 年版。

第八节

《宋史》（岳飞传）、（秦桧传）、（洪皓传），二十五史（卷八），上海书店、上海古籍出版社 1986 年版。

（元）刘一清：《钱塘遗事》，上海古籍出版社1985年版。
（宋）岳珂：《桯史》（牧牛亭），中华书局1981年版。
《续资治通鉴》（宋纪一百二十三），《续资治通鉴》，上海古籍出版社1987年版。

第九节
《新唐书》（刘晏传），二十五史（卷六），上海书店、上海古籍出版社1986年版。
《资治通鉴》（唐纪四十二），《资治通鉴》，上海古籍出版社1987年版。
丁传靖：《宋人轶事汇编》中，（卷十五），中华书局1981年版。
（宋）岳珂：《桯史》，中华书局1981年版。

第十节
《续资治通鉴》（宋纪一百二十五），《续资治通鉴》，上海古籍出版社1987年版。

第十一节
《金史》（海陵本纪），二十五史（卷九），上海书店、上海古籍出版社1986年版。
（宋）岳珂：《桯史》（刘蕴古），中华书局1981年版。

第十二节
《金史》（海陵本纪），二十五史（卷九），上海书店、上海古籍出版社1986年版。
（宋）岳珂：《桯史》（逆亮辞怪）、（施宜生），中华书局1981年版。
《宋史》（虞允文传）、（杨存中传），二十五史（卷八），上海书店、上海古籍出版社1986年版。
《续资治通鉴》（宋纪一百三十三）、（宋纪一百三十四）、（宋纪一百三十五），《续资治通鉴》，上海古籍出版社1987年版。

第十三节
蒙古族简史编写组：《蒙古族简史》第一、二章，内蒙古人民出版社1977年版。
《元史》（太祖本纪）、（察罕传），二十五史（卷九），上海书店、上海古籍出版社1986年版。
《续资治通鉴》（宋纪一百五十八）、（宋纪一百五十九），《续资治通鉴》，上海古籍出版社1987年版。

第十四节
《宋史》（秦桧传），二十五史（卷八），上海书店、上海古籍出版社1986年版。
《续资治通鉴》（宋纪一百六十三），《续资治通鉴》，上海古籍出版社1987年版。

第十五节

《续资治通鉴》（宋纪一百六十四）、（宋纪一百六十五），《续资治通鉴》，上海古籍出版社1987年版。

《宋史》（李全传）下，二十五史（卷八），上海书店、上海古籍出版社1986年版。

（明）陈邦瞻：《宋史纪事本末》，中华书局1977年版。

第十六节

《续资治通鉴》（宋纪一百六十五），《续资治通鉴》，上海古籍出版社1987年版。

《元史》（速哥传），二十五史（卷九），上海书店、上海古籍出版社1986年版。

第十七节

陈世松：《蒙古定蜀史稿》第八章，四川省社会科学院出版社1985年版。

《元史》（刘整传），二十五史（卷九），上海书店、上海古籍出版社1986年版。

（明）陈邦瞻：《宋史纪事本末》（蒙古陷襄阳），中华书局1977年版。

《宋季三朝政要》卷三，商务印书馆1959年版。

《续资治通鉴》（宋纪一百七十九），《续资治通鉴》，上海古籍出版社1987年版。

第十八节

《宋史》（度宗本纪），二十五史（卷九），上海书店、上海古籍出版社1986年版。

《元史》（世宗本纪）、（刘整传），二十五史（卷九），上海书店、上海古籍出版社1986年版。

（宋）石茂良：《避戎夜话》外三篇，上海书店1983年版。

第十九节

（明）张岱：《快园道古》（卷一），浙江古籍出版社1986年版。

（明）冯梦龙：《智囊》，中州古籍出版社1986年版。

（宋）石茂良：《避戎夜话》外三篇，上海书店1983年版。

第三章

第一节

《蒙古秘史》卷七注释《黑鞑事略》，中华书局1956年版。

［日］小林高四郎：《成吉思汗》，内蒙古人民出版社1983年版。

中国大百科全书元史编写组：《元史》（元朝），中国大百科全书出版社1985年版。

内蒙古自治区蒙古族经济史研究组编：《蒙古族经济发展史研究》第

二集，1987年版。
　　第二节
　　（明）陈邦瞻：《元史纪事本末》（日本用兵），中华书局1979年版。
　　《元史》（世祖本纪）、（日本传）、（高丽传），二十五史（卷九），上海书店、上海古籍出版社1986年版。
　　《续资治通鉴》（元纪三），《续资治通鉴》，上海古籍出版社1987年版。
　　第三节
　　（明）陈邦瞻：《元史纪事本末》（北边诸王之乱），中华书局1979年版。
　　《元史》（伯颜传），二十五史，上海书店、上海古籍出版社1986年版。
　　中国大百科全书元史编写组：《元史》（伯颜）条目，中国大百科全书出版社1985年版。
　　第四节
　　《续资治通鉴》（元纪十一），《续资治通鉴》，上海古籍出版社1987年版。
　　第五节
　　《明史》（方国珍传）、（刘基传），二十五史（卷十），上海书店、上海古籍出版社1986年版。
　　《元史》（顺帝本纪），二十五史（卷九），上海书店、上海古籍出版社1986年版。
　　第六节
　　《续资治通鉴》（元纪三十），《续资治通鉴》，上海古籍出版社1987年版。
　　《明史》（太祖本纪），二十五史（卷十），上海书店、上海古籍出版社1986年版。
　　第七节
　　《元史纪事本末》（小明王之立）、（察罕帖木耳之功），中华书局1979年版。
　　第八节
　　《续资治通鉴》（元纪三十）、（元纪三十三），《续资治通鉴》，上海古籍出版社1987年版。
　　《明史》（陈友谅传）、（康茂才传），二十五史（卷十），上海书店、上海古籍出版社1986年版。
　　（清）钱谦益：《国初群雄事略》，中华书局1982年版。
　　第九节
　　《明史》（陈友谅传），二十五史（卷十），上海书店、上海古籍出版社 1986 年版。

（清）钱谦益：《国初群雄事略》，中华书局 1982 年版。
第十节
（清）钱谦益：《国初群雄事略》，中华书局 1982 年版。
（明）张岱：《快园道古》，浙江古籍出版社 1986 年版。
（清）谷应泰：《明史纪事本末》，中华书局 1977 年版。
第十一节
《续资治通鉴》（元纪三十四），《续资治通鉴》，上海古籍出版社 1987 年版。
《明史》（傅友德传），二十五史（卷十），上海书店、上海古籍出版社 1986 年版。
第十二节
《明史》（明玉珍传），二十五史（卷十），上海书店、上海古籍出版社 1986 年版。
（清）钱谦益：《国初群雄事略》，中华书局 1982 年版。
第十三节
《续资治通鉴》（元纪三十七），《续资治通鉴》，上海古籍出版社 1987 年版。
《明史》（太祖本纪），二十五史（卷十），上海书店、上海古籍出版社 1986 年版。
第十四节
（清）钱谦益：《国初群雄事略》，中华书局 1982 年版。
《明史》（傅友德传），二十五史（卷十），上海书店、上海古籍出版社 1986 年版。
第十五节
《续资治通鉴》（元纪三十七）、（元纪三十六），《续资治通鉴》，上海古籍出版社 1987 年版。
《明史》（张士诚传）、（徐达传），二十五史（卷十），上海书店、上海古籍出版社 1986 年版。
第十六节
《明史》（刘基传）、（太祖本纪）、（方国珍传），二十五史（卷十），上海书店、上海古籍出版社 1986 年版。
第七篇
第一章
第一节
《明史》（恭闵帝本纪）、（成祖本纪）、（张员传）、（姚广孝传）、（暴昭传）、（张信传）、（张玉传），二十五史（卷十），上海书店、上海古籍出版社 1986 年版。

（明）郑晓：《今言》（二十二），中华书局1984年版。

邓之诚：《中华二千年史》（卷五上·明初之政局），中华书局1983年版。

第二节

（清）谷应泰：《明史纪事本末》，中华书局1977年版。

《明史》（张玉传），二十五史（卷十），上海书店、上海古籍出版社1986年版。

第三节

《明史》（成祖本纪）、（宁王权传），二十五史（卷十），上海书店、上海古籍出版社1986年版。

第四节

《明史》（马宣亦传），二十五史（卷十），上海书店、上海古籍出版社1986年版。

（清）谷应泰：《明史纪事本末》，中华书局1977年版。

第五节

《明史》（盛庸传）、（平安传）、（成祖本纪）、（孝闵帝本纪），二十五史（卷十），上海书店、上海古籍出版社1986年版。

第六节

《明史》（仁宗本纪），二十五史（卷十），上海书店、上海古籍出版社1986年版。

第七节

《明史》（徐达传）、（成祖本纪）、（怀庆公主传），二十五史（卷十），上海书店、上海古籍出版社1986年版。

（明）郑晓：《今言》（二十四），中华书局1984年版。

（清）谷应泰：《明史纪事本末》，中华书局1977年版。

第八节

《明史》（成祖本纪），二十五史（卷十），上海书店、上海古籍出版社1986年版。

（清）印鸾章：《明鉴》（永乐七年）、（永乐二十年）、（永乐二十一年）、（永乐二十二年），上海书店1984年版。

第九节

《明史》（谷王梅传）、（高煦传）、（耿通传），二十五史（卷十），上海书店、上海古籍出版社1986年版。

（清）印鸾章：《明鉴》（永乐四年）、（宣德元年），上海书店1984年版。

（明）郑晓：《今言》（十九），中华书局1984年版。

（清）谷应泰：《明史纪事本末》，中华书局1977年版。

第十节

［越］潘黎辉等：《越南民族历史上的几次战略决战》中译本，世界知识出版社1980年版。

《明史》（交趾传）、（王通传）、（张辅传），二十五史（卷十），上海书店、上海古籍出版社1986年版。

第十一节

《明史》（英宗本纪）、（钟同传）、（于谦传）、（瓦剌传）、（宦官传），二十五史（卷十），上海书店、上海古籍出版社1986年版。

谷应泰：《明史纪事本末》，中华书局1977年版。

（明）郑晓：《今言》（十七），中华书局1984年版。

黄云眉：《明史考证》，中华书局1984年版。

第十二节

《明史》（周忱传），二十五史（卷十），上海书店、上海古籍出版社1986年版。

（明）冯梦龙：《智囊》，中州古籍出版社1986年版。

（明）张岱：《快园道古》卷三，浙江古籍出版社1986年版。

第十三节

《明史》（刘大夏传），二十五史（卷十），上海书店、上海古籍出版社1986年版。

（明）冯梦龙：《智囊》，中州古籍出版社1986年版。

（明）张岱：《快园道古》卷三，浙江古籍出版社1986年版。

第十四节

《明史》（武宗本纪），二十五史（卷十），上海书店、上海古籍出版社1986年版。

（清）毛奇龄等：《明武宗外纪》，上海书店1982年版。

（清）印鸾章：《明鉴》（武德五年），上海书店1984年版。

（清）谷应泰：《明史纪事本末》，中华书局1977年版。

黄云眉：《明史考证》，中华书局1984年版。

第十五节

（清）谷应泰：《明史纪事本末》，中华书局1977年版。

《明史》（宁王权传）、（王守仁传）、（费宏传）、（伍文定传）、（乔宇传）、（李充嗣传）、（陆完传），二十五史（卷十），上海书店、上海古籍出版社1986年版。

任继愈：《中国哲学史》（王守仁的主观唯心主义哲学思想），人民出版社1963年版。

（明）郑晓：《今言》（一百九十二）、（三百一十四），中华书局1984年版。

（清）毛奇龄等：《明武宗外纪》，上海书店1982年版。

《王守仁全集》，上海古籍出版社1992年版。

第十六节

《明史》（王守仁传），二十五史（卷十），上海书店、上海古籍出版社1986年版。

（清）檀萃：《楚庭稗珠录》（文成平贼），广东人民出版社1982年版。

黄云眉：《明史考证》，中华书局1984年版。

第十七节

《明史》（广西土司传）、（姚镆传），二十五史（卷十），上海书店、上海古籍出版社1986年版。

（明）田艺蘅：《留青日札》，上海古籍出版社1985年版。

邓之诚：《中华二千年史》（卷五上·明与诸民族之关系），中华书局1983年版。

第十八节

（清）朱逢甲：《间书》（兵略纂闻），群众出版社1979年版。

《明史》（沈希仪传），二十五史（卷十），上海书店、上海古籍出版社1986年版。

第十九节

《明史》（胡宗宪传）、（戚继光传）、（郑晓传）、（谭纶传）、（俞大猷传），二十五史（卷十），上海书店、上海古籍出版社1986年版。

朱东润：《张居正大传》，湖北人民出版社1981年版。

［日］田中健夫：《倭寇——海上历史》，武汉大学出版社1987年版。

中国历史研究社编：《倭变事略》（倭情屯田议）、（纪剿除徐海本末）、（日本犯华考），上海书店1982年版。

（明）郑晓：《今言》（二百三十九），中华书局1984年版。

邓之诚：《中华二千年史》（卷五上·明与诸民族之关系），中华书局1983年版。

戴裔煊：《明代嘉隆间的倭寇海盗与中国资本主义萌芽》，中国社会科学出版社1982年版。

邓之诚：《中华二千年史》（卷五上·明之海上交通），中华书局1983年版。

第二十节

《明史》（鞑靼传）、（蔡天佑传）、（陈寿传）、（方逢时传）、（吴兑传），二十五史（卷十），上海书店、上海古籍出版社1986年版。

（明）郑晓：《今言》（三百三十三），中华书局1984年版。

朱东润：《张居正大传》，湖北人民出版社1981年版。

第二十一节

（清）谷应泰：《明史纪事本末》，中华书局1977年版。

(清)印鸾章：《明鉴》（万历二十年），上海书店 1984 年版。

第二十二节

《明史》（李成梁传）、（李如松传）、（麻贵传）、（刘挺传）、（陈璘传）、（邓子龙传）、（杨镐传），二十五史（卷十），上海书店、上海古籍出版社 1986 年版。

(清)印鸾章：《明鉴》（万历二十年）、（万历二十五年），上海书店 1984 年版。

中国人民大学世界通史研究室：《世界通史参考资料》（中古部分）、（中国朝鲜日本形势图略），中国人民大学出版社 1959 年版。

［日］田中健夫：《倭寇——海上历史》，武汉大学出版社 1987 年版。

第二十三节

《清史稿》（太祖本纪），二十五史（卷十），上海书店、上海古籍出版社 1986 年版。

(清)计六奇：《明季北略》（抚顺城陷）、（清河城陷），中华书局 1984 年版。

《明史》（杨镐传），二十五史（卷十），上海书店、上海古籍出版社 1986 年版。

左言东：《中国政治制度史》，浙江古籍出版社 1986 年版。

(明)佚名：《崇祯长编》外十种，上海书店 1982 年版。

第二十四节

《明史》（熊廷弼传）、（贺世贤传）、（袁应泰传），二十五史（卷十），上海书店、上海古籍出版社 1986 年版。

(清)计六奇：《明季北略》（熊廷弼经略辽阳），中华书局 1984 年版。

(明)李逊之：《三朝野纪》卷二，上海书店 1930 年版。

第二十五节

《明史》（袁崇焕传），二十五史（卷十），上海书店、上海古籍出版社 1986 年版。

《清史稿》（太祖本纪）、（太宗本纪），二十五史（卷十一），上海书店、上海古籍出版社 1986 年版。

(清)计六奇：《明季北略》（上）（毛文龙入皮岛），中华书局 1984 年版。

阎崇年、俞三乐编：《袁崇焕资料集录》，广西民族出版社 1984 年版。

(清)印鸾章：《明鉴》（崇祯二年），上海书店 1984 年版。

第二十六节

《明史》（李自成传）、（张献忠传）、（高起潜传）、（庄烈帝本纪），二十五史（卷十），上海书店、上海古籍出版社 1986 年版。

（清）计六奇：《明季北略》（上）（贼流秦晋）、（贼陷凤阳）、（贼陷巢县）、（李维椒守江浦）、（左良玉鄂陵之捷）、（贼间）、（张献忠袭庐州），中华书局1984年版。

（明）刘茞等：《狩缅纪事》（外三种），浙江古籍出版社1986年版。

（明）杨士聪等：《甲申核真略》（外二种），上海古籍出版社1985年版。

（明）吴世济等：《太和县御寇始末》（外一种），浙江古籍出版社1985年版。

（清）彭孙贻：《平寇志》，上海古籍出版社1984年版。

第二十七节

（清）彭孙贻：《平寇志》，上海古籍出版社1984年版。

（清）计六奇：《明季北略》，中华书局1984年版。

第二章
第一节

《清史稿》（吴三桂传），二十五史（卷十一），上海书店、上海古籍出版社1986年版。

（清）戴名世等：《东南纪事》（江上遗闻）、（江阴守城记）、（江变事略）、（江阴守城后记），上海书店1982年版。

第二节

（明）刘茞等：《狩缅纪事》（外三种）、（安龙逸史），浙江古籍出版社1986年版。

第三节

《清史稿》（圣祖本纪）、（吴三桂传），二十五史（卷十一），上海书店、上海古籍出版社1986年版。

（清）魏源：《圣武记》（康熙勘定三藩记），中华书局1984年版。

（清）陈梦雷：《闲止书堂集钞》（书五），上海古籍出版社1979年版。

第四节

《清史稿》（施琅传）、（姚启圣传），二十五史（卷十一），上海书店、上海古籍出版社1986年版。

（清）施琅：《靖海纪事》，福建人民出版社1983年版。

（清）陈康祺：《郎潜纪闻》（三笔第四），中华书局1984年版。

（清）杨陆荣：《三藩纪事本末》（郑成功之乱），中华书局1985年版。

第五节

《清史稿》（郎坦传）、（彭春传）、（萨布素传）、（玛拉传），二十五史（卷十一），上海书店、上海古籍出版社1986年版。

（清）陈康祺：《郎潜纪闻》（初笔第五）、（二笔第九），中华书局

1984 年版。

［苏联］巴赫鲁申：《哥萨克在黑龙江上》中译本，商务印书馆 1975 年版。

［苏联］普罗霍夫：《关于中苏边界问题》中译本，商务印书馆 1977 年版。

［俄］帕尔申：《外贝加尔边区纪行》中译本，商务印书馆 1976 年版。

第六节

（清）魏源：《圣武记》（康熙亲征准噶尔记），中华书局 1984 年版。

《清史稿》（藩部传）、（费扬古传），二十五史（卷十一），上海书店、上海古籍出版社 1986 年版。

内蒙古自治区蒙古族经济史研究组编：《蒙古族经济发展史研究》第一集，1987 年版。

第七节

（清）魏源：《圣武记》（雍正两征厄鲁特记），中华书局 1984 年版。

《清史稿》（岳钟琪传）、（傅尔丹传），二十五史（卷十一），上海书店、上海古籍出版社 1986 年版。

第八节

《清史稿》（丁朝雄传），二十五史（卷十一），上海书店、上海古籍出版社 1986 年版。

（清）魏源：《圣武记》（乾隆三定台湾记），中华书局 1984 年版。

第九节

（清）魏源：《圣武记》（道光重定回疆记），中华书局 1984 年版。

第十节

（清）魏源：《圣武记》（嘉庆畿辅靖变记），中华书局 1984 年版。

剪伯赞、郑天挺主编：《中国通史参考资料》（林清、李文成领导的京畿豫东农民起义），中华书局 1966 年版。

第十一节

［俄］Н. И. 维谢洛夫斯基：《俄国驻北京传道团史料》第一册，商务印书馆 1978 年版。

第十二节

《清史稿》（林则徐传），二十五史（卷十二），上海书店、上海古籍出版社 1986 年版。

《林则徐集》（公牍），中华书局 1963 年版。

（清）魏源：《圣武记》（国朝俄罗斯盟聘记），中华书局 1984 年版。

中国航海学会：《中国航海史》，人民交通出版社 1989 年版。

中国航海学会：《近代航海史》，人民交通出版社 1988 年版。

（清）魏源：《道光洋艘征抚记》，人民出版社 1984 年版。

第八篇
第一章
第一节
《宋史》（夏国传）上，二十五史，上海书店、上海古籍出版社1986年版。

《资治通鉴》（梁纪十八）、（晋纪三十二），《资治通鉴》（上卷），上海古籍出版社1987年版。

《续资治通鉴》（宋纪一百六十六），《续资治通鉴》，上海古籍出版社1987年版。

第二节
《韩非子》（外储说右上），《韩非子集释》，上海人民出版社1974年版。

《史记》（张耳传），二十五史（卷一），上海书店、上海古籍出版社1986年版。

第三节
《三国志》（魏书·钟会传），二十五史（卷三），上海书店、上海古籍出版社1986年版。

余嘉锡：《世说新语笺疏》，中华书局1983年版。

《南史》（侯景传），二十五史，上海书店、上海古籍出版社1986年版。

《周书》（韦孝宽传），二十五史，上海书店、上海古籍出版社1986年版。

《北史》（韦孝宽传），二十五史，上海书店、上海古籍出版社1986年版。

第四节
《南史》（侯景传），二十五史，上海书店、上海古籍出版社1986年版。

《北史》（韦孝宽传），二十五史，上海书店、上海古籍出版社1986年版。

第五节
《续资治通鉴》（宋纪六）、（宋纪七十一），《续资治通鉴》，上海古籍出版社1987年版。

《新五代史》（南唐世家），二十五史（卷六），上海书店、上海古籍出版社1986年版。

《明史》（宋讷传），二十五史（卷十），上海书店、上海古籍出版社1986年版。

《宋史》（韩熙载传）、（沈括传），二十五史（卷七），上海书店、上海古籍出版社1986年版。

（宋）沈括：《梦溪笔谈》卷二十五，中华书局1957年版。
第六节
《史记》（滑稽列传），二十五史（卷一），上海书店、上海古籍出版社1986年版。
《资治通鉴》（唐纪二十二），《资治通鉴》（上卷），上海古籍出版社1987年版。
《宋史》（徐休复传），二十五史，上海书店、上海古籍出版社1986年版。
《明史》（姚镆传）、（张嵿传），二十五史，上海书店、上海古籍出版社1986年版。
尹达：《中国原始社会》、《尹达史学论文选集》，人民出版社1989年版。
（明）朱子素：《嘉定屠城纪略》，中华书局1982年版。
《战国纵横家书》（二十五李园谓辛梧章），文物出版社1976年版。
《六韬》（阴符第二十四）、（阴符第二十五），《中国兵书集成》（卷一），解放军出版社、辽沈书社1987年版。
《清史稿》（兵志）、（允禟传），二十五史（卷十二），上海书店、上海古籍出版社1986年版。
［美］戴维·卡恩：《破译者》中译本，群众出版社1982年版。
钱宝琮：《中国数学史》，科学出版社1964年版。
中国科学院《自然辩证法通讯》杂志主编：《科学与传统——中国近代科学落后的原因》，陕西科学技术出版社1983年版。
肖一山：《中国近代秘密社会史料》，岳麓书社1986年版。
中国航海学会：《中国航海史》，人民交通出版社1989年版。
孙光圻：《中国古代航海史》，海洋出版社1989年版。
（清）计六奇：《明季北略》（刘懋请裁驿递），中华书局1984年版。
第二章
第一节
王利器：《风俗通义校注》，中华书局1981年版。
《左传》（襄公十四年），岳麓书社1988年版。
左言东：《中国古代官制》，浙江古籍出版社1985年版。
第二节
《后汉书》（百官志），二十五史（卷二），上海书店、上海古籍出版社1986年版。
《汉书》（百官公卿表），二十五史（卷一），上海书店、上海古籍出版社1986年版。
《三国志》（魏书·徐邈传·高柔传·程晓传）、（吴书·陆逊传·潘濬传·赵达传）、（魏书·韩崔高孙王传）、（吴书·张顾诸葛步传）、（魏书·程郭董刘蒋刘传），二十五史（卷二），上海书店、上海古籍出版社1986年版。

第三节

《晋书》（职官志），二十五史，上海书店、上海古籍出版社1986年版。

《宋书》（百官志），二十五史，上海书店、上海古籍出版社1986年版。

《南齐书》（百官志），二十五史，上海书店、上海古籍出版社1986年版。

《魏书》（官氏），二十五史，上海书店、上海古籍出版社1986年版。

（清）黄本骥编：《历代职官表》，上海古籍出版社1980年版。

左言东：《中国政治制度史》，浙江古籍出版社1986年版。

第四节

《隋书》（百官志），二十五史，上海书店、上海古籍出版社1986年版。

《资治通鉴》（隋纪三）、（唐纪十九）、（唐纪三十七）、（唐纪七十），《资治通鉴》（上卷），上海古籍出版社1987年版。

《新唐书》（百官志），二十五史（卷六），上海书店、上海古籍出版社1986年版。

《旧唐书》（李柏传）、（高骈传），二十五史，上海书店、上海古籍出版社1986年版。

黄卓明：《中国古代报纸探源》，人民日报出版社1983年版。

《新五代史》（伶官传），二十五史（卷六），上海书店、上海古籍出版社1986年版。

张国刚：《唐代藩镇研究》（唐代藩镇进奏试析），湖南教育出版社1987年版。

（清）黄本骥编：《历代职官表》，上海古籍出版社1980年版。

第五节

《宋史》（职官志），二十五史（卷七），上海书店、上海古籍出版社1986年版。

《辽史》（百官志），二十五史（卷九），上海书店、上海古籍出版社1986年版。

（宋）孟元老等：《东京梦华录》，中国商业出版社1982年版。

《金史》（百官志），二十五史（卷九），上海书店、上海古籍出版社1986年版。

《元史》（百官志），二十五史（卷九），上海书店、上海古籍出版社1986年版。

《宋史》（张观传），二十五史（卷七），上海书店、上海古籍出版社

1986 年版。

（金）刘祁：《归潜志》卷七，中华书局 1983 年版。

《续资治通鉴》（宋纪十一）、（宋纪十五）、（宋纪一百三十），上海古籍出版社 1987 年版。

（明）陈邦瞻：《宋史纪事本末》，中华书局 1977 年版。

左言东：《中国政治制度史》，浙江古籍出版社 1986 年版。

第六节

《明史》（职官志），二十五史（卷十），上海书店、上海古籍出版社 1986 年版。

《清史稿》（职官志），二十五史（卷十二），上海书店、上海古籍出版社 1986 年版。

（明）郑晓：《今言》（二百四十二），中华书局 1984 年版。

（清）计六奇：《明季北略》（杨仁愿论东厂缉事），中华书局 1984 年版。

（清）锁绿山人：《明亡述略》，上海书店 1982 年版。

（清）翁洲老民：《海东逸史》卷四，浙江古籍出版社 1985 年版。

（清）陈康祺：《郎潜纪闻》（三笔卷四），中华书局 1984 年版。

故宫博物院明清档案部编：《关于江宁织造曹家档案史料》，中华书局 1975 年版。

故宫博物院档案部：《李煦奏折》，中华书局 1976 年版。

杨启樵：《雍正帝及其密折制度研究》，广东人民出版社 1983 年版。

第七节

《汉书》（赵广汉传），二十五史（卷一），上海书店、上海古籍出版社 1986 年版。

《资治通鉴》（唐纪十九），《资治通鉴》（上卷），上海古籍出版社 1987 年版。

《辽史》（百官志），二十五史，上海书店、上海古籍出版社 1986 年版。

肖一山：《近代秘密社会史料》，岳麓书社 1986 年版。

（清）黄本骥编：《历代职官表》，上海古籍出版社 1980 年版。

左言东：《中国政治制度史》，浙江古籍出版社 1986 年版。

第九篇

第一章

第一节

高亨：《周易古经今注》，中华书局 1984 年版。

刘大钧：《周易概论》，齐鲁书社 1986 年版。

高亨：《周易大传今注》，齐鲁书社 1979 年版。

高亨：《周易杂谈》，齐鲁书社 1979 年版。

第二节
任继愈主编：《中国哲学史》，人民出版社1963年版。
《诸子集成》，上海书店1986年版。
顾颉刚编著：《古史辨》第三卷、第四卷、第六卷，上海古籍出版社1982年版。
第三节
《吴子》，《中国兵书集成》（卷一），解放军出版社、辽沈书社1987年版。
《史记》（吴起传），二十五史（卷一），上海书店、上海古籍出版社1986年版。
第四节
《孙膑兵法》，《中国兵书集成》（卷一），解放军出版社、辽沈书社1987年版。
杨伯峻：《杨伯峻学术论文集》，岳麓书社1984年版。
第五节
《诸子集成》，上海书店1986年版。
郭沫若：《奴隶制时代》，科学出版社1956年版。
第六节
《诸子集成》，上海书店1986年版。
第七节
《六韬》，《中国兵书集成》（卷一），解放军出版社、辽沈书社1987年版。
顾颉刚编著：《古史辨》第三卷，上海古籍出版社1982年版。
第二章
第一节
《孙子》，《中国兵书集成》（卷一），解放军出版社、辽沈书社1987年版。
《史记》（孙武列传），二十五史（卷一），上海书店、上海古籍出版社1986年版。
第二节
《宋本十一家注孙子》，中国人民解放军高等军事学院翻印，1962年。
第三节
中国军事史编写组：《武经七书注释》，解放军出版社1986年版。
《黄石公三略浅说》，解放军出版社1986年版。
第四节
《李卫公问对》，中华书局1983年版。
第五节
张文才：《百战奇法浅说》，解放军出版社1987年版。

《百战奇略》，长春市古籍书店1982年版。

第三章

第一节

《阵纪注释》，军事科学出版社1984年版。

第二节

（明）戚继光：《纪效新书》，人民体育出版社1988年版。

（明）戚继光：《练兵实纪附杂集》，中华书局1985年版。

《明史》（戚继光传），二十五史（卷十），上海书店、上海古籍出版社1986年版。

第三节

军事科学院《投笔肤谈》注释组：《投笔肤谈译注》，军事科学出版社1984年版。

第四节

李炳彦、崔彧臣：《兵经释评》，解放军出版社1987年版。

第五节

《清史稿》（魏源列传），二十五史（卷十二），上海书店、上海古籍出版社1986年版。

（清）魏源：《圣武记》，中华书局1984年版。

（清）《魏源集》，中华书局1976年版。

范中义：《筹海图编浅说》，解放军出版社1987年版。

《毛泽东书信选集》，人民出版社1983年版。